2025 年全国高校、职业院校物流教改教研立项重大课题 ——"基于'创新竞赛'引领的物流专业产教融合型课程教学模式探索"（项目编号：JZW2025002）

U0656234

现代物流管理概论

主　编　王　荣　郑继媛

副主编　顾　静　王小波　许国银

　　　　孙　雷　汪世龙　翟冬灵

东南大学出版社
SOUTHEAST UNIVERSITY PRESS
·南京·

图书在版编目(CIP)数据

现代物流管理概论 / 王荣，郑继媛主编. -- 南京：
东南大学出版社，2025.8. -- （知行经管产教融合系列
教材 / 赵彤主编）. -- ISBN 978-7-5766-2194-5

Ⅰ. F252.1

中国国家版本馆 CIP 数据核字第 2025T374S3 号

现代物流管理概论
Xiandai Wuliu Guanli Gailun

主　　编	王　荣　郑继媛	
出版发行	东南大学出版社	
社　　址	南京市四牌楼 2 号（邮编：210096）	
出 版 人	白云飞	
网　　址	http://www.seupress.com	
策划编辑	孙松茜	
责任编辑	孙松茜	
责任校对	张万莹	
封面设计	王　玥	
责任印制	周荣虎	
经　　销	全国各地新华书店	
印　　刷	广东虎彩云印刷有限公司	
开　　本	700mm×1000mm　1/16	
印　　张	20.5	
字　　数	413 千字	
版　　次	2025 年 8 月第 1 版	
印　　次	2025 年 8 月第 1 次印刷	
书　　号	ISBN 978-7-5766-2194-5	
定　　价	88.00 元	

（本社图书若有印装质量问题，请直接与营销部联系。电话：025-83791830）

总　序

在当今时代,高等教育如同一艘巨轮,承载着为国家和社会培育高素质专业人才的重任,破浪前行。习近平总书记高瞻远瞩,强调要全面提升高等教育质量,以契合经济社会发展的新需要。高等教育的终极目标,便是锻造出一批能顺应时代浪潮、引领行业风骚的卓越人才。遵循教育、教学及人才成长的规律,更新教育理念,将促进人的全面发展与满足社会需求视为衡量人才培养质量的"金标准",构建起一个开放、灵活、互通、多样的教育生态,是当务之急。

面对新时代对高等教育人才培养提出的全新挑战,我们深刻认识到,新文科建设从理念、内容、方法、手段和评价等方面对传统学科的发展提出了一系列变革要求。商科专业作为与社会经济发展紧密相连的重要学科,其课程设置、教材选择和教学方式必须与时俱进,以确保培养出的学生能够精准对接社会经济发展的实际需求。教材作为教学活动的核心载体,是知识传承与创新的关键媒介,其质量直接关系到人才培养的成效。一本高质量的教材,宛如一盏明灯,为学生照亮专业领域内的探索之路。

在这样的背景下,我们组织编写了这套产教融合系列教材。本系列教材的编写团队汇聚了来自高校的学科教师、教育技术领域专家和行业一线的专家,借助他们深厚的理论功底和丰富的实践经验,最大化显现教材技术性和知识性,确保教材内容的适应性和科学性。

本系列教材的编写特色主要体现在以下几个方面:

一、行业参与,突出实践性

本系列教材以培养学生的实践能力为核心目标,组织行业专家深度参与教材编写,将行业最新的动态、技术、案例和需求融入教材,确保教材内容紧贴行业实际。教材内容选取了大量的实际案例,这些案例涵盖了经管领域的多个层面,从企业的日常运营到复杂的市场策略,从宏观经济政策的实施到微观经济行为的分析,让学生在学习理论的同时,能够通过案例分析深入理解知识的应用场景和解决实际问题的方法。此外,教材还设计了丰富的实践教学环节,如模拟实训、项目实践、企业调研等,引导学生在实践中锻炼技能、提升素养,增强解决复杂问题的能力。

1

二、技术赋能，内容丰富灵活

本系列教材紧跟时代步伐，适应人工智能发展和智慧教育需要，以技术赋能为导向，融合媒体资源，实现交互、共享、自适应等功能，以形态多样、直观形象、可听可视、可练互动的多样形式体现数智化时代"个性化""实时化""混合化"的学习特点；坚持贯彻习近平新时代中国特色社会主义思想，以学科融合的主题编排结构化知识，编写体例新颖，采用了图文并茂、案例引导、问题驱动等多种方式，确保教材内容丰富、多元、灵活，以满足国家人才培养需要和学生个性化情境化学习需求。

三、立德树人，服务学生终身全面发展

党的二十大提出，应持续推进教育数字化转型，建设全民终身学习的学习型强国。商科人才不仅要具备扎实的专业知识，更要具备如沟通能力、团队协作能力、创新思维能力、决策能力等综合能力。本系列教材适应数智化时代的要求，既指向情感态度、道德情操、价值观、知识技能等关键品格和能力，帮助学生实现德智体美劳的综合发展，又注重培养学生的创造发展性和多场景适应能力，促进学生多元智能创造性发展。比如，将音频、视频等学习材料技术整合，提供数智化探索与对话的新场景；通过案例分析、小组讨论、项目实践等方式，锻炼学生的沟通与协作能力；通过设置开放性问题和创新性任务，激发学生的创新思维和解决问题的能力；通过模拟决策场景，培养学生的决策能力和风险意识等等。

我们深知，尽管我们在教材编写过程中付出了大量努力，但由于时间和编者水平的局限性，本系列教材难免存在不足之处。但我们坚信，通过不断的实践检验和修订完善，本系列教材将能够更好地服务于商科专业的人才培养，为区域经济发展贡献一份力量。我们恳请行业专家、广大教师、学生关注我们的教材，帮助持续改进教材内容，使其更加贴合新的时代需求和社会发展，成为广大学习者们探索专业领域道路上的一盏明灯。

赵 彤

目　录

第一章　物流与现代物流管理

物流算不上是什么新生事物,自从现代文明产生,物流就已经存在了。从 20 世纪 90 年代以来,物流管理开始成为企业降低成本、提高利润并进一步获得竞争优势的"利器"。实现最佳的物流已成为企业管理最激动人心和最富挑战意义的活动之一。

著名管理大师德鲁克指出:"物流是企业利润的最后边界。"许多意识敏锐的企业开始把物流作为提升企业竞争力的重要手段。世界零售之王沃尔玛超市依靠良好的物流管理,使沃尔玛的销售成本与行业平均值相比低了 2% ~ 3%,增长率是同行业的 3 倍,利润也在竞争者平均值的两倍之上。其他如戴尔、家乐福、丰田等企业的成功也都是依赖其良好的物流管理体系。因此,对于现代企业来说,无论是制造企业还是销售企业,都应该深入了解物流管理,懂得如何构建合理的物流体系并高效地管理物流。

第一节　现代物流概述

一、物流概念的形成及其含义演变

物流概念的形成经过了早期的仓储与运输解释和实物分销(Physical Distribution)阶段,这个时期比较漫长,发展比较缓慢。但是二战期间,由于战争局势发展很快,战线经常变动,必须有效处理好军需物资的组织、运输、存储、调配、运输工具与线路选择以及供应点与库存量的配置等问题,物流概念得到了迅猛的发展,并随着战后经济的发展而逐渐成熟起来。

(一)早期的物流概念

首次使用物流一词的是美国学者阿奇·萧,他在《市场流通中的若干问题》(*Some Problems in Market Distribution*)一书中明确地将企业的流通活动分为两个部分:创造需求活动和物流活动,并指出"物流是与创造需求不同的一个问题",其中提到"物资经过时间或空间的转移,会产生附加价值",在这里时间和空间的转移指的是销售过程中的物流。英国资深物流与市场营销专家马丁·克里斯多夫（Martin Christopher）教授认为，阿奇·萧是最早提出物流概念并进行实际探讨的学者。

第一个对"物流"概念正式界定的是美国销售协会。1935年，该协会使用"Physical Distribution"这个术语，意为"实物分配"或"货物分配"，并对物流进行了定义："物流（Physical Distribution）是包含于销售之中的物质资料和服务以及从生产地到消费地流动过程中伴随的种种活动。"

（二）"Physical Distribution"向"Logistics"的演变

在二战期间，美国在对军需物资进行的战时组织、供应管理中，首先采用了"后勤管理（Logistics Management）"这一名词，对军需物资的运输、存储、调配等进行全面管理。美国军队建立了"后勤（Logistics）"理论，并将其用于战争活动中，其中所提出的"后勤"是指将战时物资生产、采购、运输、配给等活动作为一个整体进行统一布置，以求战略物资补给的费用更低、速度更快、服务更好。二战期间所积累的大量后勤理论和方法，在战后被广泛引入商业部门，被称为商业后勤（Business Logistics），定义为"包括原材料的流通、产品分配、运输、购买与库存控制、储存、用户服务等业务活动"。后勤概念突破了商品流通的范围，把物流活动扩大到生产领域，把研究的视角定位在整个供应链上，包括从原材料采购、加工生产到产品销售、售后服务，直到废旧物品回收等整个物理性的流通过程，因而是一个包含范围更广泛的物流概念。

1986年，美国物流管理协会（National Council of Physical Distribution Management）认为以"Physical Distribution"表示的物流其领域较狭窄，而Logistics的概念则更为宽广、连贯、整体，因此将其协会名称改为"The Council of Logistics Management"。美国物流管理协会（CLM）对"Logistics"表示的物流定义为："物流是对货物、服务及相关信息从供应地到消费地的有效率、有效益的流动和存储进行计划、执行和控制，以满足客户需求的过程。该过程包括进向、去向、内部和外部的移动以及以环境保护为目的的物料回收。"

（三）物流内涵的新变化

20世纪末，在科学技术迅猛发展、产品生命周期越来越短的背景下，企业必须充分利用现代科技，通过改造和集成业务流程，发展自己的优势业务，与供应商、客户以及其他业务伙伴组成一个从供应商、生产商、销售商到用户的网链结构。因此，物流内涵又有了新发展。1998年，美国物流管理协会又一次修改了物流（Logistics）定义：物流（Logistics）是供应链流程的一部分，是为了满足客户需求而对商品、服务及相关信息从起始点到消费地的高效率、高效益的正向和反向流动及存储进行的计划、实施和控制的过程。

（四）现代物流的基本含义

物流有广义物流与狭义物流两层含义。广义的物流是指物质凭借载体从供应方向需求方运动的全部过程。狭义的物流是指分销物流，即发生在商品流通领域中的实物分销过程，仅对商品销售过程中的物流进行管理，即生产企业发货—销售企业—最终消费的物流活动。

（五）物流概念在我国的发展

我国是在 20 世纪 70 年代末从国外引进物流概念的。1979 年 6 月，我国物资工作者代表团赴日本参加第三届国际物流会议，回国后在考察报告中第一次引用和使用"物流"这一术语。物流作为"实物流通"的简称，是日本引用的汉语，当时直接接受的概念是 Physical Distribution(PD)，也译成"物流"。我国许多文献也是按 PD 的概念来阐述物流的。这个概念一直沿用到 20 世纪 90 年代初。

我国接受"物流"这个概念的背景和方式是与国外完全不同的。国外的物流概念是在市场经济"大量生产、大量流通"的基础上自然而然形成的。而我国当时处于计划经济之下，是从国外接受了一个物流概念之后，把它在计划经济的基础上推行而逐渐发展起来的。所以国家虽然花了很大气力在物资行业推行物流，但是直到 20 世纪 90 年代初效果都不是很明显，甚至可以说那些物流改革的成果实际上名存实亡。20 世纪 90 年代中期我国市场经济发展达到一定程度后，企业自发办物流，把物流推向了一个新的发展阶段，形成了自 90 年代末以来不断升温的"物流热"。因此，我国的实践进一步证明了"物流是市场经济社会高度发展的必然产物，是市场经济社会高度发展的历史必然"。我国现代物流概念形成的历史可以用图 1-1 表示。

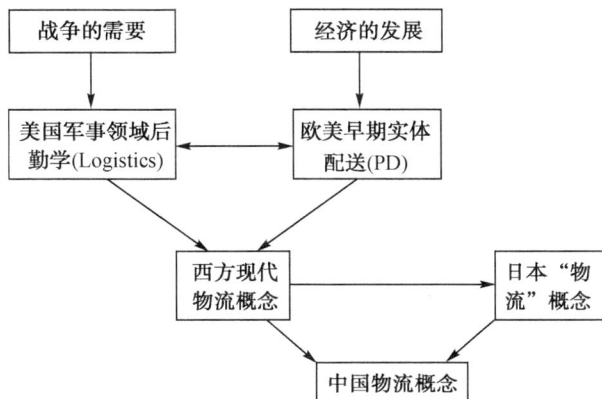

图 1-1 物流概念的形成

2001 年 4 月,我国关于物流的第一个基础性国家标准《物流术语》(GB/T 18354—2001)正式发布。2021 年 8 月 20 日发布的《物流术语》(GB/T 18354—2021)将物流(Logistics)定义为:"根据实际需要,将运输、装卸、搬运、包装、流通加工、配送、信息处理等基本功能实施有机结合,使物品从供应地到接收地进行实体流动的过程。"这里,物流仅仅是指物料的运输、搬运、配送等处理下的流动过程,并没有涉及对其进行控制。于是,该标准进一步定义了物流管理(Logistics Management)的概念:"为达到既定的目标,从物流全过程出发,对相关物流活动进行的计划、组织、协调与控制。"

物流定义本身是一个发展的过程,物流界在不同阶段、从不同的角度,对"物流"进行了定义,表 1-1 所列的是目前主要的定义。

表 1-1　物流定义的主要表述

从客户角度看的定义	物流是在正确的时间、正确的地点,以正确的成本向正确的客户提供正确数量、正确状态的正确物资
从职能管理角度看的定义	物流是物资的需求量决策、采购、运输、存货管理、仓储、装卸搬运、工业包装、设施选址分析、配送、退货处理、信息管理、客户服务及其他所有与向内部客户(生产部门)提供原材料和向外部客户(零售商等)提供产品有关的活动
国际物流协会的定义	物流是对用于目标、计划和行动的资源进行要求、设计、供应和储存的,与管理、工程和技术活动有关的科学技术
美国物流管理协会的定义	物流是供应链的一部分,是以满足客户需求为目的,为提高商品、服务和相关信息从起始点到消费点的流动与储存的效率和效益而对其进行计划、执行和控制的过程
日本日通综合研究所的定义	物流是物质资料从供给者向需要者的物理性移动,是创造时间性、场所性价值的经济活动,从物流的范畴来看,包括包装、装卸、保管、库存管理、流通加工、运输、配送等诸种活动
2021 年我国颁布的《物流术语》国家标准中的定义	根据实际需要,将运输、储存、装卸、搬运、包装、流通加工、配送、信息处理等基本功能实施有机结合,使物品从供应地向接收地进行实体流动的过程

物流概念的演变及修改,说明了物流学科的研究范围和内容不断拓展,人们对物流的认识不断加深。总结不同的物流定义,在本书中,我们将物流定义为:物流是供应链过程的组成部分,是为满足顾客的需求,实现物资实体高效地由供应

方流向需求方而对运输、储存、装卸、搬运、包装、流通加工、配送、信息处理等活动实施计划、组织、协调和控制的过程。

理解物流概念应当注意如下几个基本要点：

（1）物流是物资的物质实体的流动。我们都知道，任何一种物品都具有二重性：一是自然属性，即它都具有一定的形状、性质，也就是它有一个物质实体；二是社会属性，即它都具有一定的社会价值，包括它的稀缺性、所有权性质等，也就是它的社会实体。物资的物质实体的流动是物流，物资的社会实体的流动是商流。商流是通过商品交易实现商品所有权的转移，而物流是通过运输储存等实现商品物质实体的转移。

（2）物流都是物资由供应地流向需求地的流动，也就是它是一种满足社会需求的活动，是一种经济活动。不属于经济活动的物质实体流动，不属于物流的范畴。

（3）物流活动包括运输、搬运、储存、保管、包装、装卸、加工和物流信息管理等。其中加工包括生产加工和流通加工。

（4）物流功能主要有三个：通过运输、搬运、装卸等克服供需之间的空间距离，创造物资的空间效用；通过储存、保管克服供需之间的时间距离，创造物资的时间效用；通过加工以及包装等改变物资的形状性质，创造物资的形质效用。

二、物流的分类

物流活动包含了许多不同的领域和内容，为了研究物流活动规律，更好地管理物流活动，可以从不同角度对物流进行必要的分类。

（一）按照物流在供应链中的作用分类

（1）供应物流。供应物流是生产企业、流通企业或消费者个人为保证生产而购入原材料、零部件或商品的物流过程，也就是物资的生产者、持有者至使用者之间的物流。购入品占用大部分流动资金，供应物流对产品成本影响重大。

（2）生产物流。生产物流是从原材料、零部件购进进厂到产成品出厂，伴随生产全流程、与生产同步的物流过程。生产物流如果停顿，会导致生产中断；生产物流如果保持均衡，企业生产就能稳定。生产物流管理会对企业的在制品库存、生产周期、生产成本产生重大影响。

（3）销售物流。销售物流是指企业为保证自身的经营利润，企业售出产品或商品的物流过程。企业通过销售物流回收资金进行再生产。销售物流合理化对企业市场竞争力有重大影响。

（4）回收物流。回收物流是指企业在生产、供应及销售活动中总会产生的各种衍生产品、退货、问题物品返修以及周转使用的包装容器等从需方返回供方所形成的物品实体物流。回收物流的管理能够提高资源综合利用效率，具有较高的经济价值和社会价值。

（5）废弃物物流。废弃物物流是指对企业排放的无用物进行运输、装卸和处理的物流活动。它是对无用废弃物的合理处理，是环境保护和社会持续发展的要求。

（二）按照物流活动的主体分类

按照物流活动的承担主体，可以将物流划分为企业自营物流、第三方物流、联合体物流三种。

（1）企业自营物流。企业自营物流是指企业利用自己的物流资源，如车辆、仓库场地、人员等，为自己的生产经营活动提供物流服务。也有一些企业将物流部门从传统经营职能中剥离出来，成立一个独立运作的专业化子公司。

（2）第三方物流。相对"第一方"发货人和"第二方"收货人，第三方物流企业通过自己的物流资源与第一方或第二方合作，提供运输、仓储、订单报表管理、配送、物流系统设计、物流解决方案、物流工程咨询等专业化的物流服务。第三方物流不拥有商品，不参与商品买卖，而是为顾客提供以合同为约束、以结盟为基础的、系列化、个性化、信息化的物流代理服务。这种方式使企业可以更好地提升供应链整体的物流运作效率，有效降低物流成本。第三方物流已成为现代物流管理的主流模式。

（3）联合体物流。联合体物流是指相关公司利用原有物流资源和第三方物流企业共同成立合资物流公司，共同提供物流服务，分享利益，共担风险。

（三）按照物流活动的空间范围分类

按照物流活动的空间范围分类，可以将物流分为地区物流、国内物流、国际物流三类。

（1）地区物流。地区物流是按行政区域、地理位置、经济圈等划分依据确定的，如一个城市的物流、一个经济区域的物流均属于区域物流。这可以更好地根据地区特点规划和发展物流系统。

（2）国内物流。国内物流主要指在一国范围内由国家组织或指导的物流活动。它主要包括从国家的角度制定物流中长期发展规划、实施计划、政策法令，物流基础设施建设，物流标准及标准化管理等。

（3）国际物流。国际物流是指当生产和消费在两个或两个以上的国家（或地区)进行的情况下,将货物从一国运送到另一国(或地区)的物流活动。因此,国际物流是不同国家之间的物流,它是国际贸易的一个组成部分,各国之间的相互贸易最终都要通过国际物流来实现。国际物流是经济全球化及国际分工日益深化的产物,它是现代物流系统中重要的物流领域,和国际经济交往及贸易活动相互支撑、彼此促进。

(四) 按照物流系统性质分类

按照物流系统性质分类,可以将物流分为企业物流、行业物流和社会物流三类。

(1) 企业物流。企业物流是从企业角度研究与之有关的物流活动,是具体的、微观的物流活动的典型领域,它由企业供应物流、生产物流、销售物流、回收物流、废弃物物流几部分组成。

(2) 行业物流。行业物流是在一个行业内部发生的物流活动。由于相同行业的原材料及半成品的供应、生产工艺流程、市场环境和客户分布都具有许多相似性,某一行业的不同企业在物流领域往往可以相互协作,如共同采购、共同运输和配送、统一物流标准等。

(3) 社会物流。社会物流指整个社会再生产总体的物流活动,是供应链领域所发生的全部物流活动。这种物流的社会性很强,经常是由专业的物流承担者来完成,它也是宏观物流。这种物流活动的参与者往往是构成社会总体的大企业、大集团,社会物流主要研究物流网络分布、综合运输体系、物流基础设施的协调性、物流发展等问题。

物流还可以按照企业所属的行业、物流的经济学意义、研究范围等标准分类。

三、现代物流及其特征

(一) 现代物流与传统物流的区别

现代物流是伴随社会化大生产进程产生和发展的,随着科学技术的进步、贸易范围的扩大,其功能也在不断拓展,服务领域不断延伸,因此现代物流与传统物流呈现出较大的差别。传统物流一般指产品出厂后的包装、运输、装卸、仓储等企业单一功能,强调其功能性。而现代物流则更为强调物流的系统化、整体化和综合化,将企业物流向供应链两头延伸并加入新的内涵,使社会物流与企业物流有机结合在一起,从供应物流开始,经生产物流、销售物流,与此同时,经过包装、运输、仓储、装卸搬运、加工配送到达用户(消费者)手中,最后还有回收物流。因此,现代企业物流包含了产品生命周期的整个物理性的流通全过程。现代物流是以满足消费者的需求为目标,把制造、运输、销售等供应链各环节统一起来考虑的一种战略措施。现代物流作为一种先进的组织方式和管理技术,被广泛认为是企业在降低物资消耗、提高劳动生产率以外的重要利润源泉。

传统物流与现代物流的区别主要表现在以下几个方面:

(1)传统物流只提供单一环节的功能性服务;现代物流则提供系统性、综合性的增值服务。

(2)传统物流提供被动服务;现代物流提供主动服务。

(3)传统物流服务主体是功能单一的运输、仓储等传统物流企业;现代物流服务主体则是具备运输、仓储、配送、加工等多种服务功能的综合物流企业,物流产业水平分工的界限变得越来越模糊。

(4)传统物流无统一服务标准;现代物流实施标准化的物流服务。

(5)传统物流侧重点到点或线到线服务;现代物流构建全球服务网络。

(6)传统物流是单一环节的管理;现代物流是整体系统优化。

(7)传统物流是企业自办物流,一般只为本企业服务;现代物流走向社会化,物流服务供应商和服务对象逐渐分离,出现了企业间的联合配送、第三方物流、第四方物流。

(8)传统物流造成了较高的物流产业外部成本;现代物流追求整个供应链系统及其所在的社会和自然环境大系统的整体效益最大化,强调"绿色物流"和"服务更好"理念。

(二)现代物流的特征

(1)科学化。发达国家拥有专门的物流科学机构和从事物流科学的专业人员,已经建立了完整的、系统的、全面的物流科学研究、教育、培训体系。在其发展过程中,物流作为一门年轻的学科不断从其他学科中汲取营养,采用其他学科的研究成果与方法,形成了一个相对独立的学科;物流又与其他学科如市场营销、运作管理、供应链管理、电子商务等融会贯通,赋予了现代物流理论实践的科学性。

(2)系统化。人们利用系统科学的思想和方法构建物流系统,包括社会物流系统和企业物流系统,强调物流是一个由运输、仓储、配送等多要素构成的有机整体。现代物流不再孤立地追求单一功能、单一部门的效益最大化,而是提倡"供应链管理"的思想。由于供应链各个环节,如运输、仓储、包装等存在效益背反现象,因此不可能同时达到各个部分的最优化。这就要求物流管理从整个供应链的视角,追求整体最优化。物流的系统化可以形成一个高效、通畅、可调控的流通体系,可以减少流通环节,节约流通费用,提高流通的效率和效益。

（3）专业化。社会分工导致了专业化，也产生了物流专业。传统的物流是生产和销售企业自己拥有运输工具、仓库堆场、装卸机械等物流设施设备，物流管理作为企业的一个专业部门独立地存在着并承担本企业专门的职能。随着企业的发展和企业内部物流需求的增加，企业内部物流部门逐渐从企业中分离出去成为社会化、专业化的物流企业，既为本企业提供物流服务，也为其他客户提供物流服务；同时，在社会经济领域中，出现了专业化的物流企业，他们提供着各种不同的物流服务，并进一步发展成为提供综合化服务的物流企业。这突出表现为第三方物流与配送中心的发展。

（4）网络化。物流网络化有两层含义：一是物流系统网络化，社会综合交通运输网络的建立为企业的公司网络和业务网络的形成发展创造了条件。企业规模和市场的扩大、用户的增加，包括空间的扩展和占有率的提高，形成了企业的业务网络和公司网络。经营全球化，对物流需求不断增加，更要求物流系统的网络化，更促进了全国性、区域性乃至全球性的分销和物流配送网络化。二是建立在计算机技术和互联网技术基础上的物流信息系统网络化。企业发展到一定规模后，其物流和供应链都会变得更加复杂。企业为了在维持或提高客户服务水平的前提下尽可能降低运营成本，需要不断进行供应链与物流信息系统网络优化。互联网的应用使物流信息能够以低廉的成本即时传递，从而缩短物流信息的传递长度，增加透明度，优化供应链各节点和各物流路径。物流信息系统网络化将物流企业各部门、各物流企业、物流企业与生产企业和商业企业等连在一起，提高了顾客服务水平，降低了物流服务成本。互联网技术与信息资源为物流网络提供了强大的技术支持。

（5）标准化。物流的标准化指的是以物流为一个大系统，制定系统内部设施、机械装备、专用工具等各个分系统的技术标准；制定系统内分领域的工作标准；以系统为出发点研究各分系统与分领域中技术标准与工作标准的配合性；统一整个物流系统的标准，研究物流系统与相关其他系统的配合性。随着经济全球化的不断发展，各个国家都要重视本国物流与国际物流相衔接，力求使本国物流标准与国际物流标准化体系一致。否则会加大国际交往的技术难度，增加外贸成本。

（6）智能化。智能化是物流自动化、信息化的一种高层次应用。物流作业过程中大量的运筹和决策，如库存水平的确定、运输（搬运）路径的选择、自动导引车的运行轨迹和作业控制、自动分拣机的运行、物流配送中心经营管理的决策支持等问题都需要借助智能化专家系统才能解决。物流智能化已成为新经济时代物流发展的一个新趋势。

（三）现代物流的价值

我们知道,生产活动创造了商品的形式效用,即通过生产和加工创造了新的有价值的实体产品。营销活动提供了占有效用,即通过销售,实现产品的使用价值;而物流活动提供了空间效用和时间效用。

(1) 物流空间效用。物流通过将物资从生产地点移动到需求地点而提供空间效用。物流突破了市场的有形界限,增加了物资的经济价值。物流创造空间效用是由现代社会产业结构、社会分工所决定的,主要原因是供给和需求之间的空间距离,物资在不同地理位置有不同的价值,通过物流将物资由低价值区转到高价值区,便可获得价值差。(见图 1-2 物流的空间效用)

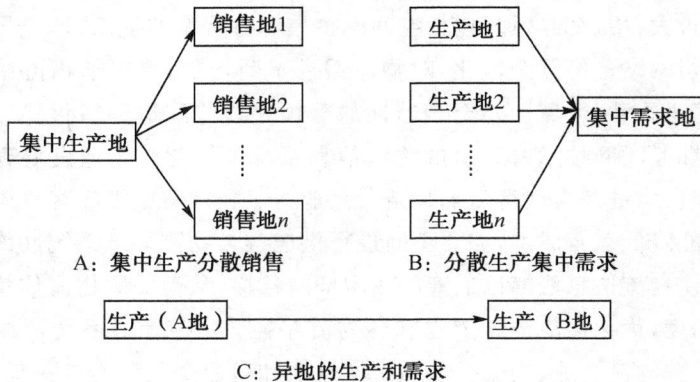

图 1-2　物流的空间效用

(2) 物流的时间效用。物流通过适当的存货维护,改变物资从供给者到需求者之间的时间差,从而产生的效用称为时间效用。主要表现为以下三种:①缩短时间创造价值。缩短物流过程的时间,可获得多方面的好处,如减少物流损失,降低物流消耗,加快物资周转,节约资金等。②弥补时间差创造价值。生产和需求存在着时间性差异。例如,粮食生产有严格的季节性和周期性,这就决定了粮食的集中产出,而粮食的消费是分散的、平均的。正是有了这个时间差,产品才能实现自身最高价值,才能获得十分理想的效益。物流便是以科学的系统方法来弥补或者改变这种时间差,以实现其时间效用。③除了上述两个主要的物流增值方式外,物流还可以通过流通加工、配送等实现一些附加价值。例如大包装拆分成小包装、产品组合销售等,通过适当的流通加工和配货,完善、补充产品的使用价值,从而创造新的价值。

第二节　现代物流管理概述

一、现代物流管理的内涵

与现代物流概念紧密联系的是现代物流管理概念,所谓现代物流管理是指在社会再生产过程中,根据物质资料实体流动的规律,应用管理的基本原理和科学方法,利用现代信息技术对物流活动进行计划、组织、指挥、协调、控制和监督,使各项物流活动实现最佳的协调与配合,以降低物流成本,提高物流效率和经济效益。

物流管理的主要内容包括:对物流要素的管理,即对运输、仓储、包装、装卸搬运、配送、流通加工等要素的管理;对物流系统的管理,即对物流系统中人、财、物、设备、方法和信息进行的管理;对物流活动中的具体职能的管理,主要包括物流计划、质量、技术、经济等职能的管理。

物流管理可以分为计划、实施、评价三个阶段:

(1)物流计划阶段。首先要确定物流所要达到的目标,如降低经营成本、改进客户服务水平等以及为实现这些目标所进行的各项工作的先后次序;其次分析在实现物流目标的过程中所需要的资源和物流成本;最后制订并贯彻和指导实现物流目标的人力、物力、财力的具体方案,如设施选址、运输与仓储计划、合同管理、人事管理等。

(2)物流实施阶段。物流的实施管理就是对正在进行的各项物流活动进行管理。在实施阶段中各项计划将通过具体的执行而受到检验,并把物流管理与物流各项具体活动进行紧密的结合,包括对物流活动的组织、指挥、监督、检查和调控。

(3)物流评价阶段。物流评价就是在一定时期内,人们对物流实施后的结果与原计划的物流目标进行评估。通过对物流活动的全面剖析,人们可以确定物流计划的科学性、合理性程度,以便及时对计划方案进行调整。

二、企业物流管理与物流企业管理

企业物流管理与物流企业管理是两个完全不同的概念,但是很多人将这两个概念混淆。之所以产生这个问题,主要是没有将企业物流与物流企业这两个概念区分开。这里我们要特别强调这两个概念的区别,以便读者对本书的有关内容及观点有更为清楚的理解。

（一）企业物流与物流企业

（1）企业物流是指以企业经营为中心，伴随企业经营活动所涉及的物流活动的统称，包括企业的原材料采购供应、企业内部的生产物流、企业产品到客户的销售物流以及与其他经营活动相关的物流活动等。企业物流是具体的、微观的物流活动的典型领域。企业物流只是企业"四流"（物流、商流、信息流和资金流）中的一流，它只是企业各种经营活动之一，并不是企业所有的经营活动。

企业系统活动的基本结构是投入—转换—产出，物流活动便是伴随着企业的这种活动而发生的。相对于投入的是企业外部供应或外部输入物流，相对于转换的是企业内部的生产物流或企业内部的转换物流，相对于产出的是企业外部的销售物流或企业外部的服务物流。

企业通过加强物流管理来降低成本、提高客户服务水平，物流被认为是企业第三利润源。许多企业在内部建立独立的物流中心，也有企业将物流部门作为利润中心，甚至是投资中心，实施大物流管理。

本书主要从企业物流角度来展开问题讨论。

（2）物流企业

物流企业是相对于生产企业、销售企业等而言的，是指以营利为目的，从事物流活动的经济组织，能够按照客户物流需求提供各种专业的物流服务获得利润，具有与自身业务相适应的信息管理系统，实行独立核算、独立承担民事责任的经济组织。

具体来看，物流企业在市场经济的运行和发展过程中，是专门从事与实体商品交换活动有关的各种经济活动的经济组织。物流企业为维系生存和发展，具有自身独立的利益驱动机制，是具有法人资格的物流经营者。

在市场经济条件下，物流企业的基本职能是以商品的买者和卖者的双重身份交替出现在市场中，解决社会生产与消费之间存在着的数量、质量、时间和空间上的矛盾，实现生产和消费的供求结合，保证社会再生产的良性循环。物流企业主要分为运输型物流企业、仓储型物流企业和综合型物流企业等三种类型。

（二）企业物流管理与物流企业管理的内容

（1）企业物流管理的内容。企业物流管理主要是对企业物流的各要素以及支持这些要素的信息和整个物流过程的管理。企业的正常运转要保证按生产计划和生产节奏将各种原材料运达生产场所，同时要将成品通过运输配送不断运离企业。企业生产过程的连续性和衔接性，依赖于生产工艺中连续的物流活动，有时生产过程本身便和物流活动结合在一起。因此，企业物流管理为企业生存和发展提供了保证。图 1-3 反映了企业物流管理的基本内容。

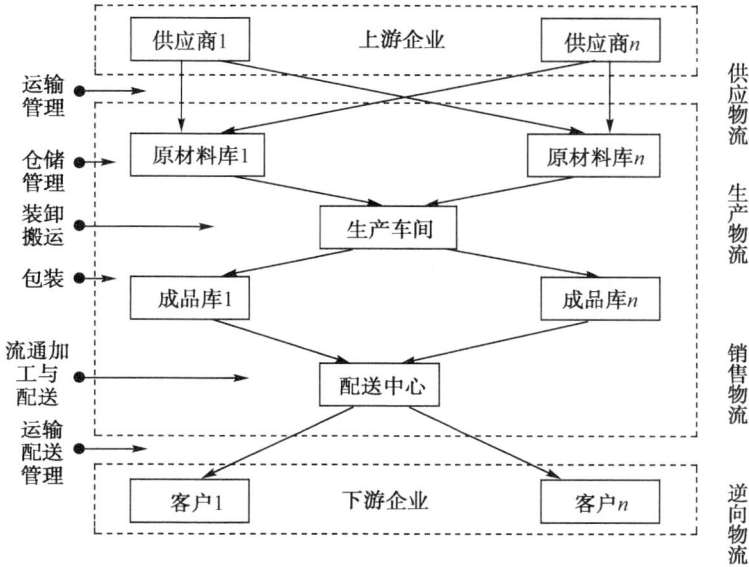

图 1-3 企业物流管理的基本内容

由图 1-3 可以看到,企业物流管理的主要内容需要从以下三个角度来认识:

①从物流活动诸要素的角度分析,企业物流管理内容包括运输管理、仓储管理、装卸搬运管理、包装管理、流通加工管理、配送管理以及伴随的物流信息管理,企业物流管理也包括客户服务管理。

②从物流在供应链中的作用角度分析,企业物流管理内容包括供应物流管理、生产物流管理、销售物流管理和逆向物流管理。

③从物流活动的具体职能的角度分析,企业物流管理的内容包括物流计划管理、物流质量管理、物流技术管理、物流经济管理。其中物流计划管理是物流管理工作的首要职能,物流质量管理是物流管理工作的中心问题,物流技术管理是物流管理工作的依托,而物流经济管理的核心是成本费用管理。

(2)物流企业管理的内容。物流企业管理同其他企业管理一样,应用管理的基本原则和科学管理方法,通过对经营过程中物流企业的人力、物力和财力等方面资源的计划、组织、协调、控制,达到用最少的消耗实现既定的经营目标,取得最好的经济效益。

物流企业管理具有计划、组织、指挥、协调和控制等职能,涉及物流企业的经营战略、经营目标、组织与文化、设施设备、资金与成本、客户服务等方面内容,且分为战略层、战术层和执行层等多个层次。

物流企业管理的主要内容包括物流企业战略管理、物流企业业务管理、物流企业内部运营管理、物流企业人力资源管理、物流企业财务管理、物流企业信息化管理和物流企业风险管理等。

三、现代物流管理的作用

现代企业在经历了以生产为导向到以产品为导向,以市场为导向到以客户为导向的策略演变以后,开始关注通过企业内部的精益运作来提高企业的利润率,而不是简单地追求外延的扩张。良好的物流管理能够给企业带来降低物流中的消耗成本和通过快速的物流服务赢得顾客进而获得竞争优势的好处,因此企业对物流管理越来越重视。

(一)物流是企业的第三利润源

从历史发展来看,企业的利润主要来源于两个领域。第一个是资源领域。起初是通过掠夺等方式获取廉价原材料、燃料等资源,其后则是依靠科技进步、节约消耗、综合利用、回收利用乃至大量人工合成资源而获取更高利润。第二个是人力资源领域。依靠廉价劳动力,通过劳动分工或者采用机械化、自动化等手段提高劳动生产率降低成本,增加利润。但这两大利润源在当今社会的开拓越来越困难,人们开始寻找新的利润源,物流领域开始引起人们的重视。1962年,美国著名管理大师彼得·德鲁克在《财富》杂志发表文章指出,物流是"经营的黑暗大陆",强调应当高度重视流通及流通过程中的物流管理,并把物流管理比喻为"企业降低成本的最后边界"。1970年,日本早稻田大学的西泽修教授提出物流是"不为人知的第三利润源",从此,"第三利润源"的提法流传开来,人们取得了"物流是降低成本的宝库"这一共识。

那么物流为什么会成为企业的第三利润源呢?商品从原材料供应到最终用户整个供应周期中,生产加工时间仅占5%,其余95%的时间均发生在物流环节。因此,物流是企业成本的重要产生点,是企业的"成本中心",从而也成为降低成本的关注点。如果能够有效地管理物流,就可以为企业提供大量直接和间接的利润,形成"利润中心"。以合理的方式组织产供销环节,将货物按恰当的数量以恰当的方式,在恰当的时间内送到恰当的地点,从而有效地降低物流成本,增加企业利润,已成为现代企业的共识。

(二)物流是企业竞争力的源泉

比尔·盖茨在《未来时速:数字系统与商务新思维》一书中指出:"80年代竞

争靠质量,90年代竞争靠流程优化,21世纪竞争靠速度。"①因此企业必须以更快的速度来满足顾客需求才能获得竞争优势,而要做到这一点就必须依赖于高效率的物流。因此,物流活动最大的作用,首先在于提高了企业的顾客服务水平进而提高了企业的竞争能力,其次才是为企业降低了成本。物流提高了企业竞争能力可以从以下几个方面体现出来:

(1)时间和速度。当今企业竞争反映为"快鱼吃慢鱼"的特征,企业对顾客需求的反应越快,其赢得竞争的可能性就越大。时间和速度被看作企业竞争优势的主要来源。快速、可靠的运输送货可以使公司缩短产品周转时间,减少库存。物流是实现缩短时间和提高周转速度的关键因素。因此,现代物流管理的重点就是如何采取技术的、系统的、信息化的方法来尽量缩短物流的时间,从而取得较高的时间价值。

(2)提高顾客服务水平。顾客服务水平体现在公司的所有领域。客户所感受到的服务水平最为重要,如客户期望准时、高质量、反应快速、更精确的提货和送货服务。物流具有为企业提供强大的服务保障功能,是企业的"服务中心"。

(3)增强企业应变能力。柔性化的物流体系,可以使企业有效地应对原材料供应和商品供给过程中发生的突变事件,适应多种企业内部及外部环境的变化,从而为自己赢得竞争优势。

(4)是企业战略实现的重要手段。世界第一大零售公司沃尔玛集团一直采用的就是成本领先战略,依靠其优越的配送体系和高效率的客户响应系统,击败了凯马特超市等众多对手,改变了产业的标准,从而形成了其与其他大型超市之间的获利差距。可以说,物流配送是沃尔玛企业战略成功的关键要素。

四、现代物流管理主要理论学说

物流相关理论比较多,主要理论学说有商物分离说、黑暗大陆和物流成本冰山说、第三个利润源说、效益背反说和物流的整体观念、成本中心说、服务中心说和战略说等。

(一)商物分离说

"商",指"商流",即商业性交易,实际是商品价值运动,是商品所有权的转让,是通过货币实现的;"物"即"物流",是商品实体的流通。历史上,商流、物流是紧密地结合在一起的,进行一次交易,商品便易手一次,商品实体便发生一次运动,

---

①　比尔·盖茨.未来时速:数字系统与商务新思维[M].北京:北京大学出版社,1999.

物流和商流是相伴而生并形影相随的,两者共同运动,只是运动形式不同而已。第二次世界大战后,在流通过程中商流和物流出现了更明显的分离,逐渐变成了两个有一定独立运动能力的不同运动过程,这就是"商物分离"。

所谓商物分离,是指流通中的两个组成部分商流和物流各自按照自己的规律和渠道独立运动。商物分离是物流科学赖以存在的先决条件。全球化导致商流环节多、交易日趋多元化,如果物流仍然和商流过程完全一致,则会大大增加产品的物流成本,延长周转时间。因此,物流以本身的特殊性与商流过程分离,显然要合理得多。

(二)黑暗大陆和物流成本冰山说

在财务会计中把生产经营费用大致划分为生产成本、管理费用、营业费用、财务费用,然后再把营业费用按各种支付形态进行分类。这样,在利润表中所能看到的物流成本在整个销售额中只占极小的比重。因此物流对成本的影响程度没有被认识到,这就是物流被称为"黑暗大陆"的一个原因。

彼得·德鲁克认为"流通是经济领域的黑暗大陆"。1962年,德鲁克在《财富》杂志上发表了题为《经济的黑暗大陆》一文,他将物流比作"一块未开垦的处女地",强调应高度重视流通及流通过程中的物流管理。虽然德鲁克泛指流通,但由于流通领域中物流活动的模糊性特别突出,是流通领域中人们认识不清的领域,所以"黑暗大陆"学说主要针对物流而言。"黑暗大陆"说主要是指尚未认识、尚未了解的领域,在"黑暗大陆"中,如果理论研究和实践探索照亮了这块黑大陆,那么摆在人们面前的可能是一片不毛之地,也可能是一片宝之地。"黑暗大陆"学说是对物流本身的正确评价,即这个领域未知的东西还很多,理论与实践皆不成熟。

物流冰山说是日本早稻田大学西泽修教授提出来的。他研究物流成本时发现,现行的财务会计制度和会计核算方法都不可能掌握物流费用的实际情况,因而人们对物流费用的了解是一片空白,甚至有很大的虚假性,他把这种情况比做"物流冰山"。冰山的特点,是大部分沉在水面之下,而露出水面的仅是冰山的一角。物流成本便是一座冰山,其中沉在水面以下的是我们看不到的黑色区域,而我们看到的不过是物流成本的一小部分(参见图1-4①)。

西泽修教授认为"物流冰山说"之所以成立,有三个方面的原因:

(1)物流成本的计算范围太大。物流包括:原材料物流,工厂内物流,从工厂到仓库、配送中心的物流,从配送中心到商店的物流等。这么大的范围,涉及的单

---

① 资料来源:西泽修《物流会计知识》。

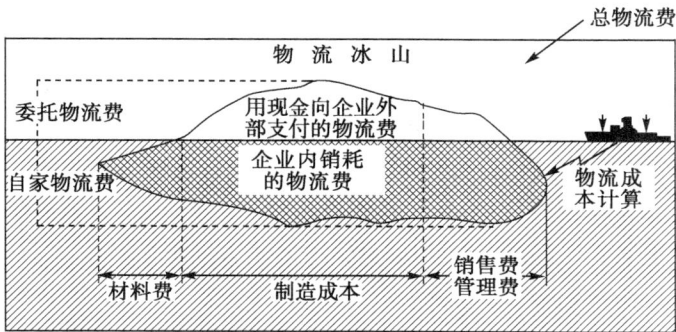

图 1-4　物流成本

位非常多,牵涉的面也特别广,很容易漏掉其中的某一部分。漏掉哪部分,计算哪部分,物流费用的大小相距甚远。

（2）运输、保管、包装、装卸、流通加工以及信息管理等各物流环节中,以哪几个环节作为物流成本的计算对象问题。如果只计算运输和保管费用,不计算其他费用,如与运输、保管、装卸、包装、流通加工以及信息管理等全部费用的计算,两者的费用计算结果差别相当大。

（3）把哪几种费用列入物流成本中去的问题。比如,向外部支付的运输费、保管费、装卸费等费用一般都容易列入物流成本;可是本企业内部发生的物流费用,如与物流相关的人工费、物流设施建设费、设备购置费以及折旧费、维修费、电费、燃料费等,是否也列入物流成本中去,都与物流费用的大小直接相关。因此,我们说物流费用确实犹如一座海里的冰山,露出水面的仅是冰山的一角。

西泽修先生用物流成本的具体分析论证了德鲁克的"黑暗大陆"说。事实证明,物流领域的方方面面对我们而言还是不清楚的,在黑暗大陆中冰山的水下部分正是物流尚待开发的领域,正是物流的潜力所在。

（三）第三个利润源说

"第三利润源"学说最初是由西泽修提出的。1970 年,西泽修教授在其著作《流通费用——不为人知的第三利润源泉》中,认为物流可以为企业提供大量直接或间接的利润,是形成企业经营利润的主要活动。非但如此,对国民经济而言,物流也是国民经济中创利的主要领域。后来"第三利润源"逐步在其他国家流传开来。

"第三个利润源",是对物流潜力及效益的描述。历史上曾经有过两个大量提供利润的领域。第一个是资源领域,起初是廉价原材料、燃料的掠夺和获得,其后则是依靠科技进步。节约消耗、节约代用、综合利用、回收利用乃至大量人工合成资源而获取高额利润。第二个是人力领域,即提高劳动效率、减少劳动耗费,最原始的是廉价劳动,其后则是依靠科技进步提高劳动生产率,降低人力消耗,或用机械化、自动化来降低劳动耗用,从而降低成本,增加利润。这两个利润源都发生在生产领域。随着生产领域"利润源泉"的日益枯竭,人们开始将探寻的目光投向流通领域。一般认为通过商流可以获得销售利润,但通常不会创造新的价值,因此,人们不会将对利润的追求转向这一领域。然而,正是在这一领域内,深埋着一个巨大的"利润源泉"——物流。物流领域的潜力被人所重视,被称为"第三个利润源"。

物流因其贯穿于生产和流通的全过程,所以合理、高效的物流能够通过企业的整个生产和流通结构的协调与完善带来巨大的利润。物流成为第三个利润源的理论的最初认识是基于两个前提条件:一是物流完全可以从流通中分化出来,自成一个系统独立运行、有本身的目标、本身的管理,因而能对其进行独立的总体的判断。二是物流和其他独立的经营活动一样,它不是总体的成本构成因素,而是单独的赢利因素,物流可以成为"利润中心"型的独立系统。

三个利润源注重生产力的不同要素:第一个利润源的挖掘对象是生产力中的劳动对象,第二个利润源的挖掘对象是生产力中的劳动者,第三个利润源则主要挖掘生产力中的劳动工具的潜力,与此同时又挖掘劳动对象和劳动者的潜力,因而更具有全面性。

(四)效益背反说和物流的整体观念

"效益背反"(Trade off)这一术语表明两个相互排斥而又被认为是同样正确的命题之间的矛盾。"效益背反"是物流领域中很普遍的现象,是物流领域中内部矛盾的反映和表现,是指物流的若干功能化和利益发生的同时,必然存在另一个或另几个功能要素的利益损失,反之亦如此。这是一种此长彼消、此盈彼亏的现象,虽然在许多领域中这种现象都是存在的,但在物流领域中,这个问题似乎尤其严重。它包括物流成本与服务水平的效益背反和物流各功能活动的效益背反。

(1)物流成本与服务水平的效益背反。物流成本与服务水平的效益背反可用图1-5表示。①一般来说,提高物流服务水平,物流成本即上升,它们之间存在着效益背反;②物流服务与物流成本之间并非呈现线性关系,也就是说,投入相同的成本并非可以得到相同的物流服务的增长。一般而言,当物流服务处于低水平阶段

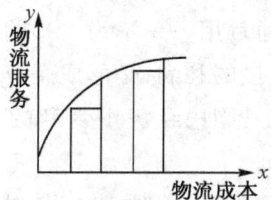

图1-5 物流成本与服务水平的效益背反

追加成本的效果较佳。

（2）物流各功能活动的效益背反。物流的各项活动处于这样一个相互矛盾的系统中：想要较多地达到某个方面的目的，必然会使另一方面的目的受到一定的损失，这便是物流各功能活动的效益背反。这有许多有力的实证予以支持，例如，包装问题，假定其他因素保持不变，那么包装方面越省，利润则越高。简化包装，虽可降低包装成本，但却由于包装强度的降低，运输和装卸的破损率会增加，且在仓库中摆放时亦不可堆放过高，降低了保管效率。显然，包装活动的效益是以其他损失为代价的。又如减少物流网络中仓库的数目并减少库存，必然会使库存补充变得频繁而增加运输次数。将铁路运输改为航空运输，虽然增加了运费，却提高了运输速度，不但可以减少库存，还降低了库存费用。

因此，物流系统就是以成本为核心，按最低成本的要求，使整个物流系统化。它强调的是调整各要素之间的矛盾，把它们有机地结合起来，使成本最小，以追求和实现部门的最佳效益。寻求解决和克服各功能要素的效益背反现象，只有将包装、运输、保管等功能要素有机联系起来成为一个整体物流，进而有效解决"效益背反"，追求总体效果，这是物流科学的一大发展。对这种总体观念的描述还有许许多多的提法，诸如物流系统观念、多维结构观念、物流一体化观念、综合物流观念等，都是这种思想的另一种提法或是同一思想的延伸和发展。

（五）物流成本中心说、利润中心说、服务中心说和战略说

物流成本中心的含义，是物流在整个企业战略中，只对企业流通活动的成本发生影响，不创造产品价值，物流是企业成本的重要产生点，因而，解决物流的问题，并不主要是为要搞合理化、现代化，也不主要在于支持保障其他活动，而主要是通过物流管理和物流的一系列活动降低成本。所以，物流成本中心既是指产品主要成本的产生点，又是指降低成本的关注点，物流是"降低成本的宝库"等说法正是这种认识的形象表述。

物流利润中心说（亦即"第三利润源"）的含义是，物流可以为企业提供大量直接和间接的利润，是形成企业经营利润的主要活动。物流供应链的衔接环节是当今产业整合和提升的关键所在——包括企业内物流和企业间的物流，而当物流的供应链整合能力达到一定的规模后才能称之为利润中心。对国民经济而言，物流也是国民经济创利的主要活动。

服务中心说代表了美国和欧洲等一些国家学者对物流的认识，它认为，物流活动最大的作用，并不在于为企业节约了消耗，降低了成本或增加了利润，而是在于提高企业对用户的服务水平，进而提高了企业的竞争能力。服务中心说认为服

务重于成本,通过服务质量的不断提高可以实现总成本的下降。因此,他们在使用描述物流的词汇上选择了"后勤"一词,特别强调其服务保障的功能。通过物流的服务保障,企业以其整体能力来压缩成本、增加利润。目前,在国内有关物流服务性功能的研究也是一个比较热的话题,有的从顾客满意度的角度,探讨物流服务的功能和作用以及衡量指标体系;也有的从客户关系的角度,研究客户关系管理在物流企业中的应用价值和方法。

物流战略说是当前非常盛行的说法,实际上学术界和产业界越来越多的人已逐渐认识到,物流更具有战略性,是企业发展的战略而不是一项具体的操作性任务。物流会影响企业总体的生存和发展,而不是在哪个环节搞得合理一些、省了几个钱。应该说这种看法把物流放在了很高的位置,应该站在战略的高度看待物流对企业长期发展所带来的深远影响。将物流与企业的生存和发展直接联系起来的观点,对提高企业的核心竞争力和促进物流的发展具有重要意义。物流规划是战略说的重要组成部分,此外战略投资、战略技术开发也是近几年企业发展现代物流的重要内容。

第三节　现代物流管理的发展

从物流概念产生以来,物流管理的内容和范围从销售物流扩展到整个供应链。近年来,随着经济全球化和信息技术的发展,企业物流呈现了一些新的发展趋势。这些趋势代表了当前物流发展的主要方向。

一、现代物流发展的共同趋势

从美国、欧洲、日本的物流发展情况来看,现代物流发展的趋势具有以下特征。

(一)物流技术高速发展,物流管理水平不断提高

国外物流企业的技术装备目前已达到相当高的水平,已经形成以信息技术为核心,以信息技术、运输技术、配送技术、装卸搬运技术、自动化仓储技术、库存控制技术、包装技术等专业技术为支撑的现代化物流装备技术格局。其发展趋势越来越表现为:

(1)信息化。广泛采用互联网技术、卫星定位技术(GPS)、地理信息系统(GIS)、射频标识技术(RFID)、条码技术(Barcode Technology,BCT)等。

(2)自动化。自动化仓库(又称自动仓储系统,Automated Storage and Retrieval

System，AS/RS)技术、自动引导小车(AGV)技术、搬运机器人(Robot System)技术等广泛应用。

(3)智能化。电子识别和电子跟踪技术，智能交通与运输系统(ITS)得到应用与推广。

(4)集成化。集信息化、机械化、自动化和智能化于一体。

(二)专业物流公司形成规模，共同配送成为主要配送形式

国外专业物流企业是伴随制造商经营取向的变革应运而生的。消费者对产品需求日益个性化，迫使制造企业采取多品种、少批量的生产方式，因而高频度、小批量的配送需求也随之产生。为了降低流通成本，提高运营效率，并将有限的资源和精力集中于自身的核心业务上，制造企业往往将物流配送外包，这形成了更大的物流市场，促进了专业物流公司的发展。目前，在美国、日本和欧洲等经济发达国家和地区，专业物流服务已形成规模，产生了一批像 UPS、FedEx、DHL、TNT、Maersk 等大型跨国物流企业。

共同配送是美国、日本等一些发达国家采用较广泛、影响面较大的一种先进的物流方式，它对提高物流运作效率、降低物流成本具有重要意义。从整个社会的角度来讲，实现共同配送主要有以下好处：减少社会车流总量，改善交通运输状况；通过集中化处理，有效提高车辆的装载率，节省物流处理空间和人力资源，共同配送不但可以最大限度地提高人、财、物、时间等资源的使用效率，降低成本，提高服务水平，还可以减少交错运输，减轻城市交通运输压力、保护环境等。

(三)物流企业向集约化、协同化、全球化方向发展

大力建设物流园区、物流企业大规模兼并与合作成为当今物流向集约化、协同化、全球化方向发展的主要表现。

物流园区是多种运输方式衔接、物流作业集中的地区，它将多种物流设施和不同类型的物流企业在空间上集中布局，是具有一定规模和多种服务功能的物流企业的集结点。物流园区将众多物流企业聚集在一起，实行专业化和规模化经营，发挥整体优势，促进物流技术和服务水平的提高，共享相关设施，降低运营成本，提高规模效益。

物流园区最早出现在日本东京，又称物流团地。日本从 1965 年起在规划城市发展的时候，政府从城市整体利益出发，为解决城市功能紊乱，缓解城市交通拥挤，减轻产业对环境的压力，保持产业凝聚力，顺应物流业发展趋势，实现货畅其流，在郊区或城乡边缘带主要交通干道附近专辟用地，确定了若干集约运输、仓储、市场、信息、管理功能的物流团地，通过逐步配套完善各项基础设施、服务设

施,提供各种优惠政策,吸引大型物流(配送)中心在此聚集,使其获得规模效益,对于整合市场、实现降低物流成本经营起到了重大作用,同时,减轻大型配送中心在市中心分布所带来的种种不利影响,成为支撑日本现代经济的基础产业。日本至今已建立 20 多个大规模的物流园区。在欧洲,物流园区又被称为货运村(A Freight Village)。

世界上各行业企业间的国际联合与并购,必然带动国际物流业加速向全球化方向发展,而物流业全球化的发展走势,又必然推动和促进各国物流企业的联合和并购活动。

(四)物流电子化的快速发展

物流电子化也可称为电子物流(E-Logistics)或物流信息化,它是指利用电子化的手段,尤其是利用互联网技术来完成物流全过程的协调、控制和管理,实现从网络前端到最终客户端的所有中间过程服务,其最显著的特点是各种软件与物流服务的融合应用。物流电子化的目的就是通过物流组织、交易、服务、管理方式的电子化,使物流商务活动能够方便、快捷地进行,以实现物流的速度、安全、可靠、低费用。

基于互联网络的电子商务的迅速发展,促进了电子物流(E-Logistics)的兴起。网络消费已经成为人们的一种重要的消费模式,在未来的消费活动中,这种模式所占的份额将越来越大。企业通过互联网加强了企业内部、企业与供应商、企业与消费者、企业与政府部门之间的联系沟通、相互协调、相互合作。这种网上的"直通方式"使企业能迅速、准确、全面地了解需求信息,实现基于客户订货的生产模式(Build to Order,BTO)和物流服务。

此外,物流电子化可以实现货物在线跟踪、投递路线的规划、物流调度以及货品检查等。可以说物流电子化已成为 21 世纪国外物流发展的大趋势。

(五)绿色物流将成为物流业发展的新方向

物流发展的同时也会给城市环境带来负面的影响,如运输工具的噪声、污染排放、交通拥挤等。为此,21 世纪对物流提出了新的要求,即绿色物流。绿色物流主要包含两个方面:一是对物流系统污染进行控制,即在物流系统和物流活动的规划与决策中尽量采用对环境污染小的方案,如采用排污量小的货车车型,近距离配送,夜间运货(以减少交通阻塞,节省燃料和降低排放)等。绿色物流的另一方面就是建立工业和生活废料处理的物流系统。

二、我国现代物流管理的发展历程

我国物流的发展,除了和我国的经济发展水平、经济结构、技术发展状况有关外,还与我国的经济体制改革进程有直接关系,大致可以划分为四个阶段。

(一)传统物流管理阶段(20 世纪 80 年代以前)

这一阶段受我国实行计划经济体制的影响,将生产划分为生产资料生产的行业(重工业)和生活资料生产行业(轻工业和农副业)两部分。与之相关的物流行业也被划分为生产资料流通行业(物资流通行业)和生活资料流通行业(商业)两部分。虽然各级政府在综合发展各种运输方式、合理布局物资储运点、保持合理库存、编制并不断修订主要物资的合理流向、提倡综合利用各种运输方式及发展联运等方面提出了多种政策措施,但总体上是按计划生产、储存和运输,实现计划分配与供应。物流活动的主要目标是保证国家指令性计划分配指标的落实,物流的经济效益目标被放在了次要位置,物流活动仅限于对商品的储存和运输,整体效益较低。管理上条块分割,生产、仓储、运输、销售各环节相互分离,物流服务的社会化是按照不同专业服务分门别类各自单独展开的形式存在的,它是一种最初始的物流社会化服务的供给形式。这一阶段还没有产生现代物流管理的概念。

(二)学习和引进现代物流阶段(20 世纪 80 年代至 90 年代初)

1978 年后,随着经济的改革和市场的开放,我国开始从计划经济向市场经济逐步过渡,经济运作从产品经济逐步向商品经济过渡。与此同时,物资分配体制、商品流通体制、交通运输体制也发生了重大变化,我国开始发展物流业。西方物流概念与物流管理思想引入中国,物流业开始受到重视并得到发展。物流业已逐步打破部门、地区的界限,向社会化、专业化的方向发展,物流业开始注重经济效益,物流活动看重系统运作,即考虑包括包装、装卸、流通加工、运输在内的物流系统整体效益,推出了仓库一次性作业、集装单元化技术、自动化立体仓库、各种运输方式综合利用和联合运输等系统应用形式,用系统思想对物流过程进行优化,使物流总费用最低。这是在传统物流服务阶段社会分工细化的基础上,通过产业融合而形成的一种综合性物流社会化服务的形式和阶段。物流行业呈现多元化、多渠道和多层次的复杂格局,明显地表现为传统物流行业向未来物流行业过渡的特征。国内在现代物流探索和初期实践的领域,取得了经验和教训;理论界和政府推动营造了现代物流的舆论;对物流以及与物流有关的专业进行了设置,确立了物流学科,造就了一批物流人才。

（三）现代物流起步阶段（20世纪90年代）

我国现代物流业于20世纪90年代开始有了较大发展。1993年中共十四届三中全会以后，我国加快了经济体制改革的步伐。科学技术的迅速发展和信息技术的普及应用，消费需求个性化趋势的加强，竞争机制的建立，使得我国的工业企业，特别是中外合资企业，不断对现代物流提出新的物流需求。这一时期，国内开始出现不同形式的具有现代意义的物流企业。一方面，原来的运输企业、仓储企业及批发贸易企业通过改革、改造和重组，向为顾客企业提供综合性物流服务的第三方物流服务商转变，它们依托原有的物流业务基础和在客户、设施、经营网络等方面的优势，通过不断拓展和延伸其物流服务，逐步向现代物流企业转化。例如，中外运集团、中国物资储运总公司、中国远洋运输集团等。另一方面，一批适应市场经济发展需要的新兴的专业化物流企业迅速成长，它们根据物流运作规律进行组织与管理。包括一批非公有制的物流企业、外商独资和中外合资的物流企业，如宝供物流、锦程物流、中外运敦豪（DHL）、大田物流等。

在现代物流企业不断涌现并快速发展的同时，多样化的物流服务形式也有了一定程度的发展。一方面，围绕货运代理、商业配送、多式联运、社会化储运服务、流通加工等物流职能和环节的专业化物流服务发展比较迅速。另一方面，正在起步的系统化物流服务或全程物流服务，即由物流企业为生产、流通企业提供从物流方案设计到全程物流的组织与实施的物流服务得到发展。这反映出我国物流服务向全社会集成的物流服务形式转变的特征。

中央和地方政府开始重视物流业发展，开始将物流业提升到战略地位进行规划。深圳市制定了我国第一个地区性的物流规划，而且明确现代物流是深圳市三个"重要支柱产业之一"，各地也纷纷为发展现代物流业出台政策措施。

（四）现代物流快速发展阶段（21世纪初至今）

21世纪以来，中国物流业总体规模快速增长，物流服务水平显著提高，发展的环境和条件不断改善，为进一步加快发展中国物流业奠定了坚实基础。我国现代物流进入快速发展期的主要标志是在全国进行大规模的、普遍的现代物流建设，取得以下几方面的重大进展：

（1）物流政策环境的建设。中央和地方政府相继建立了推进现代物流业发展的综合协调机制，出台了支持现代物流业发展的规划和政策。2001年国家经贸委等六部委出台《关于加快我国现代物流发展的若干意见》，2004年国家发改委等九部委又出台《关于促进我国现代物流业的发展的意见》，这些政策性文件是我国物流政策环境建设突破性的进展，标志着我国政府已经明确了在我国发展现代物流的方针政策。

（2）物流产业发展规划的制定。各级政府认识到物流对于推动经济发展、改善投资环境和提高地区经济和工商企业在国内外市场竞争能力的重要性,把发展现代物流作为经济腾飞的重要措施和经济发展的重要支柱。物流规划工作是这个时期极具特点的现代物流建设工作。包括北京、上海、天津、深圳等全国50多个省、直辖市、中心城市已经制定了物流规划并开始实施。各地都在改善投资环境,加强物流基础设施、物流中心和物流园区的建设,仓储、配送设施现代化水平不断提高,正在形成一批区域性物流中心。

（3）物流网络和物流平台的建设。物流基础设施条件逐步完善,交通设施规模迅速扩大。物流网络和物流平台建设正在大规模地展开并且达到了一定的规模,不仅重视在规模上"做大",而且注重完善网络平台的结构。例如,铁路、公路、水路线路的网络,在我国的东部和发达地区,已经完成了基本的布局,并迅速向全国尤其是西部地区推进。截至2013年年底,全国铁路运营里程已经达到10.3万公里,位居亚洲第一,世界第二,形成了"五纵四横"格局。今后还要完成"八纵八横"大通道铁路运输格局。高速公路网覆盖了全国70%以上城市总人口,建成了由"五纵七横"十二条线路组成的国道主干线。全国将形成"两横一纵两网十八线"的水路运输网。在水运资源较为丰富的长江水系、珠江水系、京杭运河与淮河水系、黑龙江和松辽水系及其他水系形成长江干线、西江航运干线、京杭运河、长江三角洲高等级航道网、珠江三角洲高等级航道网和18条主要干支流高等级航道的布局,构成我国各主要水系以通航千吨级及以上船舶的航道为骨干的航道网络。

受惠于国家信息化建设,物流信息平台建设进展迅速。远程、即时的通信和数据交换,货物静止和动态的识别,精确和便捷的定位,自动化和无人化的操作管理等实用信息技术已经能够支持现代物流的信息运作需求。

我们可以看到资源正在向物流领域明显倾斜:新建和翻牌了大量的各种类型的物流企业,几十亿、上百亿甚至上千亿的资本涌入物流领域。

（4）新兴的专业化物流企业和综合物流服务企业快速发展。我国物流业发展水平显著提高。一些制造企业、商贸企业开始采用现代物流管理理念、方法和技术,优化企业物流管理,实施流程再造和服务外包,改变传统物流模式,创造物流服务产业化的社会基础条件。传统运输、仓储、货代企业实行功能整合和服务延伸,加快向现代物流企业转型;一批新型的物流企业迅速成长,形成了多种所有制、多种服务模式、多层次的物流企业群体。很多企业在经历了向市场经济转型的剧痛后,重新定位,努力转变经营机制,在传统与现代的融合中提高服务,对客户提供不同的系列化物流服务,逐渐向多功能的现代物流方向发展。近年来国际上一些著名物流企业普遍看好我国物流市场,在我国许多地方开始建立物流网络及物流联盟,他们运用国际成功的物流服务经验,为客户提供完整的综合物流服务。物流成本呈下降趋势,促进了经济运行质量的提高。企业物流技术设备加快更新换代,物流信息化建设有了突破性进展。

(5)人才培养和技术创新等行业基础性工作取得明显成效。目前,许多高校开设物流相关专业的,清华大学、南开大学、同济大学、复旦大学、西南交通大学等名牌大学进入物流人才培养领域,标志着物流人才培养和物流学术进入中心发展局面。我国已经形成研究型、应用型和操作型物流人才的培养体系,部分高等院校设置了物流方向的研究生课程和学位教育,形成了一定规模的研究生教育系统。中国物流与采购联合会还建立了物流业的职业资格认证制度,例如物流师职业资格认证和采购师职业资格认证等,为满足现代物流业快速发展的需要奠定了人才基础。

三、现代物流管理的发展新趋势

近几年来,随着商务电子化环境的改善以及它所具备的巨大优势,商务电子化在短短的十几年中以惊人的速度在发展。商务电子化使产业间、行业间的分工模糊化,传统的业务模式和流通程序发生变化,行业内部的专业化分工进一步深化;由于打破了时空界限,传统的商圈被打破,客户一下子扩展到全国乃至全世界,形成真正意义上的国际化市场,使商业竞争更趋激烈。商务电子化改变了传统产业结构,同时也改变了物流业的发展。

随着商务事务处理信息化、多数生产企业柔性化、销售虚拟化以后,物流企业成了供应链中代表所有节点企业及供应商向用户进行实物供应的最集中、最广泛的供应者,是进行局域市场实物供应的唯一主体。物流已获得越来越多的重视。

(一)商务电子化对现代物流管理的影响

由于全球经济的一体化趋势,物流管理在商务电子化条件下正向全球化、网络化和信息化方向发展,使物资与生产要素在全球范围内以空前的速度自由流动。EDI技术与互联网的应用,使物流效率的提高更多地取决于信息管理技术;条码技术、POS系统等技术的普遍应用则提供了更多的、及时的需求和库存信息,使产品在各种需求层面上的流动更加容易和迅速。在这样的环境下现代物流管理产生了新特点,见图 1 - 6。

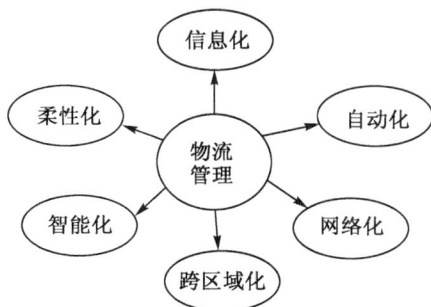

图 1-6 商务电子化给物流管理带来的影响

（1）物流管理信息化。物流管理信息化是商务电子化的必然要求。物流管理信息化表现为物流信息的商品化、物流信息收集的数据库化和代码化、物流信息处理的电子化和计算机化、物流信息传递的标准化和实时化、物流信息储存的数字化等。因此条码技术（Barcode Technology）、数据库（Database）、电子订货系统（Electronic Ordering System，简称 EOS）、电子数据交换（Electronic Data Interchange，简称 EDI）、快速反应（Quick Response，简称 QR）及有效的客户反应（Effective Customer Response，简称 ECR）、企业资源计划（Enterprise Resource Planning，简称 ERP）、物联网等在我国的物流管理中得到普遍的应用。物流信息化是物流现代化管理的基础，没有物流的信息化，任何先进的技术设施设备都难以应用于物流领域。

（2）物流配送管理自动化。尽管我国各行各业早已广泛使用互联网、移动电话等有线、无线传输技术，拓展其商业行为和行销、服务等活动，但是面向客户、直接将产品送到客户手中的物流配送管理却还是大量地依赖纸张作业，因此常会有抄写不清、输入错误的资料产生，进而影响到后续结账系统。因此，只有实现物流管理全面自动化，直至客户签收货物，才能真正发挥供应链管理系统（SCM）的功效。自动化的基础是信息化，核心是机电一体化，效果是省力化。另外，物流配送管理自动化还可以大幅提高物流作业能力，提高劳动生产率，减少物流作业的差错率等。物流自动化的技术设施设备很多，如条码、射频等自动识别系统，自动分拣系统，自动存取系统，自动导向车，货物自动跟踪系统等。

（3）物流配送网络化、系统化。商务电子化使得多品种、小批量已成为经济社会物流的典型特征，物流管理面临的问题是物流时间的延长、物流过程的复杂、物流成本的增加、库存管理和风险的不确定性。要缓解这些矛盾，唯一的途径是实现物流配送系统化和网络化。物流配送系统化的最显著趋势是物流配送网络化。物流领域网络化有两层含义：一是物流配送系统的信息网络化，包括物流配送中心与供应商或制造商的联系要通过计算机网络，另外，与下游顾客之间的联系也要通过计算机网络通信，比如物流配送中心向供应商提出订单这个过程，就可以用计算机通信方式，借助于增值网（Value-added Network，简称 VAN）上的电子订货系统（EOS）和电子数据交换技术（EDI）来自动实现。物流配送中心通过计算机网络收集下游客户的订货过程也可以自动完成。二是物流系统的网络化。商务电子化条件下的物流，已不仅是体现企业战略的"商务物流"，而是面向整个社会的"供应链物流"，进而在全球化市场的激烈竞争中形成多元化网络所必需的"全球物流"。网络销售要求将商品直接送到消费者家中，使传统的物流配送开始向消费末端延伸。网上的直接销售和服务要有专门的技术，各类送货系统、快递公司、运输公司、支付公司、信息服务机构等新型物流和中介机构呈现快速发展的态势。必须建立一体化配送网络，进行信息化改造，突破配送瓶颈。比如，台湾地区的电脑业是按照客户订单组织生产，生产采取分散形式，即将全世界的电脑资源都利用起来，采取外包的形式将一台电脑的所有零部件、元器件、芯片外包给世界各地的制造商去生产，然后通过合理的物流网络将这些零部件、元器件和芯片发往同一个物流配送中心进行组装，由该物流配送中心将组装的电脑迅速发给订户，这一过程需要有高效的物流网络支持，当然物流网络的基础是信息、信息网络。

物流配送的网络化是物流信息化的必然结果，是商务电子化下物流活动的主要特征之一。当今世界 Internet 等全球网络资源的可用性以及网络技术的普及为物流配送系统化、网络化提供了良好的外部环境，物流网络化不可阻挡。

（4）物流管理智能化。在商务电子化条件下，企业会更加突出"以顾客为中心"的理念，根据消费者需求变化来灵活调节生产工艺，物流的智能化已成为商务电子化下物流发展的新趋势。物流管理智能化是物流自动化、信息化的一种高层次应用，它应用于物流作业过程中的大量运筹与决策，如库存水平的确定、运输路径的选择、自动导向车的运行轨迹和作业控制、自动分拣机的运行、物流配送中心经营管理的决策支持等；以物流管理为核心，实现物流过程中运输、存储、包装、装卸搬运等环节的一体化和智能化。在物流自动化的进程中，物流智能化是不可回避的技术难题。智能信息获取技术、智能传递技术、智能处理技术、智能运用技术的发展，为实现物流管理智能化创造了有利条件。物流管理智能化促进了区域经济的发展和世界资源的优化配置，实现了物流社会化，提高物流现代化的水平。

（5）物流系统柔性化。柔性化原是生产领域为实现"以顾客为中心"而提出的，本质含义是适应变化的能力。在当代，个性化消费、网络销售成为趋势，大规模定制解决了规模生产与定制的矛盾，即以大规模生产的成本和速度，为单个客户和小批量多品种市场定制任意数量的商品,大规模定制更强调柔性化。柔性化要求物流系统在设备、设施、管理信息系统、组织结构、经营方式等方面对用户的要求有很强的适应性。

物流系统柔性化是指为了实现物流作业适应消费需求的"多品种、小批量、多批次、短周期"趋势,灵活地组织和实施物流作业。但要真正做到柔性化,即真正根据消费者需求的变化来灵活调节生产工艺,没有配套的柔性化的物流配送系统是不可能实现的。柔性化物流正是适应生产、流通与消费的需求而发展起来的新型物流模式。

(6) 物流配送跨区域化。商务电子化将整个世界联系在一起。电子商务的推广,加快了世界经济的一体化,因为商务电子化的跨时域性和跨区域性,要求其物流活动也具有跨区域或国际化特征。在 B to C 形式下,如 A 国的消费者在 B 国的网上商店用国际通用的信用卡购买了商品,若要将商品送到消费者手里,对于小件商品(如图书),可以通过邮购;对于大件商品,则需要快递公司完成交货。这些流通费用对于零散用户而言显然过高。如在各国成立境外分公司和配送中心,利用第三方物流,由用户所在国配送中心将货物送到用户手里,可大大降低流通费用,提高流通速度。同时,商务电子化也要有一定的销售渠道配合,不同的商品进货渠道和销售渠道可能不同。商品品种越多,进货渠道及销售渠道越复杂,进货渠道及销售渠道往往来自区域外的供应商,组织物流的难度就越大,成本也就越高。因此,需要进行跨区域的物流配送。

(二) 商务电子化下现代物流管理的发展新趋势

商务电子化是一次高科技和信息化的革命。它把商务、广告、订货、购买、支付、认证等实物和事务处理虚拟化、信息化,使它们变成脱离实体而能在计算机网络上处理的信息,又将信息处理电子化,强化了信息处理,弱化了实体处理。因此,现代物流管理的发展也随之出现新趋势。

(1) 第三方物流成为供应链的领导者。商务电子化必然导致产业大重组,其结果可能使得社会上的产业只剩下两类行业:一类是实业,包括制造业和物流业;一类是信息业,包括服务业、金融业、信息处理业等。在商务电子化环境里,物流企业既要把虚拟商店的货物送到用户手中,又要从生产企业及时进货入库。物流企业既是生产企业的仓库,又是用户的实物供应者。物流企业的地位会越来越强化,成为供应链节点企业的领导者和协调者。

商务电子化为第三方物流提供了空前发展的机遇,第三方物流将成为物流业的主要组织形式。商务电子化条件下一般企业不可能投资建设自己的全球配送网络,他们必须利用第三方物流,由用户所在国配送中心将货物送到用户手里,这样能够减少货物周转环节,大幅降低流通费用,提高流通速度。

(2)配送中心成为商流和物流的汇集中心。配送中心的产生实现了商流、物流在时间、空间上的分离,商贸企业可以不再拥有实际的存货和仓库,仅仅拥有商品的所有权,具体的物流则交给配送中心或物流中心处理。而在商务电子化条件下,物流配送中心又把二者有机地结合在一起。从事配送业务离不开物流、商流和信息流,其中信息流最为重要。实际上,商流和物流都是在信息流的指令下运作的。畅通、准确、及时的信息才能从根本上保证商流和物流的高质量与高效率。商务电子化使制造业与零售业把库存转移给了配送中心,配送中心成为整个社会的仓库。

(3)提供增值服务成为物流管理的主要目标。传统的物流的功能主要集中在运输、存储、装卸搬运、包装、流通加工、物流信息处理等功能。在商务电子化时代,物流发展到一体化、集约化阶段,它不单单是提供仓储和运输等传统服务,还必须按客户的需要提供其他增值服务。现代物流管理将通过综合从供应者到消费者供应链的运作,使物流达到最优化。作为一种战略概念,物流服务也是一种产品,而且是可增值的产品,其目的不仅是降低成本,更重要的是提供用户期望以外的增值服务,以产生和保持竞争优势。从某种意义上讲,物流服务是产品与信息从原料到最终消费者之间的增值服务。

商务电子化时代,物流的增值功能主要表现为:增加便利性的服务;加快反应速度的服务;集成供应链,降低供应链总成本的服务等。

(4)标准化成为物流管理的重要手段。物流是一个大系统,系统的统一性、一致性和系统内部各环节的有机联系是系统能否生存的首要条件。标准化是实现物流系统有效指挥、决策和协调的重要手段,物流标准化对物流成本、效益有重大决定作用。物流标准化能加快流通速度,保证物流质量,减少物流环节,降低物流成本,从而较大地提高经济效益。在商务电子化时代,物流的跨区域性、社会性、系统柔性、快速反应性等特征,进一步要求物流系统中各环节之间的无缝衔接。物流系统是一个后标准化系统,其各个主要环节(包装、运输、装卸搬运、储存)目前都有局部的标准化或与物流某一局部有关的横向标准化。但这些标准化之间缺乏协调性,不能形成物流系统纵向的标准化体系。目前,物流体系的标准化工作在我国处于初始阶段,标准化的重点在于通过制定标准规格尺寸来实现物流系统的贯通,取得提高物流效率的初步成果。

(5)物流系统合理化成为物流管理的基本原则。物流系统合理化,就是在物流系统化的基础上进行研究、规划、组织与管理,使整个物流过程最优化;以较低的物流成本、适当的数量、适当的质量、适当的时刻、适当的地点、适当的价格、最好的服务将物资送到各个使用地。在商务电子化条件下,物流的规模、影响更大,速度更快,环境更复杂,不确定性更大,环节更多,因此,物流管理更强调系统适用性和系统优化,需要对物流系统进行整体设计和管理,以最佳的结构、最好的配合,充分发挥其系统功能的效率,实现整体物流合理化。

1-1 云阅读

1-2 云阅读

1-3 云阅读

1-4 云阅读

1-5 云阅读

第二章　现代物流系统管理

第一节　现代物流系统及其构成

一、现代物流系统的概念与特点

（一）现代物流系统的概念

物流系统是指在一定的时间和空间里，由所需输送的物料和有关设备、输送工具、仓储设备、人员以及通信联系等若干相互制约的动态要素构成的具有特定功能的有机整体。20世纪90年代，全世界的制造者和分销商继续承受着各种压力，其中包括产品订单更小、更频繁，产品需求不断变化且更加用户化和服务价值升高等。经营者们必须使工厂的运行适应订单的混合、更短的订单周转时间和更高的生产能力，必须采取一定的策略来适应要求不断提高的库存管理、运行的柔性以及各种过程集成的程度。在供应链中集中对一些过程进行转移、结合或消除，使得工厂以及仓库的物流和信息流更加有效。在这些变化的要求下，现代物流技术从各个方面显示出一些新的发展趋势。互联网技术为现代企业接触更多的顾客创造了极其方便的条件，又向企业提出了新的挑战，即如何向如此之多的顾客有效地配送货物呢？如果要使网站商店对顾客的服务能力和效率高过现实世界的零售商店，关键在于网站商店的商品配送系统——现代物流系统。

现代物流系统是指以传统物流系统为基础，以现代科学技术和先进的科学理论为支撑的物流系统。现代科学技术包括硬技术和软技术两个方面。硬技术是指组织物资实物流动所涉及的各种机械设备、运输工具、仓储建筑、战场设施以及服务的计算机、通信设备网络，如集装系统机械制造技术、自动货架系统制造技术、旋转数码选址技术等；软技术是指为了组成高效率的物流系统而使用的系统工程技术、技术经济技术、价值工程技术和信息技术等。推动传统物流向现代物流转变的先进科学管理理论主要有供应链管理理论、集成化物流管理理论和物流管理整合理论，这些理论都对现代物流的产生和发展起到了巨大的推动和催化作用。

现代物流系统由半自动化、自动化以至具有一定智能的物流设备、计算机物流管理和控制系统组成。任何一种物流设备都必须接受物流系统计算机的管理控制,接受计算机发出的指令,完成其规定的动作,反馈动作执行的情况或当前所处的状况。智能程度较高的物流设备具有一定的自主性,能更好地识别路径和环境,本身具有一定的数据处理功能。

现代物流设备是在计算机科学和电子技术的基础上,结合传统的机械学科发展起来的机电一体化的设备。从物流系统的管理和控制来看,计算机网络和数据库技术的采用是整个系统得以正常运行的前提。仿真技术的应用使物流系统设计处于更高的水平。物流已经成为并行工程的基础和 CIMS 的组成部分。

物流系统技术是先进制造技术中的重要组成部分,从其广义内涵分析可以看出,它已从以前简单的物料搬运发展到今天的集机械设计、计算机科学、管理学和自动化控制技术等于一身的综合技术。

(二) 现代物流系统的特点

与传统物流系统相比,现代物流系统主要有以下几个特征。

1. 专业化与集成化相结合

物流技术的日新月异和分工的细化,导致了物流系统的专业化。尽管传统的物流系统里也存在分工,也有技术的应用,但是与现代物流相比,这种分工与技术力量显得非常薄弱。在现代物流系统中,分工非常详细,一个系统被分为若干子系统,子系统继续被分解,直至不能再被细分为止,例如,物流配送系统是物流系统的子系统,它又被分为配送计划、仓库管理、分拣、装卸、传输、包装、运输、客户管理子系统,其中的运输又被细分为车辆驾驶、信息反馈、卫星定位技术分系统。正是因为这样的高度专业化,才使得每项物流作业运作实现精确化与高效率化。

物流系统的集成化是指物流系统内不同的物流功能的集成。集成化能够导致物流系统的简化,以减少物流环节和物流作业量,从而降低物流成本,提高资源利用率和作业处理效率。MRP(物资需求计划)和 DRP(分销资源计划)的集成就是一个典型的例子,它可以实现企业内外数据的共享,节约企业资源,提高工作效率,产生更高的利润回报。

专业化从技术的角度实现了物流运作效率的提高,而集成化从经济的角度实现了资源的充分利用,提高了利润回报率。专业化为实现集成化打下了坚实的基础,集成化解决了由于专业化可能会造成系统冗繁复杂的后顾之忧。两者相辅相成、互为补充,共同提高了物流系统的现代化程度。

2. 自动化与网络化相结合

随着计算机水平的提高与物流技术软件的开发,现代物流系统已经由传统的以人为主导的系统变为以计算机网络为主导的高度自动化系统。库存水平的确定、运输路径的选择、自动导向车的运行轨迹,甚至一些物流配送中心的经营决策问题在现代物流系统中都能够实现自我运作,而不用烦琐复杂的人工来解决。随着机器人等相关技术成果的出现,现代物流系统逐步向智能化水平前进。智能化是物流自动化和信息化的一种高层次应用,是物流领域的又一大进步。

现代物流系统的网络化包括空间结构的网络化、逻辑结构的网络化和物流组织的网络化。空间结构的网络化包括物流配送网络、分销网络和计算机系统网络等,逻辑结构的网络化包括物流信息系统的功能结构、处理的逻辑结构的网络化等,物流组织的网络化保证了物流节点之间物流活动的系统性和一致性。现代物流系统的网络化能够提高系统的运作效率,充分利用系统资源,提高系统的稳定性。

自动化可以以网络化为平台和基础,网络化以自动化和智能化作为发展目标,两者相互配合,为打造高度现代化的物流体系提供支撑和保证。

3. 服务市场化和国际化

现代物流系统提供的服务更加市场化和国际化。市场化是指物流系统更加以市场为风向标,根据顾客的需求来生产和销售产品,无论是自营物流还是外包物流,都以"服务—成本"的最佳配合为总目标。国际化是现代物流的发展趋势。由于物资资料的生产和贸易发展已经越出了一国的界限,为其服务的物流也必然在世界范围展开。面对这种客观环境的变化和要求,现代物流系统也必须为此作出反应和调整,建立能够适应国际化生产和发展要求的现代化物流系统是现代物流国际化的必然选择。

4. 系统的高度柔性化

系统的柔性化反映了系统适应内外部环境变化的能力,现代化的物流系统应能够根据内外部环境的变化迅速作出反应,调整生产、订购和销售计划,以满足市场需求和减少环境的改变所造成的负面影响。柔性制造系统(FMS)、计算机集成制造系统(CIMS)、制造资源系统(MRP)、企业资源计划(ERP)以及供应链管理的概念和技术等都是建立柔性化物流系统的必备资源,这些概念和技术都要求根据需求组织安排生产活动、物流活动和销售活动,这大大有利于柔性化的实现。

二、现代物流系统的模式

一般地,物流系统具有输入、处理(转化)、输出、限制(制约)和反馈等功能,其具体内容因物流系统的性质不同而有所区别,如图 2-1[①] 所示。

---

① 资料来源:丁立言,张铎.物流基础[M].北京:清华大学出版社,2000:36.

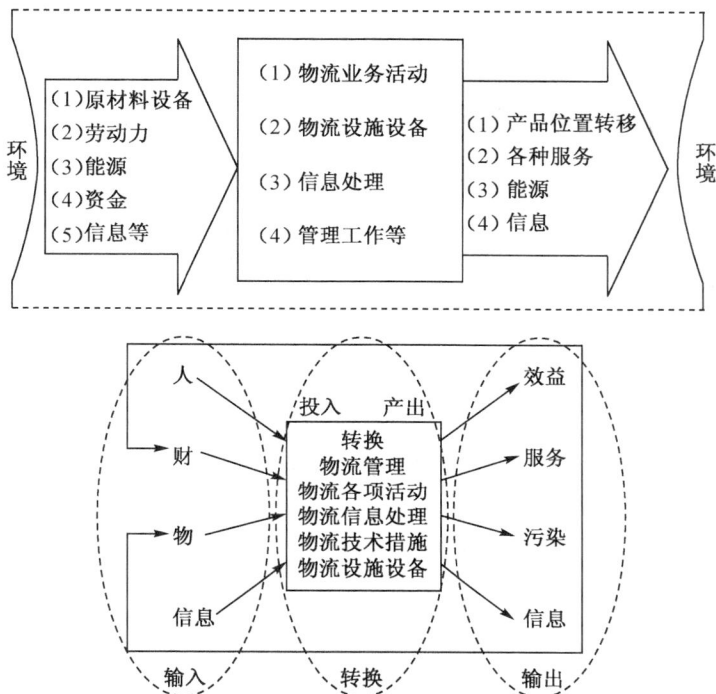

图 2 - 1　物流系统模式图

（1）输入。输入包括原材料、设备、劳力、能源等，就是通过提供资源、能源、设备、劳力等手段对某一系统发生作用，统称为外部环境对物流系统的输入。

（2）处理（转化）。处理（转化）是指物流本身的转化过程。从输入到输出之间所进行的生产、供应、销售、服务等活动中的物流业务活动称为物流系统的处理或转化。具体内容有：物流设施设备的建设；物流业务活动，如运输、储存、包装、装卸、搬运等；信息处理及管理工作。

（3）输出。物流系统的输出则指物流系统以其本身所具有的各种手段和功能，对环境的输入进行各种处理后所提供的物流服务。具体内容有：产品位置与场所的转移；各种劳务，如合同的履行及其他服务等；能源与信息。

（4）限制或制约。外部环境对物流系统施加一定的约束称为外部环境对物流系统的限制和干扰。具体有：资源条件，能源限制，资金与生产能力的限制，价格影响，需求变化，仓库容量，装卸与运输的能力，政策的变化等。

（5）反馈。物流系统在把输入转化为输出的过程中，由于受系统各种因素的限制，不能按原计划实现，需要把输出结果返回给输入，进行调整，即使按原计划实现，也要把信息返回，以对工作做出评价，这称为信息反馈。信息反馈的活动包

35

括：各种物流活动分析报告，各种统计报告数据，典型调查，国内外市场信息与有关动态等。

三、现代物流系统要素

物流系统要素是指物流系统所具有的基本能力，通过对这些基本能力的有效组合，便形成了物流系统的总体功能，能合理、有效地实现物流系统的总目标。

（一）物流系统的一般要素

物流系统的一般要素是物流系统的最基本要素，由三方面构成：①劳动者要素。劳动者要素是物流系统的核心要素，是建立一个现代化的物流系统并使它高效运转的根本。②资金要素。现代物质交换是以货币为媒介的，实现交换的物流过程，实际上也是资金流动的过程，物流服务本身也需要以货币为媒介，物流系统建设是资本投入的一大领域，离开资金这一要素，物流不可能实现。③物的要素。物的要素是指物流系统的劳动对象，即各种实物。无此要素，物流系统便是无的放矢。

（二）物流系统的功能要素

物流系统的功能要素由运输、储存、保管、包装、装卸搬运、流通加工、配送、物流信息处理和废旧物品的回收与处理等构成。

（1）运输功能要素。运输是物流的核心业务之一，在物流活动中处于中心地位，也是物流系统的一个重要功能。运输功能要素包括物流中的车、船、飞机等方式的运输，生产物流中的管道、传送带等方式的运输，解决了物质实体从供应地到需求地之间的空间差异，创造了物品的空间效用。运输的方式有很多种（如公路运输、铁路运输、船舶运输、航空运输、管道运输等），选择何种运输手段对于物流效率具有十分重要的影响。

（2）储存功能要素。储存是物流中的又一极为重要的职能，与运输构成物流的两大支柱，同处于中心位置，其他物流活动都是围绕着储存与运输进行的。储存不但缓解了物质实体在供求之间、时空之间的矛盾，创造了商品的时间效用，同时也是保证社会生产连续运行的基本条件。储存功能的作用主要表现在三个方面：①存储与保管物资，能完好地保证其使用价值；②调节供需矛盾；③调节物资运输能力。

（3）保管功能要素。保管功能要素包括堆存、保管、保养、维护等活动。对保管活动的管理，要求正确确定库存数量，明确仓库的功能是以流通为主还是以储备为主，合理确定保管制度和流程，对库存物品采取区别管理的方式，力求提高保管效率,降低损耗,加速物资和资金的周转。

(4)包装功能要素。包装功能要素包括产品的出厂包装,生产过程中在制品、半成品的包装以及在物流过程中换装、分装、再包装等活动。包装具有保护物品、便于运输、美化商品、促进销售等功能,它可以保护货物在运输、存储过程中免遭因冷热、干湿、碰撞和挤压等损害所造成的损失,使货物完好地运送到用户手中,还可以通过包装装饰形式取悦于消费者,达到促销的目的。

(5)装卸搬运功能要素。装卸搬运是伴随着运输和存储而产生的必要的物流活动,装卸搬运功能要素包括对输送、保管、包装、流通加工等物流活动进行衔接的活动以及在存储、保管等活动中为进行检验、维护、保养而进行的装卸搬运活动。装卸和搬运作业质量的好坏、效率的高低是整个物流活动的关键,也是顺利实现运输、储存等物流活动的基本保证。对装卸活动的管理,主要是确定恰当的装卸方式,力求减少装卸次数,合理配置及使用装卸机具,做到节能、省力、减少损失、加快速度,获得较好的经济效果。

(6)流通加工功能要素。流通加工功能要素又称流通过程的辅助加工活动,是在流通领域的生产过程中,对商品所作的辅助性加工。这种加工可以更有效地满足客户的需要、促进销售、弥补生产过程的加工不足、更好地衔接供需双方、更合理地利用资源。加工内容非常丰富,有装袋、定量小包装、配货、拣选、分类等,还有生产外延的流通加工,如打孔、折弯、组装、改装等。在物流过程中,流通加工同样重要,在提高运输效率、改进产品品质等方面,起着不可低估的作用。

(7)配送功能要素。配送功能要素是物流体系中的一种综合的、特殊的形式,是物流进入最终阶段,以配送、送货形式最终实现资源配置的活动。传统的物流将配送活动看成是运输活动中的一个组成部分,是短距离的运输,未将其作为独立的物流系统实现的功能,没有当作独立的功能要素对待。从实质上讲,配送作为现代物流的标志,又是整个物流活动的一个缩影,集经营、服务、库存、分拣、装卸搬运于一身,已不是简单的送货运输所能包含的。配送作业内容主要包括进货、搬运、储存、盘点、订单处理、拣货、补货、出货等。

(8)物流信息处理功能要素。随着物流全过程服务的发展,顾客对上述各项要素有关的活动计划、预测、动态(运量、收、发、存数)信息以及有关的费用、生产和市场信息等,无时限沟通的要求越来越强烈,对信息进行及时、有效的传递和处理也显得更加重要。现代物流也需要依靠信息技术才能保证物流体系的正常运作。信息是连接运输、储存、保管、包装、装卸搬运、流通加工、配送等各功能要素的纽带,同时一些诸如物价、市场、交易等商业信息也为物流的运作提供了依据。没有各个物流环节之间信息的通畅、及时传递和处理,也就没有物流活动的时间效率和管理效率,也就失去了现代物流的整体效率。由此可见,信息功能是物流活动顺畅进行的保障,是物流活动实现高效率、高效益的前提,也是现代物流企业的又一重要标志。

(9) 废旧物品的回收与处理。废旧物品的回收与处理是为了恢复物品价值、合理处置废旧物品和包装材料等,包括对生产和消费过程中的废弃物进行收集、分类、加工和处理,还包括对不合格的材料或残次品进行退货、包装品的回收利用以及其他原因造成的对产品的回收。具有不确定性、逆向性、处理费用高等特点。在节约社会资源、降低物料成本、提高企业形象、促进企业不断创新、增强企业竞争力等方面有着其他物流活动不可替代的优势。

(三) 物流系统的支撑要素

物流系统的建立离不开社会环境要素的支撑,尤其是处于复杂的社会经济系统中,要确定物流系统的地位,协调与其他系统的关系,这些要素都必不可少。主要包括以下内容。

(1) 体制与制度。物流系统的体制与制度决定了物流系统的结构、组织、领导和管理方式。管理方式以及系统的地位,是物流系统运行的重要保障。有了这个支撑条件,物流系统才能确立在国民经济中的地位。

(2) 法律法规。物流系统的运行,不可避免地涉及企业或个人的权益问题。法律法规一方面限制和规范物流系统的活动,使之与更大的社会系统协调;另一方面法律法规对企业或个人权益给予保障。合同的执行、权益的划分和责任的确定等,都要依靠法律法规进行维系。

(3) 行政命令。物流系统与一般系统不同之处在于,物流系统关系到国家、军事和经济的命脉,因此,行政命令等也常常是支持物流系统正常运转的重要支持要素。

(4) 物流系统标准化。标准化是保证物流系统中各个环节协调运行,保证物流系统与其他系统在技术上实现联结的重要支撑条件。

(四) 物流系统的物资要素

物流系统的建立和运行,需要大量的技术装备和基础设施,这些装备与设施的有机联系对物流系统的运行有着决定性意义。这些要素对物流系统的运行是必不可少的,主要要素有:

(1) 物流设施。物流设施是组织物流系统运行的基础条件,包括物流站、场、物流中心、仓库,运输线路,建筑、公路、铁路和港口等。

(2) 物流装备。物流装备是保证物流系统运行的条件,包括仓库货架、进出库设备、加工设备、运输设备、装卸机械等。

（3）物流工具。物流工具是物流系统运行的物质条件，包括包装工具、装卸工具、劳动工具、办公设备等。

（4）信息技术与网络技术。信息技术与网络技术是掌握和传递物流信息的主要技术，根据所需信息水平的不同，需要的技术与设备也不同，主要有通信设备及线路、传真设备、计算机及网络设备等。

（5）组织与管理。组织与管理是物流网络的"软件"，起着联结、调配、运用、协调和指挥其他各要素的作用，保障物流系统目标的实现。

四、现代物流系统的结构

现代物流系统是由各要素构成的。现代物流系统要素是指物流系统内各有机联系的、共同促进物流系统正常运行的构成部分。如前所述，物流系统是由包装、运输、仓储、装卸搬运、流通加工、配送、物流信息处理等环节及其相应的管理活动所组成的，这些环节也称为物流的子系统。系统的输入是各个环节所消耗的劳务、设备、材料等资源，经过处理转化，变成全系统的输出，即物流服务。整体优化的目的就是要使输入最少，即物流成本最低，消耗的资源最少，而作为输出的物流服务效果最佳。概括起来，现代物流系统由物流硬件系统、物流作业系统、物流管理系统、物流信息系统和输入、输出构成，其总体框架如图 2-2 所示。

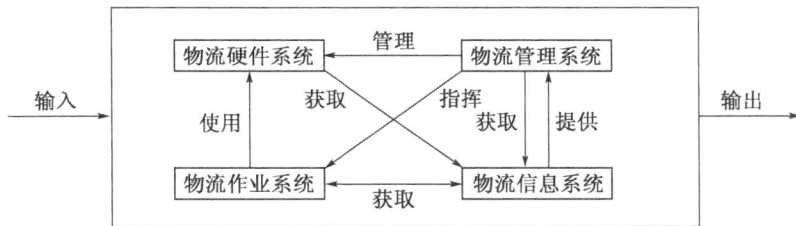

图 2-2 现代物流系统的总体框架

（一）现代物流硬件系统

现代物流硬件系统主要包括：①基础设施：公路、铁路、航道、港口、机场等。②运输工具：货运汽车、铁道车辆、货船、客货船、货机、客货机等。③物流中心（配送中心）：仓库、装卸搬运机具、仓储货架、托盘、货箱、自动化设施等。④信息技术及网络：通信设备及线路、传真设备、计算机及网络设备等。

（二）现代物流作业系统

现代物流作业系统是由物流的功能要素构成的，它包括包装、运输、仓储、装卸搬运、流通加工、配送等基本作业。

（三）现代物流管理系统

现代物流管理系统由管理组织、规章制度、业务流程、评价指标、经营活动和管理活动等要素构成。

（四）现代物流信息系统

现代物流信息系统可分为不同的层次：业务处理层、管理控制层、决策分析层、战略规划层。按照功能又可分为运输管理、仓储管理、库存控制、订单处理及统计分析。在整个物流系统中，物流作业系统要使用物流硬件系统，在物流管理系统的指挥下进行物流的具体作业，而物流管理系统指挥功能的有效发挥则完全得益于物流信息系统的信息提供。

第二节　现代物流系统的基本功能

一、运输

运输是指运输主体（人或者是货物）通过运输工具（或交通工具与运输路径），由甲地移动至乙地，完成某个经济目的的行为。因此，运输是一种"衍生的经济行为"，运输多半都是为了完成某些经济行为。

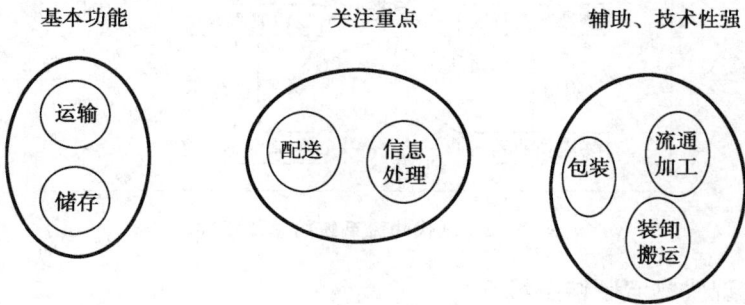

图 2-3　物流的七项功能要素

（一）运输的地位

（1）运输是物流的主要功能要素之一。按物流的概念，物流是"物"的物理性运动，这种运动不但改变了物的时间状态，也改变了物的空间状态。而运输承担了改变空间状态的主要任务，运输是改变空间状态的主要手段，运输再配以搬运、配送等活动，就能圆满完成改变空间状态的全部任务。

（2）运输是社会物质生产的必要条件之一。

（3）运输可以创造"场所效用"。场所效用的含义是：同种"物"由于空间场所不同，其使用价值的实现程度则不同，其效益的实现也不同。由于改变场所而最大限度发挥使用价值，最大限度提高投入产出比，这就称为"场所效用"。通过运输，将"物"运到场所效用最高的地方，就能发挥"物"的潜力，实现资源的优化配置。从这个意义来讲，也相当于通过运输提高了物的使用价值。

（4）运输是"第三利润源"的主要源泉。

（二）运输业务的组成

运输业务由两大部分组成：①设在铁路沿线、货物集散地、交通枢纽的大中城市的运输机构或中转站，通过铁路、公路、航空等运输方式，接受货主委托，代办商品运输和中转业务，亦称"代办运输业务"。②企业以自有工具为货主运输商品的业务，亦称"自营运输业务"。合理组织运输业务，必须遵循"及时、准确、安全、经济"的原则，健全各项手续制度和凭证传递程序，保证商品运输任务顺利完成。

二、仓储

"仓储"就是利用仓库存放、储存未即时使用的物品的行为。

（一）现代仓储在物流系统中的作用

（1）仓储的战略角色转变。仓储从长期储存原材料及产成品转变为以较短周转时间、较低存货率、较低的成本和较好的顾客服务为内容的物流目标。仓储能为原材料、工业货物和产成品产生时间效用。

（2）仓库在物流系统中起增加附加值的作用：①运输整合（减少成本）。对原材料，将零担（TCL）及拼箱（LCL）货物整合为整车（TL）及整箱（CL）运输；对产成品，接收整装货物，再将其分装为零担（TCL）及拼箱（LCL）货物运到各市场。②产品组合。按顾客的需要进行产品混装，高效地完成订单，也能将原料及半成品组合后整车由供应仓库运往工厂（可降低运输成本）。越库作业可实现产品组合作业，将刚到的货物经过适当的组合整理，转运到发货站台，载入正在等待的货车，驶向特定顾客。③服务。在顾客下达订单时就将货物按要求在仓库里准备好。④防范偶发事件。防范偶发事件，制定应急措施。⑤平稳化。使生产过程中的作业流程及后续阶段能平稳进行，同时进行科学预测。

（二）仓储系统的构成

从图2-4仓储中心模拟图中，可看出仓储系统由存储空间、货物、仓储设施设备、人员、作业及管理系统等要素构成。

（a）

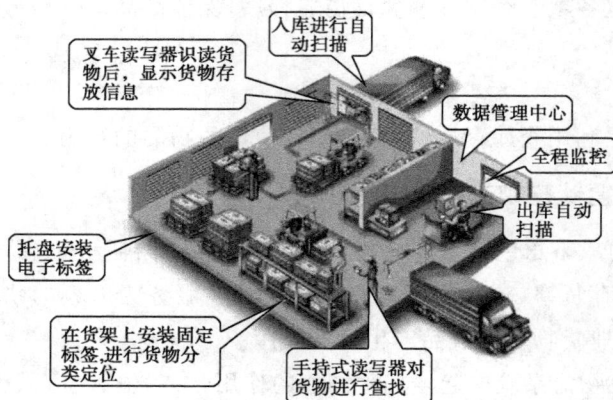

（b）

图 2-4 仓储中心模拟图

三、配送

（一）配送的定义

物流配送概念最早产生于日本,是英语"Delivery"的意译,本意是运送、输送、交货。后来配送的发展经历了多个阶段,研究学者在说明配送定义时,由于考虑的角度和内涵外延的不同,配送的定义也有所差异。日本日通综合研究所的《物流知识》将配送定义为:与城市之间和物流据点之间的运输相对而言,将面向城市内和区域内需要者的运输称为配送。日本工业标准将配送定义为:将货物从物流节点送交收货人。日本《物流手册》的定义是：从配送中心到顾客之间的物品的空间移动。美国物流界把配送定义为：实物配送这一领域涉及将制成品交给顾客的运输……实物配送过程，可以使顾客服务的时间和空间的需求成为营销的一个整体组成部分。《物流术语》（GB/T 18354—2021）将配送（Distribution）定义为：根据客户要求，对物品进行分类、拣选、集货、包装、组配等作业，并按时送达指定地点的物流活动。

综合以上各种说法，我们可以这样概括：配送是物流中一种特殊的、综合的活动形式，是商流与物流的紧密结合，包含了商流活动和物流活动，也包含了物流中若干功能要素；一般的配送集装卸、包装、保管、运输于一身，通过这一系列活动完成将货物送达的目的。

配送概念的内涵包括以下几点：

（1）配送提供的是物流服务，因此满足顾客对物流服务的需求是配送的前提。①由于在买方市场条件下，顾客的需求是灵活多变的，消费特点是多品种、小批量的，因此从这个意义上说，配送活动绝不是简单的送货活动，而应该是建立在市场营销策划基础上的企业经营活动。②单一的送货功能，无法较好地满足广大顾客对物流服务的需求，因此配送活动是多项物流活动的统一体。更有些学者认为配送就是"小物流"。只是比大物流系统在程度上有些降低和范围上有些缩小罢了。从这个意义上说，配送活动所包含的物流功能，应比我国的《物流术语》提出的功能还要多而全面。

（2）配送是"配"与"送"的有机结合。所谓"合理地配"是指在送货活动之前必须依据顾客需求对其进行合理的组织与计划。只有"有组织有计划"地"配"，才能实现现代物流管理中所谓的"低成本、快速度"地"送"，进而有效满足顾客的需求。

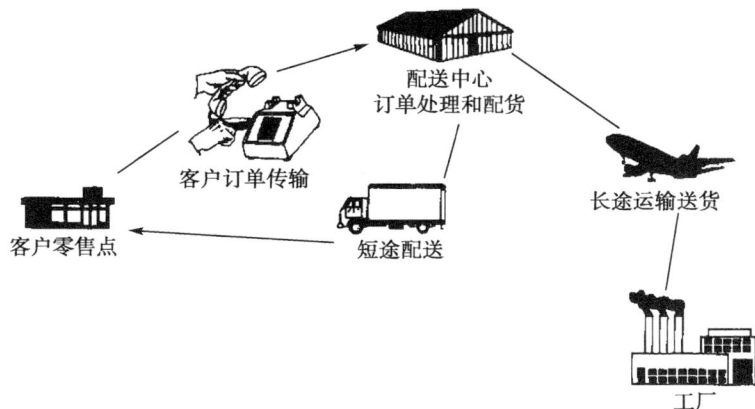

客户订单传输

配送中心
订单处理和配货

长途运输送货

客户零售点

短途配送

工厂

图 2－5　配送体系图

（3）配送是在积极合理区域范围内的送货。配送不宜在大范围内实施，通常仅局限在一个城市或地区范围内进行。

（二）配送与物流之间的关系

1. 从物流的角度来看配送与物流的关系

从物流来讲，配送的距离较短，它位于物流系统的最末端，处于支线运输、二次运输和末端运输的位置，即它是到最终消费者的物流。但是在配送过程中，也包含着其他的物流功能（如装卸，储存，包装等），是多种功能的组合，可以说配送是物流的一个缩影或在某些范围中物流全部活动的体现，也可以说是一个小范围的物流系统。一般的配送集装卸、包装、保管、运输于一身，通过这一系列活动完成将货物送达的目的。特殊的配送则还要以加工活动为支撑，所以包括的方面更广。但是，配送的主体活动与一般物流却有不同，一般物流是运输及保管，而配送则是运输及分拣配货。分拣配货是配送的独特要求，也是配送中有特点的活动，以送货为目的的运输则是最后实现配送的主要手段。从这一主要手段出发，人们常常将配送简化地看成运输的一种。

2. 从商流的角度来看配送与物流的关系

从商流来讲，配送本身是一种商业形式。虽然作为物流系统环节之一的配送在具体实施时，是应该以商物分离的形式实现的，但从配送的发展趋势看，商流与物流越来越紧密的结合，是配送成功的重要保障。前面提到的各种配送方式也可以说明这一点。

（三）配送的要素

1. 集货

集货，即将分散的或小批量的物品集中起来，以便进行运输、配送的作业。集货是配送的重要环节，为了满足特定客户的配送要求，有时需要把从几家甚至数十家供应商处预订的物品集中，并将要求配送的物品分配到指定容器和场所。集货是配送的准备工作或基础工作，配送的优势之一就是可以集中客户来进行一定规模的集货。

2. 分拣

分拣是将物品按品种、出入库先后顺序进行分门别类堆放的作业。分拣是配送不同于其他物流形式的功能要素，也是配送成败的一项重要支持性工作。它是完善送货、支持送货的准备性工作，是不同配送企业在送货时进行竞争和提高自身经济效益的必然延伸。所以，也可以说分拣是送货向高级形式发展的必然要求。有了分拣，就会大大提高送货服务水平。

3. 配货

配货是使用各种拣选设备和传输装置，将存放的物品按客户要求分拣出来，配备齐全，送入指定发货地点。

4. 配装

在单个客户配送数量不能达到车辆的有效运载负荷时，就存在如何集中不同客户的配送货物，进行搭配装载以充分利用运能、运力的问题，这就需要配装。跟一般送货不同之处在于，通过配装送货可以大大提高送货水平及降低送货成本，所以配装是配送系统中有现代特点的功能要素，也是现代配送不同于以往送货的重要区别之一。

5. 配送运输

配送运输是运输中的末端运输、支线运输，它和一般运输形态的主要区别在于：配送运输是较短距离、较小规模、额度较高的运输形式，一般使用汽车作为运输工具。与干线运输的另一个区别是，配送运输的路线选择问题是一般干线运输所没有的，干线运输的干线是唯一的运输线，而配送运输由于配送客户多，一般城市交通路线又较复杂，如何组合成最佳路线，如何使配装和路线有效搭配等，是配送运输的特点，也是难度较大的工作。

6. 送达服务

将配好的货运输到客户那里还不算配送工作的结束，这是因为送达货和客户接货往往还会出现不协调，使配送前功尽弃。因此，要圆满地实现运到之货的移交，并有效地、方便地处理相关手续并完成结算，还应讲究卸货地点、卸货方式等。送达服务也是配送独具的特殊性。

7. 配送加工

配送加工是按照配送客户的要求所进行的流通加工。在配送中，配送加工这一功能要素不具有普遍性，但它往往是具有重要作用的功能要素。这是因为通过配送加工，可以大大提高客户的满意程度。配送加工是流通加工的一种，但配送加工有不同于通常流通加工的特点，即配送加工一般只取决于客户要求，其加工的目的较为单一。

四、装卸搬运

（一）装卸搬运的概念

在同一地域范围内（如车站范围、工厂范围、仓库内部等）以改变"物"的存放、支承状态的活动称为装卸，以改变"物"的空间位置的活动称为搬运，两者合称装卸搬运。有时候或在特定场合，单称"装卸"或单称"搬运"也包含了"装卸搬运"的完整含义。

在习惯使用中,物流领域(如铁路运输)常将装卸搬运这一整体活动称为"货物装卸";在生产领域中常将这一整体活动称为"物料搬运"。实际上,活动内容都是一样的,只是领域不同而已。

在实际操作中,装卸与搬运是密不可分的,两者是相伴在一起发生的。因此,在物流科学中并不过分强调两者差别而是作为一种活动来对待。搬运的"运"与运输的"运",区别之处在于,搬运是在同一地域的小范围内发生的,而运输则是在较大范围内发生的,两者是量变到质变的关系,中间并无一个绝对的界限。

(二)装卸搬运的地位

装卸活动的基本动作包括装车(船)、卸车(船)、堆垛、入库、出库以及连接上述各项动作的短程输送,是随运输和保管等活动而产生的必要活动。在物流过程中,装卸活动是不断出现和反复进行的,它出现的频率高于其他各项物流活动。每次装卸活动都要花费很长时间,所以它往往成为决定物流速度的关键。装卸活动所消耗的人力也很多,所以装卸费用在物流成本中所占的比重也较高。以我国为例,铁路运输的始发和到达的装卸作业费大致占运费的20%左右,船运占40%左右。因此,若要降低物流费用,就要注重关注装卸这个重要环节。

此外,进行装卸操作时往往需要接触货物,因此,这是在物流过程中造成货物破损、散失、损耗、混合等损失的主要环节。例如,袋装水泥纸袋破损和水泥散失主要发生在装卸过程中,玻璃、机械、器皿、煤炭等产品在装卸时最容易造成损失。

由此可见,装卸活动是影响物流效率、决定物流技术经济效果的重要环节。

为了说明上述看法,列举几个数据如下:①据我国统计,火车货运以500公里为分歧点,运距超过500公里,运输在途时间多于起止的装卸时间;运距低于500公里,装卸时间则超过实际运输时间。②美国与日本之间的远洋船运,一个往返需25天,其中运输时间13天,装卸时间12天。③我国对生产物流的统计,机械工厂每生产1吨成品,需进行252吨次的装卸搬运,其成本为加工成本的15.5%。

(三)装卸搬运的特点

(1)装卸搬运是附属性、伴生性的活动。装卸搬运是物流每一项活动开始及结束时必然发生的活动,因而时常被人忽视,有时被看作其他操作时不可缺少的组成部分。例如,一般而言的"汽车运输",就实际包含了相随的装卸搬运,仓库中泛指的保管活动,也含有装卸搬运活动。

(2)装卸搬运是支持、保障性活动。装卸搬运的附属性不能理解成被动的,实际上,装卸搬运对其他物流活动有一定的决定性。装卸搬运会影响其他物流活动的质量和速度,例如,装车不当,会引起运输过程中的损失;卸放不当,会引起货物转换成下一步运动的困难。许多物流活动在有效的装卸搬运支持下,才能实现高水平运作。

(3)装卸搬运是衔接性的活动。在其他物流活动互相过渡时,都是以装卸搬运来衔接的,因而,装卸搬运往往成为整个物流的"瓶颈",是物流各功能之间能否形成有机联系和紧密衔接的关键,而这又是一个系统的关键。建立一个有效的物流系统,关键看这一衔接是否有效。比较先进的系统物流方式——联合运输方式就是着力解决这种衔接而实现的。

五、包装

(一)包装的定义

我国的国家标准《包装术语 第 1 部分:基础》(GB/T 4122.1—2008)对包装(Package,Packaging)明确定义为:为在流通过程中保护产品,方便储运,促进销售,按一定技术方法而采用的容器、材料及辅助物等的总体名称。也指为了达到上述目的而采用容器、材料和辅助物的过程中施加一定方法等的操作活动。

(二)包装的功能

1. 保护功能

包装的保护功能,即保护物品不受损伤的功能,它是包装的主要目的,主要体现在以下几个方面:①防止物资破损变形。为了防止物资的破损变形,物资包装必须能承受在装卸、运输、保管等过程中的各种冲击、振动、颠簸、压缩、摩擦等外力的作用,形成对外力的防护,并且具有一定的强度。②防止物资发生化学变化。为了防止物资发生受潮、发霉、变质、生锈等化学变化,物资包装必须能在一定程度上起到阻隔水分、潮气、光线以及空气中各种有害气体的作用,避免外界不良因素的影响。③防止有害生物对物资的影响。鼠、虫以及其他有害生物对物资有很大的破坏性。包装封闭不严,会给细菌、虫类造成侵入之机,导致物资变质、腐败,特别是对食品危害更大。④防止异物混入、污物污染、丢失、散失。

2. 便利功能

物资包装具有方便流通、方便消费的功能。在物流的全过程,物资所经过的流转环节,合理的包装会提供巨大的方便,从而提高物流的效果。物资包装的方便功能可以体现在以下几个方面:①方便物资的储存。从搬运、装卸的角度来看,物资出、入库时,在包装的规格尺寸、重量、形态上适合仓库内的作业,为仓库提供了搬运、装卸的方便;从物资保管角度上看,物资的包装为保管工作提供了方便条件,便于维护物资本身的原有使用价值。包装物的各种标志,使仓库的管理者易于识别、易于存取、易于盘点,有特殊要求的物资易于引起注意;从物资的验收角度上看,易于开包、便于重新打包的包装方式为验收提供了方便性。包装的集合方法、定量性,对于节约验收时间、加快验收速度也会起到十分重要的作用。②方便物资的装卸。物资经适当的包装后为装卸作业提供了方便。物资的包装便于各种装卸、搬运机械的使用,有利于提高装卸、搬运机械的生产效率。包装袋的规格尺寸标准化后为集合包装提供了条件,从而能极大地提高装载效率。③方便运输。包装袋规格、形状、重量等与货物运输关系密切。包装尺寸与运输车辆、船、飞机等运输工具箱、仓容的吻合性,方便了运输,提高了运输效率。

3. 销售功能

销售功能是促进商品销售的包装功能。在商业交易中,促进商品销售的手段很多,其中包装的装潢设计占有重要地位。优美的包装能唤起人们的购买欲望。包装的外部形体是商品很好的宣传品,对顾客的购买起着刺激的作用。

综上所述,包装的保护功能和方便功能是与物流密切相关的两大功能。销售功能是与商流相关的。改进包装的不合理性,发挥包装的作用,是促进物流合理化的重要方面,是日益被物流工作者重视的一个十分重要的领域。

六、流通加工

(一)流通加工的含义

在《物流术语》(GB/T 18354—2021)中,流通加工(Distribution Processing)被定义为:根据客户的需要,在流通过程中对产品实施的简单加工作业活动的总称。简单加工作业活动包括包装、分割、计量、分拣、刷标志、拴标签、组装、组配等。

流通加工是为了提高物流速度和物品的利用率,在物品进入流通领域后,按客户的要求进行的加工活动,即在物品从生产者向消费者流动的过程中,为了促进销售、维护商品质量和提高物流效率,对物品进行一定程度的加工。流通加工通过改变或完善流通对象的形态来实现"桥梁和纽带"的作用,因此,流通加工是流通中的一种特殊形式。随着经济增长,国民收入增多,消费者的需求出现多样化,促使在流通领域开展流通加工。目前,在世界许多国家和地区的物流中心或仓库经营中都大量存在流通加工业务,在日本、美国等物流发达国家则更为普遍。

(二)流通加工的功能

(1)克服生产和消费之间的分离,更有效地满足消费需求。这是流通加工功能最基本的内容。现代经济中,生产和消费在质量上的分离日益扩大和复杂。流通企业利用靠近消费者、信息灵活的优势从事加工活动,能够更好地满足消费需求,使少规格、大批量生产与小批量、多样性需求结合起来。

（2）提高加工效率和原材料利用率。集中进行流通加工,可以采用技术先进、加工量大、效率高的设备,不但可以提高加工质量,而且还可以提高设备的使用率和加工效率。集中进行加工还可以将生产企业生产的简单规格产品,按照客户的不同要求,进行集中下料,做到量材使用合理套裁,减少剩余料。同时,可以对剩余料进行综合利用,提高原材料的利用率,使资源得到充分合理的利用。

（3）提高物流效率。有的产品的形态、尺寸、重量等比较特殊,如过大、过重的产品不进行适当分解就无法装卸运输,生鲜食品不经过冷冻、保鲜处理,在物流过程中就容易变质腐烂等。对这些产品进行适当加工,可以方便装卸搬运、储存、运输和配送,从而提高物流效率。

（4）促进销售。流通加工对于促进销售也有积极作用,特别是在市场竞争日益激烈的条件下,流通加工成为重要的促销手段。例如,将运输包装改换成销售包装,进行包装装潢加工,改变商品形象以吸引消费者;将蔬菜、肉类洗净切块分包以满足消费者的要求;对初级产品和原材料进行加工以满足客户的需要,赢得客户信赖,增强营销竞争力。

（三）流通加工的产生原因

（1）流通加工的出现与现代生产方式有关。现代生产发展趋势之一就是生产规模大型化、专业化,依靠单品种、大批量的生产方法降低生产成本,获取规模经济效益,这样就出现了生产相对集中的趋势。这种生产规模的大型化、专业化程度越高,生产相对集中的程度也就越高。生产的集中化进一步引起产需之间的分离。产需分离的表现首先为人们认识的空间、时间及人的分离,即生产及消费不在同一个地点,而是有一定的空间距离;生产及消费在时间上不能同步,而是存在着一定的"时间差";生产者及消费者不是处于一个封闭的圈内,某些人生产的产品供给成千上万人消费,而某些人消费的产品又来自其他许多生产者。弥补上述分离的手段则是运输、储存及交换。近年来,人们进一步认识到,现代生产引起的产需分离并不局限于上述三个方面,这种分离是深刻而广泛的。第四种重大的分离就是生产与需求在产品功能上的分离。尽管"用户第一"等口号成了许多生产者的主导思想,但是,生产毕竟有生产的规律,尤其在强调大生产的工业化社会,大生产的特点之一就是"少品种、大批量、专业化",产品的功能（规格、品种、性能）往往不能和消费需要密切衔接。弥补这一分离的方法就是流通加工。所以,流通加工的诞生实际是现代生产发展的一种必然结果。

（2）流通加工不仅是大工业的产物，也是网络经济时代服务社会的产物。流通加工的出现与现代社会消费的个性化有关。消费的个性化和产品的标准化之间存在着一定的矛盾，使本来就存在的产需第四种形式的分离变得更加严重。本来，弥补第四种分离可以采取增加一道生产工序或消费单位加工改制的方法，但在个性化问题十分突出之后，采取上述弥补措施将会使生产及生产管理的复杂性及难度增加，按个性化生产的产品难以组织高效率、大批量的流通。所以，在出现了消费个性化的新形势及新观念之后，就为流通加工开辟了道路。

（3）流通加工的出现还与人们对流通作用的观念转变有关。在社会再生产全过程中，生产过程是典型的加工制造过程，是形成产品价值及使用价值的主要过程。再生产型的消费就其本质来看和生产过程一样，通过加工制造消费了某些初级产品而生产出深加工产品。历史上在生产不太复杂、生产规模不大时，所有的加工制造几乎全部集中于生产及再生产过程中，而流通过程只是实现商品价值及使用价值的转移而已。在社会生产向大规模生产、专业化生产转变之后，社会生产越来越复杂，生产的标准化和消费的个性化出现，生产过程中的加工制造常常满足不了消费的要求。而由于流通的复杂化，生产过程中的加工制造也常常不能满足流通的要求。于是，加工活动开始部分地由生产及再生产过程向流通过程转移，在流通过程中形成了某些加工活动，这就是流通加工。流通加工的出现使流通过程明显地具有了某种"生产性"，改变了长期以来形成的"价值及使用价值转移"的旧观念，这就从理论上明确了：流通过程从价值观念来看是可以主动创造价值及使用价值的，而不单是被动地"保持"和"转移"的过程。因此，人们必须研究流通过程中孕育着多少创造价值的潜在能力，这就有可能通过努力在流通过程中进一步提高商品的价值和使用价值，同时，以很小的代价实现这一目标。这样，就引起了流通过程从观念到方法的巨大变化，流通加工则适应这种变化而诞生。

（4）效益观念的树立也是促使流通加工形式得以发展的重要原因。20世纪60年代后，效益问题逐渐引起人们的重视。过去人们盲目追求高技术，引起了燃料、材料投入的大幅度上升，结果新技术、新设备虽然采用了，但往往是得不偿失。20世纪70年代初，第一次石油危机的发生证实了效益的重要性，使人们牢牢树立了效益观念，流通加工可以以少量的投入获得很高的效益，是一种高效益的加工方式，自然就获得了很大的发展。所以，流通加工从技术上来讲，可能不需要采用什么先进技术，但这种方式是现代观念的反映，在现代的社会再生产过程中起着重要作用。

（四）流通加工的特点

与生产加工相比较,流通加工具有以下特点:

(1) 从加工对象看,流通加工的对象是进入流通过程的商品,具有商品的属性,以此来区别多环节生产加工中的一环。流通加工的对象是商品,而生产加工的对象不是最终产品,而是原材料、零配件或半成品。

(2) 从加工程度看,流通加工大多是简单加工,而不是复杂加工。一般来讲,如果必须进行复杂加工才能形成人们所需的商品,那么,这种复杂加工应该专设生产加工过程。生产过程理应完成大部分加工活动,流通加工则是对生产加工的一种辅助及补充。特别需要指出的是,流通加工绝不是对生产加工的取消或代替。

(3) 从价值观点看,生产加工的目的在于创造价值及使用价值,而流通加工的目的则在于完善其使用价值,并在不做大的改变的情况下提高价值。

(4) 从加工组织实施看,流通加工的组织者是从事流通工作的人员,能密切结合流通的需要进行加工活动。流通加工由商业或物资流通企业完成,而生产加工则由生产企业完成。

(5) 从加工目的看,商品生产是为交换、为消费而进行的生产,而流通加工的一个重要目的是为消费(或再生产)而进行的加工,这一点与商品生产有共同之处。但是流通加工有时候也是以自身流通为目的,纯粹是为流通创造条件,这种为流通所进行的加工与直接为消费进行的加工在目的上是有所区别的,这也是流通加工不同于一般生产加工的特殊之处。

（五）流通加工的作用

(1) 提高原材料利用率。通过流通加工进行集中下料,将生产厂商直接运来的简单规格产品,按用户的要求进行下料。例如,将钢板进行剪板、切裁;将木材加工成各种长度及大小的板、方等。集中下料可以优材优用、小材大用、合理套裁,明显地提高原材料的利用率,有很好的技术经济效果。

(2) 方便用户。用量小或满足临时需要的用户,不具备进行高效率初级加工的能力,通过流通加工可以使用户省去进行初级加工的投资、设备、人力,方便了用户。目前发展较快的初级加工有:将水泥加工成生混凝土,将原木或板、方材加工成门窗,钢板预处理、整形等加工。

(3) 提高加工效率及设备利用率。在分散加工的情况下,加工设备由于生产周期和生产节奏的限制,设备利用时松时紧,使得加工过程不均衡,设备加工能力不能得到充分发挥。而流通加工面向全社会,加工数量大,加工范围广,加工任务多。这样可以通过建立集中加工点,采用一些效率高、技术先进、加工量大的专门机具和设备,一方面提高了加工效率和加工质量,另一方面还提高了设备利用率。

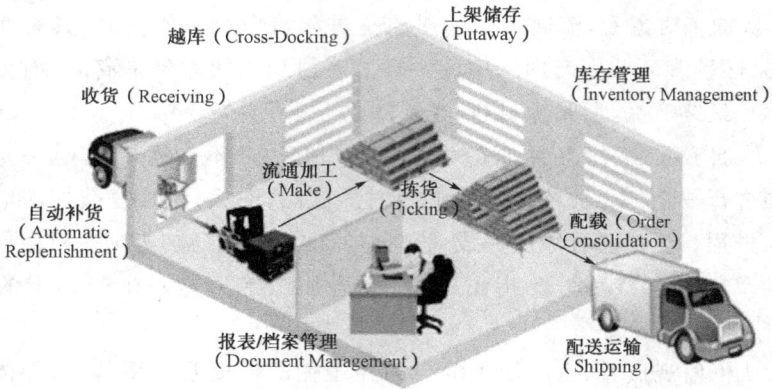

图 2 - 6 流通加工流程

(六) 流通加工的地位

流通加工在物流中的地位表现在以下几个方面:

(1) 流通加工有效地完善了流通。流通加工在实现时间效用和场所效用这两个重要功能方面,确实不能与运输和保管相比,因而,流通加工不是物流的主要功能要素。另外,流通加工的普遍性也不能与运输、保管相比,流通加工不是对所有物流活动都是必需的。但这绝不是说流通加工不重要,实际上它也是不可轻视的,它具有补充、完善、提高与增强的作用,能起到运输、保管等其他功能要素无法起到的作用。所以,流通加工的地位可以描述为:提高物流水平,促进流通向现代化发展。

(2) 流通加工是物流的重要利润来源。流通加工是一种低投入、高产出的加工方式,往往以简单加工解决大问题。实践中,有的流通加工通过改变商品包装,使商品档次升级而充分实现其价值;有的流通加工可将产品利用率大幅提高30%,甚至更多。这些都是采取一般方法以期提高生产率所难以做到的。实践证明,流通加工提供的利润并不亚于从运输和保管中挖掘的利润,因此我们说流通加工是物流业的重要利润来源。

(3) 流通加工在国民经济中也是重要的加工形式。流通加工在整个国民经济的组织和运行方面是一种重要的加工形式,对推动国民经济的发展、完善国民经济的产业结构具有重要意义。

分选加工

精制加工　　　　　　　分装加工

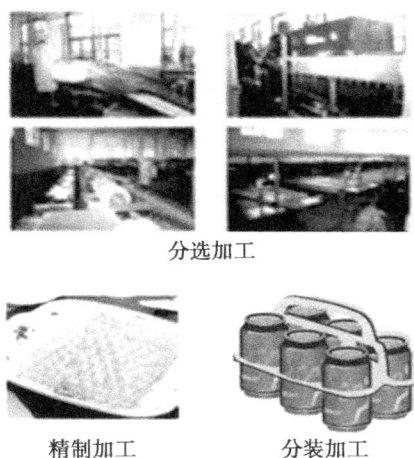

图 2-7　流通加工的种类

七、物流信息

(一)物流信息的含义

物流信息是指与物流活动(商品包装、商品运输、商品储存、商品装卸等)有关的一切信息。物流信息是反映物流各种活动内容的知识、资料、图像、数据、文件的总称。物流信息是物流活动中各个环节生成的信息,一般是随着从生产到消费的物流活动的产生而产生的信息流,与物流过程中的运输、保管、装卸、包装等各种职能有机结合在一起,是整个物流活动顺利进行所不可缺少的。从狭义的范围来看,物流信息是指与物流活动有关的信息。从广义的范围来看,物流信息不仅指与物流活动有关的信息,而且包括与其他物流活动有关的信息,如商品交易信息和市场信息等。

(二)物流信息的主要内容

物流信息包括伴随物流活动而发生的信息和在物流活动以外发生的但对物流有影响的信息。开展物流活动涉及面很广。第一,与商流的联系。由于货源来自商业购销业务部门,只有时刻掌握有关货源方面的信息,才能作出开展物流活动的安排;第二,与交通运输部门的联系。除部分的汽车短途运输外,运输工具是由铁路、航运和港务等部门所掌握,只有随时了解车、船等运输信息,才能使商品流通顺利进行。另外,在改革开放的过程中出现运输市场和仓储市场,需要做到知己知彼,要学习国内外在物流管理方面的有益经验。由此可见,物流信息不仅量大,而且来源分散,更多更广地掌握物流信息,是开展物流活动的必要条件。

1. 货源信息

货源的多少是决定物流活动规模大小的基本因素,它既是商流信息的主要内容,也是物流信息的主要内容。货源信息一般包括以下几方面的内容:①商业购销部门的商品流转计划、供销合同以及提出的委托运输和储存的计划和合同。②工农业生产部门的销售量的统计、分析以及提出的委托运输和储存计划和合同。③社会性物资的运输量、储存量分析以及提出的委托运输和储存计划和合同。根据以上三方面的货源信息分析,如果掌握的货源大于物流设施的能力,一方面要充分发挥物流设施的使用效能,挖掘潜力,尽最大可能满足货主需要;另一方面在制订物流计划和签订储运合同时,也可在充足的货源中作出有利的选择。反之,如果掌握的货源信息小于物流设施的运能,则要采取有力的措施,积极组织货源,以取得物流企业最大的经济效益。

2. 市场信息

直接的货源信息,是制订物流计划,确定月度、季度以至年度的运输量、储存量指标的基础,能达到现实的微观效果。但是为了从宏观上进行决策,还必须对市场动态进行分析,注意掌握有关的市场信息。因为市场是经常变化的,这些变化不仅会直接影响到委托单位所提运输计划和储存计划的准确性,更为重要的是,市场的变化趋势必须引起物流企业宏观上的思考,以利在制订远期计划时作出正确的决策。市场信息是多方面的,就其反映的性质来看主要有:①货源信息,包括货源的分布、结构、供应能力;②流通渠道的变化和竞争信息;③价格信息;④运输信息;⑤管理信息。

从广义上看,市场信息还包括社会上各物流行业的信息,也就是通常所说的行业信息。随着改革的深化,运输市场和仓储市场的形成,物流行业有了很大的发展,如城郊农村仓库发展迅速,社会托运行业的兴起,加上铁路、港务部门直接受理面的扩大等,这些行业的发展,不可避免地要吸引一部分货源。因此,了解同行的信息,对争取货源、决定竞争对策,同样具有重要意义。了解一些国外的同行信息,对正确进行货源分析也是有益的。行业的经营无论国内外,都有一定的共同规律。如过去商业物流部门一般是参照商业购销业务量的增长比例,来确定商品运输量的增长幅度的。前几年出现了购销量上升,而运输量下降的现象,是否属于正常现象,意见不一。经参考国外有关统计,也有类似的情况。通过研究分析,原因在于商品在向高、精、尖方向发展,商品的价值成倍增长,商品的重量和体积却由于技术的进步而日益轻巧。因此,在物流技术不断进步的情况下,无论在货源组织、运量分析等方面,还是在实现物流设施现代化方面,及时掌握国外等方面的有关信息,都将成为物流信息管理的重要内容。

3．运能信息

运输能力的大小与物流活动能否顺利开展有着十分密切的关系。运输条件的变化，如铁路、公路、航空运力和运量的变化，会使物流系统对运输工具和运输路线的选择发生变化。这些会影响到交货的及时性及费用的增加。在我国运输长期处于短线的情况下，尤其是如此。运能信息主要有以下几个方面：①交通运输部门批准的运输月计划，包括追加、补充计划的可能性；②具体的装车、装船日期，对接运商品，着重掌握到达车、船日期的预报和确报；③运输业的运输能力，包括各地船舶和车队的运输能力等。

运能信息对商品储存也有着直接的关系。有些待储商品是从外地运来的，要及时掌握到货的数量和日期，以利安排仓位；有些库存是待运商品，更要密切注意运能动态。为了改变我国交通运输的紧张状态，国家正在采取措施改变这一局面。了解今后交通运输的发展趋势和具体进度，对制定物流企业的远景规划和做出宏观决策，也是十分必要的。

4．企业物流信息

单就商业企业物流系统来看，由于商品在系统内各环节流转，每个环节都会产生在本环节内有哪些商品、每种商品的性能、状态如何、每种商品有多少、在本环节内在某个时期可以向下一环节输出多少商品以及在本环节内某个时期需要上一个环节供应多少商品等信息。所以企业物流系统的各子系统都会产生商品的动态信息。

（1）批发企业产生的物流信息。批发企业（或供应商）向零售企业物流系统发出发货通知。发货通知表明有哪些商品、有多少商品将要进入物流系统，所以供应商也是物流信息的来源。

（2）零售企业产生的物流信息。①零售企业营销决策部门下达采购计划向物流系统传递物流信息。这部分信息包括需要采购哪些原来没有采购的商品，采购多少；哪些商品不必再采购。这是零售商业企业在商品经营策略上发生变化时产生的物流信息。②零售企业物流系统产生的物流信息。零售企业每种商品的库存量及需要由配送中心供应哪些商品、供应多少、什么时候供应。

5．物流管理信息

加强物流管理，实现物流系统化，是一项繁重的任务，既要认真总结多年来物流活动的经验，又要虚心学习国内外同行对物流管理的研究成果。因此，要尽可能地多收集一些国内外有关物流管理方面的信息，包括物流企业、物流中心的配置、物流网络的组织以及自动分拣系统、自动化仓库的使用情况等等，同时借鉴国内外有益的经验，不断提高物流管理水平。

（三）物流信息的特征

在电子商务时代,随着人类需求向着个性化的方向发展,物流过程也在向着多品种、少量生产和高频度、小批量配送的方向发展,因此,物流信息在物流的过程中也呈现出很多不同的特征。和其他领域信息比较,物流信息特殊性主要表现在:

（1）由于物流是一个大范围内的活动,物流信息源也分布于一个大范围内,信息源点多、信息量大。如果在这个大范围内未能实现统一管理,则信息便缺乏通用性。

（2）物流信息动态性特别强,实时性高,信息的价值衰减速度很快,时效性强,这就对信息工作及时性要求较高。在大系统中,强调及时性,信息收集、加工、处理应速度快。

（3）物流信息种类多,不仅本系统内部各个环节有不同种类的信息,而且由于物流系统与其他系统,如生产系统、销售系统、消费系统等密切相关,因而还必须收集这些类别的信息。这就使物流信息的分类、研究、筛选等难度增加。不同类别的物流信息还有一些不同特点,例如,物流系统产生的信息,由于需要向社会提供,因而收集的信息力求全面、完整。而收集的其他系统信息,则要根据物流要求予以选择。

（4）物流信息趋于标准化。现在,企业间的物流信息交换基本采用 EDI 标准,然而企业内部物流信息却拥有各自的数据标准。随着 XML 技术的成熟,企业物流信息系统内外部信息标准可以统一起来,企业物流信息系统的开发简化了,功能也更强大了。

（四）物流信息的功能

在整个物流系统的运行过程中,物流信息主要有以下几方面的功能:

（1）衔接功能。物流系统与社会经济运行中的许多行业、部门以及众多的企业群体之间有着十分密切的关系,无论是物流系统内部的各种指令、计划、数据、报表等,还是其他的方方面面,都依靠物流信息建立起各种纵向和横向的联系,衔接生产企业、批发商、零售商、消费者,满足各方面的需要。

（2）交易功能。商品交易过程中的大多数操作都是通过物流信息来完成的,物流信息的交易功能主要表现为记录订货内容、传递库存计划、用户信息查询等。交易功能是物流信息功能的最基本体现。

（3）控制功能。物流信息的控制功能通过合理的指标体系来评价和鉴别各种方案，对于提高企业的物流服务水平和资源利用率都有重要作用，该功能强调了信息的控制力度。

（4）决策功能。大量的物流信息能使管理人员掌握全面情况，协调物流活动，通过评估、比较和"成本—收益"分析，做出最有效的物流决策。有效利用物流信息，也有助于物流企业正确制定物流发展战略。

（五）物流信息的作用

对物流活动来说，物流信息承担着类似神经细胞的作用。在制订物流战略计划、进行物流管理、开展物流业务、制定物流方针等方面都不能缺少物流信息。

1. 物流信息在物流计划阶段中的作用

长期的物流战略计划和短期的物流战略计划的制订，关键在于是否有正确的内部信息和外部信息。如果缺乏必要的信息，或信息的准确性不高，计划就无法做出，甚至会做出脱离实际的计划决策。可以说信息不畅，会造成物流活动的混乱，对于整个物流计划的决策来说，缺乏信息或信息不可靠，将会造成全局性的失误。

物流信息在建立长期战略计划的模型和掌握本期实绩的计算中以及在计划和实绩的对比中发挥着重要作用。在物流预算方面，物流信息在预算的制定以及通过预算和实绩的对比来控制预算等方面也起着重要作用。物流信息在订货、库存管理、进货、仓库管理、装卸、包装、运输、配送等具体物流环节的计划阶段，如安排物流据点，决定库存水平，确定运输手段，找出运输计划、发运计划的最佳搭配等方面都发挥着重要作用。

2. 物流信息在物流实施阶段中的作用

（1）物流信息是物流活动的基础。信息是商业企业组织物流活动的基础。在商业物流系统中各子系统是通过商品运输紧密联系在一起的，一个子系统的输出就是另一个子系统的输入。要合理组织商业企业物流活动，使运输、储存、装卸、包装、配送等各个环节做到紧密衔接和协作配合，需要通过信息予以沟通，商业物流才能通达顺畅。在发运商品时，必须首先掌握货源的多少，了解运量、运能的大小，才能加强车船的衔接工作。离开了车船和运力的正确信息，就无法准确、及时地把商品发运出去。在安排商品储存时，必须掌握进仓商品的数量、品种以及商品的重量、体积等信息，同时要了解各仓库的空余仓位的情况，才能做到合理使用仓容，发挥仓库的使用效能。在组织装卸活动时，只有了解到商品的品种、数量、到货方式以及商品的包装状况，才能做到及时装卸。如果缺乏这些方面的信息，不但不能做到及时装卸，还会因商品体积过大，装卸机构不能适应而造成无法进仓、影响发运的被动局面。为了使商业企业的物流活动正常而有秩序地进行，必须保证物流信息畅通。物流信息的任何阻塞都将导致物流混乱，严重影响商业企业物流系统的效率。同时，信息也是物流控制的手段。在商业物流系统中，应该使商品库存保持适当的规模。规模过大，占压的流动资金过多，不利于资金周转；规模过小，既不能充分享受价格折扣，又不利于满足零售店的需要。为了使商品保持适当的水平，要利用市场信息、销售信息、库存信息、供应信息等信息控制物流规模，使物流系统对企业的供应保障及时，费用又低。因此，组织商业物流活动必须以物流信息为基础，一刻也离不开物流信息。为使商业物流活动正常而有规律地进行，必须时刻了解物流信息，物流信息的任何延误或阻塞，都将造成商业物流的混乱局面，严重影响商业物流系统的社会效益。

（2）物流信息是进行物流调度指挥的手段。对物流的管理是动态的管理，联系面广，情况多变，因此在物流活动中，必须加强正确而又灵活机动的调度和指挥。而正确的调度和指挥，又在于正确有效地运用信息，使物流活动进行得更为顺利。同时，还必须利用信息的反馈作用，通过执行过程中产生的信息反馈，及时进行调度或作出新的决策。

3. 物流信息在物流评价阶段的作用

物流信息在物流评价阶段的作用是很大的。物流评价就是对物流"实际效果"的把握。物流活动地域性广泛，活动内容也丰富多彩。为了把各种物流活动维持在合理的状态，就应该制定一个"范围"，即要形成系统和规定处理的标准。然而，只制定"范围"并不能保证其合理性，还需要经常检查计划和效果，对差距大的地方加以修正。正是这样反复循环，才使物流进入更合理的状态。

然而，由于物流活动的地域范围广泛，活动内容繁多，对物流的效果也很难控制，因此，只有掌握物流活动的全部结构，才能作出正确的评价。这种结构不用说就是信息系统。比如订货处理系统，由于是以日或月为单位，甚至隔一段时间就要输出必要的数据，日常控制使最终的评价水准得到提高。因此，物流信息系统必须以物流管理在所有方面发挥的作用为目标。可以说，充分认识到"信息支持物流"是非常重要的。

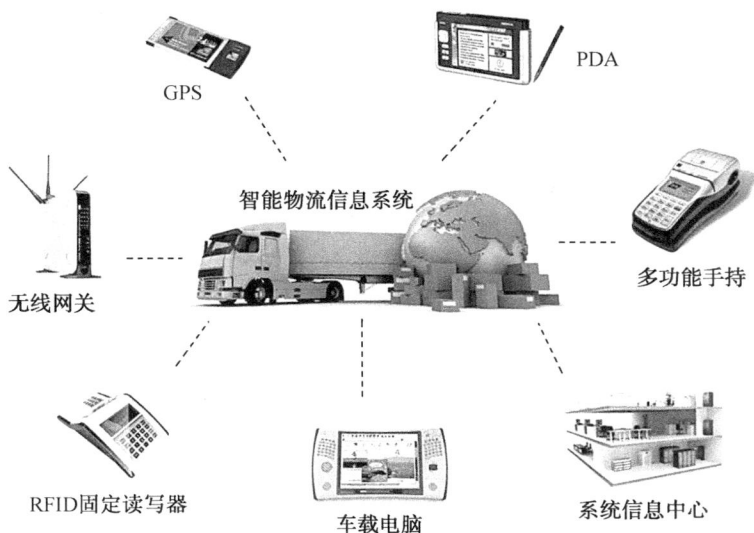

图 2-8　智能物流信息系统

第三节　现代物流系统管理的基本原理

一、现代物流系统目标整体化原理

（一）现代物流系统目标整体化原理概述

现代物流从系统的角度统筹规划一个企业整体的各种物流活动,处理好物流活动与商流活动及企业目标之间、物流活动与物流活动之间的关系,不求单个活动的最优化,但求整体活动的最优化。

当今商品市场的革新与变化,如商品生产周期的缩短、顾客要求高效且经济的输送、商品流通地域的扩大等,在这种状况下,如果企业物流仅仅追求"部分最优"或"部门最优",将无法在日益激烈的企业竞争中取胜。从原材料的调达计划到向最终消费者移动的物流运动等各种活动,不仅是部分和部门活动,而且是将各部分和部门有效结合起来的活动。也就是说,现代物流所追求的费用、效益观,是针对调达、生产、销售、物流等全体最优而言的。在企业组织中,以低价格购入为主的调达理论,以生产增加、生产合理化为主的生产理论,以追求低成本为主的物流理论,以增加销售额和市场份额扩大为主的销售理论等理论之间仍然存在着分歧与差异,跨越这种分歧与差异,力图追求最优的正是现代物流理论。例如,从现代物流管理观念来看,海外当地生产的集约化,虽然造成了输送成本的增加,但是由于这种生产战略有效降低了生产成本,提高了企业竞争力,因而它是可取的。

应当注意的是,追求全体最优并不是可以忽略物流的效率化,物流部门在充分知晓调达理论、生产理论和销售理论的基础上,在强调全体最优的同时,应当与现实相对应,彻底实现物流部门的效率化。即物流目标系统化是按照物流系统整体最优的原则,对物流系统内部要素互相冲突,或者虽然不冲突但需要互相配合的目标进行权衡、选择和协调,最后确定能够实现物流系统整体最优的物流系统整体目标和物流系统要素目标,并实现这些目标的过程。

根据物流系统中的子系统或要素的三种存在方式,可以将物流系统内部各子系统分为四个不同层次,即本级系统、上级系统、同级系统、下级系统。

第一,本级系统。当事人的立足点和出发点为系统最大边界的最底层系统就是本级系统。当我们分析物流系统时,总是要以一个物流系统为出发点和参照物。

比如一个公司的总经理总会以该公司为出发点来考虑问题,他不能只考虑公司的生产部门、销售部门或者财务部门,他必须把所有的经济部门都考虑在内,因为这都是他的管辖范围,他在这个范围内行使职权。承担责任,他必须使所有的业务部门协调配合。

公司的物流总监会将他所管辖的物流范围作为考虑问题的立足点,他不能只考虑如何将商品运抵销售地点,也不能只考虑如何将商品库存降到最低,因为仓储和运输等都是物流总监管辖的范围,他的职责应该是使运输、库存等功能互相配合。如果商品能够快速运送到销售地点,但库中经常缺货,或者库存经常大量积压,这说明物流总监的管理出了问题,所以物流总监必须对他职责范围内的所有物流环节精心协调和权衡。

从上面的例子可以看出,公司总经理和物流总监关心的范围不同,公司总经理主要关心的是物流如何与生产、销售、财务等业务配合。物流总监主要关心的是如何完成公司总经理对于他这个物流部门下达的任务,即他主要关心物流所涉及的各个环节的配合和协调。公司总经理将整个公司作为本级系统,物流总监将公司内部的物流系统作为本级系统。

第二,上级系统。即包含本级系统且仅比本级系统高一个层次的系统。本级系统的目标由上级系统确定。上级系统对于本级系统的要求是本级系统寻求最优目标的约束条件。上级系统和本级系统之间的关系是上下级行政约束与被约束关系,它们是由企业内部的行政等级确定的。在上例中,公司总经理的本级系统就是物流总监的上级系统。

第三,同级系统。即在本级系统和上级系统之间,与本级系统平行的其他系统。这些平行的其他系统是本级系统运行的内部环境,本级系统与其之间的关系是协调、配合、竞争的关系,而不是上下级关系,是同级关系。这种同级关系由企业内部的行政等级制度确定。在上例中,物流总监的本级系统是他所负责的那个物流系统,其中可能还包括运输、储存、装卸、包装等要素,公司还有其他的本级系统,比如财务总监、生产与运作总监等负责管理的财务本级系统、生产本级系统等,物流总监不能超越他自己的物流本级系统这个范围去管理财务总监、生产与运作总监负责的其他同级系统,但是,公司的本级系统要求物流本级系统制定的目标与其他同级系统制定的目标相衔接和配合。

第四,下级系统。即包含在本级系统内且仅比本级系统低一个层次的系统。它们是本级系统内部的元素,下级系统与本级系统之间的关系同本级系统与上级系统的关系一样,是上下级关系,由企业内部行政等级制度决定,本级系统确定的目标是下级系统目标的约束条件。这体现了利用企业行政体制进行业务治理的效率。

物流系统的层次关系如图2-9所示,从图中可以看出物流系统的复杂层次关系。

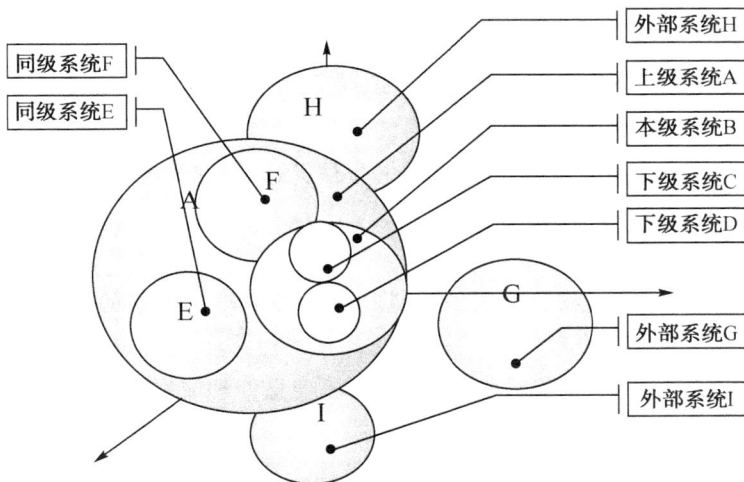

图2-9　物流系统的层次

(二)物流系统的目标

1.物流系统的共同目标

物流系统的上级系统可以是一个市场,可以是一条供应链,可以是一个企业,可以是各企业内部的一个部门,可以是更小的物流作业单元,也可以是更大的物流系统。表面上看,它们要实现的目标很不相同,很难用同样的指标来衡量。但是,既然它们都是物流系统,尽管它们的规模或大或小,功能或专或全,从物流系统的本质特征上讲,它们是在共同的目标下集成起来的,因此,都有着共同的目标,我们可以将这些共同目标归纳成5个方面:①提供客户需要的服务,即在恰当的时间,将恰当数量、恰当质量的恰当商品送到恰当的地点;②提供系统所需要的服务水平的同时,使系统的总成本最小;③服从企业的总体政策;④最大限度地利用资源,使企业投资保持在合理水平;⑤促进企业长期发展。其中,很多学者都认为,物流系统最重要的目标是第一个和第二个。

2. 物流系统的服务目标

物流系统的服务目标包括很多方面。从各个最底层的下级系统,一直到最顶层的上级系统,各个层次的物流系统都有自己的服务目标,其中下级系统的服务目标由它的直接上级系统服务目标决定。从一个企业的物流系统中最底层的下级物流系统来看,比如在铁路运输的发货作业环节,服务目标是:①降低或者消除发货品种、规格、数货、地点、时间、单证等方面的差错;②缩短集货,组配、装货、填制和签发有关发货凭证的时间;③发货方和承运方关系融洽、配合默契、责任明确;④及时与收货方联系,并尽可能通过 EDI 方式或其他电子方式提供完整的发货凭证和文档,以便收货等。

从最顶层的上级物流系统来看,比如,考虑一个制造商,它的最顶层的物流服务目标是:①及时满足生产线对原材料的需要;②半成品必须方便存取,产成品必须及时运出;③为生产计划部门及时提供库存、运输资源状况信息,并在需要这些资源的时候立即满足这些需求等。

3. 物流系统的成本目标

物流系统的成本由物流系统中提供物流服务的功能要素的成本组成。主要成本有运输成本和仓储成本,企业通常还会有其他许多相关物流成本发生,比如装卸搬运成本、包装成本、流通加工成本、物流信息处理成本以及其他一些增值服务成本等。物流成本的形态非常复杂,至少可以分为以下几种情况:①有些成本发生在本级系统以外,或者不由本级系统承担。比如,在供应商承担送货费用的情况下,经销商就不知道这些商品已发生了多少物流费用。②有些成本虽然由本级系统承担,但是并不能独立地计算出来。比如,在采取合装整车发运的情况下,到目前为止也无法准确地计算出每一种商品的实际物流成本;再比如,物流信息处理成本也是无法准确计算的。

(三)物流目标系统化方法

对于复杂的物流系统来说,目标优化是一件很难的事情。因为,系统要素很多,系统要素的层次也多,同一层次的要素目标和不同层次的要素目标都要优化,如果不采用一种科学的思路和方法是无法实现目标优化的。现有的文献关于物流目标系统化方法的研究成果比较少,但是管理学、运筹学还是为我们提供了不少可以借鉴的方法,它们都可以用来进行物流目标优化,包括目标管理法、总成本分析法、重要业绩衡量指标分析法、目标规划法等。

1. 目标管理法

目标管理法(Objective Management)是管理学中一种成熟的管理方法,哈罗德·孔茨和海因茨·韦里克在《管理学》(第九版)中详细地分析了目标管理的层次与网络、目标管理的系统方法、目标管理的过程、目标的设置准则以及目标管理的优势和劣势分析。目标管理法建议采用自上而下和自下而上的方式制定目标,并且强调目标应该进行动态调整。这些都是制定物流系统目标时应该遵循的。

2. 总成本分析法

总成本分析法(Total Cost Approach)是 1956 年美国一份研究航空运输经济学的报告首次提出的概念,该报告试图解释采用航空运输这种高成本运输方式的合理性。报告指出,总成本指完成一项特定物流任务所需要花费的所有物流成本,报告通过例子说明,高额的空运费用可以通过降低库存、减少仓储运作成本得到弥补,报告最后得出结论,即"最低的物流总成本运作方法可能是采用空运的运作方法"。物流系统的总成本是由物流系统的要素成本组成的,采用总成本分析法,就是考虑在完成一个特定的物流任务时需要的所有要素的成本,而不是只计算其中一两项成本,这就反映了物流系统要素集成的要求。这一方法的科学性今天已经得到承认,因而,物流系统的总成本分析法也是制定物流系统目标时要采用的一种重要方法。不过这种方法只能用来衡量物流总成本,而不能衡量物流服务水平。

3. 重要业绩衡量指标分析法

物流目标管理的难点在确定物流服务目标上。服务目标不能太多,少数几个目标应该能够充分反映物流服务水平。企业可以通过上下级系统这种行政权力来规定下级必须完成的服务目标,供应链可以通过这些企业之间的分工和配合来确定不同企业应该达到的物流服务目标和成本目标,但每个企业到底应该完成哪些目标要经过艰苦的讨价还价。因此,制定合理的物流服务指标就变得十分重要。20 世纪中期以来,在发达国家的服务业,尤其是物流业,通过重要业绩衡量指标(Key Performance Indicators,KPI)来对企业进行经营管理评价,后来 KPI 在工业品生产行业和消费品流通业也开始广泛使用。

4. 目标规划法

一个物流系统必须同时达到多个目标,比如,有物流服务水平目标和物流成本目标,而物流服务水平目标和成本目标常常呈现冲突状况,物流服务水平目标和物流成本目标又都由许多子目标组成,这类多层次的多目标系统,运筹学专门提供了一种解决办法,即目标规划法(Goal Programming)。无论是企业内部的本级系统、同级系统、上级系统,还是下级系统,或者是供应链物流系统,它们的目标都可以通过这种方法来优化。

二、现代物流系统要素集成化原理

(一)物流要素集成化原理概述

物流要素集成化是指通过一定的制度安排,对供应链上物流系统的功能、资源、信息、网络要素及流动要素等进行统一规划、管理和评价,通过要素之间的协调和配合使所有要素能够像一个整体一样运作,从而实现供应链物流系统要素之间的联系,达到供应链物流系统整体优化的目的的过程。

(1)物流系统集成的基本单元是供应链物流系统。供应链物流系统跨越原材料供应商、制造商、分销商、物流服务提供商和消费者各自物流系统的边界,所以,仅仅集成一个企业内部的物流系统是远远不够的,供应链物流系统集成也要以供应链物流系统为基本单元。

(2)物流系统要素集成的目的是实现供应链物流系统要素之间本来应该有的联系。物流系统要素集成的最终目的是实现供应链物流系统整体最优。

(3)供应链物流要素都应该进行集成。供应链物流系统的组成要素很多,为了实现供应链物流系统整体最优,必须对所有的供应链物流系统要素进行集成,而不是只对其中某些要素进行集成。

(4)供应链物流系统要素集成就是对要素的优化、重组。集成不是将要素简单地拼凑在一起,而是要对要素进行统一规划、管理、评价,使要素之间可以实现协调和配合。

(5)供应链物流系统要素集成要靠一定的制度安排作保证。供应链物流系统要素集成主要应该通过多边治理或者三边治理,有些采用双边治理,很少一部分采用一体化治理。

(6)集成需要成本,是有条件、分层次的。不是谁都可以集成,也不是任何供应链物流系统都可以集成,不是任何层次的供应链物流系统都可以进行最高层次的集成。

(7)集成产生效益。集成并不一定要增加或者减少要素存量,但是集成要改变要素的组合方式、协调要素之间的关系、优化要素之间的运作流程、建立基于市场机制的高效治理机制,使要素的能力得到最充分的发挥,通过集成可以增加产能、销售能力、服务能力,可以提高资源的使用效率、降低系统运作成本,从而提高系统整体的竞争力。

(二)物流系统要素集成的动机

(1)物流系统要素集成是从传统储运向物流转化的需要。

(2)物流系统要素集成是由物流要素的复杂性决定的。

(3)物流系统要素集成是提高物流要素运作效率的需要。

(4)物流系统要素集成是生产、销售和消费发展对现代物流的需要。

(5)物流系统要素集成是企业建立供应链的要求。

(三)物流系统要素集成的结果

(1)要素一体化。将物流系统需要的要素纳入一个资本所有和控制之下,由该资本对该物流系统进行规划、设计,并且由该资本对这些要素进行经营和管理。

(2)建立战略联盟。这是建立供应链的方式。物流系统中的专用性资产可以通过互相投资、参股、签订长期的战略联盟协议等方式建立供应链,从而实现集成。

(3)资源共享。它包括在不同企业之间进行的横向一体化、在企业内部不同部门之间进行的横向一体化两种形式。

(4)采用第三方物流方式。大量的物流系统要素集成可以通过物流市场途径完成,但条件是物流市场必须起作用。

三、现代物流系统网络化原理

(一)现代物流系统网络化原理概述

国际互联网的出现为物流企业当今遇到的种种问题的解决提供了契机。物流信息的跨地区即时传递提供了经济合理的解决方案,使信息流、商流和资金流的处理得以即时请求,即时完成。网络的应用使物流信息能够以低廉的成本即时传递,通过完善的物流信息管理系统即时安排物流过程,促使物流行业产生了革命性的变化,导致了物流行业的升级,实现了物流的现代化。

由于物流信息能够即时甚至提前于物流过程在相关环节中传递,使得系统可以收集到足够的信息,提前测算并模拟出最佳的物流线路,指导实际的物流过程,使得货物的实际输送过程变得相对自动化,甚至是精确,消除了无效物流和冗余物流,缩短了等待时间,加上自动化的操作水平和即时的响应速度,使得"按需生产、零库存、短在途时间、无间隙传送"成为网络物流的理想状态。如果我们将物流系统比喻成一条生产线的话，每个物流过程就像是一道工序，在软件系统的控制之下工作。

（二）物流网络化的背景

企业的一切活动都应适应环境的变化，物流系统化也是如此。在向信息化社会过渡的世界经济里，物流面临严峻的形势，多品种、小批量已成为物流的典型特征。上述的环境变化对物流产生的影响大致可列举以下5点。

（1）量与服务的变化。与物流量的增长相比，更为突出的是"商品零星化、高频率的配送作业、服务竞争的激烈化"，例如，要求服务迅速、准确、廉价，提供信息服务等。

（2）物流与商流的一体化。以往的物流处于生产与销售之后的从属地位，而现在的物流已变成与商流同时处理，甚至事前处理的商流、物流一体化。即用接收订单、向供应商订货、库存保管、配送的一系列看板方式，实现今日订货、明日交货的"理想物流"。

（3）物流事业化。由于物流已被人们认为是"第三利润源"，物流事业化已成为物流发展的必然。物流也像商品一样得到开发，出现了物流的多样化、多方位、多业态化（快件运输、搬场公司、物流增值网等）。

（4）第三方物流（综合物流业）的登场。在社会经济从规模经济向复合化发展的时代，物流企业的功能复合化、综合化是必然的，承担储存保管、流通加工、运输配送、代理等一揽子作业的物流企业已经登场。

（5）竞争的变化。在市场经济中，物流也是一样，由供方市场向需方市场转变，竞争异常激烈。集团间的竞争成为服务网络的竞争；同时，由于其他行业的渗透（如无店铺销售等），不同行业间的竞争也激烈起来。

（三）物流网络化的特点

在网络物流系统中，起决定作用的不再是物流设施或者设备的处理能力，而是物流信息系统：在物流过程中进行信息采集、管理、分析和调度，并根据反馈情况及时进行调整的软系统。和传统物流相比，网络物流呈现出以下特点。

（1）物流节点普遍实行信息化管理。物流连接社会生产、生活的各个部分使之成为一个有机整体，每个参与物流过程的环节构成物流系统中的一个节点，单个节点的信息化是物流系统信息化的基础。素材经过筛选和加工才能变成有效的信息，信息经过消化吸收才能转化为生产力，信息化管理不仅仅是广泛利用自动化、机械化设备操作，更重要的是利用自动化设备收集和处理商流、物流过程中产生的信息,对物流信息进行分析和挖掘,最大限度地利用有效信息对物流活动进行指导和管理。

（2）整个系统具有无限的开放性。整个系统构建在开放的 Internet 上,所有的物流节点都通过公用网络互相连接,和合作节点互换信息,协同处理业务。基于互联网的开放性,节点的数量可以无限多,每个节点可以与其他任何节点发生联系,快速交换数据,某个节点的变动不会影响其他节点,整个系统具有无限的开放性和拓展能力。在传统模式下,节点之间的信息交换受到技术的限制,自动化的信息交换局限在业务合作的双方或有限的几方。信息交换的范围和速度受到制约,也就制约了物资流通的范围和速度。

（3）信息流在整个物流过程中起导引和整合作用。信息流贯穿于商务活动的始终,引导着商务活动的发展。物流是商流的继续,是商务活动中实际的物资流通过程,同样需要信息流的导引和整合。在紧密联系的网络系统中,每个节点回答上游节点的询问,向下游节点发出业务请求,根据上下游节点的请求和反馈提前安排货物输送过程。信息流在物流过程中起到了事前测算流通路径、即时监控输送过程、事后反馈分析的作用。在环环相扣的物流过程中,虚拟的场景和路径简化了操作程序,极大地减少了失误和误差,使得每个环节之间的停顿时间大幅度降低。

（4）系统具有明显的规模优势。网络将各个分散的节点连接为紧密联系的有机整体,在一个相当广泛的区域内发挥作用。在网络物流中,系统不以单个节点为中心,而是将系统功能分散到多个节点处理,各节点间交叉联系,形成网状结构。大规模联合作业降低了系统的整体运行成本,提高了工作效率,也降低了系统对单个节点的依赖性,其抗风险能力明显增强。如果某个节点出现意外,其他节点可以很快替补。

（四）物流网络化的实现

（1）物流信息平台的运用。它构筑在国际互联网这一最大的网上公共平台上,具有开放度高、资源共享程度高等优点。通过互联网跨区域地实现整个物流运作过程的信息传递,提供平台与各供应链环节的信息系统无缝结合,这将使物流企业达到运作信息的及时和统一。

（2）EDI 信息系统的运用。20 世纪 90 年代中期,随着"EDI 中心"增值服务的出现和行业标准逐步发展成通用标准,加快了 EDI 的应用和跨行业 EDI 的发展。EDI 在贸易伙伴间长期、稳定的供求链中发挥着重要的作用:快速响应,实现准时制（Just In Time）,降低交易成本,即时订货均体现了 EDI 的功效。信息系统的一体化需要在买方、卖方和物流第三方的许多实体间移动数据和传递指令,传统的 EDI 是大型企业惯用的极为有力的数据交换工具,但因其复杂性而使许多企业难以接受。随着互联网的兴起,基于互联网的 EDI、XML 等新的工具不断出现,特别是两者的结合具有比 EDI 更好的灵活性,能更容易地在数据库之间移动信息,从而使一体化过程简单得多。

(3)网络定位技术的运用。网络定位的服务可以向物流企业提供以下功能:实时监控功能、双向通信功能、动态调度功能、数据存储、分析功能。我们可以看到网络定位在技术运用方面的强大优势,这种优势可以为物流企业具体业务的开展,各物流运输企业都可以充分运用自己的权限,进入网络定位监控界面对车辆进行监控、调度、即时定位等操作。物流运输企业通过使用网络定位不仅能够提高服务质量和管理水平,实施运输全过程动态管理;而且有助于提升企业形象,树立良好的品牌,在激烈的市场竞争中取得成功。

四、现代物流系统信息电子化原理

(一)现代物流系统信息电子化原理概述

物流信息电子化是指采用数据库、信息网络以及电子和计算机技术,对经过物流过程以及在物流过程中产生和使用的各种信息进行收集、分类、传递、汇总、识别、跟踪、查询等处理,以达到加快物流速度、降低物流成本、增强物流系统透明度的目的的过程。

对这一原理的理解应该包括以下两个方面:①物流信息都是可以电子化的。因为现代电子及信息技术几乎能够处理一切信息,对于物流信息或者经过物流领域的其他信息的处理也是一样的。②物流信息电子化的主要目的是加快物流速度、降低物流成本和增强物流系统透明度。有的物流信息是对流体特征的一种描述,比如条码信息就是这样,它的存在是为了识别流体。有的物流信息是对物流流体存在状况的一种描述,比如商品的库存地点、数量等信息,它们的存在是为了增加物流系统的透明度。当物流系统透明度增加并且企业可以利用物流系统,各种资源满足用户商品或者服务需求时,信息流就可以部分甚至全部地代替企业的物流,这时企业的库存可以是信息而不是实物,即企业只有虚拟库存而没有实物库存,这样可以大大降低企业的经营成本和经营风险。有的物流信息是对物流作业过程的写实性记录,比如物流作业环节及专业人员的信息,它们的存在有利于对物流系统的成本进行控制。可见,所有这些物流信息对于物流系统的运营、控制、管理和绩效评估都十分重要。

（二）物流信息电子化的主要手段

（1）数据库。物流作业是分布在不同的时间、地点，由不同的人员采用不同的载体共同完成的，只有采用数据技术，才能将物流系统分散的数据集中起来，供所有的作业者、管理者及合作者共同分享。可以将物流系统的数据库建成一个物流系统或供应链的公共数据平台，分布在不同地点、环节的数据共享者可以在不同时间对数据库进行实时更新和共享，这将为数据采集、数据更新和数据交换提供极大的方便。

（2）信息网络。物流系统多以载体的实物网络方式存在，物流信息网络应该与该载体实物网络相匹配，结合采用数据库技术，物流网络可以使物流数据的采集、传输、处理等分散化，这正好符合物流网络中网点分散化的特征。互联网的出现大大降低了物流系统信息网络的建设成本，同时大大提高了物流业务信息化程度，加快了物流反应速度。

（3）电子技术。为了提高物流作业自动化程度，提高物流作业效率，现代物流需要广泛采用电子技术，这些技术可以用于商品识别设备，比如货架上的电子标签，可以用于自动化作业设备，如自动分拣机、自动堆垛机等。

（4）计算机。前面三类技术都离不开计算机技术，计算机是一种最基本的信息处理工具，物流系统中应该普遍应用计算机进行信息处理。现代物流使用的先进技术、设备往往是数据库、信息网络、电子技术及计算机技术的联合应用，世界上的物流系统一般都要运用北斗卫星导航系统（Beidou Navigation Satellite System，简称 BDS）、全球定位系统（Global Positioning System，简称 GPS）、地理信息系统（Geographic Information System，简称 GIS）、卫星通信、射频识别装置（Radio Frequency Identification，简称 RFID）、机器人，实现物流作业自动化、无纸化和智能化。

（三）物流信息电子化的主要方法

物流信息电子化这个趋势不可阻挡，现代物流系统不仅要有基于因特网的物流业务信息传递和跟踪网络，还要建立专门的物流信息收集系统，使相关物流信息畅通，比如 ADC（Automated Data Collection）就是一种专门的物流信息收集系统。物流要和传统储运区别开来，就要有全程、全网的信息收集、整理、发布、跟踪、查询系统。物流网络成员之间有信息交换，网员与上游供应商之间有信息交换，网员与下游用户之间也有信息交换等，这都要依赖完善的物流信息网络。当电子商务发展成为各行各业的共同行动以后，对物流信息的要求要比以往任何时候都更紧迫，物流离不开信息流。

五、现代物流系统服务系列化原理

（一）现代物流系统服务系列化概述

物流服务系列化原理指的是根据客户的具体情况，设计和提供系列化、个性化的物流服务，从而增强企业竞争力的过程。

现代物流的这一原理强调如下几个要点：

（1）物流服务是指第三方物流企业对用户、企业内部物流服务部门对生产和营销等部门提供的运输、仓储、包装、装卸搬运、流通加工、物流信息处理以及增值服务。

（2）物流服务可以由物流服务需求方主动提出，也可由物流服务提供方根据客户的具体情况和物流市场竞争状况提出，前者需要专业化服务能力，后者需要创新能力。无论哪种情况，物流服务提供方提供的物流服务都应该是专业化的，可以提供单项服务，也可提供多项服务。提供服务的多少并不是判断或者鉴别是现代物流还是传统储运的标志。但是客户需要的物流服务不可能是单项的，如果一个物流企业或者部门只提供单项物流服务，必须从客户的角度出发，与提供其余物流服务的企业或者部门进行集成或者协作，以构成一个完整的物流服务序列，这是客户需要的。所以，提供单项物流服务的企业有更大的必要去扩充业务范围，或者与供应链的其他物流服务提供商进行业务整合、联合。因此，服务专业化、集成化和供应链合作才是判断是否为现代物流的标准。

（3）任何物流服务提供方都不可能穷尽所有的物流服务项目，一方面要根据客户需要提供物流服务，客户需要什么项目的物流服务是需求问题；另外一方面，一定要根据自身的能力、优势、专长、发展战略等因素决定自身所能提供的服务项目，要成为提供某些服务项目的专家和领先者。忽视这一点盲目扩大服务领域和范围是危险的，超出自身能力的服务需求可以寻求第三方合作。

（二）物流服务的类型

物流和配送业属于服务业，专业化、社会化的物流与配送服务有很大的市场发展潜力。服务产品有两种特性：一是它可以重复使用；二是它可以被模仿。第三方物流与配送企业要设计一些物流服务项目，物流服务有两种类型：第一种是传统服务，如一个传统的配送企业，提供的是传统的储运服务，如运输、货运代理、仓库储存、包装等服务。第二种是增值服务。现代物流企业就要考虑"增值服务"，这对物流企业非常重要。所谓增值服务，即在核心服务业务基础上形成的系列化服务，它包括按照上游和下游客户要求进行物流系统设计、物流系统评估、物流状态跟踪、物流过程的成本数据收集与提供、物流过程中的单品成本分析、物流作业成本分析等。现在的服务使消费者感到非常麻烦,我们可以设计一些有偿服务项目,虽然服务提供者的工作麻烦一些,但是会大大方便消费者,这种服务肯定会有市场。

以上我们对物流系统的 5 个基本原理介绍完毕。我们试图通过归纳和总结这些原理来构建物流系统的基本理论,从而为建立和完善物流学科做好理论准备。但是,我们这些知识还是定性的和初步的,尤其是对物流系统基本原理的分析,在下面的物流学科学习中,我们还需要深入研究。

2-1 云阅读

2-2 云阅读

2-3 云阅读

2-4 云阅读

2-5 云阅读

2-6 云阅读

2-7 云习题

第三章　现代物流战略管理

　　在 20 世纪 80 年代以前,大多数企业都是将运输、采购、仓储等物流活动按功能分开管理,很少将它们看作一个整体的概念,更没有以战略的视角看待物流管理。当时的物流管理偏重于技术层面,企业通常把物流中的各个事务分散到各职能部门去完成。20 世纪 70 年代,由于通货膨胀和竞争的加剧,企业意识到物流活动对于运营成本有着重要的影响。但在传统的分散化管理下,流通成本归进了各个不同的成本中心,很难准确计算流通成本的真实水平。同时,由于运输、原材仓储、物料回收、进出口等活动分属于整个组织的不同职能部门,各部门有限的职责使管理者不可能顾及整个组织范围内成本的降低,也就不能进行有效的管理。

　　为此,美国许多企业的高层主管开始强烈倡议将材料管理与物资配送组织的业务整合起来。他们的基本观点就是建立一个成本系统,用它来跟踪物流决策。他们还认为这些业务中发生的成本占企业总运营成本的很大一部分,只有进行集中管理,才能有效控制这些成本。为了解决原有分散型物流管理组织结构下的低效问题,企业纷纷采用了一体化策略:采购部门的任务扩展到对整个内部物流的管理;典型的材料管理者的职责包括采购、生产控制、内部搬运、仓储、MIS 控制、库存计划和控制以及废旧物资处理。物资配送管理者的职责范围也有所扩大。传统的单一配送部门只负责企业外部物流的高效和低成本。一体化的配送部门还包括很多下属部门,如运输、配送设备、库存和计划控制以及订单服务。到了20 世纪 70 年代末,物流一体化的概念已深入人心。随着企业对物流业务重视程度的提高和一体化管理的需要,企业也开始以公司副总裁级的关键决策人来领导物流。一份调查报告显示,1972 年公司物流副总裁人数比 1962 年增加了 60%。

　　进入 20 世纪 80 年代后,企业对于物流活动与顾客服务和成本关系有了进一步理解,高效率的物流体系不但能带来成本的降低,也能更好地服务顾客,赢得更多的利润。但是要提高客户服务水平便意味着需要大量库存、增加运输费用和使用多重仓库,所有这些都会增加物流成本,因此任何一个物流系统都无法做到既可以提供最好的客户服务,同时又能将成本降到最低,企业必须对其物流目标进行决策,并以此设计适合企业发展的物流系统,对物流的库存、运输、仓储等要素进行合理的规划。这样,物流管理开始从系统的角度对所有物流过程进行整合,并上升为公司的战略问题进行决策。

　　进入 21 世纪,物流管理产生了许多新的变化,物流在企业管理中的地位越来越重要,顾客对服务的期望值不断增加,要求交货的周期越来越短。为了维持物流效率和服务水平,企业不得不增加库存,采用更昂贵的运输方式,导致企业物流成本越来越高。在面对这些挑战和越来越大的内外部环境压力之下,企业必须认真考虑如何为自己的物流系统制定一个合理的长期发展目标,并在此基础上对物料由供应商送至制造商,产品从制造商送至批发商、零售商,最后送到顾客手中的整个物流过程选择合适的存储和运输方式进行有效的管理,以达到以最低的成本提供顾客满意的物流服务水平之目的。这就是本章和下章所要讨论的物流战略与物流系统规划问题。

第一节　企业战略与物流战略

一、企业决策层次

　　一个企业的战略对该级组织具有深远的影响。在了解如何制定物流战略之前,必须了解企业中有关决策的层次关系。对于一个组织,其有关决策的等级层次如图 3－1 所示。

(一)企业使命和目标

　　所谓使命是指企业存在的目的,也就是回答"企业是从事什么的"这样一个问题。一个企

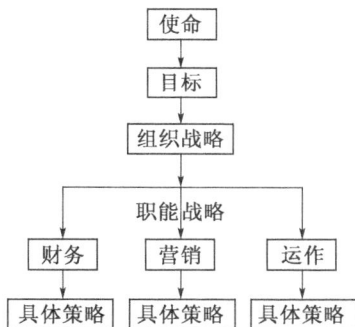

图 3－1　企业计划和决策等级层次

业的使命是该企业的基础,是其存在的原因。使命因企业而异,是由该企业的业务性质决定的。例如,医院的使命是提供医疗服务,建筑公司的使命是建造房屋。非营利企业的部分使命是为社会提供服务,而营利企业的部分使命则是为其业主(股东、合伙人)提供利润。使命对于企业战略的形成和各层决策的做出具有指导性意义。但是目前许多领导者和管理者不但对企业使命的意义缺乏认识,甚至不清楚其企业使命,也没有准备企业必备的使命书。事实上,对于一个企业来说,如果没有明确的使命,就没有指导战略形成的方向,该企业也不可能有大的作为。例如,IBM 公司的使命书为:我们研究、开发并制造出该行业最先进的信息技术,包括计算机系统、软件、网络系统、存储装置和电子产品。我们有两个基本使命:(1)我们在研究、开发和制造最先进的信息技术方面争创第一;(2)作为世界上最大的信息服务公司,我们将把先进的技术变成财富。我们的专业人员遍布世界各

73

地,将在特定行业、咨询业、系统集成、方案开发以及技术辅助等方面提供他们的专门知识。

使命书为一个企业指出了总体方向,同时也为该企业确立了目标。目标是整体使命的主旨所在。例如,一个企业的目标可能是某产品市场份额达到一定的百分比,也可能是达到一定的盈利水平。目标和使命书确立该企业的最终目的。

(二)企业战略与职能战略

企业的使命确定了企业的总体目标,也描述了企业所从事的业务范围,但它没有对这个目标如何实现做出回答。实际上,企业所处的环境是变化不定的。进入 20 世纪 90 年代以来,参与竞争的对手远远超过了这个竞技场地的容量,加上科技发展的日新月异,使企业间的竞争变得空前激烈。企业为了实现其目标,所要做的不仅是考虑当前的竞争环境,还要考虑未来的状况,并根据企业自身的实际情况做出发展规划。这就意味着管理者必须以战略性的眼光思考新技术的演进将如何影响公司的业务范围、多变的客户需求和期望、新市场和竞争环境等问题,以期对他们未来从事的事业和发展情况具有前瞻性。这种企业为了适应未来环境的变化,寻求长期生存和稳定发展而制订的总体性和长远性的谋划就称为企业战略。战略的本义是对战争全局的谋划和指导,而企业战略是把战略的思想和理论应用到企业管理中。简单地说,如果将目标视为最终目的的话,那么战略就是达到此目标的途径,是为实现目标而制订的计划。未来学家托夫勒指出,"对没有战略的企业来说,就像是在险恶气候中飞行的飞机,始终在气流中颠簸,在暴风雨中沉浮,最后可能迷失方向,即使飞机不坠毁,也不无耗尽燃料之虞"。

按照期限、对象和职权的不同,战略可以分为两类:企业总体战略和职能战略。一个企业的整体战略称为企业总体战略。企业总体战略是以企业全局为研究对象来确定企业的总体目标,规定企业的总体行动,追求企业的总体效果。制定企业总体战略是企业高层领导的职责。GE 董事长威尔逊曾说过:"我每天没做几件事,但有一件做不完的事,那就是规划未来。"涉及企业内具体职能部门的战略是职能战略。职能战略是在企业总体战略指导下,按照专业职能将企业级战略进行具体落实和具体化,它的制定是将企业的总体战略转化为职能部门具体行动计划的过程。根据这些行动计划,职能部门的管理人员可以更清楚地认识到本职能部门在实施企业总体战略中的责任和要求。营销战略、人力资源战略、物流战略等都属于职能战略,它们在企业总体战略指导下由职能部门分别制定。当职能战略制定后,需要通过具体的计划来确保目标实现。从物流战略角度来说,我们必须对物流中心、运输、存储、包装、物流信息系统等多个方面进行决策,最终达到战略所规定的目标。

二、三种企业战略

波特认为市场竞争具有三种基本策略:成本领先战略、差异化战略和重点集中战略。

(一) 成本领先战略

成本领先战略是指企业通过在内部加强成本控制,在研究开发、生产、销售、服务和广告等领域内把成本降低到最低限度,成为行业中的成本领先者的战略。企业凭借其成本优势,可以在激烈的市场竞争中获得有利的竞争优势。企业采用成本领先战略的主要动因有:

(1) 形成进入障碍。企业的生产经营成本低,便为行业的潜在进入者设置了较高的进入障碍。那些生产技术尚不成熟、在经营上规模不够的企业都很难进入此行业。

(2) 增强企业的讨价还价能力。企业的成本低,可以使自己应付投入费用的增长,提高企业与供应者讨价还价的能力,降低投入因素变化所产生的影响。同时,企业的成本低,可以提高自己对购买者的讨价还价能力,对抗强有力的购买者。

(3) 降低替代品的威胁。企业的成本低,在与竞争者竞争时,仍旧可以凭借其低成本的产品和服务吸引大量的顾客,降低或缓解替代品的威胁,使自己处于有利的竞争地位。

(4) 保持领先的竞争地位。当企业与行业内的竞争对手进行价格战时,由于企业的成本低,可以在竞争对手毫无利润的水平上保持盈利,从而扩大市场份额,保持具有绝对竞争优势的地位。

企业采用成本领先战略可以使企业有效地面对行业中的五种竞争力量,以其低成本的优势获得高于行业平均水平的利润。如果企业实施成本领先战略,对于运作职能来说,就意味着尽量降低运作过程中的费用,包括物料成本、产品开发费用、生产成本、物流成本等等,使得单位产品所占用的成本最小化。因此,通常成本领先战略适用于采用大批量生产方式、具有规模经济效应的企业。

(二) 差异化战略

差异化战略是指提供与众不同的产品和服务,满足顾客的特殊需求,形成竞争优势的战略。企业形成这种战略主要是依靠产品和服务的特色,而不是产品和服务的成本。但是应该注意,差异化战略不是讲企业可以忽略成本,只是强调这时的战略目标不是成本问题。差异化战略对于企业的好处主要表现在以下几个方面：

（1）形成进入障碍。由于产品的特色，顾客对产品或服务具有很高的忠实程度，从而使该产品和服务具有强有力的进入障碍。潜在的进入者要与该企业竞争，则需要克服这种产品的独特性。

（2）降低顾客的敏感程度。由于差异化，顾客对该产品或服务具有某种程度的忠实度，当这种产品的价格发生变化时，顾客对价格的敏感程度不高。生产该产品的企业便可以运用产品差异化战略，在行业的竞争中形成一个隔离带，避免竞争者的伤害。

（3）增强讨价还价的能力。产品差异化战略可以为企业带来较高的边际收益，降低企业的总成本，增强企业对供应者的讨价还价能力。同时，由于购买者别无其他选择，对价格的敏感程度又低，企业可以运用这一战略削弱购买者的讨价还价能力。

（4）防止替代品的威胁。企业的产品或服务具有特色，能够赢得顾客的信任，便可以在与替代品的较量中处于比同类企业更有利的地位。

要成功实施差异化战略，通常需要企业具备特殊的管理技能和组织结构。对于运作职能，可以依靠提供高于其他企业的产品质量或有别于其他企业的产品特性支持企业的差异化战略。但在当前技术扩大渗透趋势的影响下，产品逐渐趋于同质化，而且当企业都在提高质量时，生产企业开始依靠提供具有特色的服务（如送货的快捷性和便利性、个性化定制等）来吸引顾客。可以说，顾客服务正日益成为企业竞争力最主要的区别工具。

（三）重点集中战略

重点集中战略是指把经营战略的重点放在一个特定的目标市场上，为特定的地区或特定的消费群体提供特殊的产品或服务。重点集中战略与其他两个基本的竞争战略不同。成本领先战略与差异化战略面向全行业，在整个行业的范围内进行活动。而重点集中战略则是在特定的目标市场而不是面向所有细分市场与实行差异化战略的企业进行竞争，它围绕一个特定的目标进行密集型的生产经营活动，要求能够比竞争对手提供更为有效的服务。采用重点集中战略的企业由于其市场面狭小，可以更好地了解市场和顾客，提供更好的产品与服务。

重点集中战略和前两个竞争战略一样，可以防御行业中的各种竞争力量，使企业在本行业中获得高于一般水平的收益。这种战略可以用来防御替代品的威胁，也可以针对竞争对手最薄弱的环节采取行动。它需要形成产品的差异化；或者在为该目标市场的专门服务中降低成本,形成低成本优势;或者兼有产品差异化和低成本的优势。在这种情况下,其竞争对手很难在目标市场上与之抗衡。这样,企业在竞争战略中成功地运用重点集中战略,就可以获得超过行业平均水平的收益。应当指出,企业实施重点集中战略,尽管能在其目标市场上保持一定的竞争优势,获得较高的市场份额,但由于其目标市场是相对狭小的,该企业的市场份额的总体水平是较低的。重点集中战略在获得市场份额方面有某些局限性。因此,企业选择重点集中战略时,应该在产品获利能力和销售量之间进行权衡和取舍,有时还要在产品差异化和成本状况之间进行权衡。

三、物流战略与企业总体战略的关系

物流战略是企业根据所选定的物流发展目标来构造其物流系统时所应遵循的指导思想,以及在这种指导思想下的一系列决策、规划及计划。物流战略作为一个职能战略,其作用在于在物流管理中取得某种竞争优势以支持企业的经营战略,而不局限于处理和解决物流领域内部的矛盾和问题,其目的是使物流管理成为企业立足于市场并获得长期竞争优势的坚实基础。

企业总体战略为企业提供了整体性方向,它涉及范围广,涵盖整个企业。物流战略面较窄,主要与库存决策、运输规划、流通加工等密切相关。从许多企业的实践看,物流战略是企业总体战略成功的关键因素之一,对实现企业总体战略目标及实现经营领域战略竞争优势起着保证和持续发展的作用。例如,沃尔玛集团之所以能一直保持其成本领先战略在全球扩张,进而成为当今世界排名第一的零售企业,其成功基础之一就是发达的物流体系。同样,戴尔公司能够以直销模式和大规模定制生产方式雄踞全球电脑销售额第一的宝座,所依赖的就是高效率的配送。因此,企业总体战略的制定必须结合物流战略来考虑。同时,物流战略是企业的职能战略,为了使物流战略确实有效,必须将其与企业总体战略联系在一起,企业制定的物流战略必须服务于企业的目标。这两点就要求高层管理者与物流部门一起制定物流战略,使得物流战略与组织战略之间相互一致,而不是相互冲突。

第二节　企业物流发展战略

所谓物流战略是指企业为了寻求物流的可持续发展,就物流发展目标以及达成目标的途径与手段而制定的长远性、全局性的规划与谋略。从这个概念可以看出,要制定物流战略,首先一点就是要考虑企业物流的发展目标,而这个目标同时

还得支持企业的发展方向,并由此确定为了实现物流目标而对企业从产品生产(或服务)到最终消费整个物流过程管理和控制所采用的手段和方法。在制定物流战略后,需要对战略的执行和实施进行控制,必要的时候还要进行相应的调整,这个过程被称为物流战略管理。制定物流战略后,还必须采用相应的策略来实现战略。

一、企业物流总体目标

从第一章物流的作用可以看出,物流主要有两个目标:一是降低企业物流活动中的成本;二是通过高效快捷的物流提高顾客服务水平,并获得企业的差异化竞争优势。这两个大目标可以细分为以下几个分目标:

(1) 成本最小化目标。

(2) 服务最好目标。

(3) 利润最大目标。

(4) 竞争优势最大化目标。

二、物流战略类型

企业在从事生产时可以选择适当的发展战略,物流企业同样也需要在经营战略方面作出选择。社会经济的发展促进了企业生产经营战略的多样化,尤其是现代科学技术的发展,催生了一系列新的概念和使用工具,使得企业在发展战略上有不断的创新,并令其更加丰富,更趋科学和合理。大体说来,企业物流所考虑的是供、产、销诸环节的紧密结合。从技术发展和现代企业的实践看,可供选择的物流战略主要有以下几种类型:

(一) 准时制物流战略

所谓准时制物流,顾名思义,就是指物流管理做到准时采购、准时生产和准时销售。这一概念引自准时制管理(Just In Time,简称 JIT),JIT 是一种产生于日本丰田公司的生产方式,其中心内容是"在必要的时间,对必要的产品从事必要的量的生产或经营",从而削减各种浪费,直至实现零库存。JIT 应用于物流领域,就是指要将正确的商品以正确的数量在正确的时间送到正确地点,这里的"正确"就是"Just"的意思,既不多也不少、既不早也不晚,刚好按需要送货。这当然是一种理想化的状况,在多品种、小批量、多批次、短周期的消费需求的压力下,生产者、供应商及物流配送中心、零售商则要调整自己的生产、供应、流通流程,按下游的需求时间、数量、结构及其他要求组织好均衡生产、供应和流通,在这些作业内部采用看板管理中的一系列手段来降低库存,合理规划物流作业。

当然,我们也必须看到,准时制物流战略是建立在正常的经济贸易秩序之上的,任何一个环节出现问题,都会给企业带来巨大的损害。形象一点说,就是其中一个环节中断或脱节,就可能使企业破产。现代企业发展就是建立在这种高压力、快节奏的基础之上的,或者说,这也是现代企业发展的方向之一。

(二)一体化物流战略

并不是所有的企业都需要建立自己的物流体系。同样,在物流企业中,也不是每一个企业都能涵盖所有商品的流通。因此,企业之间的协同发展就显得极为重要。物流企业之间的协作,就是一体化物流战略的主要内容。

一体化物流(Integrated Logistics)是 20 世纪末最有影响的物流趋势之一,其基本含义是指不同职能部门之间或不同企业之间通过物流上的合作,达到提高物流效率、降低物流成本的效果。一体化物流(或称物流的一体化)包括三种形式:垂直一体化物流、水平一体化物流和物流网络。在三种一体化物流形式中,目前研究最多、应用最广泛的是垂直一体化物流。

垂直一体化物流要求企业将提供产品或运输服务等的供货商和用户纳入管理范围,并作为物流管理的一项中心内容。垂直一体化物流要求企业从原材料到用户的每个过程都实现对物流的管理;要求企业利用自身条件建立和发展与供货商和用户的合作关系,形成联合力量,赢得竞争优势。垂直一体化物流的设想为解决复杂的物流问题提供了方便,而雄厚的物质技术基础、先进的管理方法和通信技术又使这一设想成为现实,并在此基础上继续发展。目前,垂直一体化物流已经不再是传统上制造商和上游的供应商或制造商和下游的分销商的关系,而是面向供应链,将整个供应链上的所有环节的市场、分销网络、制造过程和采购活动联系起来,以实现顾客服务的高水平与低成本,以赢得竞争优势。

水平一体化物流是一种虚拟经营物流产业战略,它是指物流企业通过与同行企业进行联合或合资,对现有资源进行强化组合,实现两个或两个以上企业优质管理的组合,形成产业新优势,以提高物流运营效率,降低物流活动成本,进而提高市场占有率和市场竞争能力。例如,不同的企业可以用同样的装运方式进行不同类型商品的共同运输。当物流范围相近,而某个时间段内物流量较少时,几个企业同时分别进行物流操作显然不经济。于是就出现了一个企业在装运本企业商品的同时,也装运其他企业商品的情况。从企业经济效益上看,它降低了企业物流成本;从社会效益来看,它减少了社会物流过程中的重复劳动。显然,不同商品的物流过程不仅在空间上是矛盾的,而且在时间上也是有差异的。这些矛盾和差异的解决就要依靠掌握大量物流需求和物流供应能力信息的信息中心。此外，实现水平一体化的另一个重要的条件，就是要有大量的企业参与并且有大量的商品存在，这时企业间的合作才能提高物流效益。当然，产品配送方式的集成化和标准化等问题也是不能忽视的。

协同或一体化物流战略是基于两方面的原因而产生的：一方面，社会产品极大丰富，消费者的消费呈个性化、多样化发展趋势，客观上要求企业在商品生产、经营和配送上必须充分适应消费者不断变化的需求，这无疑推动了多品种、少批量、多频度的配送；另一方面，一些中小企业从经营成本和竞争压力以及技术等诸多因素考虑，对于物流配送并无、也没有必要进行过多的投入，而是借助于已有的或正在发展的物流系统进行生产经营。这样，物流企业的协同发展就有了广泛的基础，并能得到大多数中小企业的认同。

（三）第三方物流战略

"第三方物流"（Third Party Logistics，简称 3PL 或 TPL）一词是 20 世纪 80 年代中期由欧美国家提出的，它是指物流活动由独立于供方（第一方）和需方（第二方）之外的具有专业化技能的第三方企业进行管理的一种物流业务模式。第三方物流企业通过与第一方或第二方的合作来提供其专业化的物流服务，它不拥有商品，不参与商品买卖，而是为顾客提供以合同约束、以结盟为基础的、系列化、个性化、信息化的物流代理服务，包括设计物流系统、EDI 能力、报表管理、货物集运、选择承运人、货代人、海关代理、信息管理、仓储、咨询、运费支付和谈判等。第三方物流实际上是垂直一体化物流和水平一体化物流的综合体现，它通过专业化、标准化和规模化的运作，更好地降低物流成本，提高物流管理效率。

在当今竞争日趋激烈和社会分工日益细化的大背景下，许多企业都集中于自己的核心业务，在物流管理方面并不擅长，第三方物流企业能够提供比供方和需方采用自营物流系统更快捷、更安全、服务水准更高且成本低的物流服务。同时，当企业由于市场变化需要对配送和信息技术等进行改进时，专业的第三方物流供应商较之单个制造企业能不断地更新信息技术和设备，以一种快速、更具成本优势的方式满足这些变化的需求。另外，第三方物流战略也能减少企业的固定资产投资，加速资本周转。企业自建物流需要投入大量的资金购买物流设备，建设仓库和信息网络等。这些资源对于缺乏资金的企业，特别是中小企业来说是个沉重的负担。而使用第三方物流公司不仅减少了设施的投资，还解放了仓库和车队方面的资金占用，加速了资金周转。

但是第三方物流战略在为企业提供众多便利的同时也具有一定的局限性：企

业不能直接控制物流职能;不能保证供货的准确和及时;不能保证顾客服务的质量和维护与顾客的长期关系;企业将放弃对物流专业技术的开发等。通常来讲,当企业处在竞争激烈的产业中,需要强化对供应和分销渠道的控制,此时企业不应该选择第三方物流,而应该选择自营物流。目前,第三方物流运营模式已成为各个国家企业物流管理的主流模式。

(四) 网络化物流战略

网络营销已成为现代商业领域最具发展潜力的营销方式。物流产业的产生和发展也是与全球范围内互联网的高速发展密不可分的。企业之间的物流借助于互联网所实现的流动量无论是在增长的绝对量上还是增长速度上都远远超过了个人的购物交易量。这就反映了这样一种趋势:未来的物流产业离开了网络将是不可想象的。

在工业经济时代,企业总是梦想着这样一个完善的模式:力求满足千千万万个不同的消费者所产生的不同需求,抑或是个性化需求。但又总是力不能及,原因就在于需求信息的汇集无法跟上大工业规模化生产的节奏。网络技术的发展,使这一想法付诸实施变得清晰和可能。借助于网络营销,企业可将产品中属于消费者共同需要的部分,采用机器大工业的方式批量生产,以求得生产成本的经济性。而产品中因人而异的部分可采取灵活调整的柔性化方式进行生产,企业可以用更低的成本与价格为消费者提供完全符合个性要求的定制产品。

在我们目前所处的时代,对于许许多多的企业来说,经济全球化、一体化与其说是一种宣传口号,不如说是一种压力。利用网络技术,企业可以在全球范围内寻找其所需的原料和配件,也可以在世界市场推广其产品和服务。人们普遍认为,使用互联网的物流管理具有成本低、实时动态和顾客推动的特征。它不仅简化了传统物流烦琐的环节和手续,减少了流通渠道各个环节的库存,避免出现产品过时或无效的现象,而且还可以大幅度降低信息交流的沟通成本和顾客支持成本,从而增强了企业进一步开发现有市场的新销售渠道的能力。

(五) 全球化物流战略

近年来,越来越多的企业已经意识到,市场不是仅限于国内,而是覆盖整个世界。随着经济的全球化,出现了众多的跨国公司。这些公司面向全球市场,实施有效的全球战略,在各国各地区同时达到商业目标。对于其战略目标实现的重要因素物流来说,他们趋向于在世界范围内寻找原材料、零部件的供应;选择一个适合全球分配的配送中心以及关键供应物的集散仓库;在获得原材料以及配送新产品时使用当地现有的物流网络,并推广其先进的物流技术方法。全球化物流战略就是面向全球市场,通过对世界范围内的采购、存储、配送等物流活动的有效控制,满足各国各地区的服务需求,使企业能在全球市场上赢得有利的竞争地位。

虽然地区经济一体化、全球商业环境的改变以及信息技术的发展,给全球物流战略提供了有利条件,但是当企业服务全球市场时,由于距离更远、中间商更多,导致全球化作业周期更长、库存单位数增加、物流单证的流转范围更广、存货储备地点数目更多,全球物流作业更加复杂。另外,由于其广泛传输的通信、可供选择的语言以及随时处理的灵活性,对信息系统的要求更高。因此,在全球化的运作条件下,物流系统变得更加昂贵和复杂,结果导致订货时间延长和存货水平上升。为此,全球化物流战略需要了解世界各地顾客的服务需求,并制定有效的制造、市场和后勤战略以满足全球市场需求。

(六)绿色物流战略

物流虽然促进了经济的发展,但是物流的发展同时也会给城市环境带来负面影响。现代物流活动包括物质、商品空间移动的输送、时间移动的保管、流通加工、包装、装卸以及信息等,物流的各个环节都会对环境造成影响。例如,运输过程由于交通运输工具大量消耗能源,不利于可持续发展。其产生的大量有害气体和噪声污染都会损害人类的健康,降低环境效益。同时,大量的流通导致道路需求面积增加,而道路修建是对生态平衡的一种破坏。输送的商品也有可能对环境造成损害,如运输原油的海轮发生泄漏事故,会造成海水污染,导致海生动植物死亡。为此,21世纪对物流提出了新的要求,即绿色物流。绿色物流是指以降低对环境的污染、减少资源消耗为目标,利用先进物流技术,规划和实施的运输、储存、包装、装卸、流通加工等物流活动。

绿色物流主要包含两个方面:一是对物流系统污染进行控制,即在物流系统和物流活动的规划与决策中尽量采用对环境污染小的方案,如采用排污量小的货车车型,近距离配送,夜间运货(以减少交通阻塞、节省燃料和降低排放)等。绿色物流的另一方面就是建立工业和生活废料处理的物流系统。

绿色物流是经济可持续发展的必然结果,对社会经济的不断发展和人类生活质量的提高具有重要意义,物流企业必须将其经营战略与环境保护有机联系起来,而且要与整个供应链上的企业协同建立广泛的废弃物循环物流。

绿色物流战略就是从环境的角度对物流体系进行改进,形成一个环境共生型的物流管理系统。这种物流管理系统建立在维护地球环境和可持续发展的基础上,改变原来经济发展与物流、消费生活与物流的单向作用关系,在抑制物流对环境造成危害的同时,形成了一种能促进经济和消费生活健康发展的物流系统。

对于企业来说,采用绿色物流战略能够带来以下几点优势:

(1) 有利于企业取得新的竞争优势。对此哈佛大学 Nazli Choucri 教授进行了深刻的阐述:"如果一个企业想要在竞争激烈的全球市场中有效发展,它就不能忽视日益明显的环境信号,继续像过去那样经营。对各个企业来说,接受这一责任并不意味着经济上的损失,因为符合并超过政府和环境组织对某一工业的要求,能使企业减少物料和操作成本,从而增强其竞争力。实际上,良好的环境行为恰似企业发展的马达而不是障碍。"

(2) 绿色物流可以避免资源浪费,增强企业的社会责任感,提高其声誉。随着可持续发展观念不断地深入人心,消费者对企业接受与认可与否不再仅仅取决于其是否能够提供质优价廉的产品与服务,消费者越来越关注企业是否具有社会责任感,即企业是否节约利用资源、企业是否对废旧产品的原料进行回收、企业是否注重环境保护等,这些都成为决定企业形象与声誉的重要因素。绿色物流从产品的开发设计到整个生产流程,再到其最终消费都将对这些因素的考虑附着在其中,其构建不但可以降低旧产品及原料回收的成本,而且有利于提高企业的声誉度,增加其品牌的价值和寿命,延长产品的生命周期,从而间接地增强了企业的竞争力。

(3) 绿色物流体系是适应国家法律要求的有效措施。随着社会进步和经济的发展,世界上的资源日益紧缺,同时由于生产所造成的环境污染进一步加剧,为了实现人口、资源与环境相协调的可持续发展,许多国际组织和国家相继制定出台了与环境保护和资源保护相关的协议、法律体系,中国制定了《环境保护法》等一系列法律法规。这些法律规范要求产品的生产商必须对自己所生产的产品造成的污染负相应的责任,并且采取相应的措施,否则将会受到严厉惩罚。这就要求生产类似产品的企业必须构建相应的绿色物流体系,以降低经营风险和违反法律的成本。

三、物流管理策略

物流战略制定了物流企业较为长期的规划和目标。为了实现物流战略目标,企业在运输、仓储等环节上全面制订相应的物流策略。由于不同环节的具体策略较多,在此仅以配送为例介绍目前最为流行的物流策略。其余物流活动的策略可参见本书其他章节。

配送是按用户的订货要求,在物流据点进行分货、配货工作,并将配好的货送交收货人的活动。它是流通加工、整理、拣选、分类、配货、装配、运送等一系列活动的集合。配送才能最终使物流活动得以实现。而且,配送活动增加了产品价值,有助于提高企业的竞争力。但完成配送活动是需要付出代价的,即需要配送成本。对配送的管理就是在配送的目标即满足一定的顾客服务水平与配送成本之间寻求平衡:在一定的配送成本下尽量提高顾客服务水平,或在一定的顾客服务水平下使配送成本最小。下面是在一定的顾客服务水平下使配送成本最小的五种策略。

(一)混合策略

混合策略是指配送业务一部分由企业自身完成。这种策略的基本思想是,尽管采用纯策略(即配送活动要么全部由企业自身完成,要么完全外包给第三方物流完成)易形成一定的规模经济,并使管理简化,但由于产品品种多变、规格不一、销量不等等情况,采用纯策略的配送方式超出一定程度不仅不能取得规模效益,反而还会造成规模不经济。而采用混合策略,合理安排企业自身完成的配送和外包给第三方物流完成的配送,能使配送成本最低。

(二)差异化策略

异化策略的指导思想是:产品特征不同,顾客服务水平也不同。当企业拥有多种产品线时,不能对所有产品都按同一标准的顾客服务水平来配送,而应按产品的特点、销售水平,来设置不同的库存、不同的运输方式以及不同的储存地点,忽视产品的差异性会增加不必要的配送成本。例如,一家生产化学品添加剂的公司为降低成本,按各种产品的销售量比重进行分类:A 类产品的销售量占总销售量的 70% 以上,B 类产品占 20% 左右,C 类产品则为 10% 左右。对 A 类产品,公司在各销售网点都备有库存;B 类产品只在地区分销中心备有库存,而在各销售网点不备有库存;C 类产品连地区分销中心都不设库存,仅在工厂的仓库才有存货。经过一段时间的运行,事实证明这种方法是成功的,企业总的配送成本下降了 20% 之多。

(三)合并策略

合并策略包含两个层次:一是配送方式上的合并;另一个则是共同配送。

配送方式上的合并是指企业在安排车辆完成配送任务时,充分利用车辆的容积和载重量,做到满载满装,这是降低成本的重要途径。由于产品品种繁多,不仅包装形态、储运性能不一,在容重方面,也往往相差甚远。一辆车上如果只装容重大的货物,往往是达到了载重量,但容积空余很多;只装容重小的货物则相反,看起来车装得满,实际上并未达到车辆载重量。这两种情况实际上都造成了浪费。实行合理的轻重配装、容积大小不同的货物搭配装车,可以在载重方面达到满载,而且充分利用车辆的有效容积,取得最优效果。最好是借助电脑计算货物配车的最优解。

共同配送是一种产权层次上的共享,也称集中协作配送。它是几个企业联合集小量为大量共同利用同一配送设施的配送方式,其标准运作形式是:在中心机构的统一指挥和调度下,各配送主体以经营活动(或以资产为纽带)联合行动,在较大的地域内协调运作,共同对某一个或某几个客户提供系列化的配送服务。这种配送有两种情况:一是中小生产、零售企业之间分工合作实行共同配送,即同一行业或同一地区的中小型生产、零售企业在单独进行配送时运输量少、效率低的情况下进行联合配送,不仅可减少企业的配送费用,使其配送能力得到互补,而且有利于缓解城市交通拥挤,提高配送车辆的利用率;第二种是几个中小型配送中心之间的联合,针对某一地区的用户,由于各配送中心所配物资数量少、车辆利用率低等原因,几个配送中心将用户所需物资集中起来,共同配送。

(四)延迟策略

传统的配送计划安排中,大多数的库存是按照对未来市场需求的预测量设置的,这样就存在着预测风险。当预测量与实际需求量不符时,就会出现库存过多或过少的情况,从而增加配送成本。延迟策略的基本思想就是对产品的外观、形状及其生产、组装、配送应尽可能推迟到接到顾客订单后再确定。一旦接到订单就要快速反应,因此采用延迟策略的一个基本前提是信息传递速度要非常快。一般说来,实施延迟策略的企业应具备以下几个基本条件:①产品特征:模块化程度高,产品价值密度大,有特定的外形,产品特征易于表述,定制后可改变产品的容积或重量;②生产技术特征:模块化产品设计、设备智能化程度高、定制工艺与基本工艺差别不大;③市场特征:产品生命周期短、销售波动性大、价格竞争激烈、市场变化大、产品的提前期短。

实施延迟策略常采用两种方式:生产延迟(或称形成延迟)和物流延迟(或称时间延迟),而配送中往往存在着加工活动,所以实施配送延迟策略既可采用形成延迟方式,也可采用时间延迟方式。具体操作时,常常发生在诸如贴标签(形成延迟)、包装(形成延迟)、装配(形成延迟)和发送(时间延迟)等环节。

(五)标准化策略

标准化策略就是尽量减少因品种多变而导致附加配送成本,尽可能多地采用标准零部件、模块化产品。如服装制造商按统一规格生产服装,直到顾客购买时才按顾客的身材调整尺寸大小。采用标准化策略要求厂家从产品设计开始就要站在消费者的立场去考虑怎样节省配送成本,而不要等到产品定型生产出来了才考虑采用什么技巧降低配送成本。

第三节　物流战略的制定

一、物流战略决策考虑的要素

（一）顾客服务是物流战略制定的基本出发点

物流管理的根本是以最低成本为顾客提供准时化的服务。物流战略的本质是要取得并保持运作的灵活性。这种灵活性是同时为基本客户提供高水平的服务，并在额外的机会来临时，还有足够的运作能力去迎合或超额满足主要客户的期望。

传统的物流观念是以工厂的产品为出发点，企业总是力图寻找费用最少的途径把产品送到顾客手中。这种观念是以现有产品为中心的供应观念，已经落后于时代的发展。现代企业应该更加强调和倡导物流管理的"市场后勤观念"。市场后勤观念不是以企业现有的产品为出发点，而是以市场需求为起点思考问题。首先要考虑市场上消费者的各种需要，然后再按此需要安排物流的一系列工作，企业的有关物流活动都要为满足顾客需要服务。也就是要在物流管理中贯彻市场导向的概念。A地某饮料制造商的物流管理就是奉行了市场后勤观念。A地人喜欢一瓶一瓶买饮料，该饮料制造商决定设计一种六瓶装的新包装，然后开始试销，消费者反应良好。这种携带方便的包装很受顾客欢迎，零售商也表示赞赏，因为六瓶装的新包装在货架上摆放十分方便，而且促使人们一次购买的瓶数增加。该饮料制造商根据市场反应立即着手设计和生产将六瓶装的饮料送往商店的货箱和货盘。工厂的经营管理也因此重新加以调整，以适应新的六瓶包装的生产，采购部门外出采购所需的新原料。这种新包装的饮料大量上市后，很快成了深受顾客欢迎的畅销品，该饮料制造商的市场份额大大提高。

（二）物流战略应符合企业战略的需要

物流战略从本质上来讲是一种职能战略，必须为企业的总体发展目标服务。如果一个企业的总体发展战略是成本领先战略，那么对于物流配送应该以成本节约为目标，在具体战略上可采用第三方物流战略。如果是企业自营物流，那么采用网络化物流管理，借助互联网技术能够有效地降低成本，提高物流流通效率。如果企业的发展战略是差异化战略，那么速度和时间就成为物流管理的首要目标，准时化物流战略应该成为物流管理的首选。

二、物流战略的制定框架

如上所述,物流战略有两个主要目标:①通过物流降低企业运营成本;②通过物流获得成本领先或者差异化优势。根据战略制定步骤,物流战略大致可以这样形成:先进行环境分析,认清环境中存在的各种威胁和机会,结合企业自身的优劣势确定本企业的使命,形成企业总体战略,然后根据企业总体战略形成企业的物流战略,并将这些物流战略形成具体的运作目标,以利于采用相应的物流策略使其得到实现。在物流战略实施过程中,还有可能需要根据环境的变化适时地进行调整。图3-2显示了企业如何制定物流战略的框架。

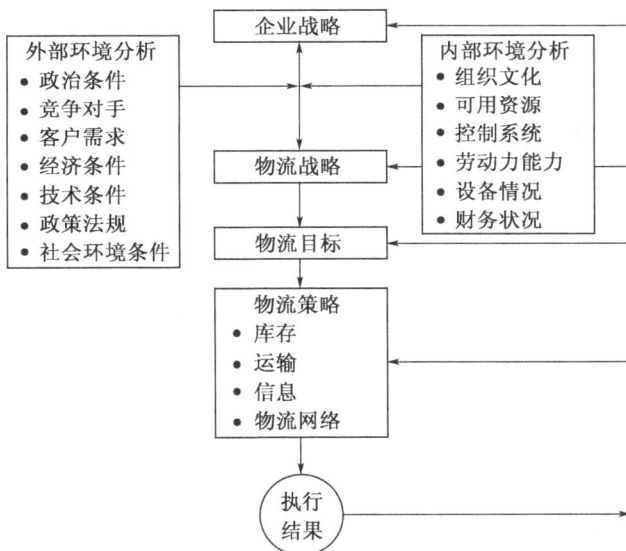

图 3-2　物流战略框架

(1)企业战略。正如上面指出的那样,企业战略是物流战略的先决因素。对于企业的三种竞争战略,每一种战略下的物流战略均有不同。因此,在制定物流战略之前,必须定义和了解企业战略。另外,在一个持续经营的企业,特有的运作能力有利于帮助企业选择合适的企业战略,也就是说反过来物流战略能够影响企业战略。

(2)外部环境分析。在制定物流战略和企业战略时,都要对企业内外部环境进行分析。外部环境通常包括政治条件、竞争对手、客户需求、经济条件、技术条件、政策法规和社会环境条件。在当今全球化竞争环境下,企业应该更重视外部因素。客户需求是影响物流战略的最显著的外部因素。企业可以通过定价、营销以及其他市场策略在一定程度上管理和控制需求水平。然而,某些市场变化不能被控制或轻易地预测,如由经济波动引起的变化、客户偏好改变,同时顾客也在不断地要求新的产品或不同产品,因此,物流规划不仅要考虑客户现有的需求,还要预测将来的需求。技术因素也会对物流战略产生很大的影响,企业需要不断地关注技术的进步,如机器人技术、计算机技术等,在某种程度上它们可以决定采取物流战略的方式及其实现。竞争也许是企业最应该考虑的外部因素。企业常常需要根据来自国内或者国外企业的竞争调整物流战略。对于我国企业来说,政策法规对于企业物流战略也有很大的影响。一项政策的出台既可能为企业发展做出某些限制,同时又可能为企业创造良好的环境并带来新的机遇。

(3)内部环境分析。内部环境分析主要是对企业内部组织文化、可用资源、控制系统、劳动力情况、设备情况、财务状况等进行分析,识别企业目前运作的优劣势,发现其在竞争中存在的特有能力和竞争优势。特有能力是指最低的成本、最高的质量、最好的交货服务,也可以是独占原材料资源,还可以是和竞争对手相比有最好的技术资源等。

(4)物流战略确定。根据企业战略和内外部因素分析的结果,企业可以确定物流战略,并制定相应的物流目标。这些目标包括服务速度、库存量、运输成本等,应该尽可能地量化。然后根据物流战略,在运输、库存等方面选择合适的策略,以达到物流发展目标。

3-1 云阅读　　　　3-2 云阅读　　　　3-3 云习题

第四章　物流信息系统管理与物流信息技术

第一节　物流信息与物流信息系统概述

一、物流信息与物流信息系统

（一）物流信息的概念

物流信息是指在物流活动进行中产生及使用的必要信息，它是物流活动内容、形式、过程以及发展变化的反映。我国国家标准《物流术语》（GB/T 18354—2021）对物流信息（Logistics Information）的定义是："反映物流各种活动内容的知识、资料、图像、数据的总称。"它是由多个子系统组成的复杂系统，与运输、仓储等各个环节有着密切关系，在物流活动中起着神经系统的作用。

（二）物流信息的组成

物流信息一般由两部分组成：

（1）物流系统内部信息。它是伴随着物流活动而产生的信息，包括物料流转信息、物流作业层信息、物流控制层信息和物流管理层信息。

（2）物流系统外部信息。它是在物流活动以外发生的，但提供给物流活动使用的信息，包括供货人信息、顾客信息、订货合同信息、交通运输信息、市场信息、政策信息，以及来自有关企业内部生产、财务等部门与物流有关的信息。

与其他信息相比，物流信息的特殊性表现在：

（1）物流信息量大、分布广，信息的产生、加工、传播和应用在时间、空间上不一致，方式也不同。

（2）物流信息动态性强，实时性高，信息价值衰减速度快，时效性强，对信息管理的及时性和灵活性要求高。

（3）物流信息种类多，不仅本系统内部各个环节有不同种类的信息，而且由于物流系统与其他系统（如生产系统、供应系统）密切相关，因而还必须搜集这些物流系统外的有关信息，使得物流信息的搜集、分类、筛选、统计、研究等工作的难度增加。

（三）物流信息的作用

过去,人们认为信息流是伴随物流的产生而产生的,随着信息技术的发展和应用,一类信息流先于物流产生,它们控制着物流产生的时间、流动的大小和方向(即速度),引发、控制、调整物流,例如各种决策计划、各种通知、用户的配送加工和分拣及配货要求等;另一类信息流则与物流同步产生,它们反映物流的状态,例如运输信息、库存信息、加工信息、货源信息、设备信息等。前者是计划信息流或协调信息流,后者为作业信息流。图4-1中的各种计划(如战略计划、物流计划、制造计划、采购计划)、存货配置以及预测产生的信息是计划信息流,运输信息、库存信息、加工信息、货源信息、设备信息等是作业信息流。

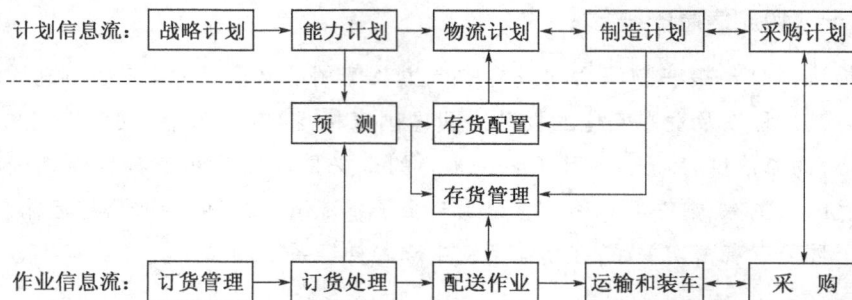

图 4-1 物流业务流程

物流信息除了反映物品流动的各种状态外,更重要的则是控制物流的时间、方向、规模和发展进程。无论是协调流,还是作业流,物流信息的总体目标都是要把物流涉及企业的各种具体活动综合起来,加强整体的综合能力。

物流系统是由多个子系统组成的复杂系统,物流信息成为各个子系统之间沟通的关键,在物流活动中起着中枢神经系统的作用。多个子系统是通过物资实体的运动联系在一起的,一个子系统的输出就是另一个子系统的输入。加强对物流信息的研究,才能使物流成为一个有机的系统,而不是各自孤立的活动。第一,有关订货状况、产品可得性、交货计划表以及发票等信息是整个顾客服务的一个必要因素。第二,为了达到减少整个供应链存货的目的,要认识到信息能够有效地减少存货和对人力资源的需要。利用最新的信息制订的需求计划,能够通过减少需求的不确定性来减少库存。第三,对有关从战略优势出发考虑的何时、何地及如何利用各种资源的问题,信息可以增加其灵活性。因此,及时而又准确的信息对有效的物流信息系统的构建有着不可估量的重要作用。

（四）物流信息系统

物流信息系统（Logistics Information System）是由人员、计算机硬件、软件、网络通信设备及其他办公设备组成的人机交互系统，其主要功能是进行物流信息的收集、存储、传输、加工整理、维护和输出，为物流管理者及其他组织管理人员提供战略、战术及运作决策的支持，以达到组织的战略竞优，提高物流运作的效率与效益。该系统充分利用数据、信息、知识等资源，实施物流业务、控制物流业务、支持物流决策、实现物流信息共享，以提高物流企业业务的效率、决策的科学性，其最终目的是提高企业的核心竞争力。

（五）物流信息系统的特点

物流信息系统具有集成化、模块化、实时化、网络化和智能化等主要特点。随着社会经济的发展、科技的进步，物流信息系统正在向信息分类的集成化、系统功能的模块化、信息采集的在线化、信息存储的大型化、信息传输的网络化、信息处理的智能化以及信息处理界面的图形化方向发展。

1. 集成化

集成化是指物流信息系统将业务逻辑上相互关联的部分连接在一起，为企业物流活动中的集成化信息处理工作提供基础。在系统开发过程中，数据库的设计、系统结构以及功能的设计等都应该遵循统一的标准、规范和规程（即集成化），以避免出现"信息孤岛"现象。

2. 模块化

模块化是指把物流信息系统划分为各个功能模块的子系统，各子系统通过统一的标准来进行功能模块开发，然后再集成，组合起来使用，这样就能既满足物流企业的不同管理部门的需要，也保证了各个子系统的使用和访问权限。

3. 实时化

实时化是指借助于编码技术、自动识别技术、GPS 技术、GIS 技术等现代物流技术，对物流活动进行准确实时的信息采集；并采用先进的计算机与通信技术，实时地进行数据处理和传送物流信息；通过 Internet/Intranet 的应用将供应商、分销商和客户按业务关系连接起来，使整个物流信息系统能够即时地掌握和分享属于供应商、分销商或客户的信息。

4. 网络化

网络化是指通过 Internet 将分散在不同地理位置的物流分支机构、供应商、客户等连接起来，形成一个复杂但有密切联系的信息网络，从而通过物流信息系统这个联系方式实时地了解各地业务的运作情况。物流信息中心将对各地传来的物流信息进行汇总、分类以及综合分析,并通过网络把结果反馈传达下去,以指导、协调、综合各个地区的业务工作。

5. 智能化

智能化是指在物流领域深度融合物联网技术、大数据分析、人工智能等前沿科技手段,构建起一个高度集成且具备自适应能力的综合物流系统。此系统实现了物流运作全流程的自动化操作、数字化呈现、网络化协同以及智能化决策,进而优化物流运作流程,提高物流效率,降低物流成本,为客户提供更优质的服务。

二、物流信息系统的总体构成

(一)物流信息系统的组成要素

从系统的观点来看,构成物流企业信息系统的主要组成要素有硬件、软件、数据库和数据仓库、相关人员以及物流企业管理思想和理念、管理制度与规范等。

1. 硬件

硬件包括计算机、必要的通信设施等,例如计算机主机、外存、打印机、服务器、通信电缆、通信设施,它是物流信息系统的物理设备、硬件资源,是实现物流信息系统的基础,它构成系统运行的硬件平台。

2. 软件

在物流信息系统中,软件一般包括系统软件、实用软件和应用软件。

系统软件主要有操作系统(Operating System,OS)、网络操作系统(Network Operating System,NOS)等,它控制、协调硬件资源,是物流信息必不可少的软件。

实用软件的种类很多,对于物流信息系统,主要有数据库管理系统(Database Management System,DBMS)、计算机语言、各种开发工具、国际互联网上的浏览器、群件等,主要用于开发应用软件、管理数据资源、实现通信等。

应用软件是面向问题的软件,与物流企业业务运作相关,实现辅助企业管理的功能。不同的企业可以根据应用的要求,来开发或购买软件。

通常,系统软件和实用软件由计算机厂商或专门的软件公司开发,它们构成物流信息系统开发和运行的软件平台,企业可在市场上配置和选购。系统软件种类较少,目前操作系统主要有磁盘操作系统(例如 MSDOS)、GUI 操作系统(例如 Windows 2000、Windows XP、UNIX、Linux 等)。实用软件的特点是品种多、新软件产生的频率高、版本更新快,因此用户的选择余地较大。在市场上也有应用软件可供选购,例如财务软件、进销存软件等。

3．数据库与数据仓库

数据库与数据仓库用来存放与应用相关的数据，是实现辅助企业管理和支持决策的数据基础。目前大量的数据存放在数据库中。

随着国际互联网的深入应用以及计算机安全技术、网络技术、通信技术等的发展以及市场专业化分工与协作的深入，物流企业封闭式的经营模式将不断被打破，企业以及其客户之间将更密切地共享信息，因此企业数据库的设计将面临采取集中、部分集中、分布式管理的决策。

随着物流信息系统应用的深入，采用数据挖掘技术的数据仓库也应运而生。

4．相关人员

系统的开发涉及多方面的人员，有专业人员，有领导，还有终端用户，例如企业高层领导（Chief Executive Officer，CEO）、信息主管（Chief Information Officer，CIO）、中层管理人员、业务主管、业务人员、系统分析员、系统设计员、程序设计员、系统维护人员等是从事企业物流信息资源管理的专业人员。不同的人员在物流信息系统开发过程中起着不同的作用。对于一个物流企业来说，应该配备什么样的专业队伍，取决于企业对 LIS 的认识，取决于企业对 LIS 开发的管理模式，例如系统的开发方式等。

随着数据库存储越来越多的企业运作相关数据（内部、外部），为满足企业决策的需要，信息分析人员将成为企业急需的人才。

5．物流企业管理思想和理念、管理制度与规范

在物流行业，新的管理思想和理念不断产生并付诸实践，例如供应链管理理念、第三方物流理念等。物流企业本身决策者和管理者以及其客户所能接受和贯穿的管理思想和理念的程度决定物流信息系统（LIS）的结构，是 LIS 的灵魂。

物流企业管理制度与规范通常包括组织机构、部门职责、业务规范和流程、岗位制度等，它是物流信息系统成功开发和运行的管理基础和保障，是构造物流信息系统模型的主要参考依据，制约着系统硬件平台的结构、系统计算模式、应用软件的功能。

（二）物流信息系统的总体结构

不同的物流企业，应当采取不同的管理理念，其物流信息系统的应用软件会不同。例如以机械制造业为例，管理理念由库存控制、制造资源管理发展到企业资源管理，其业务层的企业信息系统应用软件随之发生了从 MRP、MRP Ⅱ 到 ERP 的变化，从注重内部效率的提高到注重客户服务，其业务层的企业信息系统应用软件从以财务为中心发展到以客户为中心。

三、物流信息系统的模式

物流信息系统的模式可从生产厂商物流信息系统模式、批发商物流信息系统模式和零售商物流信息系统模式三方面来介绍。

（一）生产厂商物流信息系统

生产厂商物流可以划分为原材料、零部件采购活动的供应物流、生产过程中的制造物流或生产物流以及将所生产的产品向批发商或零售商传递的销售物流三种类型。

建立生产厂商物流信息系统的目的是使企业的生产物流、供应物流、销售物流以及废旧回收物流能够以最低的成本、最快的速度实现,最大限度地提高企业利润。因此生产厂商物流管理信息系统由以下子系统组成:①工程技术与生产数据控制子系统;②产品订货服务子系统;③预测子系统;④主生产调度计划子系统;⑤库存管理子系统;⑥生产制造计划子系统;⑦工作令开发子系统;⑧监控子系统;⑨维修子系统;⑩采购子系统;⑪成本计划与控制子系统。

（二）批发商物流信息系统

批发商在产品流通过程中起到中介的作用,减少单个厂商与零售商之间的商品交易次数,实现零售业一定程度的多样化进货要求。批发商的机能大致可以划分为五种类型,即备货机能、物流机能、信息机能、金融机能和零售店经营支援机能。

建立批发商物流信息系统的目的是使企业的采购、销售、配送、资金结算等能够以最低的成本、最快的速度实现。批发商物流管理信息系统的业务主要由下列几个子系统组成:①订单管理子系统;②采购管理子系统;③销售管理子系统;④配送管理子系统;⑤库存管理子系统;⑥账务处理子系统。

（三）零售商物流信息系统

零售业自20世纪80年代起急速地向信息系统化方向发展,这种信息化体现在企业内部经理业务、人事管理业务等当中实现合理化、效率化的同时,通过POS系统实行单品管理,把握每个商品的需求动向。但仅仅通过分散在各个店铺中的POS数据还不能实现经营的效率化,还必须通过EOS将信息与订发货作业连接在一起,并使整个物流系统协同运转、综合作用,才能实现实时的备货和在库成本的削减。

建立零售商物流信息系统的目的是实现采购补货的及时与低成本、销售的准确统计与预测、库存的低水平与高周转率,零售商物流信息系统主要包括以下几个主要的业务子系统:①采购订货子系统;②前台 POS 系统;③销售分析与预测子系统;④库存管理子系统;⑤账务处理子系统。

四、物流信息系统的运行管理

(一)全过程管理

全过程管理的功能可以从不同角度进行设计,其中按照全过程管理的思想,可以从时间维度对全过程管理的功能进行划分,图 4-2 为一个简单的财务全过程管理的功能,事前主要是计划和决策,事中是控制和事实记录,事后是统计和分析。

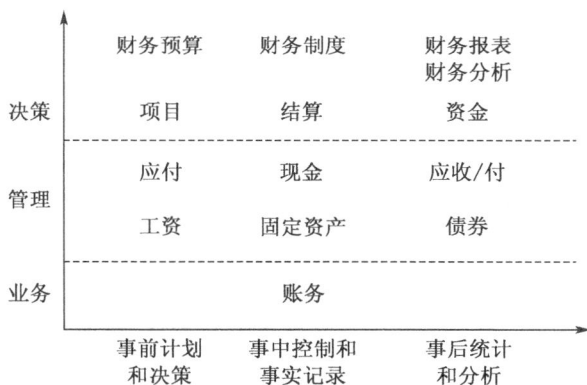

图 4-2　财务全过程管理的功能

按照物流系统运作的要求,其全过程管理分为战略计划制订、决策分析、管理控制、交易实施,其中:

1. 战略计划制订

制订战略计划属于事前的活动,以高风险为特点,其目的是提高企业的核心竞争力,主要任务是寻找战略联盟、开发市场、顾客服务分析。

2. 决策分析

决策分析跨在事前和事中,其主要任务是利用数据、模型和知识协助决策者,分析、评估物流战略计划和实施方案,例如车辆安排、库存水平、网络/设施选址与配置等,工作的目标是提高企业工作的有效性。

3. 管理控制

管理控制属于事中和事后的活动,其任务主要是业务活动的控制以及评价反馈,使物流业务能按计划执行,主要工作包括资金管理、成本控制、资产控制、客户服务评价、生产和质量控制和评价等,衡量企业竞争能力,提出改进工作的建议。

4．交易实施

交易属于事中的活动,其目标之一是提高工作效率,覆盖日常业务工作,例如记录订单、安排库存、作业程序选择、装车、定价、开票、客户咨询服务等。

（二）企业信息系统的层次

按照企业信息系统的层次划分,结合物流系统功能的层次,图4-3给出了物流信息系统的立体结构。物流信息系统功能根据纵向的层次来看,可分为操作层、知识层、战术层和战略层四个层次。

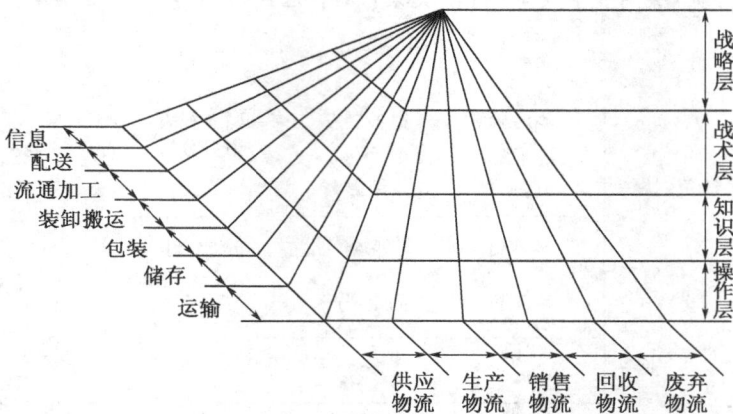

图4-3 物流信息系统功能层次

1．操作层

操作层是系统的基础。其事务处理和交易系统及时地处理每天的物品订货管理、订货处理、计划管理、运输管理、采购管理、库存管理、设备管理和财务管理等,包括车辆运输路径选择、仓库作业计划、库存管理等,涉及当前运行的短期决策,反馈和控制企业基层的日常生产和经营工作的信息。该层的特征主要是操作信息规则化、通信网络化、交易批量化以及作业逐日化。

2．知识层

知识层建立的知识工作系统和办公自动化系统对企业自身的知识进行搜集、分类、存储和查询;并运用知识,根据战术层、战略层的需要,按照一定的方式,对操作层产生的数据进行加工、分析,产生相关的分析报告,进而加快知识在企业内部的流动和传播,促进知识创新,提高企业核心竞争力;建立各种物流系统分析模型,辅助高层管理人员制订物流战略计划。

3. 战术层

战术层提供了部门负责人用作关系局部和中期决策所涉及的战术管理信息，一般包括合同管理、客户关系管理、质量管理、计划管理、市场商情信息等的管理；根据运行信息，监测物流系统的运行状况；建立物流系统的特征值体系，制定评价标准；建立控制与评价模型。

4. 战略层

战略层为企业高层管理决策者提供制订企业战略决策、企业年经营目标所需要的战略管理信息。通常战略层包括综合报表管理、供应链管理、企业战略管理等。

物流企业战略管理是物流企业管理的重要组成部分。物流信息系统可以帮助物流企业高层领导更加深刻地了解物流战略的制订、实施和评价以及其间的内在联系，对物流企业决定自身的发展方向、建立明确的发展目标具有重要的指导作用。

第二节　现代物流信息技术

一、自动识别技术（条码技术、射频识别技术）

（一）条码技术（Bar Code）

条码技术是一种广泛应用于商业、邮政、图书管理、仓储、工业生产过程控制、交通等领域的自动识别技术，具有输入速度快、准确度高、成本低、可靠性强等优点，在当今的自动识别技术中占有重要的地位。

1. 条码的概念

条码是由一组规则排列的条、空及其对应字符组成的标记，用以表示一定的信息。它是用来表示物品信息编码（代码）的一种自动识别技术，人们可以通过专门的阅读设备来识读条码符号中包含的商品编码信息并传送给计算机。条码中深颜色反射率较低的线条，称为"条"，条码中浅颜色反射率较高的线条，称为"空"。条码可以分为一维条码和二维条码。前者是通常所说的传统条码，只在水平方向表示信息，常用的一维条码类型有商品条码（如 EAN－13、UPC－12）、物流条码（如 ITF－14、39 条码、GSI－128）等；后者除了在水平方向有意义外，在垂直方向也有意义，信息容量大、安全性高、有纠错能力，因此可以对物品具有一定描述性，通常可分为行排式二维条码和矩阵式二维条码。现在供应链中常用的主要是一维条码，尤其是商品条码和物流条码，本书也以一维条码作为主要研究对象。

通常对于每一种商品,它的商品编码是唯一的,识别的条码仅仅是商品的标识代码,还要通过计算机检索数据库,根据标识代码查找到物品的其他有关信息,再由计算机的应用程序对其进行操作和处理。

2. 条码的符号结构

一个完整的条码符号由两侧空白区、起始字符、数据字符、校验字符和终止字符组成,其排列方式如表 4-1 所示。

表 4-1　条码的符号结构

空白区	起始字符	数据字符	校验字符	终止字符	空白区

（1）空白区。空白区是指条码左右两端外侧与空的反射率相同的限定区域,它能使阅读器进入准备阅读的状态。当两个条码相距较近时,空白区则有助于对它们加以区分。

（2）起始/终止字符。起始/终止字符指位于条码开始和结束的若干条与空,标志条码的开始和结束,同时提供了码制识别信息和阅读方向的信息。

（3）数据字符。数据字符指位于起始字符后面的字符,标志一个条码符号的值,其结构异于起始字符,可允许进行双向扫描。

（4）校验字符。校验字符表示一种算术运算结果,条码阅读器在对条码进行识读并解码时,对读入的数据字符进行约定的运算,如运算结果与校验字符数值相同,则可判断本次识读有效;反之,则本次识读无效。

3. 条码的码制

条码的码制是指条码符号的类型,每种类型的条码符号都是由符合特定编码规则的条和空组合而成的。每种码制都具有固定的编码容量和规定的条码字符集。条码字符中字符总数不能大于该码制的编码容量,一般可分为一维条码(见条码图形)和二维条码(见条码图形)两大类。

（1）一维条码。一维条码只是在一个方向(一般是水平方向)表达信息,而在垂直方向则不表达任何信息,保持一定的高度通常是为了便于阅读器进行对准扫描。典型的码制如:EAN 码、UPC 码、39 码、25 码、ITF-14 码、GSI-128 码、93 码、库德巴(Codabar)等。其中,EAN 码、UPC 码、39 码、ITF-14 码、GSI-128 码广泛应用于商品流通领域。

（2）二维条码。二维条码根据构成原理、结构形状的差异,可以分为行排式二维条码和矩阵式二维条码两种。

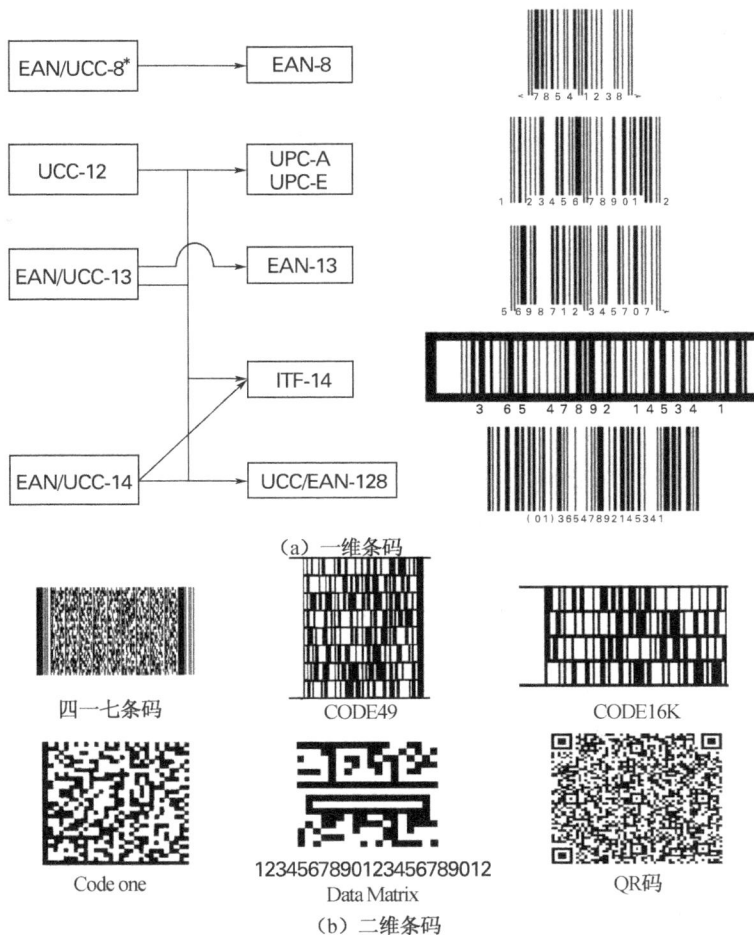

(a) 一维条码

四一七条码　　　　　　CODE49　　　　　　CODE16K

Code one　　　　　1234567890123456789012　　　　　QR码
　　　　　　　　　　　　　Data Matrix
　　　　　　　　　　　　（b）二维条码

图 4 - 4

　　行排式二维条码又称堆叠式二维条码或层排式二维条码,形态上是由多行一维条码堆叠而成的,具有代表性的行排式二维条码包括 PDF417、Code 49、Code 16K 等,其条码中包含附加的格式信息,信息容量可以达到 1K。例如,PDF417码可用来作为运输/收货标签的信息编码,它作为 ANSI MH10.8 标准的一部分,为"纸上 EDI"的送货标签内容编码。这种编码方法被许多工业组织和机构采用。行排式二维条码可用一维的线性扫描阅读器或 CCD 二维图像式阅读器来识读。

　　矩阵式二维条码以矩阵的形式组成,在一个规则的印刷(格子)内用点(方形或圆形等)的出现表示二进制"1",点的不出现表示二进制"0",通过多个"1"与"0"的组合来表示信息,如 Code one、Aztec、Date Matrix、QR 码等。

　　矩阵式二维条码具有更高的信息密度,可以作为包装箱的信息表达符号。在电子半导体工业中,将 Data Matrix 用于标识小型的零部件。矩阵式二维条码只能被二维的 CCD 图像式阅读器识读,并能以全向的方式扫描。

新的二维条码能够将任何语言(包括汉字)和二进制信息(如签字、照片)编码,并可以由用户选择不同程度的纠错级别以在符号残损的情况下恢复所有信息。

(二) 射频识别技术

1. 射频识别技术的定义

射频识别技术 (Radio Frequency Identification,RFID)又称无线电射频技术,是利用无线电波对记录媒体进行读写,射频识别的距离可达几十厘米至几米,且根据读写的方式,可以输入数千字节的信息,同时,还具有极高的保密性。射频识别技术适用的领域为物料跟踪、运载工具和货架识别等要求非接触数据采集和交换的场合,要求频繁改变数据内容的场合尤为适用。如香港的车辆自动识别系统——驾易通,采用的主要技术就是射频技术。装有电子标签的车辆通过装有射频扫描器的专用隧道、停车场或高速公路路口时,无需停车缴费,大大提高了行车速度,提高了效率。

2. RFID 系统的分类

根据 RFID 系统完成的功能不同可把 RFID 系统分成四种类型:EAS 系统、便携式数据采集系统、网络系统、定位系统。

(1) EAS 系统。EAS (Electronic Article Surveillance) 技术是一种设置在需要控制物品出入的门口的 RFID 技术。这种技术的典型应用场合是商店、数据中心等地方,当未被授权的人从这些地方非法取走物品时,EAS 系统会发出警告。在应用 EAS 技术时,首先在物品上粘贴 EAS 标签,当物品被正常购买或者合法移出时,在结算处通过一定的装置使 EAS 标签失活,物品就可以取走。物品经过装有 EAS 系统的门口时,EAS 装置能自动检测标签,发现活动性标签,EAS 系统会发出警告。EAS 技术的应用可以有效防止物品被盗,不管是大件的物品,还是很小的物品。应用 EAS 技术,物品不用再锁在玻璃橱柜里,可以让顾客自由地观看、检查。

典型的 EAS 系统一般由三部分组成:①电子标签(电子传感器)。电子标签通常附着在商品上,用于标识商品并与其进行交互。②电子标签灭活装置。这个装置用于授权商品正常出入。在结算时,解码器或取钉器会解除标签的防盗功能,使得商品可以顺利通过出口。③监视装置。监视装置包括发射器和接收器,通常安装在商场的出入口,形成一定的监视区。

EAS 系统的工作原理是：在监视区，发射器以一定的频率向接收器发射信号。发射器与接收器一般安装在零售店、图书馆的出入口，形成一定的监视空间。当具有特殊特征的标签进入该区域时，会对发射器发出的信号产生干扰，这种干扰信号也会被接收器接收，再经过微处理器的分析判断，就会控制警报器的鸣响。根据发射器所发出信号的不同以及标签对信号干扰原理的不同，EAS 可以分成许多种类型。关于 EAS 技术最新的研究方向是标签的制作，人们正在讨论 EAS 标签能不能像条码一样，在产品的制作或包装过程中加进产品，成为产品的一部分。

（2）便携式数据采集系统。便携式数据采集系统是使用带有 RFID 阅读器的手持式数据采集器采集 RFID 标签上的数据。适用于不宜安装固定式 RFID 系统的应用环境。手持式阅读器（数据输入终端）可以在读取数据的同时，通过无线电波数据传输方式（RFDC）适时地向主计算机系统传输数据，也可以暂时将数据存储在阅读器中，再一批批地向主计算机系统传输数据。

（3）固定布置的 RFID 阅读器。固定布置的 RFID 阅读器分散布置在给定的区域，并且阅读器直接与物流管理信息系统相连，信号发射机是移动的，一般安装在移动的物体和人身上。当物体、人经过阅读器时，阅读器会自动扫描标签上的信息并把数据信息输入数据管理信息系统存储、分析、处理，达到控制物流的目的。

（4）定位系统。定位系统用于自动化加工系统中的定位以及对车辆、轮船等进行运行定位支持。阅读器放置在移动的车辆、轮船上或者自动化流水线中移动的物料、半成品、成品上，信号发射机嵌入操作环境的地表下面。信号发射机上存储有位置识别信息，阅读器一般通过无线的方式或者有线的方式连接到主信息管理系统。

3. RFID 系统的组成与功能

从系统的工作原理来看，RFID 系统一般由信号发射机、信号接收机、发射接收天线等几部分组成。

（1）信号发射机。信号发射机为了不同的应用目的，会以不同的形式存在，典型的形式是标签（TAG）。标签相当于条码技术中的条码符号，用来存储需要识别、传输的信息。另外，与条码不同的是，标签必须能够自动或在外力的作用下，把存储的信息主动发射出去。标签一般是带有线圈、天线、存储器与控制系统的弱电集成电路。

（2）信号接收机。信号接收机一般称为阅读器。根据支持的标签类型不同与完成的功能不同，阅读器的复杂程度是显著不同的。阅读器的基本功能就是提供与标签进行数据传输的途径。另外,阅读器还提供相当复杂的信号状态控制、奇偶错误校验与更正功能等。标签中除了存储需要传输的信息外,还必须含有一定的附加信息,如错误校验信息等。识别数据信息和附加信息按照一定的结构编制在一起,并按照特定的顺序向外发送。阅读器通过接收到的附加信息来控制数据流的发送。一旦到达阅读器的信息被正确地接收和译解后,阅读器通过特定的算法决定是否需要发射机对发送的信号重发一次,或者知道发射器停止发信号,即"命令响应协议"。使用这种协议,即便在很短的时间、很小的空间内阅读多个标签,也可以有效地防止"欺骗问题"的产生。

只有可读可写标签系统才需要编程器。编程器是向标签写入数据的装置。编程器写入数据一般来说是离线完成的,也就是预先在标签中写入数据,等到开始应用时直接把标签黏附在被标识项目上。也有一些 RFID 应用系统,写数据是在线完成的,尤其是在生产环境中作为交互式便携数据文件来处理时。

(3)发射接收天线。发射接收天线是标签与阅读器之间传输数据的发射、接收装置。除了系统功率、天线的形状和相对位置影响数据的发射和接收,还需要专业人员对系统的天线进行设计、安装。

(4)标签。按照不同的分类标准,标签有许多不同的分类。

①主动式标签、被动式标签。在实际应用中,必须给标签供电它才能工作,虽然它的电能消耗是非常低的。按照标签获取电能的方式不同,可以把标签分为主动式标签与被动式标签。主动式标签内部自带电池进行供电,它的电能充足,工作可靠性高,信号传送的距离远。另外,主动式标签可以通过设计电池的不同寿命对标签的使用时间或使用次数进行限制,它可以用在需要限制数据传输量或者使用数据有限制的地方,比如,一年内,标签只允许读写有限次。主动式标签的缺点主要是标签的使用寿命受到限制,而且随着标签内电池电力的消耗,数据传输的距离会越来越短,影响系统的正常工作。被动式标签内部不带电池,要靠外界提供能量才能正常工作。被动式标签典型的产生电能的装置是天线与线圈。当标签进入系统的工作区域,天线接收到特定的电磁波,线圈就会产生感应电流,再经过整流电路给标签供电。被动式标签具有永久的使用期,常常用在标签信息需要每天读写或频繁读写多次的地方,而且被动式标签支持长时间的数据传输和永久性的数据存储。被动式标签的缺点主要是数据传输的距离比主动式标签短。因为被动式标签依靠外部的电磁感应而供电,它的电能就比较弱,数据传输的距离和信号强度就受到限制,需要敏感性比较高的信号接收器才能可靠识读。

②只读标签与可读可写标签。根据内部使用的存储器类型的不同,标签可以分成只读标签与可读可写标签。只读标签内部只有 ROM 和 RAM。ROM 用于

存储发射器 OSC（振荡器）说明和安全性要求较高的数据，它与内部的处理器或逻辑处理单元一起完成内部的操作控制功能，如响应延迟时间控制、数据流控制、电源开关控制等。另外，只读标签的 ROM 中还存储有标签的标识信息。这些信息可以在标签制造过程中由制造商写入 ROM 中，也可以在标签开始使用时由使用者根据特定的应用目的写入特殊的编码信息。这种信息可以只简单地代表二进制中的"0"或者"1"，也可以像二维条码那样，包含相当复杂的、丰富的信息。但这种信息只能一次写入，多次读出。只读标签中的 RAM 用于存储标签响应和数据传输过程中临时产生的数据。另外，只读标签中除了 ROM 和 RAM 外，一般还有缓冲存储器，用于暂时存储调制后等待天线发送的信息。可读可写标签内部的存储器除了 ROM、RAM 和缓冲存储器之外，还有非活动可编程记忆存储器。这种存储器除了具有存储数据功能外，还具有在适当的条件下允许多次写入数据的功能。非活动可编程记忆存储器有许多种，EEPROM（电可擦除可编程只读存储器）是比较常见的一种，这种存储器在加电的情况下，可以实现对原有数据的擦除以及数据的重新写入。

③标识标签与便携式数据文件。根据标签中存储器数据存储能力的不同，可以把标签分为仅用于标识目的的标识标签与便携式数据文件两种。对于标识标签来说，一个数字或者多个数字字母字符串存储在标签中，为了达到识别的目的或者是拥有进入信息管理系统中数据库的钥匙（Key）。条码技术中标准码制的号码，如 EAN/UPC 码，或者混合编码，或者标签使用者按照特定的方法编的号码，都可以存储在标识标签中。标识标签中存储的只是标识号码，用于对特定的标识项目，如人、物、地点进行标识，关于被标识项目的详细特定的信息，只能在与系统相连接的数据库中进行查找。便携式数据文件就是说标签中存储的数据非常大，可以看作是一个数据文件。这种标签一般都是用户可编程的，标签中除了存储标识码外，还存储有大量的被标识项目的其他相关信息，如包装说明、工艺过程说明等等。在实际应用中，关于被标识项目的所有的信息都是存储在标签中的，读标签就可以得到关于被标识项目的所有信息，而不用再连接到数据库进行信息读取。另外，随着标签存储能力的提高，可以提供组织数据的功能，在读标签的过程中，可以根据特定的应用目的控制数据的读出，实现在不同的情况下读出的数据部分不同。

4. RFID 的应用

在较小的范围之内，它在物流中的作用主要包括仓库的双通道通信选择指示、仓库循环点数核实和标签打印（如路线标签）以及阅读包裹上的 ZIP 码。它适用于物品跟踪、运载工具和货架识别等要求非接触数据采集和交换的场合。便携式数据终端(PDA)一般包括一个扫描器、一个体积小带有存储器的计算机、显示器和键盘,在只读存储器中装有常驻内存的操作系统,用于控制数据的采集和传送。PDA 在操作时先扫描位置标签,货架号码、产品数量就都输入 PDA,再通过 RFID 把数据传到服务器群系统,可得到客户产品清单、发票、发运标签、产品代码和数量等。

二、货物跟踪管理技术

(一)北斗卫星导航系统(BDS)

北斗卫星导航系统(Beidou Navigation Satellite System,简称 BDS,又称 COMPASS)是中国自行研制的全球卫星导航系统,也是继 GPS、GLONASS 之后的第三个成熟的卫星导航系统。北斗卫星导航系统(BDS)和美国 GPS、俄罗斯 GLONASS、欧盟 GALILEO,是联合国卫星导航委员会已认定的供应商。北斗卫星导航系统由空间段、地面段和用户段三部分组成,可在全球范围内全天候、全天时为各类用户提供高精度、高可靠定位、导航、授时服务,并且具备短报文通信能力。经过多年发展,北斗系统已成为面向全球用户提供全天候、全天时、高精度定位、导航与授时服务的重要新型基础设施。[①]

(二)地理信息系统(GIS)

地理信息系统(Geographic Information System,GIS)是人类在生产实践活动中,为描述和处理相关地理信息而逐渐产生的软件系统。它以计算机为工具,对具有地理特征的空间数据进行处理,能以一个空间信息为主线,将其他各种与其有关的空间位置信息结合起来。它的诞生改变了传统的数据处理方式,使信息处理由数值领域步入空间领域。GIS 用途十分广泛,例如用于交通、能源、农林、水利、测绘、地矿、环境、航空、国土资源综合利用等领域。

三、电子数据交换技术(EDI 与 XML/EDI)

(一)电子数据交换(EDI)

1. EDI 的含义

电子数据交换(Electronic Data Interchange,EDI)开始于 20 世纪 60 年代,

---

① 资料来源:百度百科"北斗卫星导航系统"词条,详见:https://baike.baidu.com/item/%E5%8C%97%E6%96%97%E5%8D%AB%E6%98%9F%E5%AF%BC%E8%88%AA%E7%B3%BB%E7%BB%9F/10390403.

EDI 的含义是指商业贸易伙伴之间,将按标准、协议规范化和格式化的经济信息通过电子数据网络,在单位的计算机系统之间进行自动交换和处理,它是电子商业贸易的一种工具,将商业文件按统一的标准编制成计算机能识别和处理的数据格式,在计算机之间进行传输。

国际标准化组织(International Organization for Standarization,ISO)于1994 年确认了 EDI 的技术定义:"根据商定的交易或电文数据的结构标准实施商业或行政交易从计算机到计算机的电子传输。"这表明 EDI 应用有它自己特定的含义和条件,即:

(1) 使用 EDI 的是交易的两方,是企业之间的文件传递,而非同一组织内的不同部门。

(2) 交易双方传递的文件是特定的格式,采用的是报文标准,现在是联合国的 UN/EDIFACT。

(3) 双方各有自己的计算机系统。

(4) 双方的计算机(或计算机系统)能发送、接收并处理符合约定标准的交易电文的数据信息。

(5) 双方计算机之间有网络通信系统,信息传输是通过该网络通信系统自动实现的。信息处理是由计算机自动进行的,无需人工干预。

EDI 传输的数据是指交易双方互相传递的具备法律效力的文件资料,可以是各种商业单证,如订单、回执、发货通知、运单、装箱单、收据发票、保险单、进出口申报单、报税单、缴款单等,也可以是各种凭证,如进出口许可证、信用证、配额证、检疫证、商检证等等。

2. EDI 的特性

EDI 具有以下特性:

(1) 数据的完整性、一致性、可靠性。

(2) 安全性、容错性,贸易伙伴之间数据不断交换,但主数据库中的数据与设备不会损坏。

(3) 扩充性,即使 EDI 处理信息的增加也无妨,因为其系统扩充方便。

3. 电子数据交换(EDI)的系统结构

EDI 数据标准化、EDI 软件及硬件、通信网络是构成 EDI 系统的三要素。

(1) 电子数据交换(EDI)数据标准化。EDI 标准是由各企业、各地区代表甚至国际组织(ISO)共同讨论、制定的电子数据交换共同标准,可以使各组织之间的不同文件格式,通过共同的标准,实现彼此之间文件交换的目的。

(2) 电子数据交换(EDI)软件及硬件。实现 EDI,需要配备相应的 EDI 软件和硬件。EDI 软件可以将用户数据库系统中的信息译成 EDI 的标准格式,以供传输和交换。EDI 标准具有足够的灵活性,可以适应不同行业的众多需求。然而,每个公司有其自己规定的信息格式,因此,当需要发送 EDI 电文时,必须用某些方法从公司的专有数据库中提取信息,并把它翻译成 EDI 标准格式进行传输,这就需要 EDI 相关软件的帮助。

① EDI 软件。EDI 软件可分为转换软件、翻译软件和通信软件三大类,其软件构成,如图 4 - 5 所示。

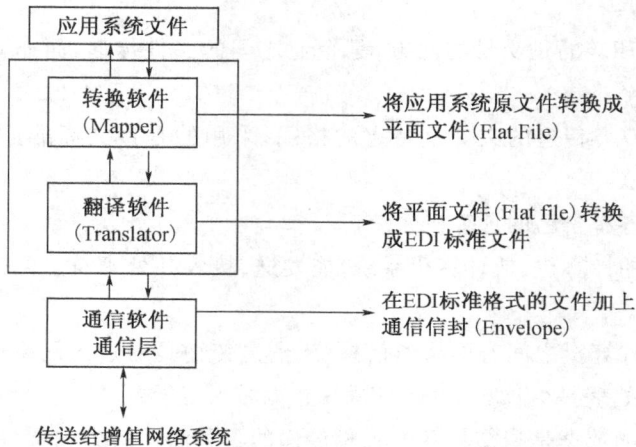

图 4 - 5 EDI 软件构成

a. 转换软件(Mapper)。转换软件可以帮助用户将原有计算机系统的文件或数据库中的数据,转换成翻译软件能够理解的平面文件(Flat File),或是将从翻译软件接收来的平面文件,转换成原计算机系统中的文件。

b. 翻译软件(Translator)。将平面文件翻译成 EDI 标准格式,或将接收到的 EDI 标准格式翻译成平面文件。

c. 通信软件。将 EDI 标准格式的文件外层加上通信信封(Envelope),再送到 EDI 系统交换中心的邮箱(Mailbox),或从 EDI 系统交换中心内将接收到的文件取回。

② EDI 的硬件设备。EDI 所需的硬件设备大致有:计算机、调制解调器(Modem)及通信线路。

a. 计算机:目前所使用的计算机,无论是 PC、工作站、小型机、主机等,均可利用。

b. 调制解调器:由于使用 EDI 来进行电子数据交换需通过通信网络,目前采用电话网络进行通信是很普遍的方法,因此调制解调器是必备硬件设备,其功能与传输速度应根据实际需求来选择。

（3）通信网络。通信线路一般最常用的是电话线路，如果在传输时效及资料传输量上有较高要求，可以考虑租用专线。通信网络是实现 EDI 的手段。EDI 通信方式有多种，如图 4-6 所示。

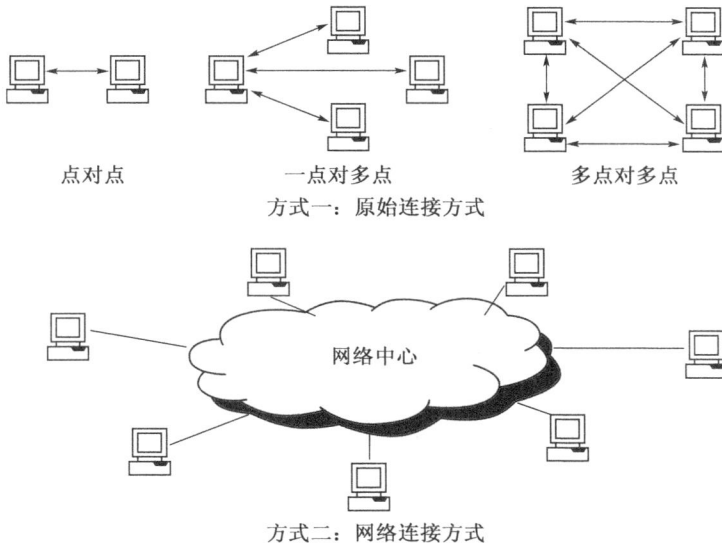

点对点　　　　一点对多点　　　　多点对多点
方式一：原始连接方式

网络中心

方式二：网络连接方式

图 4-6　EDI 通信方式

在图 4-6 中，方式一只有在贸易伙伴数量较少的情况下使用，但随着贸易伙伴数目的增多，当多家企业直接进行电脑通信时，会出现由于计算机厂家不同、通信协议相异以及工作时间不易配合等问题，造成相当大的困难。为了克服这些问题，许多应用 EDI 的公司逐渐采用第三方网络与贸易伙伴进行通信，即增值网络（VAN）方式。它类似于邮局，为发送者与接收者维护邮箱，并提供存储转送、记忆保管、通信协议转换、格式转换、安全管制等功能。因此，通过增值网络传送 EDI 文件，可以大幅度降低相互传送资料的复杂度和困难度，大大提高 EDI 的效率。

4. 电子数据交换（EDI）系统工作流程

（1）EDI 工作过程。为了理解 EDI 如何工作，我们不妨来跟踪一个简单的 EDI 应用过程。以订单与订单回复为例：

第一步：制作订单

购买方根据自己的需求在计算机订单处理系统上制作出一份订单，并将所有必要的信息以电子传输的格式存储下来，同时产生一份电子订单。

第二步：发送订单

购买方将此电子订单通过 EDI 系统传送给供货商，此订单实际上是发向供货商的电子信箱，它先存放在 EDI 交换中心，等待来自供货商的接收指令。

第三步：接收订单

供货商使用邮箱接收指令，从 EDI 交换中心自己的电子信箱中收取全部邮件，其中包括来自购买方的订单。

第四步：签发回执

供货商在收妥订单后，使用自己计算机上的订单处理系统，为来自购买方的电子订单自动产生一份回执，经供货商确认后，此电子订单回执被发送到网络，再经由 EDI 交换中心存放到购买方的电子信箱中。

第五步：接收回执

购买方使用邮箱接收指令，从 EDI 交换中心自己的电子信箱中收取全部邮件，其中包括供货商发来的订单回执。整个订货过程至此完成，供货商收到订单，客户（购买方）则收到订单回执。

EDI 的实现过程就是用户将相关数据从自己的计算机信息系统传送到有关交易方的计算机信息系统的过程，该过程因用户应用系统以及外部通信环境的差异而不同。在有 EDI 增值服务的条件下，这个过程分为以下几个步骤：

发送方将要发送的数据从信息系统数据库提出，转换成平面文件（亦称中间文件）；

将平面文件翻译为标准 EDI 报文，并组成 EDI 信件，接收方从 EDI 信箱收取信件；

将 EDI 信件拆开并翻译成平面文件；

将平面文件转换并发送到接收方信息系统中进行处理。

由于 EDI 服务方式不同，平面转换和 EDI 翻译可在不同位置（用户端、EDI 增值中心或其他网络服务点）进行，但基本步骤应是上述几步。

（2）XML/EDI。可扩展的标记语言（Extensible Makeup Language，XML）的出现使 EDI 突破了发展的瓶颈，它丰富的格式语言可用来描述不同类型的单据，如信用证、贷款申请表、保险单、索赔单以及各种发票等。结构化的 XML 文档送至 Web 的数据可以被加密，并且很容易附加上数字签名。XML 的安全保密措施可在 EDI 的应用中充分显示它的魅力，XML 有望推动 EDI 应用的大规模发展。

XML 所采用的标准技术已被证明最适合 Web 开发，应用于 Internet EDI，则可以得到真正 Web 风格的 EDI（XML/EDI）。XML 支持结构化的数据，可以更详细地定义某个数据对象的数据结构,如描述产品,详细定义该产品的生产厂、产品名、产品号、产地等信息,不仅为标记该产品提供方便,而且这种 XML 数据很容易、更方便按生产厂、产品名等排序和查询。XML/EDI 引进了模板(Template)的概念,解决了 EDI 的主要问题——映射问题。模板描述的不是消息的数据,而是消息的结构以及如何解释消息,能做到无须编程即可实现消息的映射。在用户计算机上,软件代理用最佳方式解释模板和处理消息,如果用户应用程序实现了 XML/EDI,那么代理可以自动完成映射,并产生正确的消息,同时,代理可以为用户生成一个 Web 表单。与传统 EDI 不同的是,XML/EDI 可以在客户端处理消息,自动完成映射,花费很小。通过模板,用户可以得到对其环境的最佳集成,模板可以动态结合到本地应用程序中,这使得 XML/EDI 成为名副其实的 Web 风格的 EDI。

XML/EDI 还有一个特点,它能让所有的参与者都从 EDI 中得到好处,是对称的 EDI。这一方面是由 XML 的结构化和文件格式定义(DTD)特点所致;另一方面则是由于 XML 的超链接可以进一步指定目标找到后面的动作。XML 本身的互操作性使 XML/EDI 的参与者都能从中获益。

XML/EDI 为系统提供的信息不仅仅是数据,而且包含所需要的信息处理逻辑。XML/EDI 也定义了一个标准,用于为表现特征、结构和支持业务交易(编目录、订单表格和合法要求等)的数据行为进行编码,它为交易信息的交换提供了便利,从而形成了自动执行和基于文档的交易。目前许多主要的企业资源计划(ERP)厂商正在它们的系统中创建基于 Web(特别是基于 XML)的应用,XML/EDI 将非常自然地应用到这种网络结构中。当然,绝大多数 ERP 软件包已经能够支持传统的 EDI,但是如果它们不可避免地要像支持传统的 EDI 那样支持企业 Intranet 和 Extranet,那么数据交换标准统一以后用于商业交换的成本和复杂性将大大减少。

许多商业联盟体已经采用了 XML/EDI,目前正致力于研发其产业特有的 XML/EDI 标准。国际 XML/EDI 组织正在开发 XML 架构的电子商务框架及相关的 Internet 技术。XML/EDI 小组于 1997 年 7 月通过互联网成立,目的在于培育和发展开放的、对 XML/EDI 广泛适用的下一代电子商务标准。XMI/EDI 的目的是允许各种组织为全球用户配置更为智能、更为便宜和具有更高可维护性的系统。由于 Internet 是全球最大的一个开放式的网络,而 XML 就是专门针对 Internet 而开发的,因此它在创建时具有国际化的字符集和统一的数据格式。将 EDI 国际化有几种传统的方法,主要是由 ISO 制定的,但是 XML/EDI 将自动把 EDI 国际化集成到与数据和文件交换相关的标准中。

EDI是电子商务的始祖,具备用简单格式表现结构数据的能力,使得数据能够传递到其他人,且接收者能解释接收到的信息。XML/EDI需要将EDI集成到通用的组件中(如Web浏览器和办公软件)。因此,将来通过一个文本编辑器进入一个基于XML的EDI交易表格里可能很方便,公司员工也许可以在熟悉的兼容XML的字处理器上键入订单并且将它直接插入EDI交易过程中。在EDI转移到下一代产品的过程中,XML/EDI为现存的EDI交易提供了100%的向后兼容性。这意味着我们无需抛弃现有的EDI投资和知识。

XML是一项通用的技术,因此它的应用领域非常广。虽然XML并不能解决传统EDI的所有问题,但专家们正积极地将它应用到EDI的数据管理和数据库管理中。一般而言,企业可能具有从传统的DBMS来的编译好的数据库系统、基于ERP的商业规则、用于Intranet和Web出版的应用服务器、用于数据交换的EDI等,而所有这一切使用的都是不同的格式和不同的数据管理机制。而XML的出现有助于统一这些不同的数据格式和数据管理机制。

四、人工智能技术

(一)智能物流系统(Intelligent Logistics System,ILS)

所谓智能物流系统,是指以信息运动为主线,综合运用现代物流技术、信息技术、自动化技术、系统集成技术,特别是人工智能技术,通过信息集成、物流全过程优化以及资源优化,将物流信息、物流活动、物流制品、物流资源以及物流规范有机集成并优化运行的实时、高效、合理的物流服务体系。它能够有效地提高企业的市场应变能力和竞争能力,为客户提供方便、快捷、及时、准确的服务。

由上述定义可以看出,智能物流系统主要包括以下几层含义:

(1)以信息运动为主线。信息是智能物流系统的核心要素,智能物流系统的一个重要目标就是比以往在更广泛的形式和更深入的层次上将信息技术、智能技术等大范围、全方位地运用到物流系统中,以提高信息的获取、传递、处理以及利用能力。它不仅可以为供应商、客户以及合作伙伴提供一般的物流服务,还可以提供一些增值性服务,如物流全过程追踪、物流规划、市场预测等,从而满足供应链、电子商务以及经济全球化的要求。

(2)以满足客户需求为目的。智能物流系统通过电子化运作能够方便、快速、及时、准确地为客户提供服务,以满足客户的需求为中心,而不是以获利为中心。并且在满足客户需求的前提下,通过对物流运作和管理过程的优化,尽量降低物流系统的总成本。系统实施和运行的总体效果就是使得物流各项资源(基础设施、物流设备、人力资源等)发挥出最大效能,提高企业的市场应变能力和竞争能力,为客户提供方便、快捷、及时、准确的服务。

(3) 以集成和优化为手段。智能物流系统的实现离不开各种先进信息技术、智能技术的支持,但仅将这些技术在物流系统中进行简单应用却是远远不够的,而是应该将这些技术同管理技术、物流技术有机结合起来,在系统工程的原理和方法的指导下综合应用于物流的各个环节,通过信息集成、物流全过程优化以及资源整合,实现物流、信息流、价值流的集成和优化运行,达到物流信息、物流活动、物流制品、物流资源以及物流规范等要素的集成,从而提高企业的市场应变能力和竞争能力。

(4) 其实质是一个复杂的人机大系统。智能物流系统在不同的领域、不同的应用背景,甚至与不同的现代物流技术,如 QR、JIT 等的结合时,其表现形式均会有所不同。但其实质上是现代物流在信息化的基础上发展到一个更高的阶段,即智能化阶段,是现代物流沿着智能化、集成化不断发展而最终形成的一个复杂的人机大系统。而对于这种复杂的人机大系统的研究和实践,应以系统工程思想为指导,充分考虑系统中物、事、人三者之间的关系,遵循"以人为主,人机结合"的原则,注重专家群体的合作,发挥专家群体综合研究的优势,尽可能将定性与定量相结合,采用适用可行的方法与模型,以实现系统的综合集成。

(二) 智能决策支持系统

在智能物流系统中,存在大量的结构化、半结构化甚至非结构化的物流决策问题,如仓库选址决策、车辆调度、库存决策、采购决策等,这些问题的解决需要决策支持系统或智能决策支持系统作为辅助决策手段,以辅助各级物流管理者实现科学决策。

决策支持系统(Decision Support System,DSS)是在管理信息系统和运筹学的基础上发展起来的,是利用大量数据,有机组合众多模型(数学模型与数据处理模型等),通过人机交互,辅助各级决策者实现科学决策的系统。决策支持系统主要由问题处理与人机交互系统(由语言系统和问题处理系统组成)、模型库系统(由模型库管理系统和模型库组成)、数据库系统(由数据库管理系统和数据库组成)等组成。决策支持系统和管理信息系统最大的不同之处就在于它增加了模型库以及相应的模型库管理系统,从而为解决半结构化决策问题提供了有效的辅助手段。

智能决策支持系统(Intelligent Decision Support System,IDSS)是在决策支持系统的基础上集成人工智能的专家系统而形成的。智能决策支持系统充分发挥了专家系统以知识推理形式解决定性分析问题的特点,又发挥了决策支持系统以模型计算为核心的解决定量分析问题的特点,充分做到定性分析和定量分析的有机结合,使得解决问题的范围得到扩展,由结构化、半结构化决策问题扩展到非结构化决策问题领域。智能决策支持系统的结构可用图4-7表示。

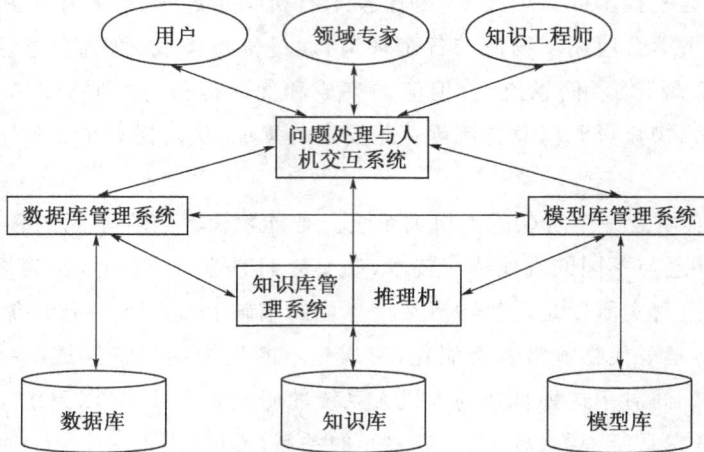

图 4-7 智能决策支持系统总体结构

第三节 现代物流信息系统

一、销售时点信息系统(POS)

POS系统是销售点系统的简称。它是以商业环境为中心,为货物交易和内部调配货物提供服务和实施管理的信息管理系统。其具体工作内容有:以不同的方式(批发、零售、折扣、调价等)、不同的结算手段(现金、支票、信用卡等)完成商品交易并产生所需要的数据,对商品销售信息进行统计和实施管理,如统计交易次数、时段交易金额、时段各类商品的销售量,自动更新库存量,提供可靠的存货信息,控制各类商品的库存量并管理商品的订货等。

(一)POS系统的类型

POS系统主要有以下类型:

(1)独立的收款机POS系统。由于收款机本身具有商品交易处理、商品信息储存和管理的功能,因此一般小型商店均采用基于PC机的收款机POS系统。

(2)收款机与PC机组成的POS系统。多台收款机通过通信线路与PC机相连接而成的收款机网络,一般用于中小商场。

（3）收款机、网络、计算机组成的 POS 系统。这种 POS 系统由一组收款机与一台 PC 机相连，而 PC 机又通过网络与主计算机相连。这里的 PC 机仅起管理作用，即收款机运行时所需要的信息先由主机系统下卸到 PC 机，然后由 PC 机下卸到收款机，收款机则将商品交易的信息传送到 PC 机，PC 机再通过网络传送到主机系统，由主机系统去完成各种商品的进、销、存的处理与分析。该种 POS 系统可以与银行连通组成金融商业 POS 系统，使用户可以很顺利地使用信用卡进行结算。这种 POS 系统一般适用于大型商场。

（二）POS 系统的基本要件——收款机

收款机支持商品销售功能，支持商品管理功能，支持人员管理功能以及支持简单的销售统计分析功能。收款机的结构类型一般有两种，即专用收款机和基于 PC 机的收款机。收款机常用的外部设备有条码阅读器、打印机、信用卡阅读器。现代大型商场将自己的 POS 系统与信用卡公司以及银行的服务系统相连，就可运用信用卡阅读器解读信用卡中的信息并对此进行处理，从而实现货币的电子化，而不必用现金进行交易。

（三）POS 系统的具体业务操作流程

POS 系统对商品流转业务的管理主要体现在——通过核算员和收银员在流转的各个环节，将必要的票据登录到 POS 系统中去，所登录的数据主要有商品的数量及金额，另外还有一些指标。具体业务操作流程如下：①商品编码、定价和登录；②进货；③调拨；④退货及换货；⑤仓储；⑥零售；⑦报损、报溢、报废；⑧盘点；⑨进货退补价。

POS 系统是物流管理信息系统的基础，是以商品条码为基础的销售点自动化管理系统。它可以实时采集各种商品的销售信息，对经营的商品实施单品管理。

POS 系统主要包含下列 6 项业务流程：①自动记录原始数据及其他相关的信息；②自动贮存、处理全日营业信息；③打印各种收银报表，并具有读账、清账功能；④取得每一个零售点的商品信息以及新品变价、配送货等信息；⑤统计、分析各个零售点的营业资料；⑥迅速而准确地完成前台工作，同时保存完整的记录。

二、电子订货系统（EOS）和计算机辅助订货系统（CAO）

（一）电子订货系统（EOS）

电子订货系统（Electronic Ordering System，EOS）是指将批发、零售商场所发生的订货数据输入计算机，即刻通过计算机通信网络连接的方式将资料传送至总公司、批发商、商品供货商或制造商处。EOS 能处理从新商品资料的说明直到会计结算等所有商品交易过程中的作业,可以说 EOS 涵盖了整个商流。随着现代物流的发展,在寸土寸金的情况下,零售业已没有许多空间用于存放货物,在要求供货商及时补足售出商品的数量且不能有缺货的前提下,更必须采用 EOS 系统。

EOS 系统并不是由单个的零售店与单个的批发商组成的系统,而是由许多零售店和许多批发商组成的大系统的整体运作方式。EOS 系统基本上是在零售店的终端利用条码阅读器获取准备采购的商品条码,并在终端机上输入订货资料;利用电话线通过调制解调器传到批发商的计算机中;批发商开出提货传票并根据传票,同时开出拣货单,实施拣货,然后依据送货传票进行商品发货;送货传票上的资料便成为零售商的应付账款资料及批发商的应收账款资料,并输入应收账款的系统中去;零售商对送到的货物进行检验后,便可以陈列与销售了,EOS 系统构成图如图 4 - 8 所示。

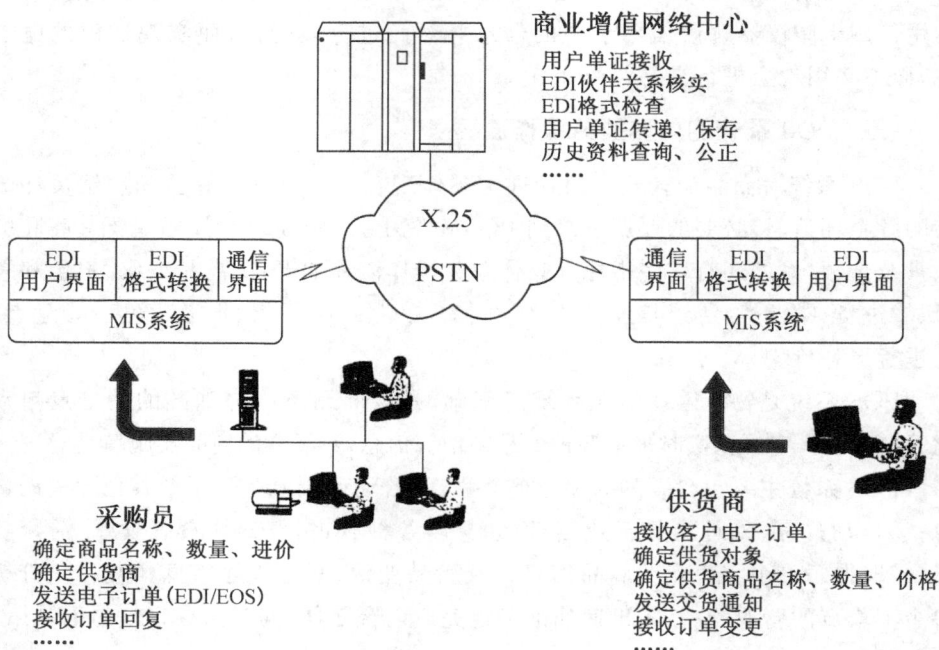

商业增值网络中心
用户单证接收
EDI伙伴关系核实
EDI格式检查
用户单证传递、保存
历史资料查询、公正
......

X.25
PSTN

| EDI 用户界面 | EDI 格式转换 | 通信界面 |
| MIS系统 |

| 通信界面 | EDI 格式转换 | EDI 用户界面 |
| MIS系统 |

采购员
确定商品名称、数量、进价
确定供货商
发送电子订单(EDI/EOS)
接收订单回复
......

供货商
接收客户电子订单
确定供货对象
确定供货商品名称、数量、价格
发送交货通知
接收订单变更
......

图 4 - 8 电子订货系统(EOS)示意图

(二) 计算机辅助订货(CAO)系统

计算机辅助订货(Computer Assisted Ordering,CAO)是一个基于零售的系统,当货架上的货物低于预定水平时,或者根据 POS 数据库产品销售量达到一定程度时,CAO 系统自动生成商店补货订单。计算机系统跟踪商店内所有的存货,调整进货与销售。CAO 系统通过使用计算机将下列信息集合起来,准备一份商店订单,主要包括以下内容:①商店的基本情况;②实际销售与预期销售;③安全库存水平;④有效订货数量;⑤准确的货物与库存水平;⑥影响需求的特殊因素。

要充分理解 CAO 及其作用,了解传统订货过程的运作非常重要。当商店店员看到货架上的某一种商品少了或者空了,就要下订单。下订单要考虑的因素有:再订货点、现有库存、交货周期、预期收货、销售预测和调整因素等。调整因素包括季节影响、地区影响以及促销影响。下订单的过程被称为"按库存订货"。

传统的订货大多由人工完成,而且非常复杂。虽然先进的收款机可以配备扫描器,但这只简化了购买交易过程,扫描器提供的数据并没有被进一步利用。因此,根据产品种类和库存周转情况,在一星期内需要多次订货。因此,过去将大量的时间花在订货上,这种劳动密集型工作延长了订货时间。在一个 CAO 系统中,由扫描器采集销售数据,并储存在 POS 数据库中,由相应的计算机软件根据这些数据自动计算出补货数量,生成订单。这些订单由商店店员核对,并传送到零售商总部。

CAO 系统要处理的工作非常复杂。系统要处理各种产品,从保质期很短的鲜活产品到订货后 9 个月才能交货的纺织品。

CAO 系统在订单中要考虑下列因素:

1. 商店的基本情况

CAO 系统有每个商品组的基本情况的数据,包括其产品、价格和促销数据。它包括商店订购和储存的每种产品,还有每种产品的货架容量,即在每个货架上能放置多少数量,这由自动空间管理系统确定。

2. 实际销售与预期销售

CAO 的奥秘在于它掌握了消费者的购物行为,以这些信息为基础,来决定何时对货架补货、补多少货。消费者的消费行为反映在销售数据上,并保存在 POS 数据库中。为了计算商店的订货,CAO 系统计算出下一个补货周期,然后制订出适当的订货数量,确保库存不缺货。销售预期由预测系统以每个 POS 数据库中的单个产品的近期销售记录为基础计算得出。预测系统同样会考虑促销、季节等特殊因素。生成的订单反映了销售预期、目前的库存和先前已发出但还没有交货的订单。

3. 安全库存水平

CAO 系统还要计算并保持商店某个商品的安全库存水平,即商店的最小库存,保证即使有销售波动,商店也不会缺货。这个库存量往往是根据 POS 数据库中的各种销售数据记录,由统计学分析计算得出。补货订单是为安全缓冲区补货,同时为下次间隔的预期销售提供存货。

4. 物流有效订货数量

CAO 系统首先根据上述几点计算出理论数值,然后经调整计算出物流有效订货量(即几层托盘、整个托盘、整个卡车等,或者满足贸易条款的要求)。这些物流信息保留在产品、价格和促销数据库中。

5. 准确的商店库存水平

为了解订货内容,CAO 系统需要知道库存中有何种产品,准确的商店库存水平(货架上的和仓库中的),应通过实时盘库系统或定期盘库系统来维持。

6. 影响需求的特殊因素

CAO 系统还需考虑特殊因素对需求的影响,如季节变化、促销、假期、气候条件、特殊事件等。当 CAO 系统已经计算出商店的订货,商店店员要确认订单,如果需要还可对订单进行人工修改。一旦确定,订单就通过 EDI 订购单报文自动地传送给零售商配送中心(RDC)。

CAO 带来了诸多便利。由于库存计算已经完全实现自动化,实实在在地节省了人力。并且由于发货数量与货架需要的数量相匹配,补货程序简单了许多。通过 CAO,消除了人工操作,缩短了订货至交货的时间,使得货架上的每种产品只保持少量库存,甚至实现零库存。精确的订货提高了效率,减少了浪费。

对零售企业来说,商店中产品的可获得性是最为重要的,CAO 提高了产品的可获得性。由于现在订单由 CAO 系统做出,RDC 能为补货做出最好的计划。RDC 不再为不知道商店订货行为而苦恼,它可以进入 POS 数据库,更好地对所有商店的总需求进行预测。因此,在提高对商店的服务水平的同时,仓库的库存也随之降低。

三、运输管理信息系统(TMS)

运输管理信息系统(TMS)是一套基于运输作业流程的管理系统,该系统分为四部分:系统管理、信息管理、运输作业、财务管理。系统管理是 TMS 系统的技术后台,起到支持系统高效运转的作用。信息管理通过对企业的客户信息、车辆信息、人员信息、货物信息的管理,建立运输决策的知识库,促进企业整体运营更加优化。运输作业是该管理系统的核心,系统通过对运输任务的订单处理、调度配载、运输状态跟踪,确定任务的执行状况。财务管理是伴随着运输任务发生的应收应付费用,通过对应收应付的管理及运输任务对应的收支的核算,生成实时全面的统计报表,能够有效地促进运输决策。

TMS 系统的主要功能模块应该包括以下内容：

系统管理设置：用户管理模块、权限角色管理模块、数据字典维护模块、日志管理模块。

基本信息设置：客户信息管理模块、车辆信息管理模块、人员信息管理模块、货物信息管理模块、订单处理模块、调度配载模块、运输跟踪模块。

财务管理设置：统计报表管理模块、应收应付管理模块。

简单实用的 TMS 系统应该有以下各个模块的功能设置：

（1）用户管理模块

本模块主要是对本套软件的具体使用者进行管理和帮助。只有具有使用权限的工作人员才可以凭密码登录本系统，进行具体操作。使用完成后，必须进行"注销"操作才能退出系统。

（2）权限角色管理模块

本模块主要是从保护企业的商业机密和数据安全出发，对不同级别的工作人员设置不同的系统操作权限。只有具有相关权限的人员才可以进行相关操作，这充分保证了系统数据的保密性。

（3）数据字典维护模块

本模块主要对系统的设置、各大功能模块的维护和管理，起到保证系统运行的作用。

（4）日志管理模块

本模块主要是对本系统的日常运转进行自动记录，系统管理人员凭权限可以查询到工作人员所进行的具体操作，起到加强企业管理监督的作用。

基本信息功能设置所包含的模块有：

（1）客户信息管理模块

本模块包括客户信息的录入和更新，系统会根据客户信息进入的时间给客户设定一个专有的编码。客户信息输入系统后，企业相关人员可以在系统中查询到客户的名称、法人代表、经营范围、编码、地址、电话、传真、Email、主页和与本公司交易的历史记录等。用户可以通过客户管理模块对客户信息进行修改、查询等操作。

（2）车辆信息管理模块

本模块主要有车辆信息管理和车辆状态管理两大内容。车辆信息管理设置有车辆的牌照、车辆型号、载重量、容积、司机姓名等信息，可以看到每辆车每天的出车记录（出车日期、客户名称、工作内容、吨位、单价、目的地、合同金额、已付金额、驾驶员、住勤补助、出差补助、出车小时、运行公里、此次出车工资、搬运费用、其他费用），并生成派车单；在车辆状态管理中，可以显示出车车辆、待命车辆、维修车辆的信息。通过车辆管理模块，用户可以进行添加、查看、修改、查询及报废、故障等处理。

（3）人员信息管理模块

本模块主要有人员信息管理、人员薪酬管理、操作员管理三大内容。人员信息管理，有调度员、驾驶员、修理工、临时工、搬运工等的个人资料；人员薪酬管理，统计记载人员工资、奖金、福利等支取状况；操作员管理，是指系统对不同的操作设置不同的操作权限，只有相关人员才有权看到权限范围内的数据，以充分保证数据安全。

（4）货物信息管理模块

本模块主要是对货物信息的录入、查询和更改为主要内容。货物信息管理设置有每一单货物的编号、数量、规格、价值金额、运输时间要求等内容。在系统中，用户可以清晰明了地看见货物的有关信息，并能够进行添加、修改、查询等操作。

（5）订单处理模块

本模块提供关于运输订单的生成、录入、修改、执行等一系列功能。系统可以自动安排订单处理的提前期，为每一张运输订单设置"订单激活时间"，达到时间的订单自动处于"激活状态"，由系统生成运单并提示调度人员安排车辆执行。

（6）调度配载模块

调度作业是运输的中心作业。系统根据货物、客户、车辆的信息，自动提示最佳的运货车辆和运输路线。本模块采用尖端技术实现计算机辅助作业，优化车辆资源利用率，自动组合同类作业，确保实现车辆利用效率最大化。

（7）运输跟踪模块

对货品状态的跟踪与及时反馈是体现服务水平、获得竞争优势的基本功能。但对货物有效的运输跟踪是现代物流运输中的难点，也是提高客户服务水平的关键点之一。本模块通过查看运单的执行状态，通过对运单的有效跟踪，可以看到货物的在途状况。系统能够按照不同的要求为客户提供定时的状态信息反馈。

财务管理功能设置所包含的模块有：

（1）应收应付管理模块

运输业务涉及的客户比较多，而且往来频繁，对于每个客户及分包方的管理显得尤为重要。运输业务的特殊性经常导致与客户之间台账的错误及混乱。系统提供每单业务的详细账单，也能提供针对不同客户及分包方的台账，并设有到期未付账预警功能，可以进行应收账款统计、查询和应付账款统计、查询操作。

（2）统计报表管理模块

本模块主要有结算报表分析和应收应付报表分析两大功能。结算报表分析对客户、公司自身、车辆三方的经济往来有详细的记录，系统具有查询、统计功能。企业相关人员凭管理权限可以看到这些数据，既方便了工作又安全可靠。另外，在车辆的结算报表中可以看到车辆不同运输路线的货运价格。

综上所述，中小企业所需的 TMS 系统应该具备以上功能，这样才能满足现代运输业发展的需要。

四、仓库管理系统（WMS）

仓库管理系统（Warehouse Management System，WMS）是现代仓储企业进行货物管理和处理的业务操作系统，是用来管理仓库内部的人员、库存、工作时间、订单和设备的软件实施工具（Software Execution Tool）。这里所称的"仓库"包括生产和供应领域中各种类型的储存仓库和配送中心。

WMS 在 20 世纪 70 年代中期发展迅速。现今的 WMS 可以实现本地一个仓库的精细化管理，也可实现制造企业、物流企业、连锁业在全国范围内、异地多点仓库的管理；它可以对货物存储和出货等进行动态安排，可以对仓储作业流程的全过程进行电子化操作，可以与客服中心建立数据接口使客户通过互联网实现远程货物管理，可以与企业的 ERP 系统实现无缝连接。可应用于各种行业的单体仓库精细化管理；可应用于制造企业、物流企业、流通业及其他特殊行业的全国范围内异地仓库的管理。

WMS 按照常规和用户自行确定的优先原则来优化仓库的空间利用和全部仓储作业。对上，它通过电子数据交换（EDI）等电子媒介，与企业的计算机主机联网，由主机下达收货和订单的原始数据；对下，它通过无线网络、手提终端、条码系统和射频数据通信（BFDC）等信息技术与仓库的员工联系。上下相互作用，传达指令，反馈信息，更新数据库，并生成所需的条码标签和单据文件。

一个 WMS 的基本软件包支持仓储作业中的全部功能，从进货站台直到发货站台：

收货：货到站台，收货员将到货数据由射频终端（RF Terminal）传到 WMS，WMS 随即生成相应的条码标签，粘贴（或喷印）在收货托盘（或货箱）上，经扫描，这批货物即被确认收到，由 WMS 指挥进库储存。

储存：WMS 按最佳的储存方式，选择空货位，通过叉车上的射频终端，通知叉车司机，并指引最佳途径抵达空货位，扫描货位条码，以确保正确无误。货物就位后，再扫描货物条码，WMS 即确认货物已储存在这一货位，可供以后订单发货。

订单处理:订单到达仓库,WMS按预定规则分组,区分先后,合理安排。例如:交由 UPS 公司快运的,要下午 2 时前发货;需由公路长途运输的,要下午 5 时前发货;有些货物需特别护送等。WMS 按这些需要,安排如何最佳、及时地交付订单的货物。

拣选:WMS 确定最佳的拣选方案,安排订单拣选任务。拣选人由射频终端指引到货位,显示拣选数量。经扫描货物和货位的条码,WMS 确认拣选正确,货物的库存量也同时减少。

发货:WMS 制作包装清单和发货单,交付发运。称重设备和其他发货系统也能同时与 WMS 联合工作。

站台直调:货到收货站台,如已有订单需要这批货,WMS 会指令叉车司机直送发货站台,不再入库。

除此之外,WMS 还能提供更多的附加支持,包括库存补充,循环盘存,班组工作实时监管等。更先进的 WMS 还能连接自动导向车(AGV)、输送带、回转货架和高架自动储存系统(AS/RS)等,而最近的新趋势则是与企业的其他管理系统相结合,例如运输管理系统(TMS)、订单管理系统(OMS)和企业资源规划调度系统(ERP)等,使之融入企业的整体管理系统之中。

五、配送中心信息系统

配送中心管理系统是进行配送中心作业流程和物流管理的系统,它既包括基本的仓储管理功能,还包括强大的越库管理、退货管理、例外管理以及配送调度安排、线路优化和跟踪等功能。系统支持无线手持终端/条码作业模式,可与供应商的 ERP 系统、承运人的运输系统互联,其宗旨是最大限度地发挥计算机辅助功效,提高工作效率,加快货品流通速度,降低流通成本,增强数据挖掘能力,为企业的服务、管理、决策提供充分的信息来源。配送中心信息系统的特点包括:

(1)支持多地点、多配送中心运作

系统非常适用于分布在多个地点和物流环境的运作,使不同地区的员工可以迅速地交换信息。

(2)执行任务的高效性

系统能高效地进行订单管理,处理收货、存储、补货、拣货、发货、存货管理、人力控制、任务管理和报告等。它的多层架构和基于组件的产品设计思路极具灵活性和发展潜力。

（3）可伸缩性

系统可以通过各个功能组件的组合和缩放以适应各种要求（从小型和中型分销中心到高度复杂的大型配送中心）。

（4）数据接口方式的灵活性

系统可以提供标准的数据交换格式和多种数据通信方式，可以与许多出色的ERP、财务软件进行对接。

（5）系统操作与数据传输的安全性

系统对操作用户权限进行了严格的管理和记录，对所有操作都可以进行跟踪与监控。

数据传输过程采用严格的安全策略。

配送中心信息系统适用的范围包括：系统支持大型配送中心的精细化操作，支持全国范围内的多个配送中心的操作，系统适用于物流配送企业、连锁企业或超级市场的配送中心。

具体模块介绍：

（1）客户关系管理

系统可以轻松地处理来自客户的大量、多样的订单，判断订单的可执行性；及时响应客户的各种咨询，如查看货主当前的任务执行情况、库存、任务、存货异常等情况；维护和管理客户资料。

（2）仓储管理

系统可管理收货、放置、存货、盘点、补货、拣货、发货等仓库作业环节，系统有先进的储位管理、越库管理、退货管理、增值服务等功能。

（3）配送管理

系统有强大的配线、配载功能，有配送计划和调度功能，可使单位运力的配送成本降到最低。

（4）越库管理

系统可以根据需要将在途库存与现有的存货合并来完成配送任务，让用户在无需拥有存货的情况下制定和安排各种配送服务。

（5）退货管理

系统使退货准则、工作程序得以迅速建立，帮助配送中心管理退回货品。

（6）增值服务

系统提供配送中心的增值服务的管理，如拆箱、拼箱、贴标签，对客户针对性的市场活动（如促销）等活动提供支持。

（7）账务管理

系统可管理配送过程中的收费项目,可自动生成账单,并与客服系统、财务系统连接。

（8）绩效管理

系统可记录各项作业的时间和操作人,为员工的绩效考核提供量化依据。

（9）预警系统

系统可自定义报警类型,如商品保质期、保鲜期、最低库存、最高库存等。

（10）客服系统

客户可向配送中心下达各种指令,进行情况的跟踪,对库存货物进行存量控制,查询账单。通过这种方式,丰富了客户服务的内容,强化了客户对配送中心的忠诚度。

4-1 云阅读　　　　　4-2 云阅读　　　　　4-3 云阅读

4-4 云阅读　　　　　4-5 云阅读　　　　　4-6 云习题

第五章　现代物流服务与物流成本管理

第一节　现代物流服务概述

一、物流服务的概念及其重要性

（一）物流服务的概念

物流服务的概念可以从两个角度去理解：一是站在从事有形产品的生产、销售的制造企业和商业企业的营销角度去理解，二是站在专业物流企业服务经营的立场思考。

制造企业和商业企业的物流服务是指为支持其产品营销活动而向顾客提供的一种服务，是顾客对商品利用可能性的物流保障，这种物流服务也可称为物流客户服务。物流客户服务的最终目标是保证顾客对商品的利用可能性，其内容包括拥有顾客所期望的商品存货、在顾客所期望的时间内传递商品、符合顾客所期望的商品质量。物流客户服务表现为一种以顾客为导向的经营理念，通常以库存保有率、订货周期、配送率、商品完好率作为衡量的标准。

当制造企业或商业企业将其物流业务活动的全部或部分委托给专业物流企业承担时，物流企业便成为物流服务的提供者。物流企业受货主企业的委托完成物流业务，物流企业的服务对象既是货主企业，又是货主企业的顾客。因此，物流企业的经营必须围绕货主企业的营销战略和物流服务承诺开展经营活动，以货主企业和顾客满意为目标。同时物流企业必须将物流服务融入货主企业的物流系统中去，根据需求开发新的服务产品，做好物流服务产品的市场营销和客户服务。物流企业服务的基本内容包括运输、储存、包装、装卸、流通加工、配送、物流信息、物流系统设计以及其他的增值性服务，如市场调查与预测、库存控制决策建议、订货指导、业务运作过程诊断、各种代办业务和物流全过程追踪等服务。

（二）物流服务的重要性

随着市场环境的变化，人们越来越深刻地认识到物流服务是企业提高竞争力的重要手段，直接影响企业整体运作水平，是增强商品的差异性、提高商品竞争优势的重要因素。

1. 物流服务是企业销售差别化战略的重要环节

在细分化市场营销阶段,市场需求呈现出多样化和分散化的特点,企业只有及时高效地满足各种类型、各种层次的市场需求,才能在竞争激烈的多边市场中立住脚跟。而差别化经营战略中的一个重要内容就是客户服务上的差异。因此,作为客户服务重要组成部分的物流服务成为企业实施差别化战略的重要方式和途径。

2. 物流服务水准的确立对经营绩效产生重大影响

决定物流服务水准是构筑物流系统的前提条件。在物流开始成为经营战略重要环节的过程中,物流服务越来越具有经济特性,即物流服务有随着市场机制和价格机制变化的倾向。因此,物流服务的供给不是无限制的,否则,过高的物流服务必损害经营绩效,不利于企业收益的稳定。制定合理或可预期的物流服务水准是企业战略的重要内容之一,特别是对于一些例外运输、紧急输送等物流活动,需要考虑成本的适当化或各流通主体相互分担的问题。

3. 选择合适的物流服务方式对降低流通成本会产生重要影响

低成本战略是企业营销竞争的重要内容,而低成本往往涉及商品生产、流通的全过程,除了生产原材料、零配件、人力成本等各种有形因素外,物流服务方式等软性要素的选择对成本也具有相当大的影响力。合理的物流方式不仅能提高流通效率,而且能够从利益上推动企业发展,成为企业利润的重要源泉。

4. 物流服务是有效连接供应商、厂商、批发商和零售商的重要手段

随着现代社会经济全球化、网络化的发展,现代企业的竞争不仅仅是单个企业间的竞争,而且是动态的企业网络间的竞争;现代企业的优势不是单一企业的优势,而是一种企业经营网络的优势。因而,构建企业经营网络是当今竞争战略的主要内容。物流服务作为一种特有的服务方式,一方面以商品为媒介,打破了供应商、厂商、批发商和零售商之间的隔阂,有效地推动商品从生产到消费全过程的顺利流动;另一方面物流服务通过自身特有的系统设施,不断将商品销售、在库等信息反馈给流通中的所有企业,并通过物流专业知识、经验等经营资源的蓄积,使整个流通过程能不断协调适应市场变化,进而创造出一种超越单个企业的供应链价值。

二、现代物流服务的要素及其特性

(一)物流服务的要素

根据供应商和客户之间交易发生的时间,可以把物流服务的构成要素分为交易前要素、交易中要素和交易后要素。

（1）交易前要素是指在交易前为客户提供的各种服务。主要包括物流服务政策的制定和宣传、应急服务计划的制订、物流服务组织机构的创建以及为客户提供的培训等。

（2）交易中要素是指在产品运送过程中提供的各种服务。这些服务要素对客户关系的影响最大，是制定物流服务目标的基础，主要包含三个方面内容：一是产品可得性（存货的百分比、无货损百分比）；二是订货周期（从客户订货到送货的时间、仓库备货时间、仓库收到订单到发货的时间、在规定的时间内发货的百分比、仓库在规定的时间内把订货送达客户的百分比）；三是可靠性（服务系统的灵活性、特快发货或延迟发货的可能性、订货的方便和灵活性等）。

（3）交易后要素是指发生在产品售出和运达之后，根据客户需要提供的各种后续服务。包括为客户使用产品提供的服务支持（如安装、改装、维修、零部件的供应等）、产品跟踪、处理客户索赔、投诉以及退、换货等服务活动。

（二）物流服务的特性

服务业不同于制造业，物流服务也不同于其他服务，其特性如下：

（1）从属性。顾客的物流需求是以商流的发生为基础，伴随着商流的发生而产生的。为这样的需求提供物流服务，必然具有从属于客户物流系统的性质。即处于需方的货主企业自己选择决定流通的货物种类、流通的时间、流通的方式等等，而处于供方的物流服务企业则是按照货主企业的要求，被动地提供物流服务。

（2）即时性。物流服务属于非物质形态的劳动，它生产的不是有形产品，而是一种伴随着销售和消费同时发生的即时服务，这就决定了它的特性——即时性和非储存性。通常，有形产品需要经过生产、储存、销售才能完成交换过程，而物流业务本身决定了它的生产就是销售，其间不需要储存环节进行调整。

（3）移动性和分散性。物流服务是以分布广、数量多、不固定的客户为对象，因此，具有移动性和分散性的特性。由此往往产生局部的供需不平衡，给经营管理带来一定的难度。

（4）需求波动性。由于物流服务是以数量多且不固定的客户为对象，每一客户的需求在方式上和数量上是多变的，有较强的波动性。从满足需求的程度看，如果降低供给水平，则表现出服务不够；如果提高供给水平，则会造成费用上升。因此，保证物流服务不断满足客户的多样性需求，克服需求的波动性，已经成为物流业经营者的重要课题。

（5）可替代性。物流服务的可替代性主要表现在以下两个方面：

①从物流活动承担主体的角度看，产生于工商企业生产经营的物流需求，既可以由工商企业采用自营运输、自营保管等自营物流的形式完成，也可以委托给专业的物流服务供应商，即采用社会化物流方式来完成。因此，对于专业物流企业，不仅有来自行业内部的竞争，也有来自货主的竞争。如果物流行业整体水平难以满足货主企业的需求，货主企业就会以自营物流形式拒绝使用物流企业服务，这意味着物流企业会失去一部分市场，物流企业的市场空间的扩展就会面临困难。

②从物流企业提供的服务品种看，由于可供选择的物流形式比较多，存在着公路、铁路、船舶、航空等多种运输方式，货主可以在对服务的成本和质量等相关因素进行衡量之后，选择运输方式。因此，物流企业的竞争不仅来自同业种内的不同企业，还来自不同业种的其他企业。

物流服务的可替代性，对于货主企业来说增加了物流服务实现形式选择的灵活性；但对于物流企业，特别是运输企业来说，则增加了经营的难度。

三、现代物流服务的基本内容

（一）基本服务

物流企业的基本服务包括运输、储存、包装、装卸、流通加工、配送、物流情报，其提供的服务目标和核心主要是保值，其主要内容如表5-1所示。

表 5-1　企业物流服务的项目与含义

项目	含　义
商品库存服务率	商品库存满足订货的程度 如：全部品种可以立即交货；90%的水平可以及时交货等
接受订货截止时间	接受订货截止时间 如：当天的几点；当月的几号
交货日期	交货的时间 如：当天交货；翌日交货；一周后交货等
订货单位	订货单位数量的大小 如：接受零散数量的订货；按箱、盒单位接受订货；按托盘接受订货；按整车货物接受订货等

项目	含　义
交货频率	商品配送的频率 如:一日配送一次;一日配送两次以上;隔日配送等
指定交货时间	按照指定的时间交货 如:上午 8 点到 9 点之间配送;周一上午配送等
紧急交货	采取特别的方式紧急交货 如:委托速递公司进行单件商品的紧急配送
物流质量	商品在物流过程中的质量保证 如:在运输过程中商品的完好率和正确送达率等
信息提供	提供商品物流过程中的相关信息 如:商品库存状况(存货数量、保质期等);货物运输状态(在途、到达目的地、交到货主手中等)
交货条件	按照指定条件交货 如:车上交货;仓库交货;提供包装;贴价格标签等

(二) 增值服务

随着企业发展和物流服务个性化需求的增加,单纯的运输、仓储服务已不能满足客户需求。物流服务从传统的保值功能向完善增值服务的方向整合,为客户提供个性化服务。

增值服务是指独特的或特别的活动,使物流服务的供需双方能够通过共同努力提高效率和效益。物流企业为客户提供的对其物流系统一体化的功能整合服务就是增值服务。物流企业提供增值服务有两个方向:一是沿供应链"顺流而下",即在制造商的产品销售渠道内作为服务供应商;二是沿供应链"逆流而上",即在制造商的物料供应渠道内作为服务供应商。物流企业的增值服务的起点是各种物流服务的基本功能,特别是运输、仓储、信息集成、存货管理、订单处理、物料采购等核心功能最有可能成为增值服务的延伸点。增值服务就是在基本功能的基础上对货主的服务需求进行细分化,是对服务品种创新再创新的过程,也是对制造商的运营参与再参与的过程,也是学习再学习的过程。

增值服务的延伸对物流企业的信息集成功能提出了更高的要求。可以说,物流功能的整合正在从业务整合转向信息整合。用网络的优势来整合现有物流服务资源,提升物流企业的服务水平,已成为物流企业发展的必然趋势。

四、现代物流服务的营销管理

（一）物流服务营销规划程序

物流服务营销规划过程由 9 个步骤组成（如图 5－1），分述如下：从外在环境及组织内部收集信息；确定企业的优势和劣势、外在机会和威胁（SWOT 分析）；确定成功营销要素的基本假设；依据已获得的信息，对各种假设和既定策略所作的 SWOT 分析，设定企业的市场目标；设计详细的计划和方案以实现目标；衡量完成目标的进度，必要时修正计划。

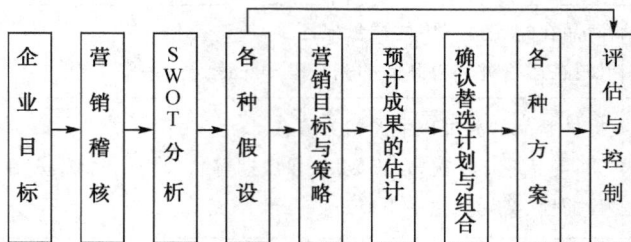

企业目标 → 营销稽核 → SWOT分析 → 各种假设 → 营销目标与策略 → 预计成果的估计 → 确认替选计划与组合 → 各种方案 → 评估与控制

图 5－1　物流服务营销规划程序

（二）物流市场需求预测与商品供给预测

1. 物流市场需求变化预测

物流市场需求变化预测是预测消费者在一定时期、一定物流市场范围内，有货币支付能力的对某种物流商品的需求，也包括对这种需求的趋势分析和预测。物流市场预测要解决两个问题：一是"需求什么"的问题，二是"需求多少"的问题。物流市场需求预测是企业物流营销活动的出发点，而对消费者的调查分析是需求预测的重要内容。对消费者的调查分析要确定：谁是物流商品的消费者以及潜在消费者；消费者和潜在消费者的数量、分布、购买动机；消费者的购买行为、购买程度；消费者的收入来源和支出结构等。通过对相关内容和历史资料的分析，可以建立需求与其各主要影响因素之间的函数关系，从而预测出未来物流市场的需求数量，结合其他预测方法就可以分析需求变化趋势和确定物流市场需求水平。

2. 物流商品供给预测

物流商品供给是指在一定时期内可以投放物流市场以供出售的物流商品数量。物流商品供给预测就是对进入市场的物流商品资源总量及其构成和各种具体商品可供量的变化趋势的预测。它同市场需求预测结合起来，就可以预见未来市场供求变化的趋势。一般来说，物流商品供给预测主要研究物流企业可以提供的商品或服务的数量及其构成。要想预测物流商品生产的发展及其变化趋势，就要了解物流商品的生产能力、生产组织、生产技术、设备条件、生产状况以及资源、技术研究等情况,并预测它们的潜在能力和发展趋势。在物流商品供给预测中,要重视关联性商品或服务的相互变化、商品市场寿命周期的变化以及新产品的开发、销售及需求预测。

3. 物流市场预测的基本方法

物流市场预测的方法分为定性市场预测和定量市场预测。

定性预测是建立在经验判断、逻辑思维和逻辑推理基础之上,通过判断事物所具有的各种因素、属性来进行预测的方法。其主要特点是利用直观的材料,依靠个人的经验进行综合分析,对事物未来发展进行预测。常用的定性预测方法有:头脑风暴法、德尔菲法、管理人员预测法、销售人员预测法。

定量预测是通过分析事物各项因素、属性的数量关系进行预测的方法。它的主要特点是根据历史数据找出其中的内在规律,运用连贯性原则和类推性原则,通过数学模型对事物未来状况进行数量预测。常用的方法有时间序列预测法(简单平均法、移动平均法、指数平滑法、趋势外推法等)、回归分析法(一元线性回归预测法、多元线性回归预测法)、概率分析预测法(马尔科夫预测法)。

第二节　物流成本管理概述

一、物流成本概念与构成

(一)物流成本的概念

2021 年 12 月 1 日实施的中华人民共和国国家标准《物流术语》(GB/T 18354—2021)将物流成本(Logistics Cost)定义为:"物流活动中所消耗的物化劳动和活劳动的货币表现。"即产品在实物运输过程中,如包装、运输、储存、流通加工、物流信息等各个环节所支出的人力、物力和财力的总和。物流成本是完成各种物流活动所需的全部费用。

物流成本按其范围有广义和狭义之分。狭义物流成本是指由于物品实体的位移而引起的有关运输、包装、装卸等成本。广义的物流成本包括从生产企业内部原材料的采购、供应开始,经过生产制造过程中的半成品存放、搬运、装卸、成品包装及运送到流通领域,进入仓库验收、分类、储存、保管、配送、运输,最后到消费者手中的全过程发生的所有成本。

(二)物流成本的构成

物流成本按其所处的领域,可分为商品流通企业物流成本、制造企业物流成本、物流企业物流成本。

1. 商品流通企业物流成本的构成

商品流通企业主要指商业批发企业、商业零售企业、连锁经营企业等。流通企业物流成本是指在组织商品的购进、运输、仓储、销售等一系列活动中所消耗的人力、物力、财力的货币表现,其具体构成包括人工费用(与物流相关职工的工资、奖金、津贴以及福利费等)、运营费用(物流运营中的能源消耗、运杂费、折旧费、办公费、差旅费、保险费等)、财务费用(经营活动中发生的存货资金使用成本支出,如利息、手续费等)、其他费用(与物流相关的税金、资产损耗、信息费等)。

2. 制造企业物流成本的构成

制造企业的物流过程一般包括采购供应物流、生产物流、产品销售物流以及回收和废弃物流等。制造企业的物流成本是指企业在进行供应、生产、销售、回收的过程中所发生的运输、包装、仓储、配送、回收方面的费用。与商品流通企业相比,制造企业的物流成本主要体现在所生产的产品成本中,具有与产品成本不可分割的特点。制造企业的物流成本具体构成包括:供应、仓储、搬运和销售物流环节的职工工资、奖金、津贴以及福利费等;生产材料的采购费用,如运杂费、保险费、合理损耗成本等;产品销售过程中的物流费用,如运输费、外包物流费用等;仓储保管费,如原材料和产成品仓库的维护费、搬运费、合理损耗等;有关设备和仓库的折旧费、维修费、保养费等;营运费用,如物流相关的能源消耗费、物料消耗费、办公费、差旅费、保险费、劳动保护费等;财务费用,如仓储原材料、半成品、产成品等所占用的资金利息;回收废品发生的物流成本等。

3. 物流企业的物流成本

物流企业是为货主企业提供专业物流服务的企业,它包括一体化的第三方物流服务企业和提供功能性物流服务的企业,如仓储公司、运输公司、货代公司等。物流服务企业通过专业化的物流服务,降低货主企业的物流运营成本,并从中获得利润。物流企业的整个运营成本和费用实际上就是货主企业物流成本的转移。物流企业的全部运营成本费用都可以看作广义的物流成本。

按照我国会计制度的规定,物流企业的成本费用项目包括营业税金及附加(主要包括营业税、城市维护建设税和教育附加等)、经营费用(与企业的经营业务直接相关的各项费用,如运输费、装卸费、包装费、广告费、营销人员的人工费、差旅费等)、管理费用(指企业为组织和管理整个企业的生产经营活动而发生的费用,包括行政管理部门管理人员的人工费、修理费、办公费、差旅费等)。

二、物流成本相关理论

（一）物流成本冰山说

物流成本冰山说是由日本早稻田大学的物流成本学说权威西泽修教授提出的关于物流成本隐含性的学说。他认为，人们对物流成本的总体内容并不掌握。从表面上看，物流成本只是企业财务统计数据中所反映的支付给外部运输和仓库企业的委托物流费用。实际上，这些委托费用在整个物流成本中只占一小部分，犹如露出海面的冰山一角，而潜藏在海水里的整个冰山却看不见，那才是物流成本的主体部分。这是因为物流基础设施的折旧费、企业利用自己的车辆运输、利用自己的库房保管货物、由自己的工人进行包装、装卸等自家物流费用都计入了原材料、生产成本（制造费用）、管理费用和销售费用等科目中。一般来说，企业向外部支付的物流费用只是物流成本很小的一部分，真正的大头是企业内部发生的物流费用。

图5-2反映的是我国当前会计核算制度下的一个典型制造企业中物流成本的核算现状。其中，整个冰山可以看作企业的整个物流成本部分，露出水面的部分是委托的物流费用，这部分费用可以从企业的财务数据中反映出来，而隐藏在水平面之下的大部分物流成本却不能通过当前的会计核算得到统计。

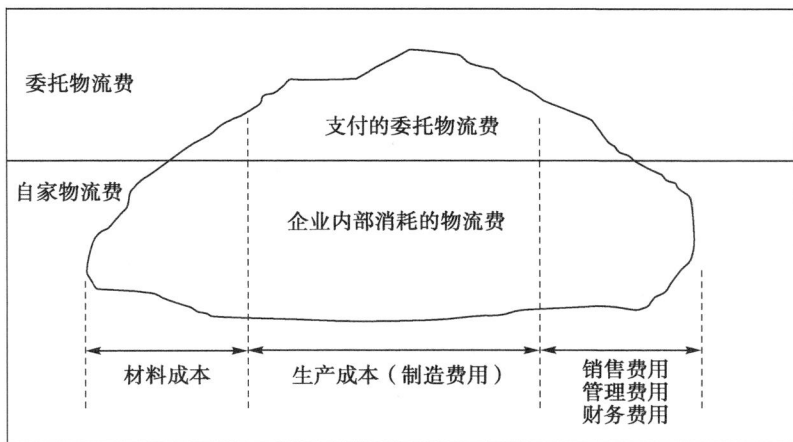

委托物流费 —— 支付的委托物流费

自家物流费 —— 企业内部消耗的物流费

材料成本　生产成本（制造费用）　销售费用 管理费用 财务费用

图5-2　物流成本冰山说示意图

（二）"黑大陆"学说

由于物流成本在财务会计中被分别计入了生产成本、管理费用、财务费用和营业外费用等项目，因此，在会计报表中物流成本在整个销售额中只占很小的比例,物流的重要性因而被忽略,这就是物流被称为"黑暗大陆"的一个原因。

基于物流成本管理存在的问题以及有效管理对企业盈利和发展的重要作用,1962年著名管理学权威P.F.德鲁克发表了《经济的黑色大陆》,他将物流比作"一块未开垦的处女地",强调应高度重视流通以及流通过程的物流管理。P.F.德鲁克曾经讲过:"流通是经济领域里的黑暗大陆。"德鲁克泛指的是流通,但是,由于流通领域中物流活动的模糊性尤其突出,是流通领域中人们更认识不清的领域,所以,"黑大陆"学说现在转向主要针对物流而言。"黑大陆"学说主要是指尚未认识、尚未了解的领域。在黑大陆中,如果理论研究和实践探索照亮了这块黑大陆,那么摆在人们面前的可能是一片不毛之地,也可能是一片宝藏之地。"黑大陆"学说是对20世纪中期在经济界存在的愚昧的一种反对和批判,指出在当时资本主义繁荣和发达的状况下,科学技术也好,经济发展也好,都远未有止境。"黑大陆"学说也是对物流本身的正确评价:这个领域未知的东西还很多,理论和实践皆不成熟。

(三)"第三利润源泉"理论

在生产力相对落后、社会产品处于供不应求的历史阶段,由于市场商品匮乏,制造企业无论生产多少产品都能销售出去,于是就大力进行设备更新改造、扩大生产能力、增加产品数量、降低生产成本,以此来创造企业剩余价值,即第一利润。当产品充斥市场,转为供大于求,销售产生困难时,也就是第一利润达到一定极限、很难持续发展时,便采取扩大销售的办法寻求新的利润源泉,这就是第二利润。然而,当销售也达到了一定极限时,人们同时发现物流不仅可以帮助扩大销售,而且也是一个很好的新利润增长源泉。于是,出现了西泽修教授的"第三利润源泉"说。同样的解释还反映在日本另一位物流学者谷本谷一先生编著的《现代日本物流问题》一书和日本物流管理协议会编著的《物流管理手册》中。

这三个利润源泉着重开发生产力的三个不同要素:"第一利润源泉"的挖掘对象是生产力中的劳动对象;"第二利润源泉"的挖掘对象是生产力中的劳动者;"第三利润源泉"的挖掘对象是生产力中劳动工具的潜力,同时注重劳动对象与劳动者的潜力,因而更具有全面性。

从"第三利润源泉"学说中,人们应该认识到:

(1)物流活动和其他独立的经济活动一样,它不仅仅是总体的成本构成因素,而且是单独的盈利因素,物流可以成为"利润中心"。

(2)从物流服务角度来说,通过有效的物流服务,可以给接受物流服务的生产企业创造更好的盈利机会,成为生产企业的"第三利润源泉"。

（3）通过有效的物流服务,可以优化社会经济系统和整个国民经济的运行,降低整个社会的运行成本,提高国民经济总效益。

（四）物流成本交替损益学说

物流成本交替损益(Trade off)规律又称为物流成本效益背反规律、物流成本二律背反效应。物流系统的效益背反包括物流成本与服务水平的效益背反和物流功能之间的效益背反。

1. 物流成本与服务水平的交替损益

物流成本与服务水平的效益背反是指物流服务的高水平必然带来企业业务质量的提高、收入的增加,同时也造成企业物流成本的增加,使企业效益下降,即高水平的物流服务必然伴随着高水平的物流成本。而且,物流服务水平与物流成本之间并非呈线性关系,而呈如图5-3显示的曲线关系。

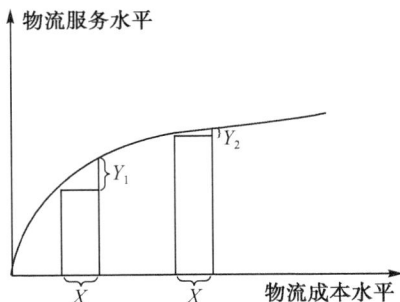

图 5 - 3　物流服务水平与物流成本的交替损益关系

从图5-3可以看出,当物流服务水平处于较低水平时,追加物流成本X,物流服务水平会提高Y_1;当物流服务水平处于较高水平时,追加物流成本X,物流服务水平会提高Y_2,而Y_2小于Y_1。

物流管理的目标就是在保证客户要求的物流服务水平的同时,使得物流成本达到最低点。与处于竞争状态的其他企业相比,在处于相当高的服务水平的情况下,要想超过竞争对手,维持更高的服务水平,就需要有更多的投入。因此,要把物流看成是由多个效益背反的要素构成的系统,避免为了片面追求单一目的而损害企业整体利益。

2. 物流功能之间的效益背反

物流功能之间的效益背反是指物流各项功能活动处于一个统一且矛盾的系统中,在相同的物流总量需求和物流执行条件下,一种功能成本的降低会导致另一种功能成本的增加。如一个企业如果在配送范围内建立多个配送中心,则运输配送成本必然下降。但是由于每个配送中心必须配备一定数量的人员、车辆,且保持一定的商品库存,则必然导致企业整体的工资费用、保管费、库存资金占用利息等成本增加。即在运输成本和保管费用之间存在着二律背反关系。这些现象说明,物流成本的管理与控制要有全局观念,要协调各要素之间的矛盾,使整个物流总成本最小。

企业物流成本的效益背反关系实质上是研究企业物流的经营管理问题,即将管理目标定位于降低物流成本的投入并取得较大的经营效益。在物流成本管理中,作为管理对象的是物流活动本身,物流成本作为一种管理手段而存在。一方面,成本能真实地反映物流活动实态;另一方面,物流成本可以作为评价所有活动的共同尺度。

三、物流成本与定价

在实际交易过程中,物流价格往往既不是需求价格也不是供给价格,而是供需双方经过谈判确定的交易价格。这个交易价格一般受物流总量、供应方的服务水平、需求方的特殊要求、双方对交易信息的掌握程度、物流质量以及双方的谈判能力等因素影响。双方经过定量和定性分析之后,会形成一个双方都能接受的价格区间,即交易价格区间。如图 5-4 所示,物流供应方 A,其下的直线箭头朝下,表示随着价格水平的降低,物流供应方从物流交易中所获得的效用水平越低,箭头顶点处是其受理极限价格水平 P_2;物流需求方 B,其上的直线箭头朝上,表示随着价格水平的上升,物流需求方从物流交易中获得的效用就越低,箭头顶点处是其支付极限价格水平 P_1。受理极限价格水平 P_2 与支付极限价格水平 P_1 之间的区间,即 $P_1 P_2$ 为交易价格区间。

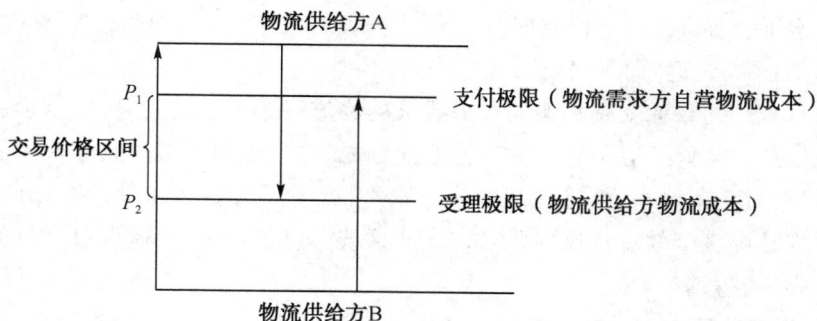

图 5-4　交易价格区间示意图

根据企业的理性经济人假设,可以认为物流服务需求方的支付极限价格 P_1 是其自营物流成本,因为物流需求方做出外购物流服务决策的依据是外购服务的花费要小于自己进行物流业务的成本,即自营物流成本。物流供应方的受理极限

价格 P_2 是其物流成本,因为物流企业一般不会用低于成本的价格来受理业务,至少平均来说不会低于企业的平均物流成本。

由此可得出,不论是物流供应方还是物流需求方,物流成本都是影响物流价格的内在核心因素。对于物流需求方来说,确定物流自营成本是决定是否进行物流外包的关键依据;对于物流供应方来说,确定物流成本对物流服务定价和降低成本,提高企业市场竞争力具有重要意义。

第三节 物流成本管理与控制

一、物流成本管理与控制系统的基本内容

物流成本的管理与控制系统由两个部分组成:一是物流成本管理系统。该系统是在物流成本核算的基础上,运用专业的预测、计划、核算、分析、考核等经济管理方法来进行物流成本的管理,具体包括物流成本预算、物流成本形态分析以及物流责任成本管理、物流成本效益分析等。二是物流成本的日常控制系统。该系统是在物流运营过程中,通过物流技术的改善和物流管理水平的提高来降低和控制物流成本。物流成本控制的技术措施主要包括提高物流服务的机械化、集装箱化和托盘化;改善物流途径,缩短运输距离;扩大运输批量,减少运输次数,加强共同运输;维护合理库存,管好库存物资,减少物资毁损等。

(一)物流成本管理系统的基本内容

物流成本管理系统有三个层次:

1. 物流成本核算层

物流成本核算工作主要包括:

(1)明确物流成本的构成内容。物流成本的各项目之间存在此消彼长的关系,某一项目成本的下降会带来其他项目成本的上升。在保持一定服务水平的前提下,如果不明确物流成本的全部构成,只对其中某一部分或某几部分进行调整和优化,不一定会优化物流总成本。只有在将全部物流成本从原有的会计资料中分离出来的基础上,才能进行有效的物流成本核算、物流成本管理以及物流成本的比较。

(2)对物流总成本按一定标准进行分配与归集核算。物流总成本可以按照不同的标准进行归集。常用的方式有:根据不同产品、不同顾客或不同地区等成本核算对象进行归集;根据装卸费用、包装费用、运输费用、信息费用等物流职能来进行归集;按照材料费、人工费等费用的支付方式来进行归集。这些归集方法

与目前的财务会计核算口径是一致的。现在,越来越多的企业推行作业成本法,这也是一种进行物流成本归集核算的有效方法。

（3）明确物流成本核算的目的。在进行企业物流成本核算时,要明确物流成本核算的目的,使得整个核算过程不仅仅停留在会计核算层面上,而且能充分运用这些成本信息,对企业的经营作用更大。

2. 物流成本管理层

物流成本管理层的主要工作是:在物流成本核算的基础上,采用各种成本管理与管理会计方法来进行物流成本的管理与控制,常采用的成本管理方法主要有物流标准成本管理、物流成本性态及盈亏平衡分析、物流成本预算管理、物流责任中心和物流责任成本管理等。

3. 物流成本效益评估层

物流成本效益评估层的主要工作是:在物流成本核算的基础上,进行物流系统对企业收益贡献程度的评价,并进行物流系统经济效益的评价。在此基础上,对物流系统的变化或改革做出模拟模型,寻求最佳物流系统的设计。

（二）物流成本日常控制系统的主要内容

物流成本日常控制是物流成本管理的中心环节。在实际工作中,物流成本日常控制一般分为以下三种主要形式:

1. 以物流成本的形成阶段作为物流成本的控制对象

以制造企业为例,就是把供应物流成本、生产物流成本、销售物流成本以及废弃物流成本作为成本控制的对象。即从供应物流、生产物流、销售物流以及废弃物流的不同阶段,寻求物流技术的改善和物流管理水平的提高,从而控制和降低物流成本。

2. 以物流服务的不同功能作为物流成本的控制对象

即从仓储、运输、包装、装卸、流通加工等各个物流作业或物流功能的角度来寻求物流管理水平的提高和物流技术的创新,从而控制和降低物流成本。

3. 以物流成本的不同项目作为物流成本的控制对象

即以材料费、人工费、燃油费、差旅费、办公费、折旧费、利息、委托物流费及其他物流费成本项目为控制对象,通过对各费用项目的控制节约,谋求物流总成本的降低。

在企业进行物流成本日常控制的过程中,这三种物流成本的控制形式并非孤立的,而是结合在一起的,某一种形式的成本控制方法会影响到另一种形式的物流成本。

二、物流成本的核算方式

（一）会计方式的物流成本核算

会计方式的物流成本核算,是要通过凭证、账户、报表的完整体系,对物流耗费予以连续、系统、全面地记录的计算方法。这种核算方法又可分为三种具体形式:

1. 独立的物流成本核算体系

这是把物流成本核算与财务会计核算体系截然分开,单独建立起物流成本的凭证、账户和报表体系的方法。具体做法是,对于每一物流业务均由车间成本核算员或者基层成本核算员根据原始凭证编制物流成本记账凭证一式两份,一份连同原始凭证转交财务科,据以登记财务会计账户,另一份留基层成本核算员据以登记物流成本账户。这种核算模式的优点是:提供的成本信息比较系统、全面、连续、准确、真实。同时,两套计算体系分别按不同要求进行,向不同的信息需求者提供各自需要的信息,对现行成本计算的干扰不大。其缺点是:工作量较大,在目前财会人员数量不多、素质有限的情况下容易引起核算人员的不满。另外,基层核算员财务核算知识的缺乏,也会影响物流成本核算的准确性。

2. 结合财务会计体系的物流成本核算

这是把物流成本核算与企业财务会计和成本核算结合起来进行,即在产品成本计算的基础上增设一个"物流成本"科目,并按物流领域、物流功能分别设置二级、三级明细账,按费用形态设置专栏。当费用发生时,借记"物流成本"及有关明细账,月末按会计制度规定,根据各项费用的性质再还原分配到有关的成本科目中去。这种核算模式的优点是:所提供的成本信息比较全面、系统、连续;且由于与产品成本计算结合,从一套账表中提供两类不同信息,可以减少一定的工作量。其缺点是:为了实现资料数据的共享,需要对现有的产品成本计算体系进行较大甚至是彻底的调整;为了保证产品成本计算的真实性和正确性,需要划分现实物流成本、观念物流成本(如物流利息)的界限,划分应否计入产品成本的界限,如人员素质不高则较困难;责任成本、质量成本等管理成本都要与产品成本相结合,再将物流成本也与之结合,其难度更大。

3. 物流成本二级账户(或辅助账户)核算形式

这是指在不影响当前财务会计核算流程的前提下,通过在相应的成本费用账户下设置物流成本二级账户,进行独立的物流成本二级核算统计。这里以制造企业为例,提出在当前财务会计系统下进行货主物流成本核算的二级账户核算方法。流通企业的物流成本核算可以参照本办法来设计执行。

在制造企业的各级含有物流成本的一级科目下设供应物流成本、生产物流成本、销售物流成本等二级科目或增设费用项目,或者在编制记账凭证时设置"物流成本"辅助账户,在各二级账户(或辅助账户)下按物流功能设置运输费、保管费、装卸费、包装费、流通加工费、物流信息费和物流管理费等三级账户,并按费用支付形态(如人工费、材料费等)设置专栏。在按照财务会计制度的要求编制凭证、登记账簿,进行正常财务会计成本核算的同时,根据记账凭证上的二级科目或辅助账户,登记有关的物流成本辅助账户及其明细账,进行账外的物流成本计算。将各种物流成本归入二级科目或辅助账户中,最后将各种物流成本的二级科目分类汇总,即可求得总物流费用。

物流成本账户不纳入现行成本计算的账户体系,是一种账外计算,具有辅助账户记录的性质。这种计算模式的优点是:物流成本在账外进行计算,既不需要对现行成本计算的账表体系进行调整,又能提供比较全面、系统的物流成本资料,其计算方法也比较简单,容易为财会人员所掌握。

制造企业的物流成本一般包含的内容及下设的二级科目可以是:

(1)销售人员的工资及福利费,一般计入营业费用,故可在营业费用中设销售物流费用的二级科目,将其归入其中。

(2)生产要素的采购费用,包括运输费、保险费,一般计入材料采购,只需在材料采购下设供应物流费用的二级科目,将其归入其中。

(3)企业内部仓库保管费,如维护费、搬运费,一般计入管理费用,可下设供应物流成本的二级科目进行归集。

(4)采购人员的工资、差旅费、办公费等,一般计入管理费用,可下设供应物流成本的二级科目进行归集。

(5)生产过程中的搬运费等,一般计入制造费用,可下设生产物流成本二级科目进行归集。

(6)有关设备、仓库的折旧费,按其不同属性,分别归入供应物流费用、生产物流费用和销售物流费用、废弃物流费用二级科目中。

(7)物流信息费按照归属,在摊销时计入相应的物流成本二级科目中。

(8)存货资金占用贷款利息,在财务费用下设二级科目,分别归入相应物流成本二级科目中。

(9)回收废弃物发生的物流费,计入相应的物流支出的二级科目等。

通过以上二级科目或辅助账户的应用,可以有效地核算和归集出货主企业的物流成本,并在此基础上实施有效的管理和控制。

（二）统计方法的物流成本核算

统计方法的物流成本核算，是指在不影响当前财务会计核算体系的基础上，通过对有关物流作业的原始凭证和单据进行再次的归类整理，对现行成本核算资料进行解剖分析，从中抽出物流成本部分，然后再按物流管理的要求对上述费用按不同的物流成本核算对象进行重新归类、分配、汇总、加工成物流管理所需要的成本信息。

统计方法的物流成本核算的优点是：由于统计计算不需要对物流成本作全面、系统和连续的反映，因此该方法运用起来比较简单、灵活和方便。其缺点是：由于不对物流成本进行连续、系统和全面的追踪反映，所以得到的信息的精确程度受到很大影响，而且易于流于形式，使人认为物流成本管理是权宜之计，容易削弱物流管理的意识。另外，在期末一次性地进行物流成本的归类统计，花费的时间也较多，对于财会人员来说，一次性工作量较大。如果在日常会计处理过程中没有做到相应的基础工作，按不同物流成本核算对象进行成本归集时，有时也无法确定某项成本的具体归属。

三、物流成本的控制方法

物流成本控制，就是对物流成本形成的各种因素，按照事先拟定的标准严格加以监督，发现偏差就及时采取措施加以纠正，从而使物流过程中的各项资源的消耗和费用开支限制在标准规定的范围之内。

物流成本控制的方法主要有以下几种：

（一）制定物流成本标准

物流成本标准是物流成本控制的准绳。物流成本标准首先包括物流成本预算中规定的各项指标。但物流成本预算中的一些指标比较综合，还不能满足具体控制的要求，所以必须规定一系列具体的标准，确定这些标准的方法有以下三种：

（1）计划指标分解法。即将大指标分解为小指标。分解时，可以按部门、单位分解，也可以按功能分解。

（2）预算法。预算法是指用制定预算的办法来制定控制标准。有的企业基本上是根据年度生产销售计划来制定费用开支预算，并把它作为物流成本控制的标准。采用这种方法时要特别注意应从实际出发来制定预算。

（3）定额法。定额法是指建立起定额和费用开支限额，并将这些定额和限额作为控制标准来进行控制。在企业里，凡是能建立定额的地方，都应把定额建立起来。实行定额控制的方法有利于物流成本控制的具体化和经常化。

在采用上述方法确定物流成本控制标准时,一定要进行充分的调查研究和科学计算。同时还要正确处理物流成本指标与其他技术经济指标的关系(如与质量、生产效率等的关系),从完成企业的总体目标出发,进行综合平衡,防止片面性。必要时,还应进行各种方案的择优选用。

(二)监督物流成本的形成

要根据控制标准,对物流成本形成的各个项目经常地进行检查、评比和监督。不仅要检查指标本身的执行情况,而且要检查和监督影响指标的各项条件,如设备、工作环境等。所以,物流成本日常控制要与生产作业控制等结合起来进行。

日常控制不仅要有专人负责和监督,而且要使费用发生的执行者实行自我控制,还应当在责任制中对此加以规定,这样才能调动全体职工的积极性,使物流成本的日常控制有群众基础。

(三)及时纠正偏差

针对物流成本差异发生的原因,查明责任者,分清情况,分清轻重缓急,提出改进措施,加以贯彻执行。对于重大差异项目的纠正,一般采用下列程序:

(1)提出课题。从各种物流成本超支的原因中提出降低物流成本的课题。这些课题首先应当是那些物流成本降低潜力大、各方关心、可能实行的项目。提出课题的要求,包括课题的目的、内容、理由、根据和预期达到的经济效益。

(2)讨论和决策。课题选定以后,应发动有关部门和人员进行广泛的研究和讨论。对重大课题,可能要提出多种解决方案,然后进行各种方案的对比分析,从中选出最优方案。

(3)确定方案实施的方法、步骤及负责执行的部门和人员。

(4)贯彻执行确定的方案。在执行过程中也要及时加以监督检查。方案实施以后,还要检查方案实施后的经济效益,衡量是否达到了预期的目标。

四、降低物流成本的途径

(一)改善物流管理

物流活动的管理水平直接影响物流费用。改善物流管理就是要加强物流的经济核算,选用恰当的成本控制方法,对资金管理、人员、原材料消耗、物流各环节的支出等进行分析,不断改善管理方法,寻求降低物流费用的途径。因此,应该建立降低物流成本的激励机制,调动物流各个环节人员的积极性,并加强经济核算,改善物流管理,从而降低物流成本。

（二）减少物流中转环节

商品从离开生产领域到进入消费领域之前,需要经过许多流通环节。这些环节越多,商品在物流过程中所需要的时间越长,物流费用也必然相应增加。减少物流环节,精简那些不必要的环节,能加快物流速度,从而降低物流费用。因此,应该加强物流的价值流设计,做好物流系统的规划工作,做好物流系统工作组织设计,减少物流中转环节,降低物流成本。

（三）扩大物流量,加快物流速度

物流速度越快,在其他条件相同的情况下,实现物流活动所需要的流动资金越少。因此,加快物流速度可以减少流动资金的需要量,减少利息的支出;如果物流速度慢,商品在运输、储存保管等环节时间延长,必定会相应增加储运、保管等费用以及商品的自然损耗等,增加物流费用支出。因此,应该扩大物流量,加快物流速度,协调好货运枢纽与配送中心、不同部门间物流设施的运行,形成物流活动经济规模,降低单位业务量物流成本。

（四）采用先进的、适用的物流技术

先进的物流技术和物流手段可以不断提高物流速度,增加物流量,而且可以大大减少物流损失。例如,先进合理的机械设备、集装箱、托盘等技术的推广,可以降低物流费用;采用先进的物流技术,能够使物流更加合理、更具有科学性;选择合理运输路线、合理控制库存量等都可以降低物流费用,而广泛应用电子信息技术,可以使物流各环节密切联系,减少或杜绝物流环节之间因物流信息不畅造成的不必要停滞,加快物流速度。因此,应力求采用先进的、适用的物流技术,协调各项物流作业,提高物流水平,降低物流成本。

第四节　现代物流服务与物流成本

一、物流服务与物流成本的关系

物流服务质量与物流服务成本是一种此消彼长的关系,物流服务质量提高,物流成本就会上升。如图 5-3 所示,在服务水平较低阶段,增加物流服务成本 X 单位,就会使物流服务质量提高 Y_1;而在服务水平较高阶段,同样增加 X 单位物流成本,提高的物流服务质量只有 Y_2,$Y_2 < Y_1$。因此,无限度地提高服务水平,会使成本上升的速度加快,而服务效率没有多大提高,甚至还会下降。具体地说,物流服务与成本的关系有四种类型:

（1）在物流服务水平一定的情况下，降低物流成本，即实现一定物流服务水平的条件下，通过不断降低成本来追求物流系统的改善（见图5-5）。

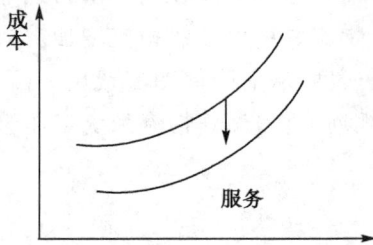

图5-5　服务水平一定，成本降低　　　　图5-6　服务水平与成本同时上升

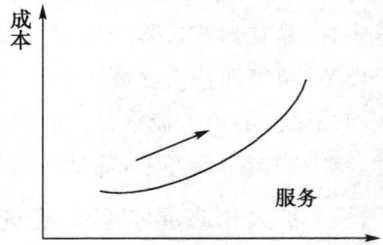

（2）要提高物流服务水平，不得不牺牲成本，听任其上升。这是大多数企业所认为的服务与成本的关系（见图5-6）。

（3）在物流成本一定的情况下，实现物流服务水平的提高。这种状况是灵活、有效利用物流成本，追求成本绩效的一种做法（见图5-7）。

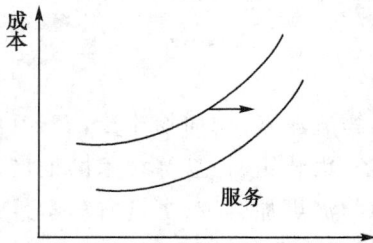

图5-7　服务水平上升，成本一定　　　　图5-8　服务水平与成本同时下降

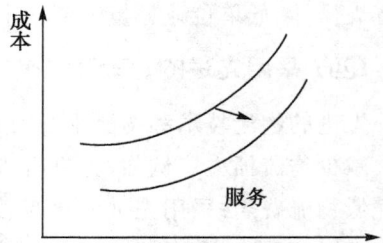

（4）在降低物流成本的同时，实现较高的物流服务水平（见图5-8）。

二、确定合适的物流服务水平

物流服务水平是物流活动的结果，每一客户服务水平都有相对应的成本水平。随着物流活动的提高，企业可以达到更高的客户服务水平，但成本也会随着加速增加。根据销售服务关系中的边际收入递减规律和成本—服务曲线的递增规律，可以得出利润曲线的形状，如图5-9所示。不同服务水平下收入与成本之差决定了利润曲线。物流系统规划的目的就是要寻找一理想服务水平，使得利润达到最大化。

一般来说，企业根据以下步骤来达到具有优势的物流服务水平，如图5-10所示：

（1）客户服务市场调研。可以通过问卷、专访和座谈等方式，收集了解客户提出的服务要素是否重要，他们是否满意，与竞争对手相比是否具有优势等物流

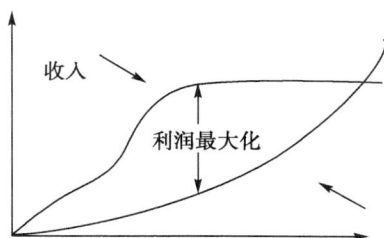

图 5 - 9　不同物流服务水平下,收入—成本背反关系示意图

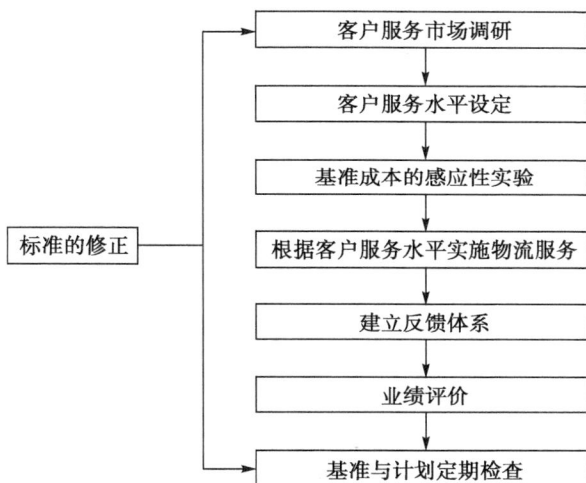

图 5 - 10　物流服务水平确定步骤

服务信息。

（2）客户服务水平设定。根据对客户服务调查所得出的结果,对客户服务各环节的水平进行界定,初步设定服务水平标准。

（3）基准成本的感应性实验。基准成本的感应性是指客户服务水平变化时成本的变化程度。

（4）根据客户服务水平实施物流服务。

（5）建立反馈体系。客户评定是对物流服务质量的基本测量,而客户一般不愿主动提供自己对服务质量的评定,因此要建立服务质量的反馈体系,及时了解客户对物流服务的反应,这可以为改进物流服务质量、采取改进措施提供帮助。

（6）业绩评价。在物流服务水平试行一段时间后,企业有关部门应对实施效果进行评估,检查有没有客户索赔、迟配、事故、破损等。通过顾客意见了解服务水平是否达到标准,成本的合理化达到何种程度,企业的利润是否增加,市场是否扩大等。

（7）基准与计划定期检查。物流服务水平不是一个静态标准,而是一个动态过程。因此,最初客户服务水平一经确定,并不是以后就一成不变,而是要经常定期检查、变更,以保证物流服务的质量。

（8）标准的修正。通过对物流服务标准的执行情况和效果的分析,如存在问题,需要对标准作出适当修正。

三、现代物流服务的目标市场与定价策略

（一）物流服务的目标市场

物流服务市场是指提供劳务和服务场所及设施,不涉及或甚少涉及物质产品交换的市场形式。在传统经济条件下,物流服务市场伴随着商品市场而存在,在现代经济条件下,物流服务市场成为独立于实物商品市场之外的有机部分,并充当市场体系中具有生命活力的组成因素。

物流服务企业为目标客户提供的产品是以商品集散为主要内容的客户服务。物流服务产品的特殊性也决定了物流服务市场的特殊性,与普通商品市场相比,物流服务的目标市场表现出以下特征:

1. 增值性

物流产品的核心层次是企业为顾客提供的商品集散服务,即顾客所获得的基本使用价值;产品的形式层次主要包括物流服务企业所提供的物流服务的形式、品牌、服务质量等;物流服务产品的延伸层次主要是指物流服务企业在商品集散过程中为顾客提供的增值服务。不同物流服务企业为顾客提供的产品的核心层次和形式层次具有同质性。因此,物流企业争夺市场份额的关键是要在物流服务过程中从物流服务产品的延伸层次出发,为顾客提供增值服务,从而也为自己带来利益,并巩固物流企业与目标顾客之间的业务关系。

2. 服务性

与普通企业不同,物流企业为顾客提供的产品是服务产品。物流服务企业竞争力的核心内容是追求服务高质量,让顾客满意以及对顾客忠诚,这是创造企业竞争优势的决定性因素。因此,服务为先是物流企业获得市场竞争优势的主要途径之一。

3. 关系至上性

由于物流服务本身所具有的特殊性,在物流服务市场中的物流服务企业与顾客之间的营销模式也出现新特点,企业与顾客之间的关系已成为物流服务企业重要的战略资源。因此,指导物流企业运作的营销策略的核心思想就是在物流服务企业与顾客之间建立稳定的购销关系。物流服务企业从顾客的需求出发,为目标

顾客提供特定的服务,建立并维持稳定的客户关系,并由此而产生了新型的营销模式,如关系营销、一对一营销等。

(二)物流服务定价策略

1. 定价程序

定价程序可以分为以下几个步骤:

(1)估计产品或服务的总需求量。估计产品或服务的总需求量一般分为两个步骤:一是决定是否已有市场预期价格,即该产品或服务在顾客心目中值多少钱。确定预期价格,要重视经验丰富的中间商的反应。预期价格可以通过增加产品或服务的特色、加强广告等方法加以改变。二是估计不同价格下的销售量,计算各售价的均衡点以及何种价格最为有利。估计总服务量,对于老产品来说困难较少,对于新产品来说则困难较大,因为物流服务的提供者往往不知道市场对新产品有无需求。

(2)预测竞争的反应。现实或潜在的竞争对于定价的重大影响是新老产品都无法避免的。特别是对一些利润较高的产品或服务而言,潜在竞争的威胁最大。一般而言,竞争来自三个方面:类似产品或服务、各种替代品、目标顾客相同的无关联产品。

(3)确定预期的市场占有率。一个企业如果寻求不同的市场占有率,其定价方法与策略可能完全不同。企业在决定扩大市场占有率之前,必须谨慎考虑三个因素:企业本身的生产能力、扩大规模的成本、扩展市场的难易。

(4)选择达成市场营销目标的定价策略。为达到预期的市场营销目标,物流企业可以采取多种定价策略。

(5)考虑企业其他营销策略。定价前要全盘考虑企业整个市场营销策略,如产品或服务计划、分销渠道及促销策略等,要将定价策略放在市场营销组合策略中去考虑。

(6)制定具体价格。按以上程序进行周密考虑后,即可开始制定具体价格。

2. 定价方法

(1)利润最大化法。在一个完全自由竞争的市场环境中,利润最大化的关键是:既要把物流价格定得高于运行成本,以获得单位产品提供的最大收益,又要使物流产品的价格足够低,以维持充分持续的需求。

(2)客观定价法。客观定价法是指不考虑顾客种类,首先设定物流服务单价,再乘以实际提供的服务单位数,即得到该项物流产品的售价。如物流中心的计费标准是4元/托盘/天,如果每天的库存量是10托盘,则每天的存储费用是30

元。物流服务的收费标准通常根据经验或市场价格确定,但其前提条件是该项物流产品可以被分割,如可以按小时或单位面积计费。客观定价法的优点是具有连贯性和易于计算。

（3）主观定价法。主观定价法是根据客户对物流产品的感觉价值和接受程度来主观地调整物流产品的标准价格。这种定价法将购买者对产品价值的认知而不是产品的成本作为定价的关键因素。物流产品定价的主观因素包括:物流服务效率的估计、物流企业的经验和能力、物流企业的知名度、物流工作的类型和难度、物流产品的便利性和可得性、额外的特殊开销、市场价格水平、顾客对物流产品的感觉价值与接受程度。

（4）成本导向定价法。成本导向定价法是指企业依据提供物流的成本决定物流的价格。成本导向定价法的优点是:与需求导向定价法相比,更加简单明了;在考虑生产者获得合理利润的前提下,价格显得较公道。成本导向定价法具体包括成本加成定价法、投资报酬率定价法、非标准产品或服务合同定价法。

（5）需求导向定价法。需求导向定价法是根据目标市场需求的强度和顾客的价值观来确定物流产品的价格。即在市场需求强度大时,可以适当提高价格;在市场需求强度小时,则适当降价。这种定价方法综合考虑了成本、产品或服务的市场寿命周期、市场购买能力、顾客心理、销售区域等因素。需求导向定价法具体包括习惯定价法、理解价值定价法、区分需求定价法、比较定价法、反向定价法等。

（6）竞争导向定价法。竞争导向定价法是根据同一市场或类似市场上竞争对手的物流产品价格来制定本企业物流产品的价格。这种方法的优点是只考虑竞争对手的物流项目和相应价格,简单易行。其缺点是当特殊市场没有参考价格时,很难对这种市场上的专门物流或特殊物流制定价格。竞争导向定价法具体有随行就市定价法、投标定价法、低于竞争者产品或服务价格定价法、高于竞争者产品或服务价格定价法、变动成本定价法、倾销定价法、垄断定价法等。

四、改进物流服务质量

物流质量管理涵盖商品质量保证及改善、物流工作质量、物流工程质量、物流服务质量四个方面的内容,其中物流服务质量管理是核心内容。在一定物流服务水平下的物流服务质量与物流系统运行过程中每一项物流工作质量以及物流工程质量密切相关。物流服务质量或者物流客户服务质量与商品质量保证和改善一起,作为客户直接感受到的服务质量,会对客户评价物流质量产生决定性影响。

（一）物流服务质量要素

国外专家确定了顾客按相对重要性来判断物流服务质量的五个方面的因素，由高到低排列为：可靠性、响应性、保证性、移情性、有形性。

可靠性是指物流服务组织可靠地、准确地履行服务承诺的能力。

响应性是指物流服务组织帮助客户并迅速提供服务的愿望，强调及时性和主动性。

保证性是指物流服务组织员工表达出的自信与可信的知识、礼节和能力，这会增强客户对组织服务质量的信心和安全感。

移情性是指物流服务组织设身处地地为客户着想和对客户给予特别的关注，了解他们的实际需要并给予满足，使整个服务过程富有"人情味"。

有形性是指有形的设施、设备、人员和通信器材的外表。有形的环境条件是服务人员对客户更细致的照顾和关心的有形表现。

（二）企业物流质量改进的有效措施

（1）企业物流质量改进的基本方法。提出企业物流质量改进的方针、策略、主要目标、指导思想，支持和协调企业物流质量改进的活动；确定物流质量改进的需要和目标以及为满足需要和实现目标而配置资源的方法；通过质量小组活动，实现质量改进目标的方法；鼓励企业员工开展与工作有关的质量改进活动并协调相关活动。

（2）企业物流纵向层次的质量改进方法。对物流过程进行管理，具体有确定各部门人员、制定战略规划、明确作用和职责、获取和配置资源、提供教育和培训等；确定并策划各部门工作过程的持续质量改进；创造并保持一个使部门全体员工有权利、有能力和有责任持续改进质量的环境。

（3）企业物流跨部门过程的质量改进方法。在企业物流各部门之间建立并保持紧密联系；识别企业物流过程内部和外部的顾客，确定他们的要求和期望；把顾客的需求和期望转化成具体的顾客要求；识别物流各过程的供方，将顾客的需要和期望转达给他们；寻求物流各过程的质量改进机会，配置改进所需资源，并监督改进的实施。

五、商务电子化对物流服务与物流成本的影响

以计算机网络为基础的商务电子化给传统物流服务带来了翻天覆地的变化，网络的应用实现了全物流过程的实时决策，简化了物流过程，缩短了物流周期，使物流效率更高、费用更低、竞争能力更强。

商务电子化下的物流服务业呈现出信息化、社会化、现代化的特点。物流服务业信息化表现为物流信息收集的代码化和数据库化、物流信息处理的电子化和计算机化、物流信息传递的标准化和实时化、物流信息储存的数字化和多媒体化等。物流服务业现代化表现为在现代物流服务中通过利用各种现代化、机械化工具及计算机技术和网络通信设备,简化了物流过程、加快了物流速度、降低了物流成本和提高了物流水平。物流服务业社会化是指与传统物流服务相比,在电子商务环境下,物流服务定位于为每一个用户提供所需要的服务,不受国别、地域、文化、宗教、数量、身份的局限。物流服务社会化程度的高低反映一个国家物流服务整体水平的高低。

在电子商务环境下,物流服务企业采取计算机网络技术和现代化通信设备及先进的管理信息系统,严格地、守信地按用户订货要求,进行一系列分类、配货、包装、加工等工作,定时、定量地送交没有范围限制的各类用户,满足其对商品的需求。商务电子化的发展,提升了物流服务的增值性功能,使其成为一种便利性、快速反应、低成本、延伸性的服务。物流企业提供一条龙服务、代办进出口业务、自动订货、传递信息和电子转账(利用 EOS、EDI 和 EFT 技术)、物流全过程自动跟踪等服务,大大提高了交易的便利性。物流企业根据电子商务的特点,设计了适合电子商务的流通渠道,优化物流配送网络,减少物流环节,简化物流过程,充分发挥物流信息的重要作用,提高了物流系统的快速反应能力。商务电子化的物流增值服务向上可以延伸到市场调查与预测、采购及订单处理,向下可以延伸到物流咨询、库存控制决策建议、货款回收与结算、物流系统设计与规划等环节。第三方物流不仅具有较高的物流管理水平,可以提供低成本的物流服务,而且可以充当电子商务经营者的物流专家,为他们设计和规划物流系统,替他们选择和评价运输商、供应商和其他物流供应商。

5-1 云阅读　　　　5-2 云阅读　　　　5-3 云习题

第六章　企业物流管理

第一节　企业物流管理概述

一、企业物流的含义与分类

现代企业是经济社会系统的基本单元,是市场的主体。从系统原理来看,在市场经济这个大环境中,企业的生产经营活动是一个承受外界市场环境干扰作用的,具有输入、转换和输出功能,并通过市场信息反馈不断完善自身功能的自适应体系。其中,企业购进原材料和投入其他的生产要素表现为系统的输入;生产过程是对生产要素的加工处理;而产成品的销售表现为系统的输出,以满足市场需要;同时产品的销售情况又表现为需求信息的反馈,从而使企业再生产过程进行自我调整。实际上,企业生产经营活动都围绕着物质资料的流动,任何一个环节受阻,都会影响企业生产经营的顺利进行。而物质资料在企业生产经营过程中的这种运动过程所发生的一切物流活动,就构成了企业物流,如图6-1所示。

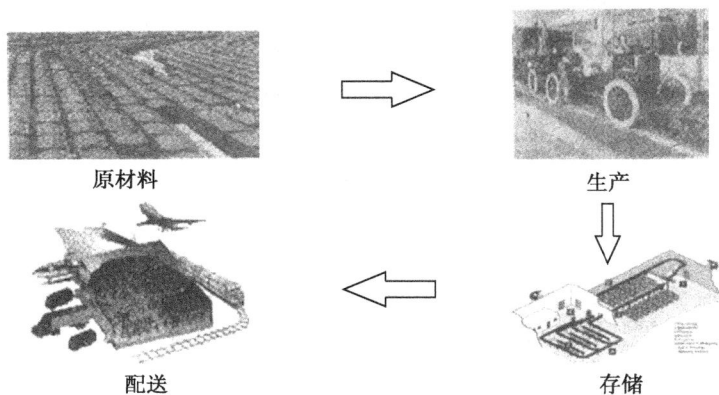

原材料　　　　　　　　　生产

配送　　　　　　　　　存储

图6-1　企业的物流运作过程

企业物流可以进一步分为四类:供应物流、生产物流、销售物流与逆向物流(图6-2)。供应物流是企业为保证本身生产的节奏,不断组织原材料、零部件、燃料、辅助材料供应的物流活动。企业生产物流是指企业在生产工艺中的物流活动,供应物流与生产物流过程创造商品本身的价值。企业销售物流是企业为保证本身的经营效益,不断伴随销售活动,将产品所有权转给用户的物流活动,它提供与维护商品的使用价值。此外,企业在生产、供应、销售的活动中总会产生各种边角余料、包装物、废品或不合格品,这些东西回收就构成了逆向物流。由此可以发现,企业物流是一个创造价值的过程。

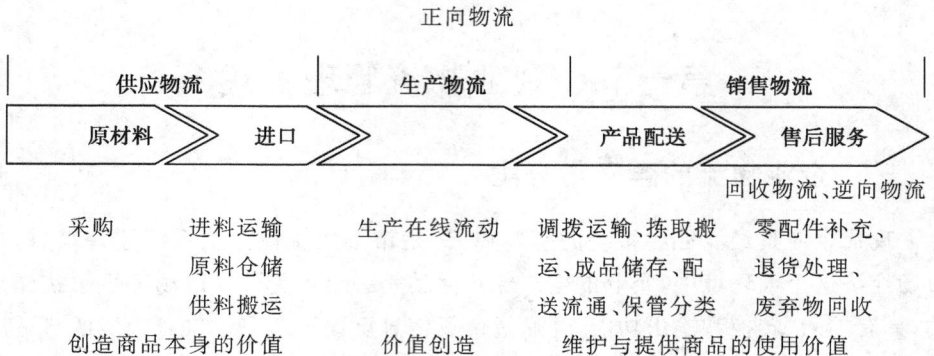

正向物流

供应物流	生产物流	销售物流

原材料 ⟩ 进口 ⟩ ⟩ 产品配送 ⟩ 售后服务 ⟩

回收物流、逆向物流

采购	进料运输	生产在线流动	调拨运输、拣取搬	零配件补充、
	原料仓储		运、成品储存、配	退货处理、
	供料搬运		送流通、保管分类	废弃物回收
创造商品本身的价值		价值创造	维护与提供商品的使用价值	

图 6-2 企业物流过程

二、企业物流管理

企业物流管理通过对企业物流功能的最佳组合,在保证一定服务水平的前提下,实现物流成本的最低化,这是企业不断追求的目标。

(一)企业物流管理的产生

20 世纪初,在泰罗的"科学管理"学说的指导下,企业产生了三大最基本的职能管理,即市场管理、运营管理和财务管理,物流管理并没有被列入其中。企业物流习惯上被分为三段:采购物流、生产物流和销售物流,所以相应的管理业务被归入企业的采购部门、制造部门和市场营销部门,企业还没有一个独立的物流业务部门。这样,各部门各司其职,采购经理关心的是供应商的选择、采购谈判,希望获得尽可能低的采购价格。但低价格往往又以大批量采购为代价,价格上得到的好处很快被高额的库存费用抵消了。销售经理考虑更多的是如何扩大销售量,为保证供货,很少考虑产品的供货方式。成品仓库地点的选择、仓库的数量、库存量的控制、运输方式的选择等不是销售经理的事,无疑,销售费用的水平也难遂人意了。制造经理最感兴趣的就是生产过程的连续性,因此,他也依靠较大的在制品库存来支持。可见在整个生产制造过程中,到处存在大量的库存和费用,大量的流动资金被当时未被重视的"物流黑洞"吞噬了。

直到 20 世纪 40 年代系统论产生,人们才开始用系统的观点来解决不适当的库存问题。20 世纪 60 年代,物料管理被认为是对企业的原材料采购、运输,原材料和在制品的库存管理;而配送管理是对企业输出物流的管理,包括需求预测、产品库存、运输、库存管理和用户服务。20 世纪 80 年代,企业的输入、输出以及市场和制造功能被集成起来,企业物流管理才真正地受到重视。

(二)企业物流管理的含义和地位

1998 年,美国物流管理协会为了适应物流的发展,重新修订了物流的定义:物流是供应链的一部分,是以满足客户需求为目的,为提高商品、服务和相关信息从起始点到消费点的流动与储存的效率和效益而对其进行计划、执行和控制的过程。

在《物流术语》(GB/T 18354—2021)中对物流管理(Logistics Management)所下的定义是:为达到既定的目标,从物流全过程出发,对相关物流活动进行的计划、组织、协调与控制。

企业物流管理作为企业管理的一个分支,是对企业内部的物流活动(诸如物资的采购、运输、配送、储备等)进行计划、组织、指挥、协调、控制和监督的活动。通过使物流功能达到最佳组合,在保证物流服务水平的前提下,实现物流成本的最低化,这是现代企业物流管理的根本任务。

在企业管理中,企业的基本竞争战略有成本领先战略、差异化战略和目标聚集战略。近年来,企业对物流管理日益重视,逐渐把企业的物流管理当作一个战略新视角,制订各种物流战略,以期增强企业的竞争能力。

把企业物流管理上升到战略的地位,经历了一个过程。从纯粹为了降低企业内部的物流成本,到为提高企业收益而加强内部物流管理,通过向顾客提供满意的物流服务来带动销售收入的增长,发展到现在从长远和战略的观点去思考物流在企业经营中的定位,甚至超越本企业从供应链的角度管理企业的物流。

三、企业物流管理的影响因素

(一)外部环境因素分析

企业的外部环境会限制企业物流管理的灵活性,因此在实施企业物流管理时需要对环境变化进行观察与评价。最通常要考虑的影响企业物流管理的环境因素包括:行业竞争性评价;地区市场特征;技术评价;渠道结构;社会经济发展趋势;物流服务产业趋势;法律法规及环保政策。物流主管应该了解这些环境因素的变化趋势及其所处行业的特征。了解的方法包括数据收集、评估和预测变化等。下面对这些因素进行讨论,并说明这些因素对物流运作的潜在影响。

1. 行业竞争性评价

"知己知彼,百战不殆",了解同行业的物流水平,分析出自己的优势,是企业制订战略时必须重视的问题。

行业竞争性评价包括对企业所在行业的机会和潜力的系统评价,比如市场规模、成长率、赢利潜力、关键成功因素等问题。竞争力分析包括行业领导的影响和控制力、国际竞争、竞争与对峙、客户与供应商的权力、主要竞争对手的核心竞争力。为了成为有效的行业参与者,应在理解客户服务的基本水平的基础上,对竞争对手的物流能力做出基准研究(Benchmarking)。

2. 地区市场特征

企业的物流设施网络结构直接同客户及供应商的位置有关。地理区域的人口密度、交通状况以及人口变动都影响物流设施选址。所有公司都必须从这些地区的市场因素去考虑最有市场潜力的市场位置。人口统计信息,如年龄、收入、教育程度等,均是确定市场潜力的基本要素。产业人口统计对有效的物流计划是重要的。

3. 技术评价

现代物流技术设施为物流作业带来了革命性的影响,条码、数据库、卫星定位、机械化仓库、现代化立体库等,都为物流及时、准确、高效地实施提供了技术上的支持。但不是所有的技术都适合一个特定的企业,所以企业应结合实际,如企业规模和企业所在具体环境的差异,选择对自身物流适用性最强的技术,切不可盲目引进,造成浪费。

在技术领域中,对物流系统最具影响力的是信息、运输、物料管理及包装等各种技术。例如,计算机、卫星、扫描、条码和数据库等均是对物流实施具有革命性的影响的。及时准确的信息流是企业成功的关键,能够跟踪货物运动的整合的数据库已经被用来改进实时管理控制及决策支持。多式联运、集装箱等改变了运输技术,机器人、自动导向搬运系统的使用,影响了物料搬运技术。包装上的创新,包括使用更坚固的材料、可返回的重叠式集装箱、改进的托盘及识别技术,改变了包装技术。现在大多数上述的创新技术已经具有商业使用价值。

现代科技带给企业物流新的发展机会和发展动力。每一种新技术的运用都会使物流环节的效率得以提高,使物流运作加速。随着新技术的采用,企业物流基础设施得以优化利用,物流工具更加现代化、智能化,为企业物流发展创造了新的动力。

现代科技提高企业物流管理水平。先进的设备、仪器、管理系统、信息系统在企业物流中得以运用,使得企业物流的经营管理效率得以极大地提高。

现代科技促进了企业物流装备的现代化发展。一方面,如企业物流设备、集装设备、仓库设备、铁道货车、货船、货运航空器、装卸机具、输送设备、分拣与理货设备、物流工具等各种物流装备有较大的发展。另一方面,与现代企业物流发展相适应的信息技术及网络设备也得到了较快的发展。

4. 渠道结构

这里所说的渠道是指实现物流功能的途径。不同的物流战略,要求选择不同的实现物流功能的途径。企业与外部合作,采取配送还是直接购销商品,应该把哪些有关联的企业纳入本企业的物流渠道中,自己计划在其中扮演什么角色,这一切都要进行评价,根据物流绩效进行选择。

物流战略部分是由渠道结构决定的,所有的企业必须在一定的业务联系之间迅速实施其物流运作。供应链由买、卖及提供服务的关系组成,企业必须适应渠道结构的变化。在许多情况下,如果物流绩效能够改进,企业物流主管应当积极地促进改变。比如,目前减少原材料供应商的数量已经成为一个趋势,其目的是获得更好的产品及配送服务。

5. 社会经济发展趋势

经济活动的水平及其变化以及社会变化对物流都有重要的影响。比如,运输的总需求是直接与国内生产总值相关的。利率的改变直接影响存货战略。当利率增加时,在所有营销渠道中减少库存的压力就会增大。减少库存成本,也许会反过来被认为,在提高库存周转速度的情况下,同时增加额外的运输费用来维持服务。社会发展趋势、生活方式等都会影响物流需求。现代企业物流发展必须重视和分析影响、制约企业物流活动的经济因素。

生产力的发展推进着企业物流的发展。一方面,生产力的发展为物流发展提供了技术及设备。另一方面,生产力的分布及结构也决定了企业物流能力的分布及物流生产力结构。改革开放以来,我国的生产力水平有了极大的提高,科学技术得到长足发展,为我国企业物流的发展提供了充足的动力。

市场经济体制的建立加快了企业物流的发展。一方面,市场经济体制的建立与完善,要求大力发展社会化大生产,形成大市场、大流通、大交通,为社会化的现代物流提供了广阔的发展舞台和生存空间。另一方面,市场经济体制的逐步完善为现代企业物流发展提供了新的管理制度,为先进的组织管理方式创造了更好的发展条件。

工商企业不断发展壮大创造了对物流服务的新需求,引导和促进了企业物流的发展。企业物流的发展能优化供应链,节省经费,降低成本,提高产品的附加值和竞争力。不断快速发展的企业对交通运输、仓储配送、货运代理、专业物流等物流服务提出了新的要求,成为现代企业物流发展的动力。

我国经济及产业结构正处于一个振荡和面临调整与整合的历史时期。在新形势下,物流产业的发展正面临着一次历史性的机遇,满足多样化的社会需求以及多个产业一体化的进程将推动企业物流的发展。企业物流的发展可以推动产业布局的合理化,促进各大产业的协调发展,可以推动现代企业物流的发展。

6. 物流服务产业趋势

与物流特别相关的服务是运输、仓储、订单处理以及存货要求,还有信息系统,这些相关服务在重组物流系统设计时可由外包得到。提供物流服务的企业可以是当地的公司,也可以是国内外的大企业。选择将物流全包给第三方物流企业的比重不断增加。从物流系统设计的角度看,这种服务具有增加灵活性和减少固定成本的潜力。

7. 法律法规及环保政策

在任何社会制度下,企业物流活动都必然受到一定政治和法律环境的规范、强制和约束。企业必须懂得本国和业务范围国家的法律法规,借此保护企业物流活动的合法权益,以更好地促进商品流、资金流、信息流的运行。虽然我国尚未颁发专门的物流法,但先后颁布了相关法规,如《中华人民共和国铁路法》(1990年9月7日第七届全国人大常务委员会第十五次会议通过)等。

物流面临着国家及地方各级政府的法律法规变化。例如,我国最近的十几年对公路运输的放开,使整个公路运输格局发生了深刻的变化。一些民营的运输企业得到了迅速发展,公路运输的运力得到了创纪录的增长。

法律法规在一定时期内是相对稳定的,但是政府的具体方针政策则具有可变性,会随政治经济形势的变化而变化。在社会主义市场经济中,政府为实现经济总量平衡和整体结构优化,促进经济健康发展,从宏观上对现代物流进行控制、协调、组织、监督,努力营造现代物流发展的宽松环境。按照现代物流发展的特点和规律,必须打破地区封锁和行业垄断经营行为,加强对不正当行政干预和不规范经营行为的制约,创造公平、公开、公正的市场环境。

我国在加入WTO以后,企业物流发展也必须遵循世贸组织的有关规定,按国际惯例和框架规定开展物流经营活动。

各地方政府还有对物流企业的优惠政策,力图通过政策刺激促进物流企业的发展。如广州保税区允许境外企业在保税区开展国际贸易、保税仓储、分销、配送、简单加工、物流信息服务等物流服务。

环保使原材料和能源的使用受到限制。管理人员在制订物流战略时,要不断地评价企业所需要的资源以及潜在的可选择物,并根据经济环境的变化调整战略。

（二）内部资源条件分析

1. 现代企业物流发展的主要资源

现代企业物流发展资源主要有资源积蓄、资源组合和资源运用三种状况。资源积蓄状况是指现代企业拥有的人力、物力、财力等各种物流发展资源的状况，以及物流发展无形资源的积蓄状况。

资源组合状况，首先是资源在现代企业的各种"市场—产品"组合方式之间的配置，是否对关键的"市场—产品"组合投放资源有足够的力度。其次是现代企业的管理体制、组织机构对现代企业资源配置会产生重大影响。

资源的运用状况是指以一定的资源积蓄状况和一定的资源组合状况为基础，表现出来的现代企业的经营管理能力。

2. 现代企业物流发展资源内容

现代企业物流发展资源内容丰富，主要有七大类。

（1）人力资源。包括人员数量、人员素质、人员结构、人员配置、人员培训、人力资源管理制度和运行机制、人员流动和人员的劳动保护等。

（2）物力资源。包括经营场地、设施设备、设备维修状况、能源供应状况、商品供应状况、存货状况等。

（3）财力资源。包括资产结构、负债和所有者权益结构、销售收入、销售成本、盈利状况、现金流量、融资渠道、投资风险等。

（4）技术资源。包括信息技术、工程技术、物资综合利用、环保、新技术应用等。

（5）组织资源。包括组织结构、领导班子结构、劳动纪律、管理效率等。

（6）信息资源。包括环境监测、竞争情报、内部信息、信息共享等。

（7）信誉资源。包括服务质量、品牌形象、经营信誉、管理模式等。

3. 现代企业物流发展资源的评价

对现代企业物流发展资源进行合理的分配与协调是确定现代企业物流发展战略的核心内容，需要进行资源价值的评估。从现代企业物流发展战略出发，对资源进行价值分类、竞争权衡，确定优势资源，努力集中优势资源，共享优势资源，创造更大的资源价值。为此，可以通过价值、吸引力、持久力三个主要因素的评价来完成对资源价值的整体评价。价值的评价就是评价现代企业资源与顾客需求匹配的程度和形成的竞争优势；吸引力是对顾客形成吸引的现代企业资源力量，包括资源的独特性、传递方式和转移效用；持久力是现代企业优势资源积蓄和提高的速度、等级以及资源可持续利用的能力。

四、商务电子化对企业物流管理的影响

(一) 商务电子化对物流的影响

1. 对物流理念的影响

把电子商务作为商业竞争环境时,它对物流理念的影响,可以从以下几个方面来理解。

物流系统中的信息变成了整个供应链运营的环境基础。网络是平台,供应链是主体,电子商务是手段。信息环境对供应链的一体化起着控制和主导作用。

企业的市场竞争将更多地表现为以外联网所代表的企业联盟的竞争。换句话说,网上竞争的直接参与者将逐步减少。更多的企业将以其商品或服务的专业化比较优势,参与到以核心企业——或有品牌优势,或有知识管理优势——为龙头的分工协作的物流体系中去,在更大的范围内建成一体化的供应链,并作为核心企业组织机构虚拟化的实体支持系统。

市场竞争的优势将不再是企业拥有的物质资源的多少,而在于它能调动、协调、整合多少社会资源来增强自己的市场竞争力。因此,企业的竞争将是以物流系统为依托的信息联盟或知识联盟的竞争。物流系统的管理也从对有形资产存货的管理转为对无形资产信息或知识的管理。

物流系统面临的基本技术经济问题,是如何在供应链成员企业之间有效地分配信息资源,使得全系统的客户服务水平最高,即在追求物流总成本最低的同时,为客户提供个性化的服务。

物流系统由供给推动变为需求拉动,当物流系统内的所有方面都得到网络技术的支持时,产品对客户的可得性将极大地提高。同时,这将在物流系统的各个功能环节上极大地降低成本。如降低采购成本,减少库存成本,缩短产品开发周期,为客户提供有效的服务,降低销售和营销成本,增加销售机会等。

2. 对物流系统结构的影响

电子商务对物流系统结构的影响,主要表现在以下几个方面:

(1) 由于网上客户可以直接面对制造商并可获得个性化服务,所以传统物流渠道中的批发商和零售商等中介将逐步淡出,但是区域销售代理将受制造商委托逐步加强其在渠道和地区性市场中的地位,作为制造商产品营销和服务功能的直接延伸。

(2) 由于网上时空的"零距离"特点,与现实世界的反差增大,客户对产品的可得性的心理预期加大,企业交货速度的压力变大。因此,物流系统中的港、站、库、配送中心、运输线路等设施的布局、结构和任务将面临较大的调整。随着运管

政策的逐步放宽,更多的独立承运人将为企业提供更加专业的配送服务,配送服务的半径也将加大。

（3）由于信息共享的即时性使制造商在全球范围内进行资源配置成为可能,故其组织结构将趋于分散并逐步虚拟化。当然,这主要是那些拥有品牌、产品在技术上已经实现功能模块化和质量标准化的企业。

大规模的电信基础设施建设,将使那些能够在网上直接传输的有形产品的物流系统隐形化。这类产品主要包括书报、音乐、软件等,即已经数字化的产品的物流系统将逐步与网络系统重合,并最终被网络系统取代。

3. 对客户服务的影响

（1）客户要求得到物流系统中每一个功能环节的即时信息支持,在客户咨询服务的界面上,能保证企业与客户间的即时互动。网站主页的设计不仅要宣传企业和介绍产品,而且要能够与客户一起就产品的设计、质量、包装、改装、交付条件、售后服务等进行一对一的交流,帮助客户拟订产品的可行性解决方案,帮助客户下订单。

（2）要求客户服务的个性化。只有当企业对客户需求的响应实现了某种程度的个性化对称时,企业才能获得更多的商机。因此,第一,要求企业网站的主页设计个性化。除了视觉感官的个性化特点外,最主要的是网站主页的结构设计应当是针对特定客户群的。这里要把握一个原则,即"并不是把所有的新衣服都穿上身就一定漂亮"。所以,传统市场营销学的对客户细分和对市场细分的一般性原则和方法仍然是企业设计和变换网站主页的基本依据。第二,要求企业经营的产品或服务个性化。专业化经营仍然是企业在网络经济环境下竞争发展的第一要义。企业只有专业化经营,方能突出其资源配置的比较优势,为向客户提供更细致、更全面、更为个性化的服务提供保证。同样,按照供应链增值服务的一般性原则,把物流服务分为一般的和增值的两类,并根据客户需求的变化进行不同的服务营销组合。第三,要求企业对客户追踪服务个性化。网络时代客户需求的个性化增大了市场预测的离散度,所以发现客户个性化服务需求的统计特征将主要依赖于对客户资料的收集、统计、分析和追踪。虽然从技术层面讲并没有什么困难,但是要涉及文化、心理、法律等诸多方面,因此建立客户档案并追踪服务本身,就是一项极富挑战性的工作。

4. 对物料采购的影响

从理论上讲,企业在网上寻找合适的供应商具有无限的选择性,且这种无限选择的可能性将导致市场竞争的加剧,并带来供货价格降低的好处。但是,所有的企业都知道频繁地更换供应商,会增加资质认证的成本支出,并面临较大的采购风险。所以,从供应商的立场来看,作为应对竞争的必然对策是积极地寻求与制造商建立稳定的渠道关系,并在技术或管理或服务等方面与制造商结成更深的联盟。同样,制造商也会从物流理念出发来寻求与合格的供应商建立长久合作。作为利益交换条件,制造商和供应商将在更大的范围内和更深的层次上实现信息资源共享。例如,LOF公司在建立信息共享机制后,将其产品承运人的数目从534位减少为2位:一个物流服务公司为其安排所有的货运事项;另一家物流公司则为其提供第三方付款服务,负责用电子手段处理账单信息。这不仅可减少运费50万美元,而且消除了7万件文案工作。

5. 对运输的影响

在电子商务条件下,速度已上升为最主要的竞争手段。物流系统要提高客户对产品的可得性水平,在仓库等设施布局确定的情况下,运输将是决定性的。由于运输活动的复杂性,运输信息共享的基本要求就是运输单证的格式标准化和传输电子化。由于基本的EDI标准难以适应各种不同的运输服务要求,且容易被仿效,以至不能成为物流的竞争优势所在,所以在物流体系内必须发展专用的EDI能力才能获取整合的战略优势。为了实现运输单证,主要是货运提单、运费清单和货运清单的EDI一票通,实现货运全程的跟踪监控和回程货运的统筹安排,将要求物流系统在相关通信设施和信息处理系统方面进行先期的开发投资,如电子通关、条码技术、在线货运信息系统、卫星跟踪系统等。

(二)商务电子下物流服务的内容

电子商务与非电子商务就实现商品销售的本质并没有区别,物流是实现销售过程的最终环节。但由于采用不同形式,一部分特殊服务变得格外重要,因此,涉及电子商务的物流服务内容时应反映这一点。概括起来可以分为以下两方面:

1. 一般性物流服务

(1)储存功能。电子商务既需要建立因特网网站,同时又需要建立或具备物流中心。物流中心的主要设施之一就是仓库及附属设备。电子商务服务提供商的目的不是要在物流中心的仓库中储存商品,而是要通过仓储保证市场分销活动的展开,同时尽可能降低库存占压的资金,减少储存成本。因此,提供社会化物流服务的公共型物流中心需要配备高效率的分拣、传送、储存、拣选设备。

(2)装卸搬运功能。这是为了加快商品流通速度必须具备的功能。无论是传统的商务活动还是电子商务活动,都必须具备一定的装卸搬运能力。第三方物流服务提供商应该提供更加专业化的装载、卸载、起重、运输、码垛等机械,以提高装卸搬运作业效率,缩短订货周期,减少作业对商品造成的破损。

（3）流通加工功能。其主要目的是方便生产或销售。专业化的物流中心常常与固定的制造商或分销商进行长期合作，为制造商或分销商完成一定的加工作业。

（4）物流信息处理功能。现代物流系统的运作现在已经离不开信息处理，需要将各个物流环节、各种物流作业的信息进行实时采集、分析、传递，并向货主提供各种作业明细信息及咨询信息。

2. 增值性物流服务

以上是普通商务活动中典型的物流作业，电子商务的物流也应该具备这些功能。但除了传统的物流服务以外，电子商务还需要增值性服务。增值性物流服务包括以下几层含义和内容：

（1）增加便利性的服务。一切能够简化手续、简化操作的服务都是增值性服务。在提供电子商务的物流服务时，推行一条龙门到门服务，提供完备的操作或作业提示、免培训、免维护、省力化设计或安装。

（2）加快反应速度的服务。优化电子商务系统的配送中心、物流中心网络，重新设计适合电子商务的流通渠道，以此来减少物流环节，简化物流过程，提高物流系统的快速反应性能。

（3）降低成本的服务。可以通过采用比较适用但投资比较少的物流技术和设施设备，或推行物流管理技术，如运筹学中的管理技术、单品管理技术、条码技术和信息技术等，提高物流的效率和效益，降低物流成本。

（4）延伸服务。向上可以延伸到市场调查与预测、采购及订单处理；向下可以延伸到配送、物流咨询、物流方案的选择与规划、库存控制决策建议、货款回收与结算、教育与培训、物流系统设计与规划方案制作等。这些延伸服务具有增值性，但也是最难提供的服务，能否提供此类增值服务已成为衡量一个物流企业是否真正具有竞争力的标准。

（三）商务电子下的物流作业流程

1. 商务电子下的物流流程

电子商务的本质特征是生产者与消费者的关系是直接的，减少中间环节，拉近企业与用户之间的距离。电子商务利用互联网技术，将供应商、企业、用户以及其他商业伙伴连接到现有的信息技术上，达到信息共享、彻底改变现有的业务作业方式及手段、充分利用资源、缩短商业环节及周期、提高效率、降低成本、提高服务水平的目的。

电子商务下整个物流流程由供应商、制造商、物流中心和顾客通过 Internet

共享需求信息。供应商根据顾客的需求提供其需要的原材料;原材料经过制造商的加工、包装等一系列作业后成为产品;产品集中到物流中心,物流中心根据顾客订单情况,将货物送到顾客手中,如图 6-3 所示。

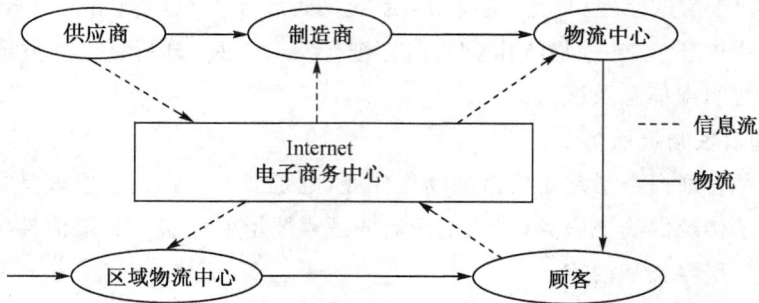

图 6-3　电子商务下的物流流程

通过图 6-3 可以看出,用户通过网上的虚拟商店购物,并在网上支付,信息流和资金流的运作过程很快就能完成,剩下的工作就只是物流处理了。物流中心成了所有制造商和供应商对用户的唯一供应者,可见,物流中心的作用越来越突出。

2. 商务电子下的制造企业物流业务流程

在电子商务环境下,上下游企业之间、企业内部各个部门之间、企业与用户之间通过互联网共享需求信息。对于供应商而言,不是被动地等待需求方订货后再安排生产,而是根据互联网上制造企业的需求信息提前安排生产。在制造企业内部,销售部、生产管理部、采购部、生产部对于订货信息的获得没有先后顺序。当用户通过因特网发出订单后,生产管理部制订生产计划,采购部根据订单上所需货物的种类、数量,利用采购软件自动制订采购计划,并将采购信息通过因特网向供应商发布,供应商与采购部经过一系列的网上交易,达成协议后,由供应商将原材料送到企业的原材料仓库,由生产管理部安排生产,生产部门经过一系列的生产工序后,将完工的信息反馈给销售部,销售部将供货的信息传递给用户,同时完成供货过程。

供货完成后,由财务部结算,根据事先的协议完成电子支付。一方面,在电子商务环境下,企业与企业之间、企业与用户之间实现信息共享,信息的传递更加顺畅、准确,提高了企业的生产效率。另一方面,对于制造业的物流作业和工艺流程也提出了更高的要求,要求其电子化、自动化。电子商务下的制造业的业务流程如图 6-4 所示。

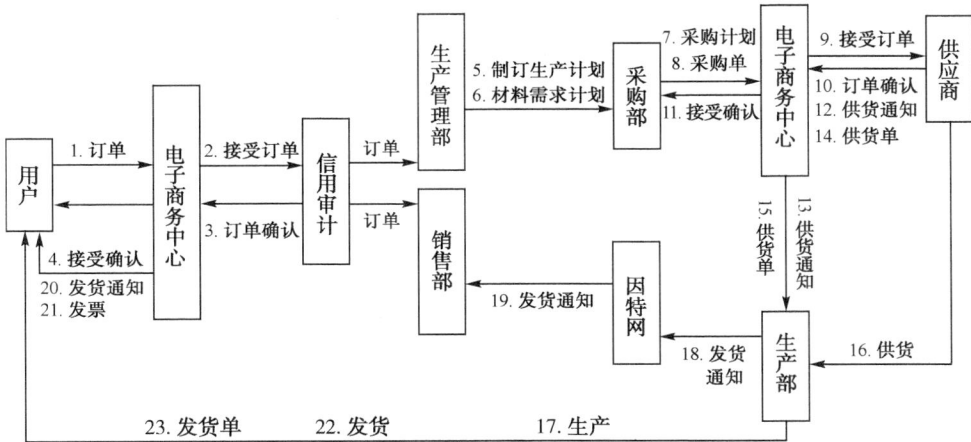

图 6 - 4　电子商务下的制造业的业务流程

业务流程可概括为以下几步：

各个批发商根据自己的销售情况,确定所需货物的品种和数量,给企业的销售部门下达订单,下达订单的方式通过因特网进行。

销售部门收到订单后,开始对下达订单的批发商进行信用审计,信用审计一般通过调查批发商的财务状况进行。如果信用良好,销售部门便处理这些需求信息,如订货的品种、数量、交货期等,双方协商签订供需合同。如果信用审计发现信用不好,便无法形成供需关系。

销售部签订好合同后,将订单上的信息传递给生产管理部,生产管理部接到任务后,如果仓库里有存货,可直接发给用户;如果没有存货,要根据计划组织新的生产。

在组织新的生产之前,生产管理部根据销售部传来的指令制订生产计划。根据生产计划,通过管理软件直接编制采购计划,这个过程由计算机自动完成。

采购部门对采购计划进行必要的调整,确定所需原材料的品种和数量。

采购部确定采购计划后,通过互联网向原材料供应商发布采购信息,确定原材料供应商。

采购部通过互联网向原材料供应商发布采购订单,原材料供应商收到订单后,也要进行信用审计,即确认订单的过程。

原材料供应商通过互联网向采购部发出供货通知,采购部收到通知后,准备收货和办理货物结账手续。

原材料供应商开始供货,同时准备好供货单和发票。生产部收到原材料后,进行验货和办理货物入库手续。

原材料到库后,生产管理部根据事先安排好的生产任务,由生产部组织生产。经过一系列的生产流程,生产出所需的产品。

生产部通过互联网将完工的信息同时反馈给生产管理部、销售部和用户,用户收到信息后准备收货和办理结账手续。

生产部开始供货,同时准备好供货单和发票。用户收到货物后,进行验货和办理货物入库手续。

3. 商务电子下流通企业的物流业务流程

流通企业作业流程分为采购作业、销售作业、仓储中心作业三部分。

(1)采购作业流程。采购作业流程是物流业务管理部门根据用户的要求以及库存情况通过电子商务中心向供应商发出采购订单;供应商收到订单后,通过网络加以确认;物流管理部门再确认一下是否有订货,如果订货,确认一下订货的种类及数量;业务管理部和供应商分别通过因特网向仓储中心发出发货信息,仓储中心根据货物的情况安排合适的仓库,同时供应商将发货单通过因特网向仓储中心发送,货物通过各种运输手段送到仓储中心,如图 6-5 所示。

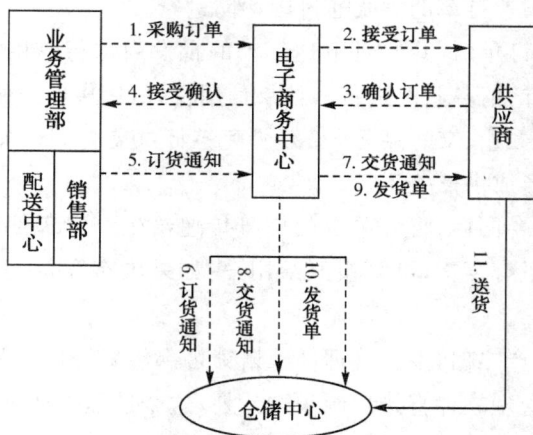

图 6-5 采购作业流程图

(2)销售作业流程。销售作业流程是顾客通过互联网向业务管理部发出订购订单,业务管理部收到订单后,对订单加以确认;顾客确认订单后,业务管理部向仓储中心发出配货通知;仓储中心根据发货种类及数量向用户发出配送通知,确定配送时间和配送数量,同时发出送货单并送货,如图 6-6 所示。

(3)仓储中心作业流程。仓储中心受业务管理部的统一管理,它的主要作业区是收货区、拣货区和发货区。当仓储中心收到供应商的送货单和货物后,在进货区对新进入的货物通过条码扫描进行货物验收,确认发货单与货物一致后,对

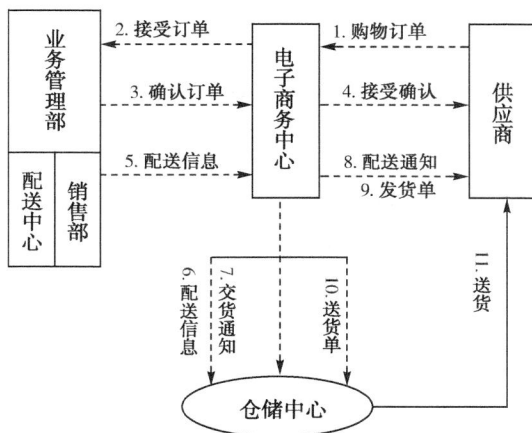

图 6-6 销售作业流程图

货物进行进一步处理(如验收不合格,退货),一部分货物直接放入发货区,属于直通型货物;另一部分货物属于存放型货物,要进行入库处理,即进入拣货区,拣货通过自动分拣输送系统、自动导向系统自动完成,货物进入仓库。当货物要发货时,根据发货单上的信息,通过自动分拣输送设备将货物送到相应的装车线,对货物进行包装处理后,装车送货。

五、企业物流信息系统

物流信息系统(Logistics Information System,简称 LIS)是一类企业信息系统,或者说是企业信息系统的一个子系统,它是通过对物流相关信息的加工处理来达到对物流、资金流的有效控制和管理,并为企业提供信息分析与决策支持的人机系统。物流信息系统具有实时化、网络化、规模化、专业化、集成化、智能化等特点。

(一)物流信息系统的基本构成

1. 物流信息系统的定义及结构

企业信息系统是物流企业针对环境带来的挑战而作出的基于信息技术的解决方案。物流信息系统是物流企业或部门按照现代管理思想及理念,以信息技术为支撑所开发的信息系统。该系统充分利用数据、信息、知识等资源,实施物流业务、控制物流业务、支持物流决策、实现物流信息共享,以提高企业业务效率、决策的科学性,其最终目的是提高企业的核心竞争力。

从系统观点来看,构成物流企业信息系统的主要组成要素有:硬件、软件、数据库和数据仓库、相关人员以及企业管理制度与规范等。

163

硬件包括计算机、必要的通信设施等。例如,计算机、外存、服务器、通信电缆、通信设施,它们是物流信息系统运行的物理设备、硬件资源,是实现物流信息系统的基础,构成系统运行的硬件平台。物流信息系统的物理结构示意图如图6-7所示。

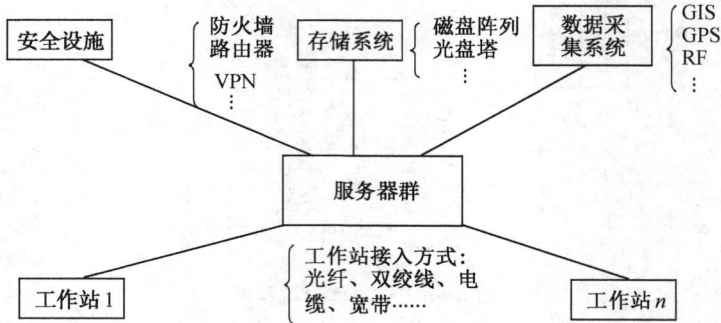

图6-7 物流信息系统的物理结构示意图

在物流信息系统中,软件一般包括系统软件、实用软件和应用软件。系统软件主要有操作系统、网络操作系统,控制、协调硬件资源,是物流信息系统必不可少的软件。

实用软件的种类很多,对于物流信息系统,主要有数据库管理系统(Database Management System,简称DBMS)、计算机语言、各种开发工具。国际互联网上的浏览器、群件等主要用于开发应用软件、管理数据资源、实现通信等。

应用软件是面向问题的软件,与物流企业业务运作相关,实现辅助企业管理的功能。不同的企业可以根据应用要求来开发或购买软件。

通常,系统软件和实用软件由计算机厂商或专门的软件公司开发,它们构成物流信息系统开发和运行的软件平台,企业可在市场上配置和选购。

数据库用来存放与应用相关的数据,是实现辅助企业管理和支持决策的数据基础。目前大量的数据存放在数据库中。

不同的企业也应当采取不同的管理理念,其物流信息系统的应用软件也不同。以机械制造业为例,管理理念由库存控制、制造资源管理发展到企业资源管理,从注重内部效率提高到注重客户服务,因此,业务层的企业信息系统应用软件就从以财务为中心发展到以客户为中心。

2. 物流信息系统的特点

物流信息系统具有集成化、模块化、实时化、网络化和智能化的特点。随着社会经济的发展、科技的进步,物流信息系统正在向信息分类的集成化、系统功能的模块化、信息采集的在线化、信息存储的大型化、信息传输的网络化、信息处理的智能化以及信息处理界面的图形化方向发展。

（1）集成化。集成化是指物流信息系统将业务逻辑上相互关联的部分连接在一起，为企业物流活动中的集成化信息处理工作提供基础。在系统开发过程中，数据库的设计、系统结构以及功能的设计等都应该遵循统一的标准、规范和规程，以免出现"信息孤岛"现象。

（2）实时化。实时化借助于编码技术、自动识别技术、GPS 技术、GIS 技术等现代物流技术，对物流活动进行准确实时的信息采集；并采用先进的计算机与通信技术，实时地进行数据处理和物流信息传送；通过 Internet/Intranet 的应用，将供应商、分销商和客户按业务关系联系起来，使整个物流信息系统能够即时地掌握和分享属于供应商、分销商或客户的信息。

（3）网络化。网络化是通过 Internet 将分散在不同地理位置的物流分支机构、供应商、客户等连接起来，形成一个复杂但有密切联系的信息网络，从而通过物流信息系统这个联系方式实时地了解各地业务的运作状况。物流信息中心将对各地传来的物流信息进行汇总、分类、综合分析，并通过网络把结果反馈传达下去，以指导、协调、综合各个地区的业务工作。

（4）模块化。模块化是把物流信息系统分成多个功能模块子系统，各子系统通过统一的标准来进行功能模块开发，然后再集成、组合起来使用，这样就能既满足物流企业不同管理部门的需要，也能保证各个子系统的使用和访问权限。

（5）智能化。智能化物流信息系统虽然尚缺乏十分成功的应用，但物流信息系统正在向着这个方向发展。比如在物流企业决策支持系统中的知识子系统，它就负责搜集、存储和智能化处理在决策过程中所需要的物流领域知识、专家的决策知识和经验知识。

3. 物流信息系统的主要功能

物流信息系统（LIS）的功能可以从不同的角度进行设计，根据全过程管理的思想，按时间维度将 LIS 的功能分为事前、事中、事后：事前主要是计划和决策；事中是控制和事实记录；事后是统计和分析。根据物流系统运作的要求，其全过程管理分为制订战略计划、决策分析、交易、管理控制。

（1）制订战略计划。属于事前的活动，以高风险为特点，其目的是提高企业的核心竞争力，主要任务是寻找战略联盟、开发市场、进行客户服务分析。

（2）决策分析。跨在事前和事中，其主要任务是利用数据、模型和知识，协助决策者分析、评估物流战略计划和实施方案，例如车辆安排、库存水平、网络/设施选址与配置等，工作的目标是提高企业工作的有效性。

（3）交易。交易是事中的活动，其目标之一是提高工作效率，覆盖日常业务工作,例如记录订单、安排库存、作业程序选择、装车、定价、开票、客户咨询服务等。

(4)管理控制。属于事中和事后的活动,其主要任务是业务活动的控制以及评价反馈,使物流业务能够按计划执行,主要包括资金管理、成本控制、资产控制、客户服务评价、生产和质量控制与评价等,衡量企业竞争能力,提出改进工作的内容。

此外,物流信息系统功能根据纵向层次来分,可以分为操作层、战术层和战略层三个层次。

(1)操作层。操作层的事务处理和交易系统及时地处理每天的物品订货管理、订货处理、计划管理、运输管理、采购管理、库存管理、设备管理和财务管理等,包括车辆的运输路径选择、仓库作业计划、库存管理等,涉及当前运行的短期决策,反馈和控制企业基层的日常生产和经营工作信息。该层的特点主要是操作信息规则化、通信网络化、交易批量化和作业逐日化等。

(2)战术层。战术层提供部门负责人所需要的局部和中期决策所涉及的战术管理信息。一般包括:合同管理、客户关系管理、质量管理、计划管理、市场商情信息管理等;根据运行信息,监测物流系统的运行状况;建立物流系统的特征值体系,制定评价标准;建立控制与评价机制。

(3)战略层。战略层为企业高层管理决策者提供制订企业战略决策、企业年经营目标所需要的管理信息。通常战略层包括综合报表管理、供应链管理、企业战略管理等。企业物流战略管理是物流管理的重要部分。物流信息系统可以帮助物流企业高层领导更深刻地了解物流战略的制订、实施和评价以及相互之间的内在联系,对物流企业确定自身发展方向,建立明确的发展目标具有重要的指导意义。

(二)物流信息系统的组成

对物流企业内部来说,企业信息系统通常由管理信息系统、决策支持系统、专家系统、企业内部网络、办公自动化系统等一系列信息系统组成。

1. 管理信息系统(Management Information System,简称 MIS)

系统以数据库为中心,主要完成物流企业操作层的数据处理和结构化的决策,是企业信息源和企业信息系统的基础。由于管理信息系统主要用于企业业务层的日常工作,与企业的管理模式关系密切,因此,这类系统受企业管理模式和运作方式的影响和制约,是一类较难开发但又非常必要的信息系统。在我国企业中,信息技术的使用目前主要是这一类信息系统的某些部分。

2. 决策支持系统(Decision Support System,简称 DSS)

建立能够反映物流业务基本规律的一系列模型、方法、知识,并将它们与数据信息相结合,进行综合分析和结果判断,实现以数据、模型、方法、知识等多种形式的物流辅助决策,这就是决策支持系统。系统以数据仓库、模型库和方法库为基础,采用定量的方法,主要辅助解决半结构化决策问题。

决策支持系统的结构如图 6-8 所示,其中,综合部件实现人机交互,控制数学模型、数据处理模型、知识推理模型的有机结合和运行,控制数值计算和数据处理;数据部件承担着数据存储、删除、检索、排序、索引、统计和维护的任务,并提供数据操作的语言接口;模型部件负责建立、存放、删除、检索、统计、维护和管理以某种计算机程序形式表示的模型,并负责模型与数据库管理系统的数据交换,提供模型的操作与管理语言。

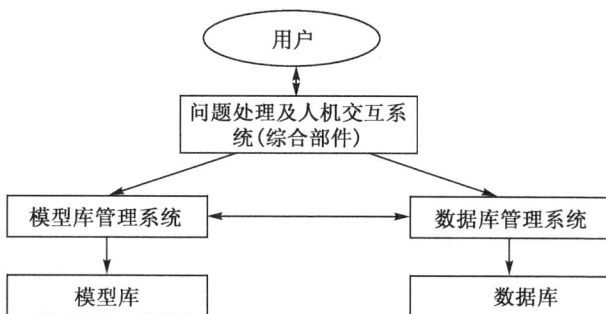

图 6-8 物流决策支持系统结构

3. 专家系统(Expert System,简称 ES)

用知识和推理技术来解决问题的计算程序,通常需要专家的技能。专家系统是能够用一系列关于某一具体任务领域的知识进行推理,从而完成这一任务的人工智能程序。

4. 企业内部网络(Intranet)

该系统是在企业内部网络的基础上,采用 WWW 技术、TCP/IP 协议,在企业内部实现国际互联网的功能,从而实现企业内部的信息发布、共享,它构成了企业内部信息共享平台。

5. 办公自动化系统(Office Automation System,简称 OAS)

办公自动化系统是利用群件技术或 WWW 技术开发的信息系统,用以协助企业各部门办公人员处理企业相关层次的办公业务,充分利用信息资源,提高办公效率和办公质量,为企业管理和决策服务。

上述五类企业信息系统的用户限于企业内部。为了适应经济全球化和开放式经济,企业信息系统正在从企业的内部向外部扩展到企业合作伙伴、客户以及其他合作者,甚至竞争对手之中,因而全面的企业信息系统除了上述这五种基本系统外,还应该包括企业外部网和国际互联网,企业信息系统向外延伸。

6. 企业外部网(Extranet)

企业外部网是在国际互联网的基础上,采用特定的技术将相关企业合作伙伴之间的信息系统连接起来,以实现企业合作伙伴之间信息发布和信息共享的一种虚拟信息平台,该系统的用户仅限于与企业有固定关系的合作伙伴。

7. 企业网站(Website)

它是实现企业信息向全球发布和共享的信息系统,是一个集各种信息资源为一体的信息资源网,具有最大的开放性和自由度,因此该系统的用户是无限制的。例如,企业可以开发自己的网页。

随着市场专业化分工和协作的需要,在可靠安全的技术、完善的法律保障体系、高度商业信誉支撑下,企业物流信息系统的内外界限将不断模糊,系统的约束会越来越集中在共享信息的类别和共享的权限上。

物流信息系统体系中各系统之间是关联的,如图6-9所示。可以看到,物流管理信息系统一般用于物流企业的业务层,完成物流业务中的数据处理和结构化决策,实现预测功能。物流管理信息系统受企业管理思想和理念、管理制度和规范的制约。例如,早期物流管理信息系统只是局限于企业内部业务中的信息管理;当供应链的思想逐渐被接受以后,物流管理信息系统的功能由内部扩大到外部。物流管理信息系统是企业日常业务信息的主要搜集者,是LIS的基础。地理信息系统、全球卫星定位技术可以为物流管理信息系统实时提供运输业务中的动态信息,因此,可以增强信息系统的快速反应能力,提高系统的可靠性。

企业办公自动化系统处理企业办公事务,收集办公信息,实现办公流程控制。为提高办公效率,该系统同样需要企业内外信息的支持。

数据库中存储了大量内部数据和外部数据,为满足各方面的信息需求奠定了基础,为决策支持系统、专家系统的开发提供了资源。

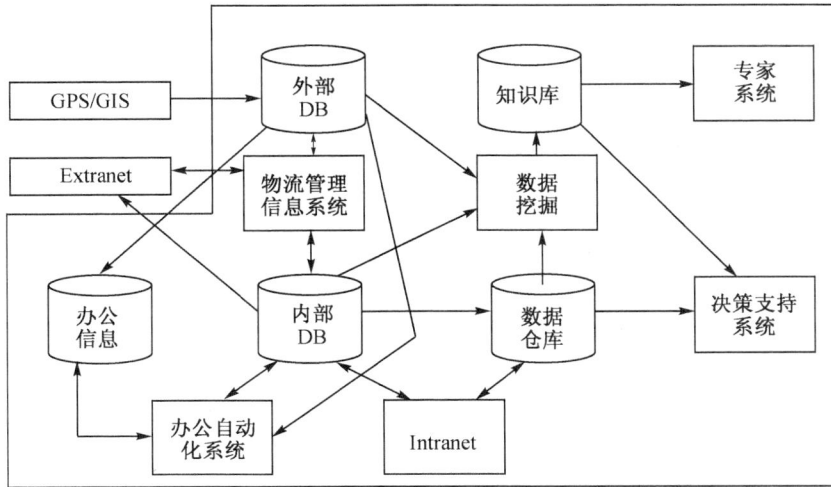

图 6-9　LIS 体系中各系统之间的数据关联

第二节　供应(采购)物流管理

采购与供应,是企业进行生产和日常运行的前提条件。没有采购与供应,企业的生产和生活就不可能进行。采购与供应既有商流过程又有物流过程。商流主要进行商品交换,实现物资所有权的转移;而物流过程主要进行运输和储存,实现物资实体空间位置和时间位置的转移。本章主要讨论物流过程的管理,即采购与供应物流管理,主要包括采购管理、供应商管理、采购与供应物流计划。

一、采购管理概述

(一)企业采购概念

采购,是指通过商品交换和物流手段从资源市场取得资源的过程。它一般包含以下一些基本含义:

(1)所有采购都是从资源市场取得资源的过程。这些资源,既包括生活资料,也包括生产资料;既包括物资资源(例如原材料、设备、工具等),也包括非物资资源(例如信息、软件、技术、文化用品等)。能够提供这些资源的供应商,形成了一个资源市场。采购的基本功能,就是帮助人们从资源市场获取他们所需要的各种资源。

(2)采购既是一个商流过程,也是一个物流过程。采购的基本作用是将资源从资源市场的供应者手中转移到用户手中。

（3）采购是一种经济活动。它是企业经济活动的主要组成部分。在整个采购活动过程中，一方面，通过采购，获取了资源，保证了企业正常生产的顺利进行，这是采购的效益。另一方面，在采购过程中，也会发生各种费用，这就是采购成本。要追求采购经济效益的最大化，就要不断降低采购成本，以最小的成本去获取最大的效益。而要做到这一点，关键就是要努力追求科学采购和采购物流的管理。科学采购和科学的采购物流管理是实现企业利益最大化的源泉。

（二）企业采购的流程

一个完整的采购大体上都要经历以下过程：

（1）接受采购任务，制订采购单。这是采购工作的任务来源。

（2）制订采购计划。采购员在接到采购任务后，要制订具体的采购工作计划。首先是进行资源市场调查，包括对商品、价格、供应商的调查分析，选定供应商，确定采购战略和采购方法、采购日程计划以及运输方法、货款支付方法等。

（3）联系供应商。可采用电话、电子邮件等通信方式与供应商联系。

（4）与供应商洽谈、成交、最后签订订货合同。这是采购工作的核心步骤。在价格、质量、送货、服务及风险赔偿等方面进行洽谈，最后把这些条件用订货合同的形式规定下来，形成订货合同。签订订货合同，意味着已经成交。

（5）运输进货与进货控制。订货成交以后，就应履行合同，就要开始运输进货。运输进货可以由供应商运输，也可以由运输公司运输或者自己提货。采购员要督促、监督进货过程，确保按时到货。

（6）到货验收、入库。到货后，采购员要督促有关人员进行检验验收和入库，包括数量和质量的检验和入库。

（7）支付货款。货物到达后按合同规定支付货款。

（8）善后处理。一次采购完成以后，要进行采购总结评估，并妥善处理好一些未尽事宜。

但是不同类型的企业，在采购时又有不同的特点，具体步骤也有所不同。

（三）企业采购管理

1. 企业采购管理的概念

所谓采购管理，是指为保障企业物资供应而对企业采购进货活动进行的管理活动。采购管理是对整个企业采购活动的计划、组织、指挥、协调和控制活动，是管理活动，是面向整个企业的，不但面向企业全体采购员，而且也面向企业组织其他人员（进行有关采购的协调配合工作），一般由企业的采购科（部、处）长、或供应科(部、处)长、或企业副总(以下统称为采购科长)来承担,其使命,就是要保证整个企业的物资供应,其权力,是可以调动整个企业的资源。而相对来说,采购只是指具体的采购业务活动,是作业活动,一般是由采购员承担的工作,只涉及采购员个人,其使命,就是完成采购科长布置的具体采购任务,其权力,只能调动采购科长分配的有限资源。可见,采购管理与采购是有区别的。所以,采购管理和采购不完全是一回事。但是,采购本身也有具体的管理工作,它属于采购管理。采购管理本身,又可以直接管到具体的采购业务的每一个步骤、每一个环节、每一个采购员。可见,采购管理与采购是有联系的,二者之间有区别又有联系。

就物资采购的具体职能来说,一方面,它要实现对整个企业的物资供应;另一方面,它是企业联系整个资源市场的纽带。

2. 企业采购管理的目标和职能

物资采购实现对整个企业的物资供应,有四个基本目标:一是适时适量保证供应;二是保证原材料质量;三是费用最省;四是管理协调供应商、管理供应链。

适时适量很重要。物资采购供应不是把货物进得越多越好,也不是进得越早越好。货物进少了不行,生产需要的时候,没有货物供应,产生缺货,影响生产,这当然不行;但是货物进得多,不但占用了较多的资金,而且还要增加仓储,增加保管费用,造成了浪费,使成本升高,这也是不行的。货物进迟了会造成缺货;但是进早了等于增加了存储时间,相当于增加了仓储、增加了保管费用,同样升高了成本。因此,采购要适时适量,既保证供应,又使采购成本最小。

保证质量,是要保证采购的货物能够达到企业生产所需要的质量标准,保证企业生产出来的产品质量合格。保证质量,也要做到适度。质量太低,当然不行;但是质量太高,一是没有必要,二是必然价格高,增加购买费用,也是不合算的。所以要求物资采购要在保证质量的前提下尽量采购价格低廉的物品。

费用最省是物资采购贯穿始终的准绳。在物资采购中,每个环节、每个方面都要发生各种各样的费用。购买费用、进货费用、检验费用、入库费用、搬运费用、装卸费用、保管费用、银行利息等。因此,在物资采购的全过程中,我们要运用各种各样的采购策略,使总的采购费用最小。

物资采购要实现对资源市场的纽带作用,是要建立企业与资源市场之间的良好和有效的关系,协调供应商,管好供应链。

可以说,资源市场也是企业的生命线。它不但是企业的物料来源,也是资源市场信息的来源。这些信息对企业都是非常重要的:

第一,对制订最有效的采购策略本身提供支持,可以利用这些信息选择最好的供应商、最好的产品和最好的运输路线、运输方式,进行最有效的采购。

第二,资源市场中资源的发展变化动态、技术动态信息等,为企业随时制订和调整产品策略、对企业生产决策提供有力的支持。应当根据资源的发展变化随时调整产品策略和生产策略。

第三,有利于与供应商建立起一种比较友好的关系,为物资采购和企业生产提供一种比较宽松的、有效率的环境条件。现在出现的一种供应链思想,其核心就是要建立起企业与供应商之间的高效率的运作体系,因此,物资采购的一个重要职能,就是要通过物资采购人员建立起与资源市场的各个供应商之间的良好、宽松、有效的供应链关系。

3. 企业采购管理的内容和模式

为了实现上述基本职能,采购管理需要有一系列的业务内容和业务模式。采购管理的基本内容和模式如图 6 - 10 所示。从图 6 - 10 可以看出,一个完整的采购管理过程要包含采购管理组织、需求分析、资源市场分析、制订订货计划、实施订货计划、采购评估、采购监控和采购基础工作八大块内容。

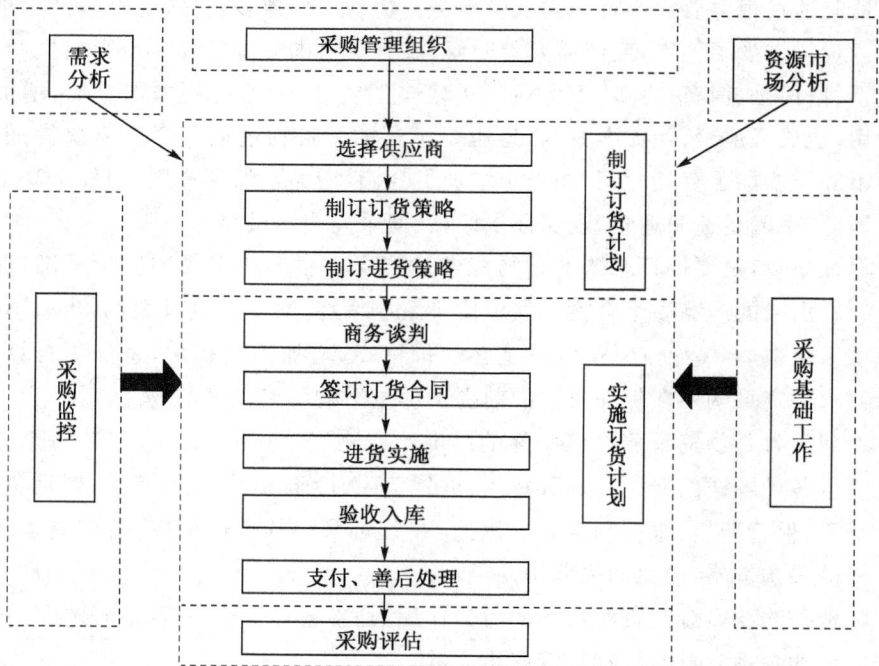

图 6 - 10　采购管理的基本内容和模式

(1) 采购管理组织是采购管理最基本的组成部分,为了搞好企业复杂繁多的采购管理工作,需要有一个合理的管理机制和一个精干的管理组织机构,要有一些能干的管理人员和操作人员。

（2）需求分析就是要弄清楚企业需要采购什么品种、需要采购多少、什么时候需要什么品种、需要多少等问题。作为全企业的物资采购供应部门，应当掌握全企业的物资需求情况，制订物料需求计划，从而为制订出科学合理的采购订货计划做准备。

（3）资源市场分析就是根据企业所需求的物资品种，分析资源市场的情况，包括分析资源分布情况、供应商情况、品种质量、价格情况、交通运输情况等。资源市场分析的重点是供应商分析和品种分析。分析的目的，是为制订采购订货计划做准备。

（4）制订订货计划是根据需求品种情况和供应商的情况，制订出切实可行的订货计划，包括选定供应商、供应品种、具体的订货策略、运输进货策略以及具体的实施进度计划等，具体地解决什么时候订货、订购什么、订多少、向谁订、怎样订、怎样进货、怎样支付等这样一些具体的计划问题，为整个采购订货进货规划一个蓝图。

（5）实施订货计划就是把上面制订的采购订货计划分配落实到人，根据既定的进度来实施。具体包括去联系指定的供应商、进行贸易谈判、签订订货合同、运输进货、到货验收入库、支付货款以及善后处理等。通过这样的具体活动，最后完成了一次完整的采购活动。

（6）采购评估就是在一次采购完成以后对这次采购的评估，或月末、季末、年末对一定时期内的采购活动的总结评估。采购评估主要在于评估采购活动的效果、总结经验教训、找出问题、提出改进方法等，通过总结评估，可以肯定成绩、发现问题、制订措施、改进工作，不断提高采购管理水平。

（7）采购监控是指对采购活动进行的监控活动，包括对采购有关人员、采购资金、采购事务活动的监控。

（8）采购基础工作，是指为建立科学、有效的采购系统，需要建立的一些基础建设工作，包括管理基础工作、软件基础工作和硬件基础工作。

从以上的讨论可以看出采购管理需要考虑的问题如图6-11所示。

4. 企业采购管理的重要性

采购管理的重要性表现在以下几个方面：

（1）保障供应，保障企业正常生产，降低缺货风险。很显然，物资供应是物资生产的前提条件，生产所需要的原材料、设备和工具都要由物资采购来提供，没有采购就没有生产条件，没有物资供应就不可能进行生产。

（2）物资采购供应的物资的质量好坏直接决定了本企业生产的产品的质量好坏。能不能生产出合格的产品，取决于物资采购所提供的原材料以及设备工具

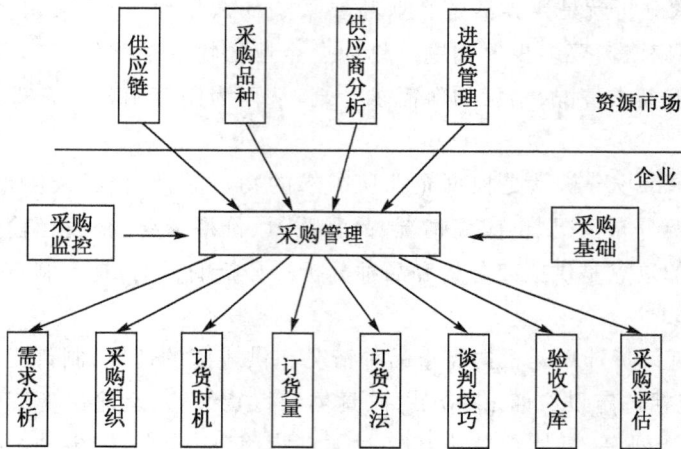

图 6-11 采购管理要考虑的问题

的质量。

（3）物资采购的成本构成了物资生产成本的主体部分,其中包括采购费用、购买费用、进货费用、仓储费用、流动资金占用费用以及管理费用等;物资采购的成本太高,将会大大降低物资生产的经济效益,甚至亏损、致使物资生产成为没有意义的事情。

（4）物资采购是企业和资源市场的关系接口,是企业外部供应链的操作点。只有通过物资采购部门人员与供应商的接触和业务交流,才能把企业与供应商联结起来,形成一种相互支持、相互配合的关系。在条件成熟以后,可以组织成一种供应链关系,那样就会使企业在管理方面、效益方面都登上一个崭新的台阶。

（5）物资采购是企业与市场的信息接口。物资采购人员虽然主要直接和资源市场打交道,但是资源市场和销售市场是交融在一起的,都处在大市场之中。所以物资采购人员也是和市场打交道的,对市场信息比较容易获得,是企业的市场信息接口,可以为企业及时提供各种各样的市场信息,供企业进行管理决策。

（6）物资采购是企业科学管理的开端。企业物资供应是直接和生产相联系的。物资供应模式往往会在很大程度上影响生产模式。如果实行准时采购制度,则企业的生产方式就会改成看板方式,企业的生产流程、物料搬运方式都要做很大的变革。如果要实行供应链采购,就需要实行供应商掌握库存、多频次小批量补充货物的方式,这也将大大改变企业的生产方式和物料搬运方式。所以,如果物资采购提供一种科学的物资采购供应模式,那么必然会要求生产方式、物料搬运方式都作相应的变动,合在一起共同构成一种科学管理模式,而且这种科学管理模式是以物资采购供应作为开端而运作起来的。

二、采购模式选择

(一)传统采购模式

企业传统采购的一般模式是,每个月末,企业各个单位报下个月的采购申请计划到采购科,然后采购科把各个单位的采购申请计划汇总,形成一个统一的采购计划。根据这个采购计划,分别派人出差到各个供应商去订货。然后策划组织运输,将所采购的物资运输回来并验收入库,存放在企业的仓库中,以满足下个月对各个单位的物资供应。

这种采购,以各个单位的采购申请计划为依据,以填充库存为目的,管理比较简单、粗糙,市场响应不灵敏、库存量大,资金积压多、库存风险大。

(二)订货点采购模式

订货点采购,是由采购人员根据各个品种需求量和订货提前期的大小,确定每个品种的订货点、订货批量或订货周期、最高库存水准等。然后建立起一种库存检查机制,当发现到达订货点,就检查库存、发出订货,订货批量的大小由规定的标准确定。

订货点采购包括两大类采购方法:一类是定量订货法采购,另一类是定期订货法采购。

定量订货法采购,是预先确定一个订货点和一个订货批量,然后随时检查库存,当库存下降到订货点时,就发出订货,订货批量的大小每次都相同,都等于规定的订货批量。这样程序化地自动启动订货,反复运行。

定期订货法采购,是预先确定一个订货周期和一个最高库存水准,然后以规定的订货周期为周期,周期性地检查库存,发出订货。订货批量的大小每次都不一定相同,订货量的大小等于当时的实际库存量与规定的最高库存水准的差额。这样也是程序化地自动启动订货、反复运行。

这种采购模式都是以需求分析为依据,以填充库存为目的,采用一些科学方法、兼顾满足需求和库存成本控制,原理比较科学,操作比较简单。但是由于市场的随机因素多,使得该方法同样具有库存量大、市场响应不灵敏的缺陷。

(三)物料需求计划(MRP)采购模式

物料需求计划(Material Requirement Planning, MRP)采购,主要应用于生产企业,它是由企业采购人员采用 MRP 应用软件制订采购计划而进行采购的。

MRP 采购的原理,是根据主产品的生产计划、主产品的结构以及主产品及其零部件的库存量,逐步计算求出主产品的各个零部件、原材料所应该投产时间、投产数量,或者订货时间、订货数量,也就是产生出所有零部件、原材料的生产计划和采购计划。然后按照这个采购计划进行采购。这就是 MRP 采购。

MRP 采购也是以需求分析为依据、以满足库存为目的。由于计划比较精细、严格,所以它的市场响应灵敏度及库存水平都比前述方法有所提高。

(四) JIT 采购模式

JIT 采购,也叫准时化采购,是一种完全以满足需求为依据的采购方法。需求方根据自己的需要,对供应商下达订货指令,要求供应商在指定的时间,将指定的品种、指定的数量送到指定的地点。

JIT 采购的特点:

(1)与传统采购面向库存不同,准时化采购是一种直接面向需求的采购模式。它的采购送货是直接送到需求点。

(2)用户需要什么,就送什么,品种规格符合客户需要。

(3)用户需要什么质量,就送什么质量,品种质量符合客户需要,拒绝次品和废品。

(4)用户需要多少,就送多少,不少送,也不多送。

(5)用户什么时候需要,就什么时候送货,不晚送,也不早送,非常准时。

(6)用户在什么地点需要,就送到什么地点。

这几条,做到了灵敏地响应需求、满足用户的需求,又使得用户的库存量最小。由于用户不需要设库存,所以实现了零库存生产。这是一种比较科学、比较理想的采购模式。

(五) 供应链采购模式

供应链采购,准确地说,是一种供应链机制下的采购模式。在供应链机制下,采购不再由采购者操作,而是由供应商操作,叫作供应商掌握用户库存(Vendor Managed Inventory,简称 VMI)。

VMI 采购的原理,是用户只需要把自己的需求信息向供应商连续及时传递,由供应商根据用户的需求信息,预测用户未来的需求量,并根据这个预测需求量制订自己的生产计划和送货计划,主动小批量多频次向用户补充货物库存,用户的库存量的大小由供应商自主决策:既保证满足用户需要,又使货品库存量最小、浪费最少。

VMI 采购最大的受益者是用户,它可以摆脱繁琐的采购事务,从采购事务中解脱出来,甚至连库存负担、运输进货等负担都已经由供应商承担,而且服务效率还特别高。供应商则也能够及时掌握市场需求信息、更灵敏地响应市场需求变化、减少生产和库存浪费、减少库存风险,从而提高经济效益。但是供应链采购对企业信息系统、供应商的业务运作要求都比较高。它也是一种科学的、理想的采购模式。

(六)电子商务采购模式

电子商务采购,也就是网上采购,是在电子商务环境下的采购模式。它的基本原理,是由采购人员通过上网,在网上寻找供应商、寻找所需品种、在网上洽谈贸易、网上订货甚至在网上支付货款,但是在网下送货进货,这样完成全部采购活动。

这种模式的好处是扩大了采购市场的范围、缩短了供需距离、简化了采购手续、缩短了采购时间、降低了采购成本、提高了工作效率,是一种很有前途的采购模式。但是它需要依赖于电子商务的发展和物流配送水平的提高,而这二者水平的提高要取决于整个国民经济水平和科技进步的水平。我国现在已经有不少企业以及政府采购采用了网上采购的方式,网上采购正在不断地发展和普及。

三、采购的基本流程

(一)采购流程的一般形式

流程是指产生某一结果的一系列活动或操作,特别是指连续的操作或处理,也就是事情发展变化的经过。采购流程是指采购方从目标市场(供应商)选择和购买生产、服务经营的各种原材料、零部件、设备等物料的全过程的顺序。在这个过程中,作为购买方,首先要根据内部供应需求拟订采购计划。其次,在此基础上选择相应的供应商,调查其产品在数量、质量、价格、信誉等方面是否满足购买要求。第三,在选定了供应商后,要以订单方式传递详细的购买计划和需求信息给供应商并商定结款方式,以便供应商能够准确地按照客户的性能指标进行生产和供货。第四,配合库房验收供应商所供应的货物。最后,要定期对采购物料的管理工作进行评价,寻求能提高效率的采购流程创新模式。上述采购流程可以用一个简单的图形来表示,如图 6-12 所示。

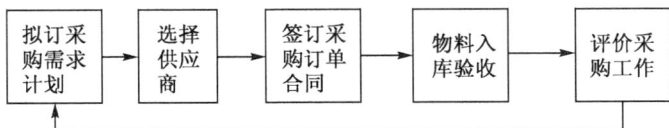

图 6-12　采购流程简图

　　一个完善的采购流程应满足所需物料在价格与质量、数量、区域之间的综合平衡。即要满足物料价格在供应商报价中的合理性、物料质量在制造所允许的极限范围内、物料数量能保证制造的连续性、物料的采购区域经济性等要求。另外，采购流程通常会涉及企业内几个职能部门（生产部、质检部、财务部、库房），而一个有效的采购流程通常是这些部门步调一致的产物。

1. 采购流程的具体内容

　　第一步：接受采购任务，制订采购单。这是采购工作的任务来源。通常是企业各个部门把任务报到采购科，采购科把所要采购的物资汇总，再分配到各个采购员，采购科给各个采购员下采购任务单。也有很多是采购科根据企业的生产销售情况，主动安排各种物资的采购计划，给各个采购员下采购任务单。

　　第二步：制订采购需求计划。采购员在接到采购任务单之后，要制订具体的采购工作计划。首先是进行资源市场调查，包括对商品、价格、供应商的调查分析，选定供应商，确定采购战略和采购方法、采购日程计划以及运输方法、货款支付方法等。

　　第三步：根据既定的采购需求计划联系供应商。联系方式有电话、电子邮件等通信方式或者出差。

　　第四步：与供应商洽谈、最后签订订货合同。这是采购工作的核心步骤。要和供应商反复进行磋商谈判，讨价还价，讨论价格、质量、送货、服务及风险赔偿等各种限制条件，最后把这些条件用订货合同的形式规定下来。订货合同签订以后，才意味着已经成交。

　　第五步：运输进货及进货控制。订货成交以后，就应履行合同，就要开始运输进货。运输进货可以由供应商运输，也可以由运输公司运输或者自己提货。采购员要督促、监督进货过程，确保按时到货。

　　第六步：到货验收、入库。到货后，采购员要督促有关人员进行检验验收和入库，包括数量和质量的检验和入库。

　　第七步：支付货款。货物到达后，按合同规定支付货款。

　　第八步：善后处理。一次采购完成以后，要进行采购总结评估，并妥善处理好一些未尽事宜。

　　但是不同类型的企业，在采购时又有不同的特点，具体步骤内容也不相同。例如，生产企业的采购流程和流通企业的采购流程就不相同。

2. 采购流程的关键点

　　对上述采购流程中的几个关键点进行控制，是提高采购效率、降低采购成本的核心所在。采购流程中的关键控制点主要是：采购需求计划、供应商、采购订单、进货确认和付款。

采购需求计划是进行采购的基本依据,是控制盲目采购的重要措施,也是搞好现金流量预测的有力手段。所以要根据生产计划、物料需求计划、资金条件、采购手段等信息编制并且严格执行计划,做到无采购计划不采购。

正确选择供应商对于稳定物料来源和保证物料质量十分重要。

采购订单是与供应商签订的采购合同,供应商是否按合约"按时按质按价"供货对企业的生产有重大影响,所以要严格管理采购订单,对于可能拖期的供应商应及时催货,以避免对生产造成影响。

进货确认和付款是落实采购计划的基础性业务。当供应商的物料到达企业以后,要检查相应的采购计划、订单,确认是否是本企业采购的物料。如果是,还要经过质检、验收,才能办理入库手续。当采购员持发票准备报销时,要根据入库单逐笔核对;如果物料尚未入库,不允许直接报销,应提交领导审批通过后,方可报销。

(二)采购流程的变革

基于企业流程再造的浪潮,采购流程作为联系买方和供方的纽带也有了新的变革。

1. 电子化协同采购流程

由于供应链管理概念的提出,基于信息技术的协同采购理念正在成为现代企业采购流程的核心,它也被称为基于供应链环境下的电子化协同采购。

其目的在于:①增进长期合作关系,增加供货稳定度;②缩短采购周期;③增加存货周转率;④提升公司国际知名度,加强产业关联性。

其主要特点在于:①采购计划协同。制造商或零售商将自己近期的采购计划定期下达给供应链上的上游供应商,供应商可以根据该采购计划进行自身生产计划的安排和备货,提高交货的速度。②采购订单的执行协同。制造商或零售商通过互联网下达采购订单给供应商,供应商将采购订单的执行情况及时转达,使制造商或零售商对采购订单的执行情况有明确的了解,可以及时做出调整,如图6-13所示。

2. 准时采购流程

随着准时制生产模式在企业生产系统的实施,基于准时采购战略的采购流程也就成为企业提高市场响应速度的有力手段。准时采购流程(也称为JIT的订单驱动采购流程),是指供应商在需要的时间里,向需要的地点,以可靠的质量,向需方(制造商)提供需要的物料的过程。

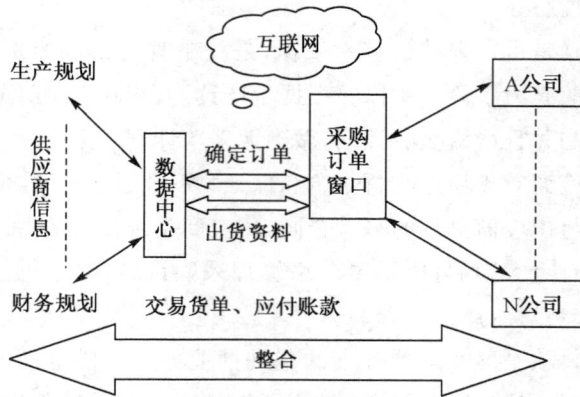

图 6－13　电子化协同采购流程示意图

准时采购流程有三个主要特点：①需方与供方建立了战略合作伙伴关系（供应链关系），双方基于签订的长期协议进行订单的下达和跟踪，不需要再次询价/报价过程。②在电子商务、EDI 等信息技术支持和协调下，双方的制造计划、采购计划、供应计划能够同步进行，实现了需方和供方之间的外部协同，提高了供方的应变能力。③采购物料直接进入需方生产部门，减少了需方采购部门的库存占用和相关费用。

准时采购流程与一般采购流程的比较如下：

在一般的采购流程模式中，需方同供方经过洽谈后下达采购订单，供方接受订单（把采购订单转变为客户订单）后要安排和协调计划进行加工制造，在这个过程中，需方要不断跟踪（比如派人员驻供方监督生产），然后检验质量，储存成品在自己的仓库，最后根据订单时间发货到需方，需方接到货物后还要进行一次检验，然后入自己的原材料或配套件仓库，等生产需用时发送到生产线上。

在准时采购流程模式中，需方和供方是供应链上的合作伙伴关系，这意味着供应商的资格认证、产品质量、信用程度都是可靠的、值得信赖的。采购作业可以通过电子商务，一次把需方的采购订单自动转换为供方的销售订单，质量标准经过双方协议，由供方完全负责保证，不需要两次检验。由于信息的通畅和集成，采用设在需方的 VMI 方式，把供方的产品直接发送到需方的生产线，并进行支付结算，减少供需双方各自分别入库的流程。

从采购目的和动机来看，一般的采购流程所体现的采购目的是补充库存，即为库存采购。而准时采购流程所体现的采购目的是满足生产线上的即时需要，同时可以降低采购成本、库存成本。从图 6－14 可以看出它减少了需方的"订单的下达、接受转换、生产跟踪、质量检验、入库出库和库存积压"等环节。

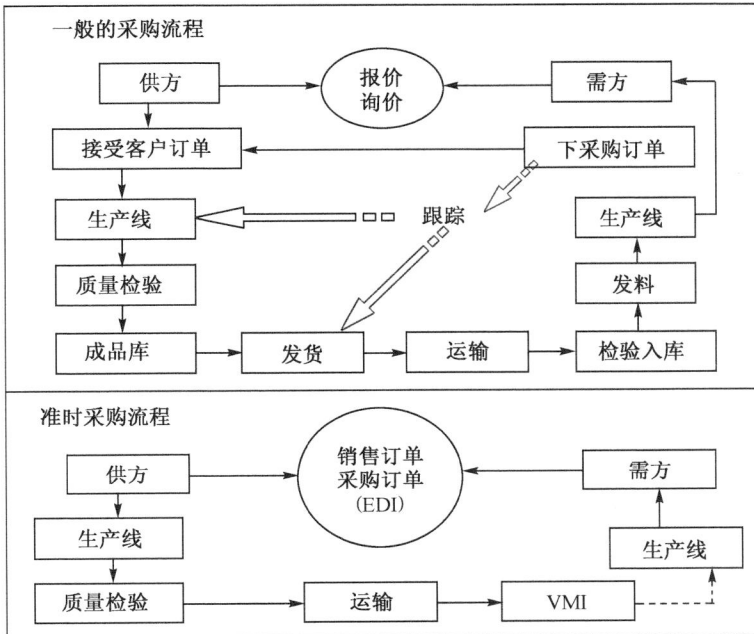

图 6-14　两种采购流程之对比

采用准时采购流程必须有一系列措施：

第一，采用较少的供应商。在供应链的管理环境中，要采用较少的供应源。一方面，管理供应商比较方便，有利于降低采购成本；另一方面，有利于供需之间建立稳定的合作关系，质量比较稳定。

第二，保证交货的准时性。交货的准时性是整个供应链能否快速满足用户需求的一个必要条件。作为供应商，要使交货准时，可以从以下两个方面入手：一方面是不断改进企业的生产条件，提高生产的可靠性和稳定性；另一方面，要加强运输的控制。

第三，信息高度共享。JIT 采购方式要求供应和需求双方信息高度共享，同时保证信息的准确性和实时性。

第四，要制订不同的采购批量策略。可以说小批量采购是准时采购的一个基本特征，相应地增加了运输次数和成本，对于供应商来讲当然是很为难的事情，其解决的方式可以通过混合运输、供应商寄售等方式来实现。

四、采购计划与控制

供应物流计划是采购管理中首要的职能，它是指导整个采购与进货全过程进行的依据,也是其他各项管理职能的依据和标准。

因为供应物流包括在采购管理的环节之中,为简单起见,下面把采购与供应物流计划简称为采购计划。

(一)采购计划概述

1. 采购计划的概念

所谓采购计划,就是对于采购全过程的活动计划。因为采购全过程包括了商流过程和物流过程,所以采购计划也就包含了对于采购过程中的商流和物流活动进行的计划。采购计划的完整实施,将保证采购任务的有效、顺利进行和圆满完成。

2. 采购计划的内容

采购计划的内容,应当涉及采购全过程的各个方面,主要包括:

(1)采购战略制订。一个完整的采购战略,应当包括采购品种、供应商、采购方式、订货谈判、进货方式等几个方面的战略。

采购品种战略主要是根据品种的市场性质和需求性质来选择合适的采购战略。例如是紧缺品种还是供大于求的品种,是重要品种还是非重要品种,是高价品种还是低价品种等。因此,要认真进行品种分析。采购品种分析工作包括三个方面:一是用户需求分析;二是市场供应分析;三是品种性质分析。用户需求分析,就是企业对各个品种用户对于品种需求情况的分析,了解品种在生产中的重要程度,能否代用,需求的数量、质量要求等。品种的市场供应分析,主要了解品种在市场上的紧缺情况、市场前景等。有些品种供应商特别多,供应充足,甚至供大于求;有些品种非常紧缺,供应商少,甚至是独家供应商。有些品种是处在成长期,前景广阔,可以放心大胆采购;有些品种可能处在需求衰退甚至被淘汰的过程之中,要谨慎采购、限制采购。品种性质分析,主要弄清品种的物理化学性质、用途、价值、装运特性等,为制订采购战略提供依据。

供应商战略主要是确定供应商选择战略,包括选多少、选谁、怎样选、怎样运作、怎样管理和控制等。例如可以只选一家,建立 JIT 采购紧密合作关系,也可以选两家、三家,分成 ABC 角,让他们产生竞争关系而进行供应商管理与控制等。因此,要认真进行供应商分析和选择。进行供应商分析和选择的工作包括两个方面:一是资源市场分析,二是供应商分析和选择。资源市场分析,就是要弄清资源市场的范围、性质、主要供应商的情况、市场环境条件、交通地理条件等;弄清该品种的供应商数量、相互间的竞争态势、市场份额等。供应商的分析,就是要对主要供应商的经济实力、管理水平、技术水平、资信水平、服务水平、公众形象、竞争能力和产品质量价格等进行分析;还要弄清本公司的采购对于供应商的重要程度以及供应商对于本公司采购和生产的重要程度等,为选择供应商和制订进货战略提供依据。选择、考核、运作、管理和控制供应商都有一定的方式方法,也要根据具体情况认真分析确定,这些都是供应商战略的组成部分。

采购方式战略是确定什么样的采购运作方式。例如自主采购、委托采购(采购外包)、传统采购、订货点采购、JIT 采购、VMI 采购、联合采购、折扣采购、招标采购、网上采购等等。要在综合具体分析需求特性、品种特性、供应商特性、市场特性等的基础上,选择合适的采购方式。

订货谈判战略是在采购订货时,从与供应商进行交易谈判到最后签订合同整个过程所采用的行动策略。双方就采购品种、价格、质量、服务、风险分担等方面进行了反复的讨价还价、进攻与防守、软硬兼施的艰苦谈判,最后攻守平衡,达成了一个双方都能够接受的合同。这个合同确定了采购品种的种类、数量、价格和质量,也规定了销售服务条款、双方的权利和义务以及应该承担的责任条款。它是这次采购活动的法律依据文件。采购谈判是一门艺术,有很多的谈判策略和技巧,例如"投石问路""声东击西""货比三家""避免争论""引经据典""情感沟通""最后通牒"等多种谈判策略,结合具体情况具体运用,就可以达到很好的谈判效果。订货谈判战略也是采购战略的组成部分。

进货方式战略是指将采购得到的货物运进自己仓库的全过程的实施方案战略。这个进货过程包括了多种工艺方式、工艺流程,要和各个方面进行沟通协调,要保证运输安全和运输质量、进货风险等,需要采取许多的战略和策略,这些战略和策略的集合就构成了进货战略。这些战略按进货主体分,可以分为自提进货战略、供应商送货战略和委托进货战略;按运输环节分,可以分为直达战略、中转战略和联运战略;按作业环节分,可以分为包装战略、装卸搬运战略、运输战略、配送战略、储存战略、检验验收战略等。这些战略都是要根据具体情况选择合适的战略,才能够保证最有效、最安全地将所采购的物资顺利运抵自家仓库,进货战略也是采购战略的重要组成部分。

采购品种、供应商、采购方式、订货谈判、采购进货几个部分的战略综合起来,就是一个完整的采购战略。

(2)采购实施计划的制订。采购战略制订以后,为了实现采购战略,需要制订采购实施计划。采购实施计划应当包括采购组织、采购人员、采购目标和要求、采购作业流程、进度计划、保证措施等几个方面。

采购组织是为了实现给定的采购任务而组建起来的人员、岗位、职务、责任体系的一个管理执行机构。完成给定的采购工作任务,需要多少人,都是一些什么岗位、什么职务、承担什么责任,形成一个既互相独立,又有互相联系、互相约束的有机整体。其中,有执行者又有管理者;有分工又有合作;有独立承担工作、充分发挥自己能力的余地,又有相互约束、互相规范的管理机制。这样的采购组织,为完成采购任务提供了最好的保障。采购组织可以是长期固定的,也可以是临时项目制的(项目一完,组织自动解散),还可以是虚拟的(并没有固定存在的实体,只是在需要执行任务时才到位运行,任务一完,各自回原岗位)。

采购组织决定以后,就要选人、用人。为采购组织各个岗位配备合适的人员,是搞好采购工作的关键。其中有执行人员,特别是采购员;也有管理人员,特别是采购小组组长、采购科科长;有些既是执行人员又是管理人员,例如统计员、会计员、计划员等。要根据各个人的能力和特长委以适当的工作。要充分发挥各自的主观能动性和工作积极性,充分发挥各自的聪明才智,但是也要注意约束、管理和控制。

采购组织、采购人员决定以后,就要明确制定管理目标和要求。这种管理目标和要求,既要有总体的管理目标和要求,又要有落实到每个岗位、每个人的管理目标和要求,也就是工作规范、考核指标等。这样的规范和考核指标既是每个人顺利完成各自工作的指导,又是对每个人规范有序工作的控制。

采购作业流程是统一规范整个采购过程各项工作、各个环节的重要文件。它不但规定每个人所承担的工作应当做些什么、怎么去做、承担什么责任、达到什么要求,还规定了各个人之间怎么衔接、怎么配合。这个文件做出来,不但管理得特别细、特别具体,提高了管理效率,而且也大大减轻了管理者管理工作的负担和管理工作的风险。大家都按采购作业流程去办,整个采购过程就像自动流水生产线一样顺利进行,最有效地保证了采购计划的顺利完成。

进度计划,就是规定各项工作时间进度的计划。这个进度计划不但控制各项工作完成的进度,也保证了各项工作在时间上的顺利衔接,使得各项工作按部就班地顺利进行。

保证措施就是为实现各项工作所需要提供的各种条件,例如资金、人员、工具、物资条件等,这些都要落实到位。这样就能够保证工作的顺利开展,保证采购计划的顺利完成。

以上几个方面合起来,就构成了一个采购实施计划。

(二)采购计划的实施与控制

采购计划制订以后就要付诸实施。为了保证采购计划的实施,要进行管理和控制。

1. 采购控制的基础工作

（1）加强采购人员素质管理。采购员是采购活动的执行者，也是企业采购活动能否顺利进行的关键力量。搞好采购活动，采购员是关键。企业采购员应当有较高的业务素质、道德素质、政治素质等。

要在采购管理科注意加强素质培训活动，有意识地提高员工的素质。例如：①开展业务知识教育、业务知识竞赛等。②开展职业道德教育、政治学习等。③经常召开业务总结会，表彰好人好事，抓住典型事例、典型人物进行分析，开展培养职业道德、向优秀人物学习的活动。批评不良行为，在企业管理中树正气、压邪气。④不定期地举办一些辩论会、演讲会等，让员工发表观点、增长知识、培养口才、树立正气等。

（2）适当提高采购员的工资待遇。在企业中，有两个工作岗位特别重要：一个是推销员，一个是采购员。推销员的工作能够打开市场，为企业创造生存和发展的条件。采购员的工作十分重要，采购工作做得好坏，直接关系到企业的生产成本和产品质量的高低。据统计，一般企业中，原材料的成本占企业产品成本的70%。采购工作做得好，就可以大幅度降低企业的生产成本，创造较大的经济效益。所以根据多劳多得的原则，可以适当提高他们的工资待遇，培养他们的职业荣誉感，珍惜自己的工作岗位，调动他们的积极性。提高工资待遇，可以根据个人的业绩情况区别对待。真正使有才干、有贡献的人享有较高的工资待遇，消除他们的后顾之忧，从而激励他们在工作中不为金钱所诱而丧失原则立场。

（3）建立健全采购规章制度，设立奖惩激励机制采购管理规章制度要规范采购活动，规范采购员的行为。

①要制定明确具体的采购作业流程。从接到采购申请单开始，到采购完成进行评估总结为止，每一步都要明确规定具体的做法。

在制定采购作业流程时，要注意制定每一步的作业标准和质量要求，使得采购员都知道每一步的工作怎样做才算做到位。只有做到位，才能防止对方钻空子，避免采购风险。

同时在作业流程中，要特别强调采购员在外单独活动时，要多和采购管理取得联系，特别在谈判结果、签订协议等重要事件上，多向领导请示汇报，发挥采购部门集体的作用。这样做，还可以降低采购风险，避免许多由于个人疏漏而造成的错误，保障采购工作的圆满成功。

在设计作业流程时，还要注意设计对每一步作业的约束和监督机制。请示汇报就是一种约束和监督。另外，在资金使用、价格浮动范围、优惠条件赋予等方面都要设立一定的约束或权限。

185

②要制定岗位责任制度,对各个岗位规定明确的职责范围。采购工作涉及多个岗位,哪个岗位的懈怠都会耽误采购工作的进行,因此各个岗位要互相协调配合。制定岗位责任制,可以使每个岗位的工作人员都能够明白自己的职责,使得大家都尽职尽责,协调配合好。

③还要建立起奖惩制度。工作流程、岗位责任制建立起来以后,就要坚决执行。为了保证这些制度真正贯彻起来,就要建立起奖惩制度:做得好的,予以奖励;做得不好的,予以惩处。奖励与惩处,有精神方面的,也可以有物质方面的。可以把物质利益与业绩挂钩,对确有较好的业绩的采购人员,可以按照一定的比例予以物质奖励。

(4) 搞好首单采购,创造好的基础环境。首单采购,是指新业务开始后的第一单采购任务。首单采购,有很重要的作用:

①它给新业务的采购打开局面。新业务刚开始,对资源市场行情还不太了解,供应链关系还没有建立起来。第一单采购任务做细做好,有利于初步打开资源市场,了解资源市场的行情,另外,也为建立起供应链关系创造了初步条件。这些都为以后的采购工作打开了局面。

②为后续的采购提供了经验。首单做得好,就可以树立一个样板,后续采购工作可以照此进行。

③为以后的采购控制提供信息支持。例如,如果首单业务采用招标采购方式,则通过招标采购,就可以基本掌握资源市场的价格水平。这个价格水平是比较客观的,它可以作为以后采购的价格控制提供依据。因此,首单采购最好采用公开招标制。招标采购的特点就是让社会上各个供应商自由竞争,这样可以比较真实地反映市场商品的价格行情,为后面的采购提供一个价格参考标准。

因此,为了搞好采购,更好地开展采购控制工作,除了提高员工素质、建立健全制度之外,还要切实抓好首单采购,为后续采购控制创造条件,掌握一系列的采购控制的参考标准。

2. 建立采购控制制度

有了良好的采购控制的基础条件,后面的采购控制工作就比较好开展。采购部门为了做好后续的采购控制工作,应当建立一套完整的采购控制制度。这些制度包括采购预计划制度、采购请示汇报制度、采购评价制度、资金使用制度、到货付款制度和保险制度等。

我们可以从以下几个方面进行讨论。

(1) 建立采购预计划制度。采购部门在将采购任务分配给个人时,个人必须交出采购预计划书,才有资格获得采购任务。预计划书经审批通过,才能正式把采购任务委托给个人去完成。预计划书作为个人业务的第一份正式文件,要保存下来,并且作为这次采购任务考核的参考。

关键是要设计好采购预计划表。设计采购预计划表的原则,就是要简明扼要。但是项目内容一定要到位,重点是考察采购员的采购决策思路和计划进度。吴清一主编的物流师职业资格认证培训教材《物流管理(中级)》中设计了一个采购预计划表,具体见表 6 - 1。

表 6 - 1 采购预计划表

任务号:	品名:		规格:	数量:		使用单位:
	特别说明:					
供应商选择	单位名:					
	选择理由	□ 产品质量好 □ 最近 □ 其他		□ 质量符合要求、价格最低 □ 老关系		
价格预计		选择理由	□ 价格最低 □ 产品质量好 □ 老关系			市场最低价:
进货方式选择	□ 火车 □ 汽车 □ 自提	进货天数		进货费用预计		
订货费用预计	总额:	其中,差旅费: 通信费: 手续费: 其他:				订货天数

(2) 建立采购评价制度。采购评价包括两部分:一是自我评价,每次任务要填一份任务完成情况自我评价表;二是采购部门对每个人的评价以及对采购科的整体评价。

建立评价制度的目的,是要评定业绩、总结经验、纠正缺点、改进工作。同时也是一种监督控制。

采购任务完成以后,采购员本身要对该项采购任务进行总结评价。自我评价,实际上就是填写自我评价表。自我评价表的基本内容,一是实际完成情况的汇报,二是实际完成情况与预计划的对比以及发生变化的原因,三是实际完成指标的优劣程度评述。

在自我评价的基础上,采购管理部门可以进行单次审核评估、月末评估和年末评估。

单次审核评估就是将自我评估表和预计划表进行对比评估,对采购员的一笔业务进行审核,看是否正常。如果不正常,就可以追查原因,进行监督控制。

月末评估,是把一个月内的所有自我评价表进行统计汇总,得出整个采购部门的业绩评估。年末评估是把科室的月末评估汇总得出整个采购部门的全年业绩汇总。

因此,自我评价表既是各个采购员业绩的定量化详细描述,可以为采购员业绩考核、评比先进、提职加薪提供很详细的资料依据;又是采购管理控制监督的重要资料,可以起到发现问题、了解情况、了解市场的作用,为采购监督控制提供信息支持。

因此,采购自我评价表也可以像采购预计划表一样,作为采购管理的标准表格进行业务运转。采购自我评价表要简明扼要,内容突出。表6-2是一个基本样式,可供参考。

表6-2 采购自我评价表

姓名　　　年　月　日　　　　　　　　表号

任务号:	品名:　　　规格:　　　数量:　　　使用单位:			
	特别说明:			
实际供应商	计划单位			
	变更单位			
	变更理由	质量符合要求、价格最低 最近 老关系 其他		
实际价格		比计划价格	增加:　　　元 减少:　　　元	市场最低价
进货方式	火车 汽车 自提	实际进货 天数	天 比计划: 天	实际进货 费用　　　元 比计划: 元
实际订货费用	元 比计划: 多(少) 元	其中,差旅费: 通讯费: 手续费: 其他:		订货天数: 天 比计划多 (少)天

（3）实施标准化作业制度。采购作业流程应当标准化,按照标准化作业进行操作和控制,这是一个有效的方法。就像企业生产过程中的任务跟踪单那样,可以把每个环节都记录下来,哪个环节出了问题,事后还可以找到责任人,进行作业控制。采购过程也是由多个环节构成的,不过比生产过程的随机变动性要大一些而已。但我们还是可以用其他类似的办法进行管理控制。

第一步,要下大力气制定一个标准化采购操作流程,编制一个详细的采购作业操作手册。把采购作业过程分成若干步骤,每个步骤应该怎样做,要达到什么要求,应该留下什么记录。每个操作步骤可能又要分成各种不同的情况,在每种情况下应当怎么处理,要达到什么要求,应该留下什么记录,都分别作出具体的规定。编制这样的操作手册,可能工作量很大,但是很重要,它也是采购管理的一个基础工作,一旦编制出来,对于日后较长时间内的采购管理都能起到很好的作用,是一件一劳永逸的工作。

这份操作手册,既是一份作业操作手册,也是一份作业控制监督手册。其中为了监控的需要,要特别注意两点:一是要在各个步骤中设立作业控制点,例如时间、地点、作业指标、证明人等。二是要注意留下记录,可以是客观的,例如原始单据、合同、任务跟踪单等;也可以是主观的,例如采购员的工作记录、书面汇报或报表等。采购员应该养成记工作日记的习惯,这有利于监控的需要。

第二步,就是要规定采购员的权限范围。采购员一个人在外面独当一面地工作,完全没有一点权力是不行的,他应当在一定范围内有决策权、主动权,这样有利于调动采购员的积极性和提高工作效率;但是对采购员的权力不加以限制也是不行的,这样容易造成采购员滥用权力,给不正之风留下空子,也容易产生采购风险,给企业造成较大的损失。例如,对采购员能够自主支配资金的数量、住宿、旅行、送礼、请客的标准等,都要作出具体合理的规定。为了操作方便,可以采用费用包干、凭票报账等方式。

第三步,要把采购员按照操作手册进行标准化作业、注意留下作业记录等作为采购员的一项基本职责,要把采购员培训、考核作为一项基本内容、基本条件来运作。只有这样,才可能做到方便有效地进行监控。

（4）建立请示汇报制度。作业过程中可能出现一些超出采购员权限范围的事情,在这种情况下,采购员一定要请示有关主管人员,不能擅作主张。企业一定要建立起请示汇报制度,要向全体采购员公开规定。在采购活动的一些关键环节,例如签订合同、改变原有的作业程序、作业指标等,采购员一定要向采购管理部门或相应的主管人员请示汇报。

（5）资金使用制度。凡是牵涉到资金的使用,都要建立起一套严格的规章制度。资金的领取、审批、使用,一般要规定具体的权限范围、审批制度、书面证据制度等。对于货款的支付,要根据对方的信用程度和具体的风险情况进行稳妥的处理。例如,一般货款的支付,要等到货物到手以后,再付清全部货款。

(6)运输进货控制制度。运输进货是采购过程的重要环节,随机因素多、风险大,这个环节要加强控制。首先,要注意降低进货风险,在签合同时,要把进货风险责任人明确规定下来,不要忽视责任或者责任模糊不清,而且要把风险赔付方法填写清楚。一般可以采取让供应商或者运输部门承担责任的办法以监督控制供应商。如果是自提货物或者自己运输货物,则必须要由承办人承担风险。承办人在每一步都要认真操作,防止发生风险。有些贵重货物,最好办理运输保险业务,把风险损失降到最低。

(7)采用公开招标制度采购。公开招标制度,由于公开、公正和公平,采购风险最小,采购监控也比较容易操作。采用公开招标采购方法,暗箱操作的可能性小,能够有效地遏制不正之风,防止腐败。

公开招标,也要认真操作各个环节,尽量做到公正公平。例如,特别要防止投标方和招标方与评标小组成员的串通,要注意维护评标标准、评标方法的客观、公正等。这里有许多监控点需要进行认真控制。

以上列举了一些采购监控方法。但是还可能有许多方法,需要根据实际情况,认真研究制定。企业应当建立起一整套有效的采购监控方法。

第三节　生产物流管理

企业生产物流是企业物流的关键环节,认识并研究生产物流的基本原理,将有利于企业物流优化,有利于推动企业竞争力。

一、生产物流概述

(一)生产物流的概念

生产物流(Production Logistics)在国家标准《物流术语》(GB/T 18354—2021)中的定义是:生产企业内部进行的涉及原材料、在制品、半成品、产成品等的物流活动。

(1)从生产工艺角度分析。由于企业生产物流是生产工艺的一个组成部分,物流过程和生产工艺过程几乎是密不可分的,它们之间的关系有许多种:有的是在物流过程中实现生产工艺所要求的加工和制造;有的是在加工制造过程中同时完成物流;有的是通过物流对不同的加工制造环节进行连接。它们之间有非常强的一体化的特点——"工艺是龙头,物流是支柱",所以生产物流是指企业在生产工艺中的物流活动(即物料不断地离开上一工序进入下一工序,不断发生搬上搬下、向前运动、暂时停滞等活动)。其过程为:原材料、燃料、外购件等物料从企业仓库或企业的"门口"开始,进入生产线的开始端,再进一步随生产加工过程并借助一定的运输装置,一个一个环节地"流",在"流"的过程中,本身被加工,同时产生一些废料余料,直到生产加工终结,再"流"至制成品仓库。

(2)从物流的范围分析。企业生产系统中物流的边界起于原材料、外购件的投入,止于成品仓库。它贯穿生产全过程,横跨整个企业(车间、工段),其流经的范围是全厂性的、全过程的。物料投入生产后即形成物流,并随着时间进程不断改变自己的实物形态(如加工、装配、储存、搬运、等待状态)和场所位置(各车间、工段、工作地、仓库)。

(3)从物流属性分析。企业生产物流是指生产所需物料在空间和时间上的运动过程,是生产系统的动态表现。换言之,物料(原材料、辅助材料、零配件、在制品、成品)经历生产系统各个生产阶段或工序的全部运动过程就是生产物流。

综上所述,企业生产物流是指伴随企业内部生产过程的物流活动。即按照工厂布局、产品生产过程和工艺流程的要求,实现原材料、配件、半成品等物料在工厂内部供应库与车间、车间与车间、工序与工序、车间与成品库之间流转的物流活动。

(二)影响生产物流的主要因素

不同的生产过程有着不同的生产物流构成,生产物流的构成取决于下列因素。

(1)生产的类型。不同的生产类型,其产品品种、结构的复杂程度、精度等级、工艺要求以及原料准备不尽相同。这些特点影响着生产物流的构成以及相互间的比例关系。

(2)生产规模。生产规模是指单位时间内的产品产量,通常以年产量来表示。生产规模越大,生产过程的构成越齐全,物流量越大。如大型企业铸造生产中有铸铁、铸钢、有色金属铸造之分。反之,生产规模小,生产过程的构成就没有条件划分得很细,物流量也较小。

(3)企业的专业化与协作水平。社会专业化和协作水平提高,企业内部生产过程就会趋于简化,物流流程缩短。某些基本工艺阶段的半成品,如毛坯、零件、部件等,就可由厂外其他专业工厂提供。

（三）合理组织生产物流的基本要求

生产物流区别于其他物流系统的最显著的特点是它和企业生产紧密联系在一起。只有合理组织生产物流过程，才有可能使生产过程始终处于最佳状态。如果物流过程的组织水平低，达不到基本要求，即使生产条件、设备再好，也不可能顺利完成生产过程，更谈不上取得较高的经济效益。

（1）物流过程的连续性。企业生产是逐道工序往下进行的，因此，要求物料能顺畅、最快、最省地走完各个工序，直至成为产成品。每个工序的不正常停工都会造成不同程度的物流阻塞，影响整个企业生产的进行。

（2）物流过程的平行性。一个企业通常生产多种产品，每一种产品又包含着多种零部件，在组织生产时，将各个零件分配在各个车间的各个工序上生产，因此，要求各个支流平行流动，如果一个支流出现问题，整个物流都会受到影响。

（3）物流过程的节奏性。物流过程的节奏性是指产品在生产过程的各个阶段，从投料到最后完成入库，都能保证按计划有节奏或均衡地进行，要求在相同的时间间隔内生产大致相同的数量，均衡地完成生产任务。

（4）物流过程的比例性。组成产品的各个物流量是不同的，有一定比例，因此形成了物流过程的比例性。

（5）物流过程的适应性。当企业产品改型换代或品种发生变化时，生产过程应具有较强的应变能力。也就是生产过程应具备在较短的时间内可以由一种产品迅速转移为另一种产品的生产能力。物流过程同时应具备相应的应变能力，与生产过程相适应。

（四）生产物流系统设计原则

生产物流系统的设计融合在企业生产系统设计中，企业进行生产系统设计时，不仅要考虑生产系统的布置适应生产能力的需要，而且像进料、临时储存、生产系统前中后的搬运、调度、装箱、库存、运送等物流活动均应一并考虑。生产物流系统设计的一般原则是：

（1）功耗最小原则。物流过程中不增加任何附加价值，徒然消耗大量人力、物力和财力，因此，物流"距离"要短，搬运"量"要小。

（2）流动性原则。良好的企业生产物流系统应使流动顺畅，消除无谓停滞，力求生产流程的连续性。当物料向成品方向前进时，应尽量避免工序或作业间的逆向、交错流动或与其他物料混杂的情况。

（3）高活性指数原则。采用高活性指数的搬运系统，减少二次搬运和重复搬运量。

二、生产物流的类型和特征

根据不同类型企业生产过程的特点,一般将从原材料到成品这一生产物流分为三种类型,如图 6 - 15 所示。实际上,一个企业的生产物流往往不只是一种类型。可以根据占主要地位的生产物流类型来相应地划分企业,即"V""A"和"T"三种物流类型的企业。

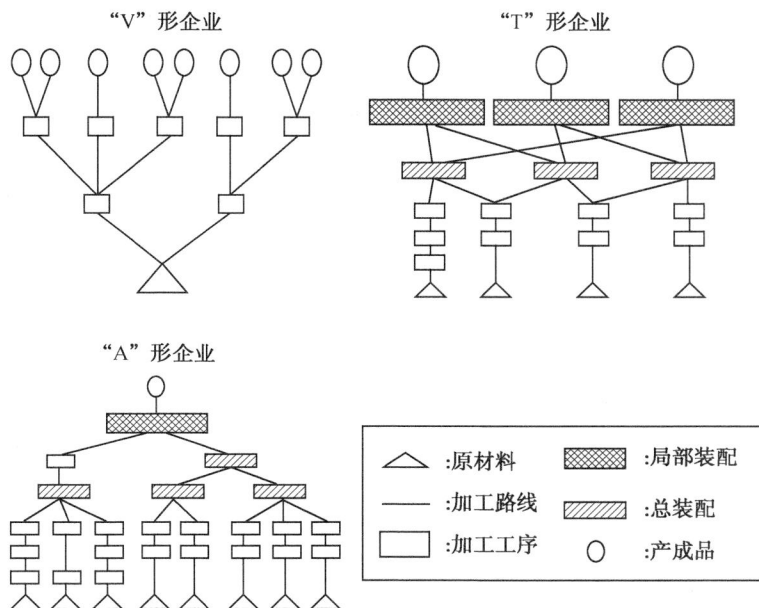

图 6 - 15　"V""A"和"T"三种物流类型的企业

(一)"V"形企业

如果一个企业的生产物流主要是"V"形物流,那就可以称这个企业为"V"形企业。其生产物流结构表现为:由一种原材料加工或转变形成许多种不同的最终产品。如炼油厂、钢铁厂等企业,其工艺流程一般来说比较清楚且设计简单,生产提前期较短,企业的瓶颈识别及控制与协调也相对容易。其特点主要是:最终产品的种类较原材料的种类多得多;对于所有的最终产品,其基本的加工过程相同;企业一般是资金密集型且高度专业化的。

(二)"A"形企业

其生产物流结构表现为由许多种原材料加工或转变成一种最终产品。如造船厂、飞机厂等企业,其物料清单(BOM)和工艺流程较复杂,企业在制品库存较高,生产提前期较长,瓶颈不易识别,计划以及工序间的协调工作繁多、琐碎。其主要特点是:由许多制成的零部件装配成相对较少数目的成品,原材料较多;一些零部件对特殊的成品来说是唯一的;对某一成品来说,其零部件的加工过程往往是不相同的;设备一般是通用型的。

(三)"T"形企业

其生产物流结构表现为:由许多种原材料加工或转变成多种最终产品,如汽车制造厂等企业。其特点主要包括:由一些共同的零部件装配成数目相对较多的成品,许多成品的零部件是相同的,但零部件的加工过程通常是不相同的。以下是三种类型企业不同特点的对比,如表6-3所示。

表6-3　三种物流类型企业对比

	"V"形企业	"A"形企业	"T"形企业
产品品种	多	单一或较少	较多
产品加工过程	基本相同	不相同	不相同
物料特点	物料流程分解型	物料流程加工装配型	标准基件物料加工装配型
设备	高度专业化	通用型	介于专业化与通用型之间
工艺流程	较清楚、设计简单	物料清单较复杂、在制品库存较高	
生产提前期	较短	较长	
企业的瓶颈识别	相对容易	相对困难	
生产控制、协调	相对容易	相对困难	
典型行业	炼油厂、钢铁厂	造船厂、飞机	汽车制造厂

三、生产物流计划与控制

(一)生产物流计划概述

1. 生产物流计划的内容

生产物流计划的核心是生产作业计划的编制工作,即根据计划期内确定的产品品种、数量、期限以及发展变化的客观实际,具体安排产品及其部件在各个生产工艺阶段的生产进度、生产任务。

2. 生产物流计划的任务

(1)保证生产计划的顺利完成。为了保证按计划规定的时间和数量生产各种产品,要研究物料在生产过程中的运动规律以及在各个工艺阶段的生产周期,以此来安排经过各个工艺阶段的时间和数量,并使系统内各个生产环节的在制品结构、数量和时间相协调。

（2）为均衡生产创造条件。均衡生产是指企业及企业内的车间、工段、工作地等各个生产环节,在相等的时间阶段内,完成等量或均增数量的产品。均衡生产的要求包括:每个生产环节都要均衡地完成所承担的生产任务;不仅在数量上均衡地生产和产出,而且各个阶段的物流要保持一定的比例;尽可能缩短物料流动周期,同时保持一定的节奏性。

（3）加强在制品管理,缩短生产周期。保持在制品、半成品的合理储备,是保证生产物流连续进行的必要条件。在制品过少会使物流中断,影响生产的顺利进行;反之,又会造成物流不畅,延长生产周期。因此,对在制品的合理控制,既可减少在制品占用量,又能使各个生产环节实现正常衔接、协调,按物流作业计划有节奏地、均衡地组织物流活动。

（二）生产物流计划原理与方法

1. 大量流水生产方式的生产物流计划原理和方法

大量流水生产方式可以看成是成批生产的一种极端情况,即在相当长的时间内,生产设备仅完成一种生产任务。因此生产作业计划的安排和产品在各个工艺阶段的平衡与衔接,主要是数量上的平衡。从物流管理的角度看,生产作业计划的安排既要避免原材料、在制品和成品的库存过量,又要满足生产和用户的要求。常用的方法有:平衡线法和在制品定额法。

（1）平衡线法。平衡线法借助平衡线规定各生产环节的任务,并通过计算任务（平衡性）与实际完成量的对比分析,及早发现影响作业计划完成的原因,尽量避免物流中断。平衡线法既可用来规定任务,又可用来控制进度,其主要流程为:

①拟订作业进度计划,标出生产过程的主要环节及每一作业的提前期。参见图 6-16 制造过程构成。

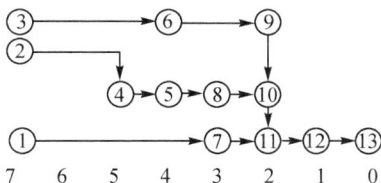

图 6-16 制造过程构成

②根据已知的需求量和实际量绘制累计产量图,用来比较计划生产进度与实际生产进度。参见图 6-17 累计生产量图。

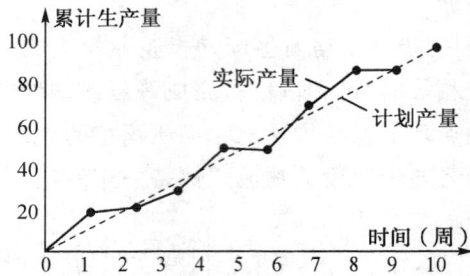

图 6-17 累计生产量图

③绘制进度图,标出各控制点实际完成的工作量(物料的流出量),并以平衡线标出控制点应完成的工作量。参见图 6-18 生产进度图。

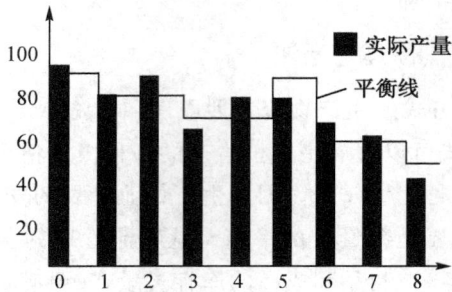

图 6-18 生产进度图

④比较计划进度与实际进度,找到不能按时完成物流计划的原因,采取相应的措施。

(2) 在制品定额法。大量流水生产方式是加工装配式生产系统,品种少,产量大,在制品存储量相对稳定,其作业计划的编制可根据确定的在制品定额来进行,即将标准在制品定额与预计的在制品量进行比较,使计划期末在制品量保持在规定的水平上,以保证各生产子系统间数量上的平衡。

用在制品定额法编制计划,要从成品生产的最后一个子系统开始,按逆工序顺序逐个计算各个子系统的投入、产出任务,即:

$$Q_0 = Q_I' + Q_R + (Z_S - Z_S')$$
$$Q_I = Q_0 + Q_F + (Z_R - Z_R')$$

式中:Q_0——子系统产出量;Q_I'——后续子系统投入量;Q_R——子系统外销半成品量;Z_S——子系统间库存在制品定额;Z_S'——期初预计库存量;Q_I——子系统投入量;Q_F——计划期废品占用量;Z_R——子系统内在制品占用量;Z_R'——期初预计子系统内在制品占用量。

2. 单件小批生产方式的生产物流计划原理和方法

单件小批生产的作业计划主要是安排生产任务在各车间的合理流动和处理顺序,这方面的最优化问题计算难度较大,一般常用启发式方法,求得近优解。

(1)任务到达方式。单件小批生产的任务到达方式常有两类:一类是成批到达,称为静态到达型。对于这种到达方式,一般是把已到达的订单合并起来安排生产计划。另一类是按某种时间统计分布到达,称为动态到达型。对于这种到达方式,一般按统计分布模型近似计算一定时间内的任务量,按批量组织生产,利用库存作为订货波动的缓冲。

(2)任务流动模式。单件小批生产车间任务流动模式一般分为定流型和随机型。定流型的特点是物流路线固定,任务从车间的某一设备开始,逐步向后面的设备流动;随机型的特点是物流路线不固定,存在交叉或逆流现象。

(3)作业计划的判优标准与计划方法。作业计划优化目标一般是总成本最小,有时还有生产周期最短、加工成本最小、等待损失最小、换产成本最小等。与物流系统有关的判优标准是等待损失最小和换产成本最小。①等待损失最小常常化为平均等待时间最少或配套时间最短。②换产成本最小在这里指加工成本不仅与加工任务本身有关,而且与任务间的相互顺序有关,一般主要指设备调整费用。换产成本最小的算法与任务个数有关,在个数较多的情况下,常根据实际情况构造简便的启发式算法。

3. 成批生产方式的生产物流计划原理和方法

(1)耗尽时间法。耗尽时间法是指生产作业计划中已安排的产品生产时间,加上库存中已有产品,足以满足用户对一组产品在时间和数量方面的要求。耗尽时间法安排生产作业计划的主要目标是能力平衡。一般从具有最短耗尽时间的生产开始,直到设备可以利用时全部满足。

(2)累计编号法。在加工装配式生产系统内,当产品轮番生产时,各生产环节必然存在着时间与数量的衔接问题。累计编号法可以解决此类问题。累计编号法是指确定各子系统任务时,要从计划初期开始,对产品进行累计编号。通过规定各子系统计划期末生产某种产品的累计号,确定各子系统的生产任务。各个子系统的生产任务的确定,可以以装配成品的出产累计号为基准,根据各子系统在各工艺阶段物料的流入或流出提前期标准及平均成品装配日产量得到。累计编号法实际上就是将提前期转化为提前量来确定生产量的方法。

(三)生产物流控制

1. 生产物流控制概述

在实际的生产物流系统中,由于受系统内部和外部各种因素的影响,计划与实际之间会产生偏差,为了保证计划的完成,必须对物流活动进行有效控制。因此,物流控制是物流管理的重要内容,也是物流管理的重要职能。

(1)控制系统的组成要素。①控制对象。控制对象是由人、设备组成的一个系统单元,通过施加某种控制或指令,能完成某种变化。在生产物流系统中,物流过程是主要控制对象。②控制目标。控制目标是系统预先确定的力争达到的目的,控制的职能就是随时或定期对控制对象进行检查,发现偏差,进行调整,以利于目标的实现。③控制主体。在一个控制系统里,目标已定,收集控制信息的渠道也已畅通,就需要一个机构来比较当前系统的状态与目标值的差距,如差距超过容许的范围,则制定纠正措施,下达控制指令。这样的机构称为控制主体。

(2)生产物流控制方式。①反馈控制。反馈控制是控制主体根据设立的目标,发布控制指令,控制对象根据下达命令执行规定的动作,将系统状态信息传递到控制主体,经过与目标比较确定调整量,通过控制对象来实施,参见图6-19反馈控制过程示意图。反馈控制的特点是根据当前状态决定下一步行动,由于从信息收集到调整实施有一定的时间滞后,在某种情况下就可能影响目标的实现。反馈控制的另一特点是稳定性好,其总趋势是保持系统的平衡状态。②前馈控制。前馈控制是根据对系统未来的预测,事先采取措施应对即将发生的情况。这种控制方法带有主动性。参见图6-20前馈控制过程示意图。从图中可看出,除了缺少信息收集一块外,几乎与反馈过程相同。但前馈控制主体中要有预测功能,它是靠系统长期运行以后加以总结得到的。实际上,对于一个复杂的物流系统,预测不可能完全正确,还可能有事先无法估计到的随机干扰,所以在实际生产物流过程中很少采用单独的前馈控制方式,通常采用由前馈和反馈结合的复合控制系统。

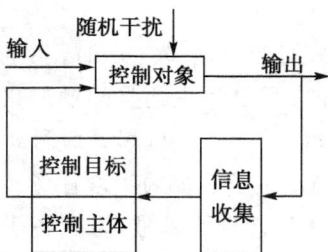

图6-19 反馈控制过程示意图

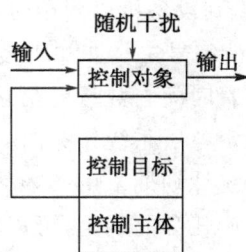

图6-20 前馈控制过程示意图

(3)生产物流控制系统的复杂性。生产物流系统和工程技术系统相比,其内容和结构要复杂得多,系统各部分之间的联系极为密切,相互制约。生产物流系统的目标也往往不是单一的,如既要保证满足生产要求,又要减少在制品库存,两者目标常常是相互矛盾的。所以,对生产物流系统的控制是比较复杂的,主要表现在以下几个方面：

①生产物流信息收集问题。为了及时对生产系统进行控制，必须掌握生产系统的各种信息。但生产物流系统涉及面广，采集周期、衡量尺度等不一致，所以需建立统一完善的数据采集系统。

②生产物流系统对反馈信息响应速度慢。由于生产物流系统中的问题许多是非结构化的，控制决策非常复杂。在实际应用中常常需要管理人员的参与，因此生产物流系统对反馈信息的响应速度比工程技术系统要慢。

③生产物流控制系统设计复杂。生产物流系统往往是大规模复杂系统，直接使用简单的反馈控制不一定能取得预期效果。在生产物流系统中，为了正确设置控制目标，要充分估计系统的当前以及潜在的能力，要充分考虑系统中的多目标问题。通常将计划看作控制的前提，即制订计划后，为了实施计划而采用控制手段。在这个控制过程中，收集计划完成情况以及系统状态，经过控制主体分析比较后，采取调整措施，以保证计划完成。

2. 生产物流控制的内容和程序

（1）生产物流控制内容。①生产物流控制的具体内容包括进度控制、在制品控制、偏差的测定和处理。物流控制的核心是进度控制，即物流在生产过程中的流入、流出控制以及物流量的管理。在制品控制包括实物控制、信息控制。有效控制在制品对及时完成作业计划和减少在制品积压有重要意义。偏差的测定和处理是指在生产过程中按预定时间及顺序检测计划执行的结果，掌握计划量与实际量的差距，根据发生的原因、差距的内容及严重程度，采取不同的处理方法。首先要预测差距的发生，事先规划消除差距的措施，如动用库存、组织外协等；为了及时调整产生差距后的生产计划，要及时将差距向生产计划部门反馈；另外为了使本期计划不作或少作修改，也将差距向计划部门反馈，作为下一计划期计划调整的依据。②生产物流控制系统的要素。完成上述控制内容的系统可以采取不同的结构和形式，但都具有一些共同的要素。这些要素包括以下几个方面：a. 强制控制和弹性控制的程度。即通过有关期量标准、严密监视等手段所进行的强制控制或自觉控制。b. 目标控制和程序控制。即控制系统是核查生产实际结果还是对生产程序、生产方式进行核查。c. 管理控制和作业控制。管理控制的对象是全局，是指为使系统整体达到最佳效益而按照总体计划来调节各个环节、各个部门的生产活动。作业控制的对象是对某项作业进行控制，是局部的，其目的是保证其具体任务或目标的实现。有时不同作业控制的具体目标之间可能会出现脱节或矛盾的情况，需要管理控制对此进行协调，以达到整体最优效果。

（2）生产物流控制程序。物流控制的程序对不同类型的生产方式来说，基本

上是一样的。与控制的内容相适应,物流控制的程序一般包括以下几个步骤:

①制定期量标准。期量标准要合理与先进,并随着生产条件的变化不断修正。

②制订计划。依据生产计划制订相应的物流计划。

③物流信息的收集、传送、处理。

④短期调整。为了保证生产正常进行,及时调整偏差,保证计划顺利完成。

⑤长期调整。为了保证生产及其有效性而进行评估。

3. 生产物流控制原理

在生产物流系统中,物流协调和减小各个环节生产和库存水平的变化幅度是很重要的。在这样的系统中,系统的稳定与所采用的控制原理有关。下面介绍两种典型的控制原理。

(1) 物流推进型控制原理。根据最终产品的需求结构,计算出各生产工序的物流需求量,在考虑各生产工序的生产提前期之后,向各工序发出物流指令(生产计划指令)。推进型控制的特点是集中控制,每个阶段的物流活动都要服从集中控制指令。但各阶段没有考虑影响本阶段的局部库存因素,因此这种控制原理不能使各阶段的库存水平都保持在期望水平。广泛应用的 MRP 系统控制实质上就是推进型控制。

(2) 物流拉动型控制原理。根据最终产品的需求结构,计算出最后工序的物流需求量;根据最后工序的物流需求量,向前一工序提出物流供应要求。以此类推,各生产工序都应符合后工序的物流需求。从指令方式上不难看出,由于各个工序独立发出指令,所以实质上是单一阶段的重复。拉动型控制的特点是分散控制,每个阶段的物流控制目标都是满足局部需求,通过这种控制,使局部生产达到最优要求。但各阶段的物流控制目标难以考虑系统总的控制目标,因此这种控制原理不能使总费用水平和库存水平保持在期望水平。广泛应用的"看板管理"系统控制实质上就是拉动型控制。

四、生产企业现代物流解决方案

(一)基于 MRP 与 MRPⅡ的生产企业物流

1. MRP 的基本原理和基本内容

MRP 的基本原理是:由主生产计划(Master Production Schedule,MPS)和主产品的层次结构逐层逐个地求出主产品所有零部件的出产时间、出产数量。这个计划就叫作物料需求计划。其中,如果零部件是靠企业内部生产的,需要根据各自的生产时间长短来提前安排投产时间,形成零部件投产计划;如果零部件需要从企业外部采购的,则要根据各自的订货提前期来确定提前发出各自订货的时间、采购的数量,形成采购计划。确实按照这些投产计划进行生产和按照采购计划进行采购,就可以实现所有零部件的出产计划,从而达到物资资源合理配置的目的,保证主产品出产的需要。

MRP 的逻辑原理如图 6-21 所示。由图可以看出,物料需求计划(MRP)是根据主生产计划(MPS)、主产品的结构文件(BOM)和库存文件而形成的。

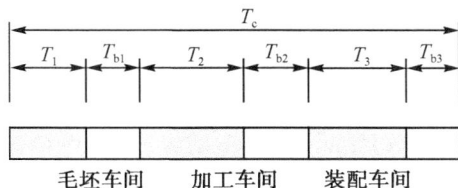

图 6-21 MRP 逻辑原理图

主产品就是企业用以供应市场需求的产成品。例如,汽车制造厂生产的汽车,电视机厂生产的电视机,都是各自企业的主产品。主产品的结构文件(Bill of Materials,简称 BOM)主要反映出主产品的层次结构、所有零部件的结构关系和数量组成。根据这个文件,可以确定主产品及其各个零部件的需要数量、需要时间和它们相互间的装配关系。

主生产计划(Master Production Schedule,简称 MPS),主要描述主产品及由其结构文件 BOM 决定的零部件的出产进度,表现为各时间段内的生产量,有出产时间、出产数量,或者装配时间、装配数量等。

产品库存文件,包括主产品和其所有的零部件的库存量、已订未到量和已分配但还没有提走的数量。制订物料需求计划有一个指导思想,就是要尽可能减少库存。产品优先从库存物资中供应,仓库中有的,就不再安排生产和采购。仓库中有但数量不够的,只安排不够的那一部分投产或采购。由物料需求计划再产生产品投产计划和产品采购计划,根据产品投产计划和采购计划组织物资的生产和采购,生成制造任务单和采购订货单,交制造部门生产或交采购部门去采购。

在这个过程中,制订物料需求计划,从而产生投产计划和采购计划的过程,就是库存控制的过程。

MRP 的基本任务,就是组织一个对于动态的时间相关需求流的物资资源配置。这个需求流的突出特点是,它既有空间相关性,又有时间相关性。在空间上,它有等级层次结构关系和装配关系;在时间上,它们各自的需求量又都是时间的函数,即在时间序列的各个点上,都可能取不同的值。

由于需求流是时间的函数,所以 MRP 中所有的主要变量都是时间的函数。

例如,主产品产出进度、库存量、净需求量等都是时间的函数,而且时间单位都是相同的。所有在问题中跟时间有关的变量,如计划订货、订货提前期等,也都采用相同的时间单位。MRP 的时间单位一般为周。

2. MRPⅡ概述

(1)MRPⅡ的内涵。制造资源计划系统(Manufacturing Resource Planning,MRPⅡ)是在物料需求计划 MRP(Material Requirement Planning)的基础上发展起来的。MRPⅡ将经营、财务与生产系统相结合,不仅能对生产过程进行有效管理和控制,还能对整个企业计划的经济效果进行模拟,对辅助企业高级管理人员进行决策具有重要意义,是实现企业现代化管理的有效方法和手段。目前,国外已有数以万计的企业采用 MRPⅡ技术,在减少库存、保证按时交货、提高生产效率、降低成本、改善用户服务等方面取得了显著的经济效益。

MRPⅡ系统是在闭环 MRP 系统的基础上发展而来的。闭环 MRP 系统是将物料需求计划、生产能力需求计划、车间作业计划和采购作业计划纳入 MRP,形成一个封闭的系统。它使生产活动方面的各种子系统得到了统一,但还存在两个问题:一是生产管理只是企业管理的一个方面,MRP 系统只涉及物流,没有涉及与物流密切相关的资金流。这在许多企业中由财会人员另行管理,从而造成数据的重复录入与存储,甚至是数据的不一致;二是经营规划与生产规划分别制定,经营规划如果不考虑研究开发以及其他不与生产直接相关的部分,那么不过是把生产规划的总和用货币来表示。

由于闭环 MRP 的不足,人们想到应该建立一个一体化的管理系统,减少数据间的不一致性和重复工作,实现资金流与物流的统一管理。随着该系统的建立与完善,最终形成了把生产、财务、销售、工程技术、采购等各个子系统集成的一体化系统,并称为制造资源计划系统(Manufacturing Resource Planning,MRPⅡ),为了同物料需求计划系统(缩写为 MRP)相区别,把它记为 MRPⅡ。

(2)MRPⅡ系统的特点。① MRPⅡ将企业中的各个子系统有机结合起来,形成一个全面生产管理的集成优化管理系统,其中生产和财务两个子系统的关系尤为密切。② MRPⅡ的所有数据来源于企业的中央数据库。各子系统在统一的数据环境下工作,实现了各方面的数据共享,同时也保证了数据的一致性。③ MRPⅡ具有模拟功能,能根据不同的决策方针模拟将来可能发生的结果。例如,模拟将来的物料需求,并提出物料短缺的警告。因此,它可以大大提高原MRP 系统的应用效果,可以作为企业高层管理机构的决策工具。

(3)MRPⅡ的原理。MRPⅡ的原理是根据需求和预测来决定未来物料供应和生产计划与控制,并且将企业内销售、采购、制造和财务等系统连成一个闭环系统,从而进行全面生产管理,如图 6-22 所示。

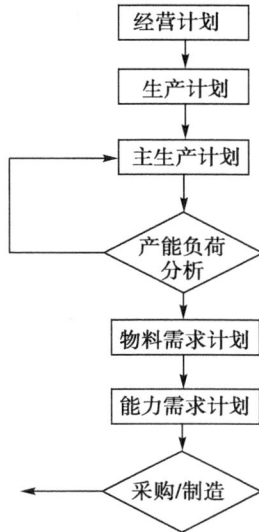

图 6-22　MRP Ⅱ 原理

从图 6-22 中我们也可以看出,MRP Ⅱ 的下一步发展趋势是与 JIT(Just In Time)——准时制生产系统相结合。JIT 的原理是一切的生产管理都以"准时准量",即"刚好及时"为原则而形成一套严密的、以需求来驱动生产计划、反工序控制物流周转的"拉式管理"体系。它最终的追求目标是"零库存"。再将 MRP Ⅱ 的实用性进一步加以扩展,加入质量管理、试验室管理、规章报告管理、连续工业应用,与 CAM(计算机辅助制造)、CAD(计算机辅助设计)及 EDI(电子数据交换)相结合,便可得到 ERP(Enterprise Resource Planning)——企业资源计划,集整个企业生产经营于一体。

(4)MRP Ⅱ 的功能和作用。目前,作为商品化的 MRP Ⅱ 的软件有数百种,但不管它们的名称与形式如何,其目标是一致的,即应用先进可行的管理方法,提高企业的管理水平,提高企业的经济效益和市场竞争力;能合理安排各级生产计划,充分利用各种资源,提高设备利用率和工时利用率,实现均衡生产,保证按时交货;缩短生产提前期,缩短生产周期,减少在制品,节约流动资金;缩短采购提前期、合理控制库存,以最小的库存达到最佳的供货状态;建立集中、统一、准确的企业生产经营数据,使整个企业信息准确、迅速、畅通,为各级管理人员经营决策和日常管理决策提供可靠依据;提高企业生产复杂产品和多品种、小批量生产的组织能力,增强企业的应变能力。MRP Ⅱ 的主要模块见表 6-4。MRP Ⅱ 制造资源计划系统中的每个功能模块都有明确的管理目标,并有简单、实用的手段来实现这一目标。它的功能模块按科学的处理逻辑组成一个闭环的系统。

表 6-4　MRPⅡ主要模块

BOM(Bill of Materials)	物料清单(主产品的结构文件)	
PP(Production Planning)	生产计划大纲	
MPS(Master Production Schedule)	主生产计划	
RCCP(Rough Cut Capacity Planning)	粗能力需求计划	
MRP(Material Requirement Planning)	物料需求计划	
CRP(Capacity Requirement Planning)	能力需求计划	
PAC(Production Activity Control)	车间作业管理	
IM(Inventory Management)	库存管理	
GL(General Ledger)	总账	财务管理
AR(Accounts Receivable)	应收账	
AP(Accounts Payable)	应付账	
PC(Product Costing)	产品成本	成本管理
COE(Customer Order Entry)	客户订单输入	销售管理

MRPⅡ(制造资源计划)为企业建成了一个集成的系统。它改善了微观经济体系的信息流,为宏观经济信息体系的建立打下了基础。MRPⅡ系统的应用使企业提高了竞争能力,增强了管理人员的现代化管理意识,为企业建成计算机集成制造系统(CIMS)打下了基础。MRPⅡ系统所带来的间接经济效益和对企业、社会发展的深远影响是无法用数字表述的。

(二)基于 ERP 的生产企业物流

1. ERP 概述

20 世纪 90 年代初,在 MRPⅡ的基础上进一步发展形成了企业资源计划(Enterprise Resource Planning,简称 ERP)的新概念。ERP 是在 MRPⅡ的基础上通过反馈的物流和反馈的信息流和资金流,把客户需求和企业内部的生产活动以及供应商的制造资源整合在一起,体现完全按用户需求制造的一种供应链管理思想的功能网链结构模式。ERP 是一种全新的管理方法,它通过加强企业间的合作,强调对市场需求快速反应、高度柔性的战略管理以及降低风险成本、实现高收益目标等优势,从集成化的角度管理供应链问题。ERP 的特征包括四个方面:一是超越了 MRPⅡ的范围和集成功能;二是支持混合方式的制造环境;三是支持动态的监控能力,提高业务绩效;四是支持开放的客户机/服务器计算环境。

在管理技术上,ERP 在对整个供应链的管理过程中更加强调对资金流和信息流的控制,同时通过企业员工的工作和业务流程,促进资金、材料的流动和价值的增值,并决定其流量和流速。供应链管理还包括以下主要内容:战略性供应商和用户伙伴关系管理;供应链产品需求预测和计划;全球节点企业的定位设备和生产的集成化计划跟踪与控制;企业内部与企业之间的材料供应与需求管理;基于供应链管理的产品设计和制造管理;基于供应链的用户服务和物流管理;基于Internet/Intranet 的供应链交互信息管理。

ERP 打破了 MRPⅡ只局限在传统制造业的格局,并把它的触角伸向各行各业,如金融业、高科技产业、通信业、零售业等,从而使 ERP 的应用范围大大扩展。为给企业提供更好的管理模式和管理工具,ERP 还在不断吸收先进的管理技术和 IT 技术,如人工智能、精益生产、并行工程、Internet/Intranet、数据库等。ERP在动态性、集成性、优化性和广泛性方面得到更大的发展。

2. ERP 的主要功能模块

目前,主流的 ERP 系统主要包括以下几个功能模块,如图 6-23 所示。

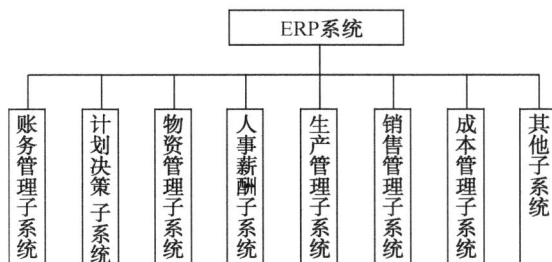

图 6-23 ERP 系统基本功能模块图

(1)财务管理子系统。财务管理子系统是以价值形式反映出企业资源运动中的资金流动过程,与其他子系统相比,其综合性最强,它是 ERP 的核心。

(2)计划决策子系统。该系统功能是进行辅助经营决策与制订综合计划,主要包括经营决策、生产决策、提高经济效益决策和长期计划决策等模块。

(3)物资管理子系统。该系统功能是保证材料物资的供应,合理地控制库存,降低物料消耗,加速物资的周转,主要包括物资供应计划、采购合同管理、原材料消耗定额管理、限额发料、物资储备定额、在途材料与库存材料物资管理、物资供应统计等模块。

(4)人事薪酬子系统。其管理目标是合理配置使用人力资源以提高劳动生产率,更好地体现公平性原则,并以此来留住人才,该系统主要包括人员基本情况、劳动定额、岗位定员、业绩考核、工资计划、奖金、工资统计等模块。

（5）生产管理子系统。该系统功能是有计划地组织均衡生产、缩短生产周期、加速资金周转，主要包括各种产品工序排序方案、各种产品生产周期、各种产品经济批量、年度与季度生产计划、月份生产作业计划、在产品与自制半成品管理、生产统计分析等模块。

（6）销售管理子系统。该系统功能是提高商品的市场占有率，增加销售收入，降低商品库存，主要包括商品销售计划、商品库存管理、销售合同管理、用户管理、销售分析等模块。

（7）其他子系统。包括成本管理、商业智能、BOM 管理等子系统，在这里就不叙述了。

3. 生产物流系统与 ERP 系统的信息交换机制

（1）生产订单拣货。生产订单拣货出库处理的主要作用就是根据与客户达成的协议向客户提供协议规定的物品。生产订单拣货作业主要是根据生产计划所生成的供应订单进行拣货作业，并将所需物品配送至生产线上的作业过程。实际上，在生产订单作业处理中，订单信息来源于生产计划以及当前的原材料库存。由于生产订单所决定的拣货可能会超出仓储作业能力，同样，仓储拣货作业如果独立产生也会因为生产时序的限制而受到执行限制，从而造成人力、物力资源的浪费。因此，对于生产订单的拣货作业，首先必须从 ERP 系统的物料需求出发，考虑生产节奏以及当前仓储作业节奏设定，再通过仓储管理系统生成拣货计划。因此，生产订单拣货计划功能必须通过和 ERP 系统生产计划功能的联动才能实现最佳作业效果。

（2）收入处理及仓储作业中的收货管理。收入处理主要包括采购订单接收以及根据采购订单进行原材料收货和存储管理，这些作业主要包括下列作业功能：采购订单生成、采购订单接收、供应商发票处理、付款处理以及应付账款处理。

根据上述作业特性，采购作业所产生的管理作业最终将全部体现在仓储管理作业之中，即使某些企业没有采用 ERP 系统，其原材料的收入和存储信息仍然需要仓储管理部门实时地掌握和提供给管理部门。因此，对于收入作业最好采用仓储管理系统（Warehouse Management System，WMS）。WMS 在接收采购订单以后，将通过下列功能实现仓储作业管理和控制：采购订单审核、收货处理、验货、条码和标签处理、选位、上架。通过上述处理，可以将已经收到的物品存放在更加容易访问和拣取的地方，同时采用 ES/1 的选位和上架规则可以更加有效地利用有限的存储空间，缩短作业路线，提高作业速度。条码与标签系统是 WMS 中特有的实时控制系统，利用该功能可以提高仓储信息的准确率和信息的实时对置，使仓储实物信息和 WMS 内的信息保持实时同步。在和 ERP 系统的信息整合方面,主要是通过 WMS 实时更新 ERP 系统的存货信息,使 ERP 系统的实际存货信息与 WMS 内的实物库存信息保持同步。

（3）仓储作业中收货作业的特殊交易处理。在 ERP 系统中,对存货收入的管理完全以实际的采购订单或采购发票为依据,因为在我国,只有正式发票才能作为审计依据。由于在 ERP 的账务系统中,无法体现货到票未到以及票到货已到的作业区别,从而造成成本核算的误差。而在 WMS 中,通过设置作业类别可以容易地定义这些异常交易:通过解决实物库存和列账库存之间的信息转换关系,实现完备的库存管理,并使实际库存分为列账库存和暂估库存,增加库存透明度,为企业实施精确的成本核算建立坚实的作业管理以及基础数据采集基础。

作为对以上功能的一个补充,WMS 专有的特殊管理能力发挥着重要作用。在 WMS 系统中,包含了许多特殊功能,而这些功能是目前 ERP 系统所不具备的。如基于批次（Lot）和货位（Storage Location）的库存控制,包括库存数量控制和库存品项控制。基于批次以及货位的库存循环盘点功能,该功能可以在不停止仓储作业的情况下进行库存盘点工作,既保证了仓储实际信息的准确对置,又实现了仓储作业的连续性,提高了仓储作业效率。WMS 所具有的特殊能力在帮助企业改善其仓储管理水平的同时,也改善 ERP 系统的执行能力。

4. 重构物流,变革 ERP

（1）逆供应链流向整合物流系统。能否实现对顾客需求做出快速反应,关键在于满足最终顾客需求的整条供应链的快速反应。但是,快速反应的重要一环就是物料的快速流动,重构企业的物流系统,需把自身的物流运作放到整个供应链中来考虑,通过与上下游企业建立具有战略联盟性质的协作关系,从整体上考量物流运作的效率。思考的起点是逆供应链流向,整个企业的物流活动可划分为三大块,即采购、送料和配送。结合 JIT 思想,实现企业物流的准时采购、准时送料、准时配送,以消除物流死角和不稳定因素,为供应链上的所有供应商提供可靠的需求订单,最大限度地减少信息扭曲,最终使 ERP 系统生产计划控制模块的核心——反向倒推物料计划能够有效地实施。这样通过准时采购、准时送料和准时配送,企业生产经营所需的物料就能够实现在适当的时间把适当的"产品"以适当的数量和适当的质量送到适当的地点等五个"适当"。同时,企业的供应商数量往往不止一个,在变革传统 ERP 时对不同的合作伙伴就应采取不同的策略。对于具有战略伙伴性质的供应商企业,公司可授权他们登录公司内部 Intranet 系统,建立他们的检索公司数据库的嵌入（Embedded）Web 系统,包括必要的销售订单和 R&D 数据库,而对于对公司持续发展有一定作用的供应商,公司将提供有一定限制的登录权限,使他们能够高效地进行在线投标、售后服务等业务。

（2）聚焦核心能力，协同作业。传统 ERP 系统关注内部功能最优化的垂直一体化组织，这不符合企业转变为更灵活的以核心能力为基础的、由多个企业参与的关联型实体这一现代经营环境的要求。可以说，绝大多数企业自身的核心能力不在物流运作上。虽然通过逆供应链的物流系统整合，可以要求由供应伙伴来弥补企业在物流运作上的不足，但是这就要求供应商具有较强的物流能力。这在供应商特别是战略供应商也同样欠缺物流运作能力的情况下，对本企业的正常经营是极为不利的，更不用说还需考虑优化企业自身内部的物流运作。在这种情况下，寻求具有专业物流服务能力的第三方物流就成为必要。

（3）变"部件"组配产品为经营信息物质载体的合理组合。传统 ERP 体系把企业的"产品"分解成多个部件，根据各个部件之间的装配关系来计划、组织、控制企业物料的供应、产品的生产等。但这种源于制造业的产品组配思维应用到非制造业后效果不佳，故应该对其进行调整。我们可以把"部件"组配产品的观念转变为企业经营信息的物质载体的合理组合的管理思维。这样，企业的管理信息系统不再仅仅关注具体的"部件"，而应更关注隐藏于"部件"背后的信息流动。

总之，从物流重构的角度变革 ERP，可以说是抓住了现代企业经营成功的关键——快速满足顾客需要。

（三）基于 JIT 的精益物流

准时制（Just In Time，简称 JIT，又称准时化）生产方式是日本丰田汽车公司创立的一种独具特色的现代化生产方式。它顺应时代的发展和市场的变化，经历了多年的探索和完善，逐渐形成和发展成为今天这样的包括经营理念、生产组织、物流控制、质量管理、成本控制、库存管理、现场管理和现场改善等在内的较为完整的生产管理技术与方法体系。

准时制生产方式诞生在丰田公司，但它并不是仅适用于汽车生产。事实上，准时化生产方式作为一种彻底追求生产过程合理性、高效性和灵活性的生产管理技术，它已被应用于日本的许多行业和众多企业之中。同样，它的基本思想、基本原理和基本技法对我国企业的生产方式和管理方法的现代化具有重要的借鉴意义和参考价值。

1. JIT 的原理

JIT 的出发点是最大限度降低浪费，进行不断的改善。何为浪费？就是不能创造附加值的所有活动。这里所说的浪费，比我们通常所说的浪费的概念要深刻得多。JIT 定义了 7 种浪费的类型（见表 6-5）。

表 6 - 5　JIT 浪费类型描述

浪费类型	产生原因
过量生产的浪费	制造过量的产品会因之增加工位器具和堆放场地造成的浪费
搬运的浪费	由于工序相互分离发生搬运和临时堆放等的浪费
库存的浪费	为保管库存产品需要库房、工位器具和操作人员等而造成的浪费
等待的浪费	在设备自动加工时或工作量不足时的等工浪费（最容易判断的浪费）
过程的浪费	附加值不高的工序造成的浪费
动作的浪费	零部件、工具定置不合理造成动作的浪费
产品缺陷的浪费	不良品本身的浪费以及筛选、退修的浪费

JIT 认为过量生产是一切问题的根源，它不仅造成浪费，也造成库存，掩盖了许多管理不善的问题，使问题得不到及时解决，就像水掩盖了水中的石头一样。减少库存可以使问题暴露在明处。与传统管理相反，JIT 欢迎问题出现，把问题看作是一种机会，认为只有不断地发现问题、解决问题，才能不断地进行改善，生产成本也会不断下降。

过量生产还会造成二次浪费。过量生产会造成电力、压缩空气、油料等的浪费，造成工位器具、搬运车、保管面积、操作人员、管理人员等增加的浪费。

造成过量生产的主要原因包括：为消除机械故障、不良品、缺勤等造成的影响；负荷量不均衡；认为停止生产线是犯罪；人员过多等。

JIT 是一种理想的生产模式。一是因为它设置了一个最高标准，就是零库存。实际生产可以无限地接近这个极限，但却永远不可能达到零库存。有了这个极限，才使得改进永无止境。二是因为它提供了一个不断改进的途径，即降低库存。暴露问题—解决问题—降低库存……这是一个无限循环的过程。

单纯降低在制品库存，不改进生产过程，不消除在制品居高不下的根源，对企业来说无疑是一种灾难。因此，改进的顺序，不一定非得从"降低库存"开始。如果现存问题很多，又不去解决它，还要降低库存，那就会使问题成灾。"降低库存"要循序渐进，逐步深入。但有些问题往往隐藏得很深，不太容易发现，在这种情况下，通过降低库存来暴露问题仍是必要的。

2. JIT 的核心思想

要实现"彻底降低成本"这一基本目标，就必须杜绝过量生产以及由此而产生的在制品过量和人员过剩等各种直接浪费和间接浪费。如果生产系统能够具有足够的柔性，能够适应市场需求的不断变化，即"市场需要什么型号的产品，就生产什么型号的产品；能销售出去多少，就生产多少；什么时候需要，就什么时候生产",这当然就不需要,也不会有多余的库存产品了。如果在生产人员的能力方面保证具有足够的柔性,当然也就没有多余的闲杂人员了。这种持续而流畅的生产,或对市场需求数量与种类两个方面变化的迅速适应,是凭借着一个主要手段来实现的,这就是"准时化"。可以说,"准时化"这种手段是丰田生产方式的核心。

所谓"准时化",就是我们在前面介绍过的,在必要的时刻生产必要数量的必要产品或零部件。"准时化"的本质就在于创造出能够灵活地适应市场需求变化的生产系统,这种生产系统能够从经济性和适应性两个方面来保证公司整体性利润的不断提高。此外,这种生产系统具有一种内在的动态自我完善机制,即在"准时化"的激发下,通过不断地缩小加工批量和减少在制品储备,使生产系统中的问题不断地暴露出来,使生产系统本身得到不断完善,从而保证准时化生产的顺利进行。

3. JIT 的技术支撑

(1)看板管理。很多人都把丰田生产方式称为看板管理,其实这是错误的。丰田生产方式是产品的制造方式,是一种生产制度,而看板管理则是实现准时化生产的一种手段。

看板管理,简而言之,是对生产过程中各工序生产活动进行控制的信息系统。通常,看板是一张装在透明塑料袋内的卡片。经常被使用的看板主要有两种:取料看板和生产看板。取料看板标明了后道工序应领取的物料的数量等信息,生产看板则显示着前道工序应生产的物品的数量等信息。准时化生产方式以逆向"拉动式"方式控制着整个生产过程,即从生产终点的总装配线开始,依次由后道工序从前道工序"在必要的时刻领取必要数量的必要零部件",而前道工序则"在必要的时刻生产必要数量的必要零部件",以补充被后道工序领取走的零部件。这样,看板就在生产过程中的各工序之间周转着,从而将与取料和生产的时间、数量、品种等有关的信息从生产过程的下游传递到了上游,并将相对独立的工序个体联结为一个有机的整体。

实施看板管理是有条件的,如生产的均衡化、作业的标准化、设备布置的合理化等。如果这些先决条件不具备,看板管理就不能发挥应有的作用,从而难以实现准时化生产。

(2)均衡化生产。用看板管理控制生产过程,生产的均衡化是最重要的前提条件。换言之,均衡化生产是看板管理和准时化生产方式的重要基础。

如前所述,后工序在必要时刻从前工序领取必要数量的必要零部件。在这样的生产规则之下,如果后工序取料时,在时间上、数量上和种类上经常毫无规律地变动,就会使得前工序无所适从,从而不得不准备足够的库存、设备和人力,以应付取料数量变动的峰值,显然这会造成人力、物力和设备能力的闲置和浪费。此外,在许多工序相互衔接的生产过程中,各后工序取料数量的变动程度将随着向前工序推进的程度而相应地增加。

为了避免这样的变动发生,JIT 要求最终装配线上的生产变动最小化,即实现均衡化生产。应该说明的是,均衡化生产要求的是生产数量的均衡和产品种类的均衡,即总装配线向各前工序领取零部件时,要均匀地领取各种零部件,实行混流生产。要防止在某一段时间内集中领取同一种零部件,以免造成前方工序的闲忙不均以及由此引发的生产混乱。

为此,丰田公司的总装线以最小批量装配和输送制成品,以期实现"单件"生产和输送的最高理想。其结果是总装线也会以最小批量从前工序领取必要的零部件。简言之,生产的均衡化使得零部件被领取时的数量变化达到最低程度,即各后工序每天如一地以相近似的时间间隔领取数量相近的零部件。这样,各工序得以以一定的速度和一定的数量进行生产,这是实施看板管理的首要条件。事实上,在最终装配线没有实现均衡化生产的情况下,看板管理也就没有存在的价值了。

除此之外,JIT 还要求把均衡化生产作为使生产适应市场需求变化的重要手段。通过均衡化生产,任何生产线都不大批量地制造单一种类的产品。相反,各生产线必须每天同时生产多种类型的产品,以满足市场的需要。这种多品种、小批量的混流生产方式具有很强的柔性,能迅速适应市场需求的变化。

这种以多品种、小批量混流生产为特性的均衡化生产还具有另一个重要的优点,这就是各工序无须改变其生产批量,仅需用看板逐渐地调整取料的频率或生产的频率,就能顺利地适应市场需求的变化。

为了实现以"多品种、小批量"为特征的均衡化生产,就必须缩短生产前置期,以利于迅速而且适时地生产各类产品。于是,为了缩短生产前置期,就必须缩短设备的装换调整时间,以便将生产批量降低到最小。

(3) 设备的快速装换调整。实现以"多品种、小批量"为特征的均衡化生产,最关键和最困难的一点就是设备的快速装换调整问题。以冲压工序为例,装换冲床的模具并对其进行精度调整,往往需要花费数个小时的时间。为了降低装换调整的成本,人们往往连续使用一套模具,尽可能地大批量生产同一种制品。这种降低成本的方法是常见的。然而,JIT 的均衡化生产要求总装配线及各道工序采用"多品种、小批量"的方式,频繁地从前道工序领取各种零部件或制品,这就使得"连续地、大批量地生产单一零部件或制品"的方式行不通了。这就要求冲压工序进行快速而且频繁的装换调整操作,也就是说,要迅速而且频繁地更换冲床模具,以便能够在单位时间内冲压种类繁多的零件制品,满足后道工序(车体工序)频繁地领取各种零件制品的要求。这样,从制造过程的经济性考虑,冲床及各种生产设备的快速装换与调整就成了关键。

丰田公司发明并采用的设备快速装换调整的方法是 SMED(Single Minute Exchange of Die)法,即"60 秒内即时换模"。这种方法的要领就是把设备装换调整的所有作业划分为两大部分,即"外部装换调整作业"和"内部装换调整作业"。所谓"外部装换调整作业"是指那些能够在设备运转之中进行的装换调整作业,而"内部装换调整作业"是指那些必须或只能够在设备停止运转时才能进行的装换调整作业。为了缩短装换调整时间,操作人员必须在设备运行中完成所有的"外部装换调整作业",一旦设备停下来,则应集中全力于"内部装换调整作业"。这里,最重要的一点就是要尽可能地把"内部装换调整作业"转变为"外部装换调整作业",并尽量缩短这两种作业的时间,以保证迅速完成装换调整作业。

(4)设备的合理布置。设备的快速装换调整为满足后工序频繁领取零部件制品的生产要求和"多品种、小批量"的均衡化生产提供了重要的基础。但是,这种频繁领取制品的方式必然增加运输作业量和运输成本,特别是如果运输不便,将会影响准时化生产的顺利进行。可见,生产工序的合理设计和生产设备的合理布置是实现小批量频繁运输和单件生产、单件传送的重要基础。

传统的生产车间设备布置方式是采用"机群式"布置方式,即把功能相同的机器设备集中布置在一起,如车床群、铣床群、磨床群、钻床群等。这种设备布置方式的最大缺陷是零件制品的流经路线长、流动速度慢、在制品量多、用人多,而且不便于小批量运输。丰田公司改变了这种传统的设备布置方式,采用了 U 形单元式布置方式,即按零件的加工工艺要求,把功能不同的机器设备集中布置在一起,组成一个一个小的加工单元。这种设备布置方式可以简化物流路线,加快物流速度,减少工序之间不必要的在制品储备量,降低运输成本。

显然,合理布置设备,特别是 U 形单元连接而成的"组合 U 形生产线",可以大大简化运输作业,使得单位时间内零件制品运输次数增加,但运输费用并不增加或增加很少,为小批量频繁运输和单件生产、单件传送提供了基础。

(5)标准化作业。标准化作业是实现均衡化生产和单件生产、单件传送的又一重要前提。丰田公司的标准化作业主要是指每一位多技能作业员所操作的多种不同机床的作业程序,是指在标准周期时间内,把每一位多技能作业员所承担的一系列的多种作业标准化。丰田公司的标准化作业主要包括三个内容:标准周期时间、标准作业顺序、标准在制品存量,它们均用"标准作业组合表"来表示。

标准周期时间是指在各生产单元内（或生产线上），生产一个单位的制成品所需要的时间。根据标准周期时间，生产现场的管理人员就能够确定在各生产单元内生产一个单位制品或完成产量指标所需要的作业人数，并合理配备全车间及全工厂的作业人员。

标准作业顺序是用来指示多技能作业员在同时操作多台不同机床时所应遵循的作业顺序，即作业人员拿取材料、上机加工、加工结束后取下工作以及再传给另一台机床的顺序，这种顺序在作业员所操作的各种机床上连续地遵循着。因为所有的作业人员都必须在标准周期时间内完成自己所承担的全部作业，所以在同一个生产单元内或生产线上能够达成生产的平衡。

标准在制品存量是指在每一个生产单元内，在制品储备的最低数量，它应包括仍在机器上加工的半成品。如果没有这些数量的在制品，那么生产单元内的一连串机器将无法同步作业。但是，我们应设法尽量减少在制品存量，使之维持在最低水平。

根据标准化作业的要求（通常用标准作业组合表来表示），所有作业人员都必须在标准周期时间之内完成单位制品所需要的全部加工作业，并以此为基础，对作业人员进行训练和对工序进行改善。

4. 精益物流

（1）精益物流的内涵。精益物流（Lean Logistics）起源于精益制造（Lean Manufacturing）的概念。它产生于日本丰田汽车公司独创的"丰田生产系统"，主要是指其 JIT 生产管理、全面质量管理等，是现代生产管理精益思想的集中体现。精益思想是指运用多种现代管理方法和手段，以社会需求为依据，以充分发挥人的作用为根本，有效配置和合理使用企业资源，最大限度地为企业谋求经济效益的一种新型的经营管理理念。精益思想的核心就是以越来越少的投入、较少的人力、较少的设备、较短的时间和较小的场地创造出尽可能多的价值；同时也越来越接近用户，提供他们确实需要的东西。精益思想有 5 个基本原则，如表 6-6 所示。

表 6-6　精益思想的基本原则

1. 从顾客的角度而不是从某个公司、部门或机构的角度确定价值
2. 确定设计、采购和生产产品的整个价值流中所有的步骤，以找出不增加价值的浪费
3. 使那些创造价值的步骤流动起来，没有中断、迂回、回流、等待和废品
4. 仅仅即时地按顾客的需求拉动价值流
5. 通过层层发现，由表及里地消除浪费，从而寻求达到完美的境界

所谓精益物流是指通过消除生产和供应过程中的非增值的浪费,以减少备货时间,提高客户满意度,是精益思想在物流管理中的应用。

作为一种新的生产物流组织方式,精益物流的内涵包括以下几个方面:

①以客户需求为中心。要从客户的立场,而不是仅从企业的立场,或一个功能系统的立场,来确定什么创造价值、什么不创造价值。

②对价值链中的产品设计、制造和订货等每一个环节进行分析,找出不能提供增值的浪费所在。

③根据不间断、不迂回、不倒流、不等待和不出废品的原则制订创造价值流的行动方案。

④及时创造仅由顾客驱动的价值。

⑤一旦发现有造成浪费的环节就及时消除,努力追求完美。

所以,作为 Just In Time(即时制管理)的发展,精益物流的内涵已经远远超出了 Just In Time 的概念。

(2)精益物流系统的特点。精益物流系统具备如下四方面的特点:

①拉动型的物流系统。在精益物流系统中,顾客需求是驱动生产的动力源,是价值流的出发点。价值流的流动要靠下游顾客来拉动,而不是依靠上游的推动。当顾客没有发出需求指令时,上游的任何部分都不提供服务;而当顾客发出需求指令后,则快速提供服务。

②高质量的物流系统。在精益物流系统中,电子化的信息流保证了信息流动得迅速、准确无误,还可有效减少冗余信息传递,减少作业环节,消除操作延迟,这使得物流服务准时、准确、快速,具备高质量的特性。

③低成本的物流系统。精益物流系统通过合理配置基本资源,以需定产,充分合理地运用优势和实力;通过电子化的信息流,进行快速反应、准时化生产,从而消除诸如设施设备空耗、人员冗余、操作延迟和资源浪费等现象,保证其物流服务的低成本。

④不断完善的物流系统。在精益物流系统中,员工理解并接受精益思想的精髓,领导者制定能够使系统实现"精益"效益的决策,并在执行过程中不断改进,达到全面物流管理的境界。

第四节　销售物流管理

　　企业存在的意义,就是向社会提供自己的产品和服务,通过为社会作出自己的贡献而体现自己的价值,并因此得到社会的回报,获得利润,维持企业的生存和发展。企业物流管理可以分成三部分:第一部分是企业生产物流管理;第二部分是企业销售物流管理;第三部分是企业采购进货物流管理。第一部分是创造价值的过程,第二部分是实现价值的过程,第三部分是为创造价值提供条件的过程。

　　企业销售是企业价值实现的过程,也是企业生存与发展的根本条件。因此,企业应当把扩大销售、为广大顾客提供满意的产品和服务作为自己一切工作的根本宗旨。而搞好销售物流管理就是实现这一根本宗旨最直接的途径。

一、销售物流概述

(一)销售物流的概念、内容与环节

　　销售物流,又叫分销物流(Physical Distribution),是销售过程中的物流活动,具体是指将产品从下生产线开始,经过包装、装卸搬运、储存、流通加工、运输、配送,一直到最后送到用户手中的整个产品实体流动过程。它几乎涵盖了社会上所有的物流活动。因此,从物流学诞生开始,在相当长的时期里,人们把物流的概念理解为分销物流,直到20世纪80年代中期以后,人们才逐渐把物流的概念扩大化,把采购物流、生产物流也纳入其中,才形成了现在的现代物流(Logistics)概念。

　　销售物流的内容与环节包括:

　　(1)产品包装。包装是企业生产物流系统的终点,也是销售物流系统的起点。包装的目的有两个:一个是便于销售,一个是便于装卸搬运、运输和储存,或者说,一个是为了便于商流,一个是便于物流。包装是销售物流系统的起点,是销售物流的第一个环节。

　　包装是物流学的重要内容。包装分为销售包装和运输包装。销售包装又称小包装或内包装,目的是向消费者展示、吸引顾客、方便零售。运输包装又称大包装或外包装,目的是保护商品,便于装卸搬运、运输和储存。实体分配中包装形状的确定、包装材料和方法的选择都要与实体分配的其他要素相适应。如不同的装卸方式对包装提出了不同的要求,仓库货物堆码的高度、商品特性、运输工具及运送距离等也对包装提出了不同的要求。包装的标准化,有利于提高包装效率、降低成本、提高包装器具的复用水平。

（2）产品储存。产品如果不直接送到用户手中,则需暂时储存。在整个物流过程当中,可能有多处储存。例如,生产企业成品库的储存、储运企业的储存、安全储备库的储存、批发企业的储存、物流中心的储存、配送中心的储存、零售企业的储存以及用户企业的储存等。这些储存,都是解决货品在时间位置上的位移问题。储存对满足需求有极其重要的意义,是保障生产和生活正常进行的前提条件。

储存也是销售物流的一个非常重要的环节。通过对仓储规划、仓库选址、库区规划、货位规划、仓储作业、仓储机械、库存管理、库存控制、库存合理化、货品管理、库存信息管理等问题的研究,不但可以提高仓储物流工作效率,还可以大大降低库存水平,提高用户服务水平。

（3）货物运输。企业的产成品在销售过程中,除了处在储存状态,基本上是处在运动状态。而运动状态最主要的方式就是运输。运输是通过运输工具解决货品在空间位置上的位移问题,在物流学上叫作创造货品的空间效用。由于供应和需求往往不处在同一位置,因此运输是用来满足用户需求的最主要的手段,在销售物流中也是一个非常重要的环节。

运输物流要考虑的主要问题有运输方式、运输工具、运输网络、运输路径、联合运输、运输成本、运输时间、运输规划、运输计划、运输调度、运输控制等。

（4）货物配送。配送是一种有别于普通运输的运输活动。配送是在局部范围内对多个用户实行单一品种或多品种的按时按量联合送货。配送对用户来说,得到了更高水平的服务;对企业来说,可以降低成本;对社会来说,可以缓解交通紧张,减少环境污染。因此,配送在销售物流中是一种更重要、更科学、更常用的运输方式。

货物配送要考虑的主要问题,除了包括上面运输物流所要考虑的主要问题之外,还要考虑制订配送计划、提高用户服务水平的方法和措施。

（5）装卸搬运。装卸搬运是局部范围内的物流活动。装卸是局部范围内货品上下位置的变动,搬运是在局部范围内货品平面位置的移动。

装卸搬运物流要考虑的主要问题有:装卸搬运机械和器具,装卸搬运方式,集装单元化作业,装卸搬运的省力化、机械化、自动化、智能化等。

（6）流通加工。流通加工是流通过程中为方便销售、方便用户、废物利用、增加附加价值而进行的加工活动。它主要包括分解、组配、裁剪、混合、废物再生利用、附加增值加工等活动,是销售物流中最具综合效益的一个重要环节,有着广阔的发展前景。

流通加工要考虑的主要问题,除了流通加工方式、成本和效益之外,还要特别考虑它与配送的结合运用问题、废物再生利用问题。加工配送以及废物再生利用是销售物流中最具魅力的一种运作方式。

（7）物流信息。物流信息活动是指销售物流中的信息处理活动。销售物流中包含大量的信息处理问题，例如客户信息、需求信息、库存信息、运输信息、配送信息、品种信息等。对这些信息进行综合处理，有利于及时跟踪市场信息、响应用户需求，有利于驾驭物流全局、及时制订物流方案、提高管理决策水平。物流信息处理是销售物流中关系整体效率和效益的重要环节，应当受到特别的重视。

物流信息处理应考虑的问题，就是开发物流管理信息系统，实现物流信息处理电子化、信息化、网络化、集成化、效率化、标准化。物流管理信息系统与企业网站、电子商务结合起来，可发挥更大的集成效益。

（8）分销物流网络规划与设计。分销物流网络是指以配送中心为核心，连接从生产厂出发，经批发中心、配送中心、中转仓库等，一直到客户的各个物流网点的网络系统。它覆盖了整个客户市场。

分销物流网络规划与设计，要考虑市场结构、需求分布、地理位置、市场环境条件等各种因素，运用网络理论、运筹学理论、管理学和经济学理论等进行分析综合。

（9）货品管理。货品管理，即对于物资品种规格、类别的管理。因为经济活动的日益活跃和扩大，货品管理利用计算机可快速准确地处理大量的输入、查询、统计、汇总、打印等问题。

（10）物流网点内部物流管理。物流网点包括配送中心、中转仓库、批发点、零售店等。在网点内部，也需要货物存放、出入库操作等活动，这些活动也属物流活动。为提高货物储存质量和出入库的效率，需要进行网点内部物流管理，使其物流合理化。

（二）分销物流的方式方案

分销物流的方式方案，主要研究货品空间位置移动的方式方案，也就是货物从生产企业转移到最终用户的方式方案。

按货品从生产企业转移到最终用户的空间位置转移方式分类，分销物流可以分成四种方式：

1. 传统送货方式

传统送货方式是以企业自行送货、委托运输或企业按照订单约定用户自提的方式将货物发往用户。其特点是随机的、零散的、非组织化的发货。

2. 配送方式

配送方式是一种有组织、有计划的发运方式。它是指在局部范围内实行的有组织、有计划的联合送货活动,可以是多用户联合送货,也可以是多品种联合送货。具体有三种配送方式,即单一品种多用户联合送货、多品种单用户联合送货、多品种多用户联合送货。单品种单用户送货,一般不叫作配送,而叫作直送。但是人们往往为简便起见,也把直送包括在配送当中了。

配送是一种新的分销物流方式,它能够最大限度地提高客户服务水平、降低分销物流成本、提高社会效益。

配送按配送主体不同,又可以分为两种:一种是企业自己配送;另一种是通过第三方物流企业或配送中心配送。

(1) 生产企业自己配送。生产企业自己配送,需要自设仓库,自己运输。仓库一般设在自己的成品库中,然后向各个分销物流网点或客户发送。

(2) 生产企业委托第三方物流公司或者配送中心配送。生产企业委托第三方物流公司或者配送中心(下统称配送中心)进行配送,企业不用自设仓库、自己运输。产成品下线以后直接由配送中心装运发走,或者存放到配送中心仓库,或者直接配送到用户。这种配送方式可以实现生产企业的零库存供应。

3. JIT 方式

JIT 就是 Just In Time,即准时化送货,又可称作同步生产、看板供应。一般一个供应商只面向一个客户,或者少数几个客户,供需相距很近,客户企业实行零库存生产,不设仓库,由供应商直接将货品送上生产线装配点。JIT 方式,不但客户企业零库存生产,而且供应商企业也是零库存供应,自己也不设仓库。二者实行同步化按比例生产,根据客户的看板指令,在合适的时间、把合适的品种、按合适的数量、送到合适的地点。这种方式能够最大限度地满足客户的利益,但是它对供应商有比较大的约束,在距离上也不能相距太远,操作起来要求比较严格,只适合一些比较特殊的供应商。

4. VMI 方式

VMI 即 Vendor Managed Inventory,就是供应商掌握用户库存,是供应链物流管理情况下新出现的分销物流方式。上述几种分销物流方式,用户库存的所有权已经属于用户;而采用 VMI 的分销方式,用户库存的所有权仍然属于供应商,只有用户销售、消耗掉的货品才属于用户所有。对于用户来说,更大程度上降低了库存风险(甚至完全没有了库存风险),增加了市场响应速度,提高了经营效率;对于供应商来说,则承受着库存风险,承担着库存积压和库存缺货所造成的损失,还要采取高频次小批量的送货方式,增加了物流成本。所以如果采用 VMI 分销物流方式,供应商必须随时掌握并及时分析用户需求信息及其变化趋势,最大限度地满足用户生产,同时也使供应商企业本身具有灵敏响应市场需求的能力,做到降低库存,降低生产成本,最大限度地消除浪费。

二、销售物流管理概述

(一)销售物流管理的概念、任务和目标

所谓销售物流管理,就是对销售物流活动的计划、组织、指挥、协调和控制。具体的内容主要包括以下几个方面:

(1) 随时收集、掌握和分析市场需求信息,包括需求量、需求分布、需求变化规律的供需态势、竞争态势,制订市场战略和物流战略。

(2) 根据市场战略和物流战略规划销售物流方式方案,规划物流网络布局。

(3) 根据物流网络规划,设计策划销售物流总体运作方案。

(4) 根据物流网络规划和销售物流总体运作方案,设计规划各个物流网点的网点建设方案、网点内部规划(库区规划、货位规划等)、网点运作方案。

(5) 策划设计运输方案、配送方案。

(6) 策划设计库存方案。

(7) 策划设计包装装卸方案。

(8) 策划设计物流运作方案实施的计划、措施。

(9) 进行物流运作过程的检查、监督和控制和统计、总结。

(10) 进行物流业绩的检查、统计和小结。

(11) 对物流人员进行管理、激励。

(12) 对物流技术进行开发和运用等。

销售物流管理的目标,就是保证销售物流有效合理地运行。

(二)销售物流管理应考虑的因素

销售物流管理要考虑的因素,包括以下几个方面:

(1) 要考虑扩大市场。市场是企业生存的基础,在市场经济环境中,销售物流管理要始终把扩大市场作为自己始终不渝的宗旨和行动准绳。

(2) 努力提高客户服务水平。物流工作人员要把努力为客户服务、提高客户服务水平、提高客户满意程度作为自己一切工作的行动宗旨。失去客户,就会失去市场,失去企业存在的价值,失去企业生存和发展的根本。

(3) 努力提高物流工作质量。提高物流工作质量,有利于物流人员努力学习

物流技术、提高管理水平、提高自身综合素质。

（4）努力降低物流成本，提高物流工作效率。只有努力降低物流成本、提高工作效率，企业才可获得经济效益，才能使企业在竞争中生存和不断发展。

（5）努力学习、开发和运用物流技术。物流技术包括物流管理技术和物流作业技术。制订物流作业方案、规划物流网络、开发物流管理系统等都是物流管理技术。开发运输技术、装卸技术、流通加工技术、包装技术、信息处理技术等，都是物流作业技术。企业要努力开发自己的核心竞争技术，全面提高员工的技术水平，靠技术来支撑企业的生存和发展。

（6）把人的因素放在一切工作的首位。销售物流工作都是要靠人去承担的。做好人的工作，一是要培养人，抓紧技术素质和社会素质的培养；二是要充分激励发挥人的积极性，实现人尽其才、人尽其用。

（三）销售物流管理的环节

销售物流管理要抓好以下几个环节：

1．计划和规划、策划

一切管理工作首先从计划开始。只有制订周密的计划，才有可能保证资源得到合理利用、众多因素协调运作，才能够防范风险，才能够保证工作的顺利进行。规划，带有战略性、方向性，是计划的依据之一。规划的实施，还要做计划。策划，则是一种更偏于战术性、技术性、技巧性的计划。

（1）调查实际。调查实际就是要深入到实际工作中去，弄清工作的状况、工作的环境、工作当中的问题。譬如做配送计划，就需要资源、环节构成、条件、工作环境、结果等。

（2）弄清问题。例如每一次配送，就要做一次配送计划。做配送计划时，第一步，就是要调查了解这一次要配送哪些用户、需求量是多少，分布在什么地方，这些地方的交通路线如何、里程如何；需要配送哪些品种，这些品种仓库里面还有没有、有多少；有没有配送用的车辆、车辆载重吨位如何；有没有司机等情况都要调查清楚。

（3）制定目标。目标，具体说来，就是要解决问题到什么程度。例如制订配送计划，在制定目标时，就是要求按照给定的路线，把沿线客户所需要的货品按时按量送到、服务好、费用省（可以给出具体的数量指标）。这样就制定出了这次配送计划的目标。

（4）形成方案。形成方案的过程一般包含三个步骤：第一步，列出各种可行方案。这些方案都能够达到目标,但不一定都是最优的。可行方案列得越多越好,有利于从更大的范围内选择最优方案。第二步,对可行方案进行优化调试。对可行方案逐个进行分析,逐个优化调试,使每个方案都达到最优状态。要进行定性的或定量的分析,建立数学模型进行计算处理,调试参数使它们达到最优。第三步,对各个可行方案进行分析比较,选出最优方案。在优化后的可行方案中进行分析比较,选出最优方案。最后选出来的最优方案,应该是技术上可行的、经济上合理的、社会上可接受的方案。这样的方案就可作为计划方案。例如,制订一个配送计划,选择不同的配送路线、配送车辆,就构成了不同的配送计划方案,将这些方案进行技术上的、经济上的、社会效益上的分析比较,选定一个最优的方案作为最终实施方案。

（5）制定政策。计划过程的最后一个阶段,就是要制定实施计划的措施、政策等,即制订具体的实施计划。计划的实现需要相应的保障措施,例如人员、资金、设备、条件、规章制度等,要相应确定下来,这样才能够保证计划方案的实现。这就是制订计划的全过程。

2. 组织和指挥

有了计划方案,就要按计划来实施。实施方案首先要抓好组织和指挥。组织,包括建立行动的组织机构、岗位职务,也包括人力、物力、财力等资源的组织调配。指挥,就是调动资源,规范行动,凝聚力量,激发斗志,促成任务目标的实现。

3. 协调和控制

实施方案的另外一个管理环节,就是进行协调和控制。由于行动是由众多的因素、众多的环节、众多的资源共同进行的,所以随着事情的进展,难免出现事先没有预料到的偏离计划的情况。这时,管理者的任务,就要进行协调和控制,保证计划目标任务顺利实现。

（四）销售物流合理化的原则和途径

在长期的物流实践活动中,人们已经摸索出了一些物流合理化的基本原则和途径,主要有:

1. 商物分离

在商品销售活动过程中有两大类活动:一类是商流活动,主要是订货、商务洽谈、广告促销、订货合同、货款支付、商流信息处理等与商品交易有关的活动;另一类是物流活动,主要是运输、储存、包装、装卸、流通加工、物流信息处理等与物质实体流动有关的活动。这两类活动具有明显不同的性质和特点。商流活动具有灵活、活跃的特点,可以在任意场合多层次多环节地进行;而物流活动具有惰性、稳定性的特点,货物不轻易流动,一动就要花费成本,而且即使要动,还要走最短路径、最省时间以降低成本。所以根据这两类活动的客观规律,要求将二者分别独立进行。商物分离既保障了商流活动的活跃性和灵活性,保证了商流活动的高效率进行;又保障了物流活动的稳定性,保证了物流活动的低成本,从而提高物流活动的效率。

不仅传统物流要实行商物分离,现代物流也要遵循商物分离的原则。电子商务、信息化物流等现代物流方式,同样证明了商物分离原则的正确性。电子商务实际上就是网上搞商流、网下搞物流,商物完全分离。一种说法是网店就是商物合一,这是不正确的。网上的各种信息产品,实际上都是信息,并没有物质实体,也就谈不上物质实体的流动,它们不是物流,而是信息流、商流。所谓信息化物流,也只是强调了物流的信息化处理,并没有改变商物分离的原则。所以,销售物流合理化的第一个原则,就是商物分离。

2. 输送与配送相结合的体制

输送主要追求提高运输效率,配送主要追求服务好。二者的比较见表 6 - 7。把输送和配送结合起来,既保证了大批量货物的长途快速运输,又保证了短途局部范围内的服务水平。正好达到物流高效、低成本运作的目的。二者结合起来运用,可以得到如下的运行原理图(图 6 - 24)。从图中可以看出这种运行模式的结构:用户群 A 到设在其中心位置的营业点 A 进行订货(商流),用户群 B 到设在其中心位置的营业点 B 进行订货,营业点 A 和营业点 B 把汇集的订货单信息传到公司信息中心,由公司信息中心制订统一的配送计划方案,并根据配送方案指令物流配送中心进行配送。与此同时,信息中心也掌握了物流配送中心的库存信息,根据需要合理补充库存,从而形成较优的销售物流网络和高效低成本的运作机制。

表 6 - 7　配送和输送的比较

	输送	配送
1. 起至点	生产厂至配送中心或用户	配送中心至用户或零售店
2. 特征	长距离大批量快速运输	局部范围,短途、小批量循环送货
3. 运输工具	一般是火车、轮船	一般是汽车
4. 追求目标	多装快跑,提高运输效率	按时按量及时送货,服务好无污染省车次

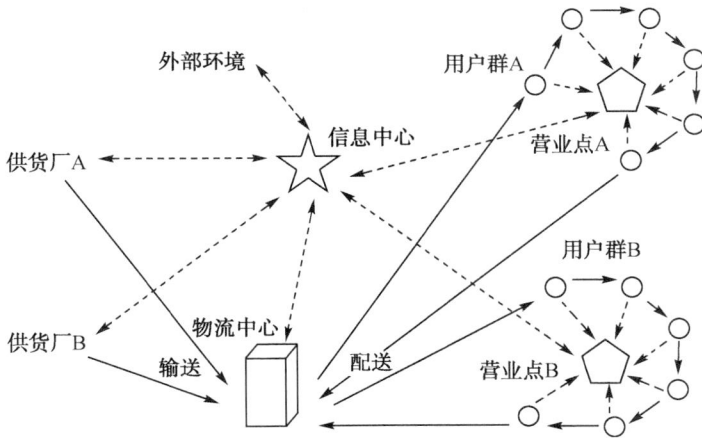

图 6 - 24 物流优化运行原理图

除此之外,还可以根据具体情况,按照物流活动的集成化、一体化、共同化、规模化、信息化、标准化、专业化、高技术化的原则,策划、组织各种物流活动,实现物流活动的低成本、高效益的运作,实现物流的优化。

(五)销售物流方案的制订

销售物流的方式方案有很多种,从空间位置移动的角度看,可以分为传统方式、自己配送方式、委托配送方式、JIT 配送方式和 VMI 送货方式五种。这五种销售物流方式的特性比较见表 6 - 8。

表 6 - 8 五种销售物流方式的比较

销售物流方式	特性	常用操作方式
1. 传统方式	自己设库,用户也设库,自己送货,自发性运作	自己送货、用户自提、委托运输
2. 自己配送	自己设库,自己送货,计划性运作	定时配送、DRP 配送
3. 委托配送	自己不设库,别人设库,别人送货,计划性运作	配送中心、第三方物流
4. JIT 配送	用户不设库,自己送货,计划性运作	看板送货
5. VMI 送货	自己在用户设库,自己送货,计划性运作	VMI 送货

这几种方式分别适用于不同的情况。销售物流方案的制订要依靠一定的物流战略,要运用一些管理科学的方法原理和运筹学、计算机科学的一些方法手段,详细内容将在下面的销售物流战略中讨论。

(六)销售物流方案的实施与控制

销售物流方案制订以后,就要按照方案规定的内容来实施,并且要在实施过程中进行控制,及时发现偏差,采取相应措施给予纠正,使销售物流方案得到圆满的实施。

三、销售物流战略

(一)自办分销物流战略

自办分销物流战略就是企业自主承担分销物流活动的战略。在一些情况下,企业自办物流有它特殊的好处。这种战略一般适用于具有以下情况的企业:

(1)专业性很强或者市场定向很窄,只有一个客户或少数几个客户。

(2)企业已有物流设施能力、物流作业人员,企业完全可以自行承担分销物流活动。

(3)自己的分销物流活动有特别的技术要求,通常外面的物流企业和一般物流操作难以达到这些技术要求。

(4)供需之间确立了紧密的合作关系,例如 JIT 关系、VMI 关系等,必须自办物流才能够满足这种关系和客户的需求。

在上述情况下,都应当实行自办物流。

自办物流的最大好处就是自主控制性强。自己可以随意控制物流方式、物流量、物流频次。因而可以灵敏响应需求的变化,随时调整生产和物流作业计划,保障客户服务水平和自己的经济效益。

自办物流也可以灵活选取多种方式,例如,将某些业务局部外包、临时外包、委托运输等。但是自己必须牢牢掌握自主控制权。

自办物流形式,在现代物流中也有很多应用。例如,DRP 运作系统、JIT 运作系统、VMI 运作系统等,实际上都是一种自办物流形式。

(二)外包物流战略

外包物流的最大好处,就是能够利用它的资源,办理自己不能干或不想干的一些工作,使自己可以腾出时间和精力干自己想干的更加重要的工作。

这种战略一般适用于具有以下情况的企业:

(1)市场面很宽、有非常庞大的用户群,而每个用户的需求量都很小。

(2)企业没有物流设施和物流作业人员,不能承担分销物流活动。

(3)自己的分销物流活动没有特别的技术要求,通常外面的物流企业和一般物流操作能够达到其物流活动的要求,甚至能够干得更好、更节省费用。

(4)供需之间没有特殊的紧密的合作关系。

在上述情况下,都应当实行外包物流。

外包物流也可以灵活选取多种方式,例如,全面外包、部分外包、临时外包、配送中心外包、第三方物流外包等。

(三)配送物流战略

1. 配送物流战略的概念

配送物流是指以配送为主的分销物流运作方式,即主要在局部范围内进行短途联合送货活动。这里的所谓配送,实际上也包含了短途的专门面对一个用户的直送活动。也不是专指送货,配送也包括配送中心内部的储存保管、分拣、集货、配货、配车以及送货后的服务等等活动。

2. 配送物流战略的优点

配送有很多好处:

(1)对生产企业来说,可以变各个货主的分散小库存为配送中心的集中大库存。分散的小库存,不但需要仓库、占用资金、需要花费保管费用,而且减少了货物的流动性,不能够及时迅速满足广大社会客户的需求;而配送中心集中的大库存,流动性高、客户面广,可充分发挥库存物资的相应面,使得库存物资及时迅速地为广大社会客户充分利用,而且集中保管,有了规模效益,可以降低仓储保管的成本。

(2)对客户来说,可以提高客户服务水平。客户可以要求配送中心按时按量送货,自己可以不设仓库,在零库存运作的情况下,还能够保证满足需要,保障生产的正常进行。

(3)对社会来说,由于配送中心实行联合送货,因此减少了运输车次,缓解了交通紧张状况,减少了汽车尾气、噪声对社会生态环境的污染和破坏。

(4)对配送企业本身来说,由于配送实行联合送货,因此不但减少了运输车次,降低了经营成本,提高了经济效益,还提高了客户服务水平,提高了顾客满意程度。而且有利于稳定市场、开拓市场,增加市场占有率,提高市场竞争能力。

(5)对物资利用来说,可以充分发挥库存物资的利用率,提高仓库的使用效率。

配送战略特别适合于那些市场面很广、客户需求都不大、送货没有特殊技术要求的企业。

(四)第三方物流战略

1. 第三方物流含义

第三方物流通常叫作契约物流(Contract Logistics)或合同物流。因为对于供方企业和需方企业来说,是以外包形式实现的,所以又叫作外包物流(Outsourcing Logistics)。第三方物流是第三方物流服务提供者在特定的时间段内按照特定的合同向使用者提供的个性化的物流服务。

2. 第三方物流的特点

（1）契约式。无论是业务类别、业务数量、业务时间、业务价格、业务范围、业务方式等都由合同规定。

（2）个性化。一个客户一份合同，每个合同都有自己独特的要求。

（3）零散性。各个客户无论是业务种类、业务方式、业务空间、业务时间都是零散的、变化的。

（4）非标准化。各个客户的包装容器、包装方式、运输要求可能都是非标准化的。

（5）被动性。各个客户的业务可能都是突然、紧急产生的，第三方物流企业必须适应客户的要求，所以都是被动的。

（6）利润空间小而难度大、要求苛刻。一般外包出来的业务都是客户不能干或不愿意干的业务，其原因大都是费用高、难度大、利润空间小。因此第三方物流企业承包的业务一般也是利润小、难度大、要求苛刻的。

（7）小量、多户。各个客户的业务量可能都是小量的、临时的，所以第三方物流企业必须同时承包很多客户，才能够维持正常的工作量。

（8）随机性、风险大。各个客户的业务合同可能是随机产生的，而且可能是临时的，一份合同执行完了，这个业务就可能结束。即便是固定用户，也是随企业生产计划安排而有业务，而这个业务也随时可能丢掉，因此随时都有风险。

3. 第三方物流的优势

第三方物流企业也有自己的优势条件，主要体现在以下几个方面：

（1）可以实现规模效益。它可以同时拥有多个用户，扩大自己的业务规模，把零散的、小量的、随机的业务整合成集中的、大量的、正常的业务，提高物流设施的利用率，降低成本，提高经济效益。

（2）可以实现协调效益。由于有很多的客户，而这些客户之间有可能是连环供需关系，对于这些连环供需关系，第三方物流企业可以调整送货关系，减少送货环节、实现跨环节送货、联合送货、回程送货等，这样可以减少工作量、降低物流成本。

（3）可以实现群体效益。第三方物流不但能够使得自己在艰难的环境下获得经济效益，而且可以为客户企业、为社会环境带来效益。对客户企业来说，它可以节省成本、享受优质高效服务，可以集中资金和精力研发新产品，提高企业核心竞争力；对于社会环境来说，由于第三方物流减少了车次、减少了运输污染、缓解了运输紧张,因此社会生态环境可以得到保护,社会交通紧张的状况可以得到缓解。

4. 生产企业采用第三方物流战略的好处

(1) 可以利用社会资源。生产企业获得的最大好处就是可以利用社会资源做一些自己不能干或不愿意干的物流活动,而收到比自己干还更好、更有效、成本更低的效果。

(2) 集中发展核心竞争力。采用第三方物流战略,可以使得自己腾出精力、资金、时间来集中发展自己的核心竞争力,在市场竞争中创造竞争优势。

(3) 降低物流成本,提高经济效益。由于利用了第三方物流企业的核心竞争力优势,可以更大程度地降低运作成本,提高运作效率,享受高水平的服务,提高本企业的经济效益。

(五) JIT 送货战略

准时化生产方式(Just In Time,JIT)是起源于日本丰田汽车公司的一种生产管理方法,现在已经推广到各个领域。分销物流领域也广泛运用 JIT 的思想,形成了 JIT 送货战略。

JIT 的基本思想,就是在适当的时候,将适当的物品、适当的数量,送到适当的地点。它是一种准时化送货方式。JIT 的基本思想就是保证客户最大限度地消除浪费、降低成本、提高效率。它最典型的运作模式如下:

由客户企业根据自己需求的时间、需求的品种、需求的数量、需求的地点,制定指令看板,发往供应商,要求供应商按指定的时间,将指定的品种、规格和数量送到指定的地点。供应商接到看板后,需要按照看板的指令,准备货物,按时按量送货。

这种送货战略对供应商的要求很高、约束较大,供应商一般要根据客户的需求速度进行同步生产和供应。一般只适用于那些供需关系非常紧密的企业、卫星企业、附属企业、联盟企业等。

但是这种分销物流战略对于客户企业带来的效益是非常显著的,尤其是在供应链管理中,核心企业对于供应商的要求,非常需要这种方式。

(六) VMI 送货战略

供应商掌握用户库存(VMI:Vendor Managed Inventory)也是供应链物流管理中的一种分销物流方式。它的典型运行模式如下:

客户企业没有库存,客户企业的库存完全由供应商企业掌握。但是客户企业随时需要把需求信息发往供应商企业,供应商企业根据用户的需求信息分析需求的变化趋势,预测客户企业未来的需求量,把适当的货品及时发往客户企业以补充库存,满足客户企业的需求。供应商企业必须保证在客户企业的库存适当,刚好能够满足需要。所以,供应商必须认真研究、仔细策划、小批量多频次生产和送货,才能够灵敏响应需求的变化,保障供应商企业损失最小、效益最大。

1. 由供应商管理用户库存有很大的好处

(1) 供应商是商品的生产者,它掌握核心企业的库存,具有很大的主动性和灵活机动性。它可以根据市场需求量的变化,及时调整生产计划和采购计划。

(2) 供应商掌握库存,就可以把核心企业从库存陷阱中解放出来。它们不需要占用库存资金,不需要增加采购、进货、检验、入库、出库、保管等一系列的工作,使它们能够集中更多的资金、人力、物力用于发展它们的核心竞争力,更好地搞好本身的工作,大大提高效益,扩大市场,从而提高整个供应链的活力,为整个供应链(包括供应商企业)创造一个更加有利的局面。

(3) 供应商掌握库存,就是掌握市场。核心企业的库存消耗就是市场需求的组成部分,它直接反映了客户的消费水平和消费倾向,这对于供应商改进产品结构和设计、开发适销对路的新产品,对于企业的生产决策和经营决策起着有力的信息支持作用,使它们也能够获得一个更好的发展局面。

可见,实施 VMI,由供应商掌握库存,可以实现核心企业和供应商企业的"双赢",不但对核心企业,而且对供应商企业自身都是有好处的。

2. 实施 VMI 管理,需要具备的前提条件

(1) 供应商要详细掌握核心企业的销售信息和库存消耗信息,也就是核心企业的销售信息和库存消耗信息要对供应商透明。具体说来,供应商应该掌握核心企业的销售时点信息或库存消耗时点信息(POS),因为只有掌握这样的时点信息,供应商才能够掌握库存消耗的规律,才能够根据这个规律来调整生产计划和采购计划,供应商掌握库存才有意义。

(2) 为了使供应商能够及时详细地掌握核心企业的销售信息和库存消耗信息,需要建立起通畅的信息传输网络、建立供应链系统的管理信息系统、实现信息的及时传输和处理。

(3) 建立供应链系统的协商机制和互惠互利的机制,加强沟通,及时协商处理出现的各种问题,建立起企业之间的友好协作关系。

供应商掌握用户库存的销售物流战略主要适用于有紧密供需关系的供应商企业,特别是供应链中的供应商企业。

（七）无库存分销战略

无库存分销物流战略是客户甚至包括供应商实行零库存经营的分销物流战略。上面讨论的配送物流战略、JIT 物流战略以及 VMI 物流战略实际上都可以实现无库存经营，因此也都可以是无库存分销物流战略。分销物流战略由于实现了零库存，所以可以最大限度地降低成本，提高工作效率，提高企业的经济效益。

第五节 逆向物流管理

一、逆向物流概述

（一）逆向物流的定义

供应链上的正向物流是货物从生产到消费的实际方向上的物流，也是供应链上投入产出方向上的物流，它是从原材料的采集、加工、存储、运输到产品的采购、生产、加工和装配，产品的存储、运输、配送、销售和售后服务的整个过程。而逆向物流是与正向物流，即产品的生产—消费物流方向相反的物流活动。逆向物流包括回收物流（Returned Logistics）与废弃物流（Waste Material Logistics）两大类。回收物流的形成是由于消费者对不满意产品的退货，不合格材料和残次品的退货，包装品的回收复用；而废弃物的处理以及由于某些强制性的原因或其他原因，如产品的有效期到期、法律禁止的具有某些危害的产品，形成的产品回收等，称为废弃物流。逆向物流包括产品的回收、替代、检验/分类、再加工以及处置/清理等环节的业务活动，它运作的好坏直接影响到企业的信誉、客户服务水平、质量评价、现金流和经营成本。图 6-25 为逆向物流的基本活动示意图。

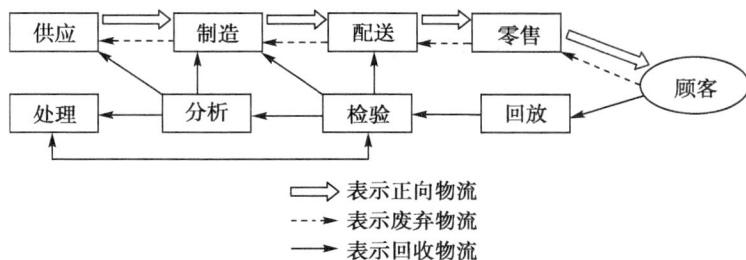

图 6-25 逆向物流的基本活动示意图

（二）逆向物流的驱动因素

在那些已经运用逆向物流系统的公司中,高级管理人员过度地将它的管理推给了运营层,这已经不再是有效的方法。有许多有利的因素迫使企业将逆向物流的管理提高到战略层面,提上了高级管理日程。带来这些变化的主要驱动因素有以下几种:

1. 政府立法

在工业化世界中,政府的环境立法有效地推动了企业对他们所制造的产品的整个生命周期负责。顾客对全球气候变暖、温室效应和环境污染的关注推动了这种趋势的发展。

政府积极的立法工作让企业研究并改变他们管理从产品生产到最终废品处理的方法,聪明的企业并没有消极地应对强制性法规的实行,他们正在为下一代的环境法案作准备,积极地思考他们在产品管理上的地位、责任和机会。实际上,他们正在为必将到来的一天作准备,那就是他们必须在产品使用寿命终结之时,对它的处理负全部责任。当政府正式推行该项法律时,以往产品的所有权与责任的转移问题将不复存在。买者和卖者的关系将发生永久性的转变。

2. 日益缩短的产品生命周期

产品生命周期正在变得越来越短,这种现象在许多行业都变得非常明显(图6-26),在计算机行业尤为突出。新产品和升级换代产品以前所未有的速度推向市场,推动消费者更加频繁地购买。当消费者从更多的选择和功能中受益时,这种趋势也不可避免地导致了消费者使用更多的不被需要的产品,同时也带来了更

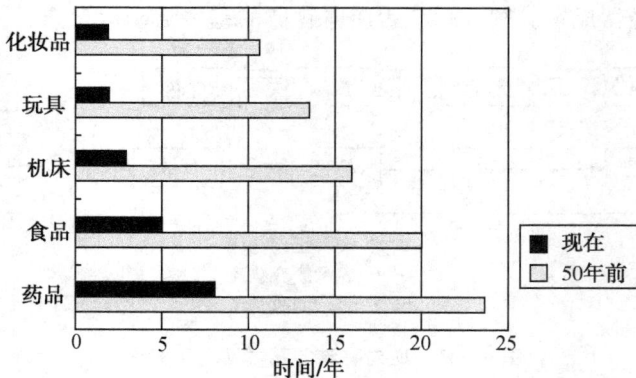

图 6-26 产品生命周期的缩短

多的包装、更多的退货和更多的浪费问题。缩短的产品生命周期增加了进入逆向物流的浪费物资以及管理成本。

3. 新的分销渠道

消费者可以更加便捷地通过新的分销渠道购买商品。电视直销购物和互联网的出现使商品直销成为可能。但是直销产品也增加了退货的可能性。要么是因为产品在运输过程中被损坏，要么是由于实际收到的物品与在电视或网上看到的商品不同。直销渠道给逆向物流带来了压力。由于直销渠道面对的顾客是全球范围的，而不仅仅局限于本地、国内或者某一区域，退货物品管理的复杂性就会增加，管理成本也将上升。

4. 供应链中的力量转移

竞争的加剧和产品供应量的增加意味着买家在供应链中的地位提升。零售商可以而且的确在拒绝承担未售出商品和过度包装品的处理责任。在美国，大多数返还给最上层供应商的商品（要么来源于消费者，要么是因为未售出）都被最初的供应商收回，由他们对这些产品进行再加工和处理。这种情况在所有行业都会发生，即便在航空业，航空公司也会要求供应商收回并处理不需要的包装物品。

（三）逆向物流的战略意义

逆向物流能够为企业及其供应链带来经济价值和环境效益。其作用主要体现在以下几个方面：

（1）提高顾客价值，增加竞争优势。在当今顾客驱动的经济环境下，顾客价值是决定企业生存和发展的关键因素。众多企业通过逆向物流提高顾客对产品或服务的满意度，赢得顾客的信任，从而增强其竞争优势。对于最终顾客来说，逆向物流能够确保不符合订单要求的产品及时退货，有利于消除顾客的后顾之忧，增加其对企业的信任感及回头率，扩大企业的市场份额。正如 Dave Hommrich 所言，如果一个公司要赢得顾客，它必须保证顾客在整个交易过程中心情舒畅，而逆向物流战略是达到这一目标的有效手段。另一方面，对于供应链上的企业客户来说，上游企业采取宽松的退货策略，能够减少下游客户的经营风险，改善供需关系，促进企业间战略合作，强化整个供应链的竞争优势。特别是对于过时风险比较大的产品，退货策略所带来的竞争优势更加明显。

（2）降低物料成本，增加企业效益。减少物料耗费，提高物料利用率是企业成本管理的重点，也是企业增效的重要手段。然而，传统管理模式的物料管理仅仅局限于企业内部物料，不重视企业外部废旧产品及其物料的有效利用，造成大量可再用资源的闲置和浪费。由于废旧产品的回购价格低、来源充足，对这些产品回购加工可以大幅度降低企业的物料成本。特别是随着经济的发展,资源短缺日益加重,资源的供求矛盾更严突出,逆向物流将越来越显出其优越性。

（3）改善环境行为,塑造企业形象。随着人们生活水平和文化素质的提高,环境意识日益增强,消费观念发生了巨大变化,顾客对环境的期望越来越高。另外,由于不可再生资源的稀缺以及环境污染日益加重,各国都制定了许多环境保护法,为企业的环境行为规定了一个约束性标准。企业的环境业绩已成为评价企业运营绩效的重要指标。为了改善企业的环境行为,提高企业在公众中的形象,许多企业纷纷采取逆向物流战略,以减少产品对环境的污染及资源的消耗。

二、逆向物流中的物资及处理方式

一般逆向物流中回流的物资包括:产品加工过程中的边角料、库存或运输中被损坏的产品、产品的包装材料、顾客的退货、完成寿命的产品、返修品、由于生产造成的瑕疵导致企业大批回收的出厂品等。

基于这些物资不同的回流原因,可将它们大致分为投诉退货、维修返回、商业返回、包装返回、终端使用返回、生产报废与副产品六种类型(表6-9)。它们普遍存在于企业和供应链的经营活动中,其涉及的部门有设计、采购、生产、仓储、包装、运输、配送、装卸搬运、流通加工、分销销售以及维修服务等。

表6-9 逆向物流的物资类型

类　别	周期	涉及领域	处理方式	例　证
投诉退货 运输短少、偷盗、质量问题、重复运输等	短期	市场营销 客户满意服务	确认检查,退换货补货	电子消费品,如手机、DVD机、录音笔等
终端退回 经完全使用后需处理的产品	长期	经济 市场营销	再生产、再循环	电子设备的再生产,地毯循环,轮胎修复
		法规条例	再循环	白色和黑色家用电器
		资产恢复	再生产、再循环、处理	电脑元件及打印机硒鼓
商业退回 未使用商品退回还款	短期 中期	市场营销	再使用、再生产、再循环、处理	零售商积压库存,时装、化妆品

类　　别	周期	涉及领域	处理方式	例　　证
维修退回 缺陷或损坏产品	中期	市场营销 法规条例	维修处理	有缺陷的家用电器、零部件、手机
生产报废和副产品 生产过程的废品和副产品	较短期	经济 法规条例	再循环、再生产	药品行业，钢铁业
包装 包装材料和产品载体	短期	经济	再使用	托盘、条板箱、器皿
		法规条例	再循环	包装袋

针对不同类型的逆向物流物资,有不同的处理方法。在收到返回的物资和产品之后,企业通常可以按照下面可能的六种方法之一对其进行处理整修、维修、再利用、再销售或者进行回收(将产品拆散再进行销售)。

（一）重新整修和再次制造

对产品进行重新整修和再次制造已经不是一个新的概念,现在越来越引起人们的注意。缺乏最新功能,但是仍处于可用状态并且可以实现功能恢复的设备,可以重新制造并放到仓库中以备再次使用。通常再生的生产制造成本应低于制造新产品的制造成本。企业运用有效的整修过程,可以在最大程度上降低整修成本,并且将整修后的成品返回仓库。

在诸如航空、铁路等资产密集型的行业中,这种方法正在被广泛地使用。再生制造成本远远低于重建成本。目前,越来越多的公司开始应用这种方法。这些公司不但拥有大量的机械设备,而且频繁使用,其中的设备包括自动售货机和复印机等。

（二）维修

如果产品无法按照设计要求工作,企业就需要对其回收并维修。返回的物品有两种类型:保修的和非保修的。客户需要自行付费解决非保修产品的维修问题,所以对企业来说,真正的问题在于保修期物品的回收。维修的目标是减少维修成本,节省产品维修时间并延长产品使用寿命。企业需要认真考虑和平衡维修成本和新建成本。

对于计算机软硬件厂商和分销商来讲,保修期内物品的维修是很麻烦的。他们售出的产品具有较高的故障率,而且很容易过时,但是该行业许多公司缺乏用于准确处理保修要求的精密系统。因此,产品返还到分销中心就会中止,这会产生许多问题。缺乏记录意味着企业无法获得用于更正和防止再次发生类似问题的分析信息。更重要的是,企业无法准确计算出返厂保修期产品带来的业务成本。如果没有追踪信息的工具和方法,企业就不可能实现未来产品设计和生产的改进。

(三) 再使用

产品的再使用主要针对零部件,到达使用寿命的设备可以分解为部件和最终的零件。其中的部分零部件状态良好,无须重新制造和维修就可以再次使用,它们会被放置在零件仓库中供维修使用。

(四) 再循环

有些返还产品状态良好,可以进行再次销售。它们很可能是那些没有售出的商品,有些顾客买了之后就把它退回(例如通过邮购目录购买后退回),有些则是使用后退回。另外,一些包装也可以重复利用,再次循环。一些在逆向物流方面领先的高科技企业,正在积极地再次利用自己的售出返还产品以及可重复使用的包装。

(五) 回收分拆

无法进行整修、修理或者再循环的返厂商品将被分解成零件,然后再进行回收。直到现在,人们仍把回收看作是一件费时费力、不值得做的事情。然而,当企业面对越来越多的废品管理账单时,他们就开始重新研究替代废品处理的方法。一些企业由于在物资回收方面的努力,带来了可观的经济效益。为了从回收活动中获得最大效益,企业必须对逆向物流系统进行良好的管理,其中包括减少运输、流程和处理成本,使废弃物价值最大化。

(六) 报废处理

对那些没有经济价值或严重危害环境的回收品或零部件,通过机械处理、地下掩埋或焚烧等方式进行销毁。西方国家对环保要求越来越高,而后两种方式会对环境带来一些不利影响,如占用土地、污染空气等。因此,目前西方国家主要采取机械处理方式。即便如此,这也不再是一个简单的处理方法。在大多数工业化国家里,被认作危险品的产品必须与其他物品区别开来,并进行负责任的处理。

如果不这样做会导致高额的成本,因为处置者仍然要对这些废品负责,即便是经过了处理。

不同类型的回收物资与不同的处理方法的匹配可参见表 6-9。

三、逆向物流的未来的趋势

随着越来越多的最佳业务实践出现在前向供应链系统的发展趋势中,一流逆向物流的发展仍将继续。

(一)组织物理结构

组织必须确保他们的逆向系统与前向物流具有同样的成效。尽管企业还需要一段时间发展逆向物流系统,但对于他们来说,建立一个允许他们快速收回物品,同时尽可能地降低成本的物理物流结构十分重要。这可能意味着最好由第三方组织管理逆向系统,或者由那些专注于配送中心建设的组织提供逆向物流服务。

与单独的业务链相比,逆向物流系统将会变成一个复杂的网络。它将包含两个层次的用户,因为有些顾客购买的是新产品,而另外一些顾客只买部件和再销售的产品。在某些情况下,顾客将成为供应商。随着越来越多的专注于废品处理和产品回收的供应商加入逆向系统中,逆向网络将变得更加复杂。

(二)财务影响

把逆向物流管理由战术执行层系统推向企业业务战略高度的主要因素,就是它对企业运作的财务影响。重新分配产品责任的趋势正在对传统的产品所有权和责任的转移的本质发起挑战,而且正在改变传统的买家和卖家之间的动态关系。

将来,可能有许多的产品是租用给用户,而不是卖给他们,例如移动电话,用户不会因为产品过时而烦恼。更重要的是,制造商能够追溯产品的流向,在产品的生命周期结束之时,可以重新收回并对之进行处理。

(三)信息技术

发展逆向物流系统的一个最重要的环节是应用信息技术。新技术和尖端技术可以帮助企业收集被回收产品的信息。信息的流动与产品本身的流动一样重要。将来,可以采用二维条码技术收集产品信息。这种条码包含着产品所有权的多重信息,可以应用到单个产品上,甚至用到产品中的一个零部件上。将微型条码应用于小件物品上,意味着即便是个人电脑的芯片,也是可以跟踪的。对于逆向物流系统,使用条码技术使得物品管理非常简便,在任何时候都可以对所有产品进行追踪,实时的产品状况和损坏信息可以帮助物流经理理解逆向物流系统的需求。

数据管理可以使企业追踪产品在客户之间的流动信息,同时也可以使企业辨识出以回收为目的的产品返回比例。这些信息将会被用于提高产品可靠性以及识别逆向物流系统中的特殊问题。信息同样可以运用到提高产品供应的预测水平上去。

(四) 逆向物流的困难

从信息获得的角度讲,许多企业不容易获得可以正确分析产品回收处理问题的信息,因为这些相关的信息通常都相当分散,有的信息在公司内部,有的在整个企业链中,有的信息甚至是无法取得的。而这些必需的信息包括以下四种:①关于产品组成成分的相关信息;②关于产品回收数量以及不确定性的信息;③关于再制造产品、零件以及物料的市场需求信息;④关于产品回收处理以及废弃物处置的作业信息。

对于一个包含产品回收处理的制造系统而言,有七项特征使得生产制造系统的规划控制变得非常复杂:①回收产品的时间和数量的不确定性;②需要平衡回收产品的需求和供给;③需要将回收的产品分解;④回收产品所需物料数量的不确定性;⑤需要逆向物流网络的支持;⑥物料配合的复杂性;⑦对于修护以及再制造作业所需的物料,其处理流程是相当随机的,而且是不确定的,同时其处理时间的不确定性也很高。

从以上分析可以了解到,逆向物流在管理上比正向物流复杂得多,究其原因在于逆向物流比正向物流增加了许多复杂性和不确定性,恰恰是这些不确定性和复杂性使整个逆向物流的绩效变差。

6-1 云阅读　　6-2 云阅读　　6-3 云阅读　　6-4 云阅读　　6-5 云习题

第七章　供应链管理

供应链管理是美国管理学会于 20 世纪 80 年代后期从生产实践中抽象出来的一种新型的生产组织管理模式。在 21 世纪的今天,市场竞争的关键已不是单纯的企业间的实力较量,而是企业供应链之间的竞争。

本章提出供应链管理的概念,探讨供应链管理的原理和内容、供应链管理的模式选择和供应链管理的基本方法以及供应链绩效评析。

第一节　供应链管理原理

一、供应链管理兴起与发展的背景

(一)供应链管理兴起的宏观背景:全球化与信息时代

过去数十年,世界逐渐走进全球化与信息化时代,全球经济发生了很大的变化:关税降低,贸易壁垒减少,经济区域化,世界贸易组织成立,市场竞争全球化,网络经济、电子商务在全球兴起,企业在有机会把产品销售到全世界的同时,也要面对来自全世界的竞争。

21 世纪,全球化和信息化的进程进一步加快,无国界竞争势不可挡。商品、服务、生产要素与信息跨国界流动的规模与形式快速扩展,通过国际分工,在世界市场范围内提高资源配置的效率,各国经济相互依赖程度日益加深。因此真正的全球化不只是把产品外销到别国,到某个海外地方设厂,而是企业真正整合运用全世界不同地区的资源和市场来促进企业发展。

信息技术的发展,网络经济、电子商务在全球的兴起,正在改变整个消费市场和产业市场。企业的内外环境都发生了巨大变化。以 Internet 为基础的市场模式,改变了企业之间的交易方式,使我们对有形市场的依赖逐步减弱。各种信息和通信技术的应用,让企业管理者可能在瞬间查询到全球每个角落的营运情况,指挥企业的运作,使企业实现全球营运的门槛大幅降低。同时,信息系统大大降低了信息交换成本。以往供应链管理的信息只是企业人员通过文件和语言传递,现在利用信息系统,除了可实时交换数据之外,还可以进行分析并给出提示,其时间性和准确性亦大大提高。从微观层面上看,信息技术的发展,打破了时间和空间对经济活动的限制,为企业间经济关系的发展提供了新的手段和条件。运用网络通信、数据库、标准化等技术可使各种信息在世界范围内快速有效地传递和共享。在企业内部,正在兴起的流程再造,通过管理信息系统全面整合企业资源,使企业的运作更具效率与活力。

在全球化市场里,由于信息渠道通畅,企业的潜在客户数量大大增加,但同时既有的客户也可能迅速被其他企业夺走,企业生存与发展的不确定性增大,竞争加剧。过去有效的经营模式可能在不久的将来成为发展的障碍。消费者和企业客户从各种销售渠道寻找价格最低的产品和服务。企业除了开发创造有特别价值的产品外,也要获得比竞争对手成本更低的竞争优势。由于消费者是最终的"付钞者",企业认识到,产品的竞争力并非由一个企业决定,而是由从原料到产品完成的整个过程决定,产品的竞争是供应链之间的竞争。只有拥有足够的竞争力才能胜出,这种立体的竞争模式将成为未来经济的重要特征。

企业间的相互较量与相互渗透使市场竞争态势复杂多变、日趋激烈。全球化的市场态势改变着企业竞争环境,也改变着企业竞争的规则。如今,经济结构的调整已在世界范围内展开,企业由此将获取资源、研究与开发、产品生产、销售等方面的经营活动扩展到世界范围,所以必须把整个世界市场作为自己经营活动的舞台和战略发展的空间。经营空间的广泛性,经营环境的复杂性和信息管理难度大的特点,对企业的管理工作提出了更高的要求。

(二)供应链管理兴起的市场背景:消费者的高要求和竞争者的介入

20世纪,不断的科技创新和制造生产力的提升,使许多企业在进入市场及扩大生产上的成本降低。同时,为了开拓市场、增加市场占有率、发挥规模经济效益,企业扩充生产能力、扩大销售,令各种产品的产能和产量激增。部分产业进入了供过于求的时代,消费者成为市场的主导者。

由于大众的知识水平和对产品的认知程度越来越高,激烈竞争令市场上产品的种类越来越多、质量越来越好、变化越来越大,消费者对产品的要求不断提高。企业都明白市场竞争的标准是以消费者的满意为尺度,所以产品本身、价格和供应时间三个方面都必须兼顾。即使是企业客户亦不再受困于大型供货商的高价格、低品质的产品和服务,因为它们有能力从全世界找寻替代供应。它们熟悉市场的价格、品质和供需情况,那些不能达到市场水平的供应商很快便会被淘汰。

消费者的需求由以往的千篇一律转变为多样化、个性化,消费者群体区间增多,不同的消费者对功能规格、外观样式和购买数量都有不同的要求,但在质量上都要求严格。产品的安全性、可靠性,乃至生产过程,都影响消费者衡量它的价值,也为生产预测带来更大的不确定性。因此,了解用户需求成为企业最大的挑战。一方面,供货商和制造商都不能闭门造车,而需要将用户纳入产品研究和设计的过程之中,使产品真正满足用户的需求和期望。另一方面,信息的收集和传递效率提升,如何准确地分析和利用信息作出决定,成为企业管理者的一大挑战。

潮流日日不同,人们的注意力不断改变,只有在最适当的时候进入市场的产品才能卖得红火。不论在哪个环节,订单的前置时间都在缩减,使生产与销售的时间更为贴近。因此,企业都需要紧密留意市场的改变,迅速做出反应和行动,尽快满足瞬间出现变化的顾客需求。时间成为产品竞争的一个重要因素。

在满足消费者高要求的同时,行业内的竞争更加激烈,企业不得不在产品质量和客户服务方面下极大的工夫。在高度竞争的市场环境中,传统企业经营过程中的运作成本不断增加,产品生命周期不断缩短,更新换代速度加快,企业在产品开发和上市时间方面的活动余地也愈来愈少,交货期的要求越来越高,用户对产品和服务的期望越来越高。这些成本因素困扰着每一个企业,给企业经营造成很大的压力。传统企业如果不尽快进入电子化,不利用信息技术拓展业务来巩固自己的市场份额,它可能在永远失去新兴市场的同时,也将永远失去原有的市场。由于竞争,企业除了要从增值方向思考外,还要尽力压低成本以降低产品的最终价格。这些市场环境的变化进一步增加了企业管理的复杂性,成为企业执行供应链管理的驱动力。

(三)供应链管理兴起的组织背景:企业管理模式的变革

管理模式是一种系统化的指导与控制方法,它把企业中的人、财、物和信息等资源,高质量、低成本、快速及时地转换为市场所需要的产品和服务。因此,自从有了企业那天起,质量、成本和时间(生产周期)就一直是一个企业的三个核心要素,企业管理模式也是围绕着这三个方面不断发展的。企业的生存和发展取决于对这三个核心活动过程的管理水平,因为质量是企业的立足之本,成本是生存之道,而时间则是发展之源。

从管理模式上看,企业出于对制造资源的占有要求和对生产过程直接控制的需要,传统上常采用的策略是或扩大自身规模,或参股到供应商企业,与为其提供原材料、半成品或零部件的企业是一种所有关系。这就是人们所说的"纵向一体化"管理模式。在 20 世纪 60 年代以前,企业生产组织和管理模式盛行通过确定经济生产批量、安全库存、订货点,来保证生产的稳定性,但由于没有注意独立需求和相关需求的差别,采用这些方法并未取得期望的成果。此后,人们就一直探求更好的制造组织和管理模式,先后出现了诸如物料需求计划(Material Requirements Planning,简称 MRP)、制造资源计划(Manufacturing Resources Planning,简称 MRP Ⅱ)、准时生产制(Just In Time,简称 JIT)及精益生产(Lean Production)等新的生产方式。它们对提高企业整体效益和在市场上的竞争能力作出了不可低估的贡献。

但是这些组织管理模式的设计以某一个企业的资源利用为核心,以一个企业的资源为主,所考虑的都是本企业制造资源的安排问题。在 20 世纪 90 年代科技迅速发展、全球经济一体化、世界竞争日益激烈、顾客需求不断变化的形势下,这些组织管理模式在市场环境中显得有些不适应。因为全球性的竞争使得市场变化太快,单个企业依靠自己的资源进行自我调整的速度赶不上市场变化的速度,难以使市场上的用户得到满意的服务,自己也难以获得理想的效益。

为了解决这个影响企业生存和发展的世界性问题,越来越多的企业放弃了"纵向一体化"管理模式,随之兴起了"横向一体化(Horizontal Integration)"和敏捷制造的组织管理模式。采用可以快速重构的生产单元构成的扁平组织结构,以充分自治的、分布式的协同工作代替金字塔式的多层管理结构;利用企业外部资源快速响应市场需求,促使产品快速上马,避免自己投资带来的基建周期长等问题,本企业只抓最核心的东西:产品方向和市场;赢得产品在低成本、高质量、早上市诸方面的竞争优势,变企业之间你死我活的竞争关系为既有竞争又有合作的"双赢"关系。这种组织管理模式形成了一条从供应商到制造商再到分销商的贯穿所有企业的"链"。由于相邻节点企业表现出一种需求与供应的关系,当把所有相邻企业依次连接起来,便形成了供应链(Supply Chain)。

二、供应链的概念

企业的供应链有这样一种相互依存的关系,生产企业要依赖于供应商提供原材料、毛坯料,如果都要自己去制造加工,那样生产周期就太长了;同样生产出来的产品也要通过流通领域的销售商供应给用户,如果整个流通渠道不畅通,营销网络没打开,产品就很难进入市场。所以供应商→制造商→销售商,这三者之间的相互依存关系形成一个"供应链(Supply Chain)"。我们再以顾客到附近的超市购买啤酒为例分析供应链的概念。大家是否想过陈列在超市内货架上的啤酒,在顾客取到手之前是经过怎样的途径送达超市的呢?啤酒制造商生产啤酒,要采购大麦、啤酒花等原材料,并进行酿造。酿造出来的啤酒为了保持鲜度,需快速地通过各种流通渠道运送到经销啤酒的零售店。小型超市通过批发商(分销商)进货,而有的大型连锁超市(GMS)则越过这一中间环节,直接与制造商进行交易。

一般而言,某一商品从生产地到达消费者手中,有图7-1所示的厂商及相关人员依次参与。

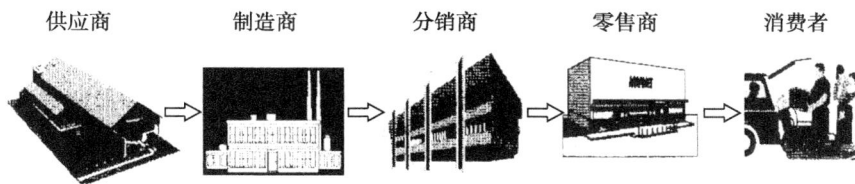

供应商   制造商   分销商   零售商   消费者

图 7-1

这样,我们将这些与供货密切相关的各相关企业和人员(利害相关者)的衔接称为"供应链"。供应链也有其他的称呼,例如,从商品的价值是在业务链中渐渐被增值的角度而言,可称为"价值链(Value Chain)";另外,从满足消费者需求的业务链角度而言,还可称为"需求链(Demand Chain)"。

综上所述,所谓供应链,是指产品生产和流通过程中所涉及的原材料供应商、生产商、批发商、零售商以及最终消费者组成的供需网络,即由物料获取、物料加工并将成品送到用户手中这一过程所涉及的企业和企业部门组成的一个网络。中华人民共和国国家标准《物流术语》(GB/T 18354—2021)将供应链(Supply Chain)定义为:"生产及流通过程中,围绕核心企业的核心产品或服务,由所涉及的原材料供应商、制造商、分销商、零售商直到最终用户等形成的网链结构。"供应链的网链结构模型如图7-2所示。

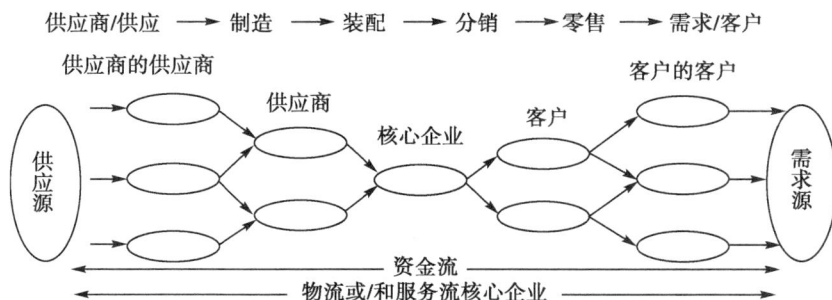

图 7-2 供应链的网链结构模型

从图7-2中可以看出,供应链是一个网链结构,由围绕核心企业的供应商、供应商的供应商和用户、用户的用户组成。一个企业是一个节点,节点企业和节点企业之间是供应与需求的关系。供应链是一个"供应"和"需求"的网络,包括从原料到成品,最后到达最终消费者的整个活动过程。供应链也是一个动态系统,它包括不同环节之间持续不断的信息流、产品流和资金流。因此,供应链的特点主要有以下四点：

一是复杂性。供应链并非一个直线的链条,而是一个"网",除了上下游企业间的纵向联系,还有各类专业服务提供商的参与,所以在管理上供应链比单个企业更为复杂。

二是动态性。为适应市场需求的变化和企业战略的调整,节点企业也需要实时地调整与更新,这就使得供应链管理更具动态性。

三是需求拉动性。供应链管理工作并非供方推动的,而是需方拉动的。供应链的形成、存在、重构都是基于一定的市场需求而发生的。

四是交叉性。节点企业可以是这个供应链的成员,同时又是那个供应链的成员,众多的供应链形成交叉结构,增加了协调管理的难度。

三、供应链管理的概念

供应链管理并不是一个新的概念。自人类有商业历史以来,供应链管理的行为就客观存在。自工业革命以来,企业与企业的供应链概念就出现了,但是作为一种管理思想,供应链管理的概念是在20世纪80年代提出的。因为企业在当时的经济环境下认识到,如果只是有能力生产品质优良的产品,并不能保证其走向成功。企业只有快速提供市场所需求的产品,并将产品快速地交到客户手中,才能成功。但是,这种成功必须依赖一个有效的供应链网络以及供应链伙伴的协作。因此,企业认识到要获得竞争优势,就必须进行供应链管理。随着人类进入信息化社会,信息技术不断在企业中获得应用,人们看到了在企业中应用信息技术所带来的效益。现在企业已开始采用信息技术对供应链进行管理。

中华人民共和国国家标准《物流术语》(GB/T 18354—2021)将供应链管理(Supply Chain Management)定义为："从供应链整体目标出发,对供应链中采购、生产、销售各环节的商流、物流、信息流及资金流进行统一计划、组织、协调、控制的活动和过程。"供应链管理(Supply Chain Management,简称SCM)是一项运用互联网的整体解决方案,目的在于把产品从供应商即时有效地运送给制造商与最终客户,将物流配送、库存管理、订单处理等资讯进行整合,通过网络传输,其功能在于降低库存、保持产品有效期、降低物流成本以及提高服务品质。

供应链管理是企业的有效性管理,体现了企业在战略和战术上对企业整个作业流程的优化。它整合和优化了供应商、制造商、零售商的业务效率,使商品以适当的数量、适当的品质、在适当的地点、以适当的时间、最佳的成本进行生产和销售。这里所提出的供应链管理框架包括三个相互紧密联系的要素:供应链的结构、供应链的业务流程、供应链管理的组成要素。

供应链的结构是指由供应链成员及成员之间的联系所组成的网络；供应链的业务流程是指为客户产生具体的价值输出的活动；供应链管理的组成要素是指那些使业务流程跨越整个供应链得到集成和管理的管理变量。供应链管理的定义与这个新的框架结合起来，使供应链管理的原理迈向了下一个革命性的发展阶段。

供应链管理的实施包括识别所需连接的关键供应链成员，有哪些流程必须和每一个关键成员相连接，以及对每一个过程连接采用什么类型或程度的集成。供应链管理的目标是使公司和包括最终客户在内的整个供应链网络的竞争力和盈利能力实现最大化。因此，对供应链流程进行集成以及积极的重组行动的目的，应该在于提升横跨供应链成员的总体流程的高效性和有效性。

供应链管理的基本思想就是以市场和客户需求为导向，以核心企业为盟主，以提高竞争力、市场占有率、客户满意度和获取最大利润为目标，以协同商务、协同竞争和双赢原则为基本运作模式，通过运用现代企业管理技术、信息技术、网络技术和集成技术，达到对整个供应链上的信息流、物流、资金流、业务流和价值流的有效规划和控制，从而将客户、销售商、供应商、制造商和服务商等合作伙伴连成一个完整的网链结构，形成一个极具竞争力的战略联盟。

四、供应链管理原理

供应链管理是对从最终客户直到原始供应商的关键业务流程的集成，它为客户和其他相关者提供价值增值的产品、服务和信息。

供应链的第一环节是制造商，制造商从原料供应商那里得到生产资料后将其加工成成品。然后，其产品由供应链的第二环也是最关键的一环——独家物流配送中心负责某一特定范围的销售。在独家代理商后又分流到供应链的第三环——各区域的分销商，由其负责各大区域的销售工作。在各区域的分销商下游又分布着供应链的第四环——众多的零售商，由它们销售将产品给最终客户。这是供应链的最基本构架。

假定有一位顾客走进 M 超市购买洗涤剂。供应链管理始发于顾客及其对洗涤剂的需求。供应链的下一步是该顾客所光顾的 M 超市。M 超市货架上的商品来自它的库存，库存商品可能由 M 超市自营的成品仓库或分销商（第三方）提供，而分销商的商品则由制造商提供。制造商从各种供应商处获取原材料，而这些供应商的商品则由上游供应商提供。例如，包装材料可以来自 A 公司，A 公司又从其他供应商那儿获取生产包装物的原材料，从而形成一条供应链。供应链管理就是运用一种集成的管理思想和方法，对这一系列活动或全过程进行跟踪管理，它执行供应链中从供应商到最终客户的物流计划和控制等职能。伊文思（Evens）认为："供应链管理是通过前馈的信息流和反馈的物料流及信息流，将供应商、制造商、分销商、零售商，直到最终客户连成一个整体的管理模式。"

供应链管理对 8 个关键业务流程进行管理：①客户关系管理；②客户服务管理；③需求管理；④订单履行；⑤制造流程管理；⑥采购；⑦产品开发和商业化；⑧回收。

供应链管理是一个高度相互作用的、复杂的系统方法，要求同时考虑许多权衡。如图 7-3 所示，供应链管理跨越了组织的界限，因为它要在组织内部和组织之间考虑有关应在何处设置库存以及应在何处采取行动的种种权衡问题。

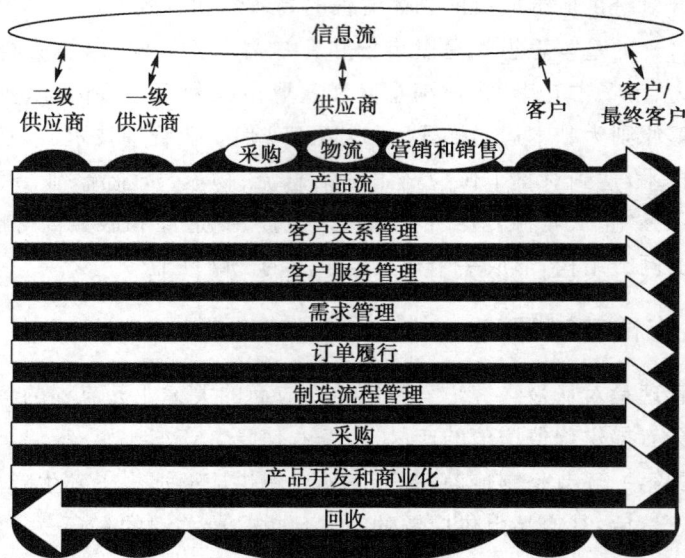

图 7-3　供应链管理：集成和管理跨越整个供应链的业务流程

供应链管理的最终目标是满足顾客需求和实现赢利能力最大化。因此，对供应链流程进行集成以及重组的目的，应该在于提升横跨供应链成员的总体流程的有效性。一件商品必须经过很多物流的过程，才能实现其价值。货物如果不经过物流，不沿着供应链去流通，那么制造商生产出的货物只能是存放在仓库中的产品，不能变为商品。从这个意义上说，物流赋予产品使用价值，并使之附带商品属性。整个物流供应链是从供应商的供应商到顾客的顾客的"供应链的多边共赢"。

综上所述，供应链管理活动从顾客订购开始，并在顾客为其购买活动付款时结束。企业通过供应链管理树立起产品或供给的形象，并沿着供应商→制造商→分销商→零售商→顾客这个链条传播，更重要的是它直观显示了供应链上信息、资金和产品的双向流动。

五、供应链管理与物流的关系

"供应链管理"一词是 20 世纪 80 年代初由咨询管理顾问提出的,随后获得了社会各界极大的关注。从 1989 年起,学术界试图给出供应链管理的结构。直到最近,大多数从业人员、咨询管理顾问和学者都把供应链管理视为与当代对物流管理的理解没有什么差异,认为供应链管理是现代物流管理的一部分或代名词,这可能是因为物流既是公司内部的职能模块,也是涉及跨越供应链的材料和信息流管理的一个更大的概念,而且供应链管理与物流管理有着十分密切的关系。

供应链管理是由物流管理发展而来的,但是供应链管理已经超出了物流管理的范围。物流管理是将企业内部的物流活动和战略同供应链上贸易伙伴的物流活动和战略进行集成,以提升整个渠道的顾客服务和降低总成本;而供应链管理的核心是通过供应链上贸易伙伴的密切合作来获得潜在竞争优势。物流是为了满足顾客需求,对来源点到使用点的货物、服务及相关信息的有效率、有效益的活动和储存,进行计划、执行与控制的供应链过程的一部分。可见,物流管理的战略导向是顾客需求,物流是供应链过程的一部分。物流管理将物流视为获取最大的内部战略优势的资源,而供应链管理则以物流运作的一体化为基础,来创建"虚拟组织",它超越渠道界限,将所有的核心竞争能力联结在一起,以便所有的供应渠道来探求竞争优势的未知领域。供应链管理与物流管理的区别主要有以下三点:

(1)供应链管理是物流运作管理的扩展。供应链管理要求企业从仅关注物流活动的优化,转到关注优化所有的企业职能,包括需求管理、市场营销、制造、财务和物流,将这些活动紧密地集成起来,以实现在产品设计、制造、分销、顾客服务、成本管理以及增值服务等方面的重大突破。

(2)供应链管理是物流一体化管理的延伸。供应链管理将企业外部存在的竞争优势机会包含在内,关注外部集成和跨企业的业务职能,通过重塑他们与代理商、顾客和第三方联盟之间的关系,来寻找生产率的提高和竞争空间的扩大。通过信息技术和通信技术的应用,将整个供应链联系在一起,企业将视他们自己和他们的贸易伙伴为一个扩展企业,从而形成一种创造市场价值的全新方法。

(3)供应链管理是物流管理的新战略。供应链管理在运作方面不仅关注传统的物流运作任务,而且提供一种在整个供应链上持续降低成本以提高生产率的机制。供应链管理的关键要素,在于它的战略方面。供应链管理扩展企业的外部定位和网络能力将使企业建立一个共同市场和竞争视野,构造一个变革性渠道联盟,以寻找在产品和服务方面的重大突破。

因而,供应链管理是供应链的集成物流活动,被重新确认为集成和管理供应链的关键业务过程。基于所形成的供应链管理和物流管理的区别,美国物流管理委员会在 1998 年修订了物流的定义:"物流管理是供应链过程的一部分,它对从原产地到消费地的有效率且高效的物流和货物储存、服务及相关信息进行计划、实施和控制,以满足顾客的需要。"

第二节　供应链管理的内容

供应链管理应对供应链中所有流程及其关系进行管理,包括采购、制造、分销、零售、退货和客户及其相互关系等。但到底是对所有的链进行均等管理,还是轻重有别? 哪些流程的哪些链需要得到重点管理? 核心企业的关键流程如何延伸到整个供应链? 供应链管理的瓶颈何在? 这些问题,都会直接关系到供应链管理的效率和效果。对这些问题的正确回答,构成了供应链管理的核心内容。

一、供应链管理的主要内容

供应链是一个有机的系统整体,供应链管理的内容框架特别强调管理供应链的各部分的相互关联性。供应链管理的内容框架主要包括三个紧密相关的元素,即供应链网络结构、供应链业务流程和供应链信息系统,其相互关系如图 7－4 所示。其中,供应链网络结构包括供应链成员企业和这些企业间的连接;供应链业务流程是向客户提供特殊价值输出的活动,不同的业务流程表现出不同的连接外形;供应链信息系统是业务流程在供应链中进行集成和管理的基础和手段。

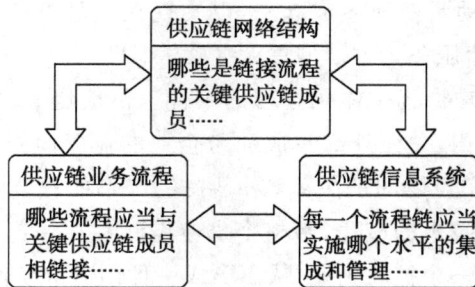

图 7－4　供应链管理内容框架

供应链管理主要涉及四个主要领域:供应(Supply)、生产计划(Schedule Plan)、物流(Logistics)、需求(Demand)。由图 7－5 可见,供应链管理是以同步化、集成化生产计划为指导,以各种技术为支持,尤其以 Internet/Intranet 为依托,围绕供应、生产计划、物流(主要指制造过程)、满足需求来实施的。供应链管理主要包括计划、合作、控制从供应商到用户的物料(零部件和成品等)和信息。供应链管理的主要目标在于:缩短产品完成时间,使生产尽量贴近实时需求,提高顾客服务水平;降低采购、库存、运输等环节中的交易成本,并且寻求两个目标之间的平衡(这两个目标往往有冲突),即从顾客服务水平和成本两方面为产品增值,从而增强企业的竞争力。

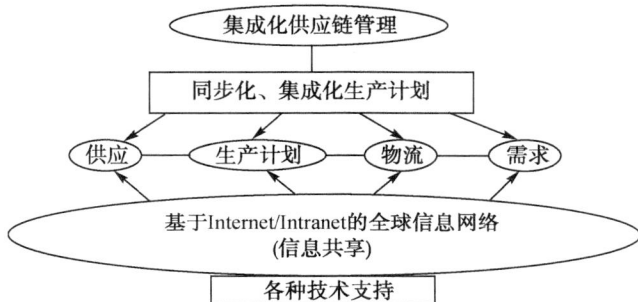

图 7 - 5 供应链管理涉及的领域

在以上四个领域的基础上,我们可以将供应链管理细分为职能领域和辅助领域。职能领域主要包括产品工程、产品技术保证、采购、生产控制、库存控制、仓储管理、分销管理。而辅助领域主要包括客户服务、制造、设计工程、会计核算、人力资源、市场营销。

由此可见,供应链管理关心的并不仅仅是物料实体在供应链中的流动,除了企业内部与企业之间的运输问题和实物分销以外,供应链管理还包括以下主要内容:①战略性供应商和用户合作伙伴关系管理;②供应链产品需求预测和计划;③供应链的设计(节点企业、资源、设备等的评价、选择和定位);④企业内部与企业之间物料供应与需求管理;⑤基于供应链管理的产品设计与制造管理、生产集成化计划、跟踪和控制;⑥基于供应链的用户服务和物流(运输、库存、包装等)管理;⑦企业间资金流管理(汇率、成本等问题);⑧基于 Internet/Intranet 的供应链交互信息管理等。

供应链管理的实质是:以顾客为中心,以市场需求的拉动为原动力,企业应专注于核心业务,建立核心竞争力,在供应链上明确定位,将非核心业务外包;各企业紧密合作,共担风险,共享利益。供应链管理注重总的物流成本(从原材料到最终产成品的费用)与用户服务水平之间的关系,为此要把供应链各个职能部门有机地结合在一起,从而最大限度地发挥出供应链整体的力量,达到供应链企业群体获益的目的。

二、供应链管理与传统管理模式的区别

(一)供应链管理模式分析

供应链的动力是消费者市场的需求,企业适应顾客的需要而组织生产和供应,从中获取收益。20世纪70年代,制造业、商业或分销业注重的是企业内部的发展。供应链的起始动力源自制造环节,它们生产产品,投入市场,利用从分销和零售环节接到的订单来预测最终客户的需求。随着20世纪80年代的到来,人们逐渐认识到,如果将处理各种业务的企业联合起来,就能提高企业的生产率和利润。进入20世纪90年代,人们又认识到,企业单靠产品质量优势并不一定能成功。事实上,客户期望能获得高水平、全方位的服务,比如客户要求企业按时、按量、按质地在指定地点交货。现在,从生产商设计产品开始,就需要顾客参与,使产品能真正符合顾客的需求。在流通环节,分销商和零售商都千方百计发现市场的需要,如利用资料发掘的方法,发现消费者的习惯,以配合促销。

在这种新的形态下,供应链模式从传统的"生产推动"模式发展到"需求拉动"模式。"生产推动"模式,即以制造商为核心企业,制造商根据自己现有的生产能力和库存能力组织生产,包括采购原材料、计划生产、组织库存。生产出来的产品由分销商被动地接受,进而再转压给零售商和客户,其模式如图7-6(a)所示。在这种运作方式下,供应链各节点比较松散,由于企业单纯从提高供应链效率或降低成本的角度对待管理问题,不了解客户需求变化,这种运作方式的库存成本高,对市场变化反应迟钝,生产和销售常呈现大幅波动。"需求拉动"模式则以客户为中心,关注客户需求变化,并根据客户需求组织生产,其模式如图7-6(b)所示。该供应链模式源于客户需求,客户是该供应链中一切业务的原动力;强调以顾客为中心,将主要精力放在满足客户日益增长的需求上,以市场的需求拉动上游的生产行为;该模式提倡企业与供应链中的贸易伙伴通过积极合作与经营而赢得利润。在这种运作方式下,供应链各节点集成度较高,对供应链运作整体素质要求较高,但能降低库存成本,获取高边际利润。

为了满足客户的需求,"需求拉动"模式要求快速响应,否则消费者需求得不到及时满足,或者消费者需求发生改变,生产的产品就变成过时的库存。因此,需要利用信息系统的高效率机制快速传递需求信息,并将信息快速反应到生产和配送。只有这样,才能实现以顾客为中心的供应。要提高客户价值,企业必须加强信息集成。信息集成意味着企业能够使客户订单、库存报告、销售数据报告以及其他关键信息从一个企业(部门)开放地、自动地流向另一个企业(部门),也就是说企业与企业之间、部门与部门之间必须实现信息共享。在这种新的模式中,市

场竞争不再被单纯地看作企业与企业之间的竞争,而是供应链与供应链之间的竞争。

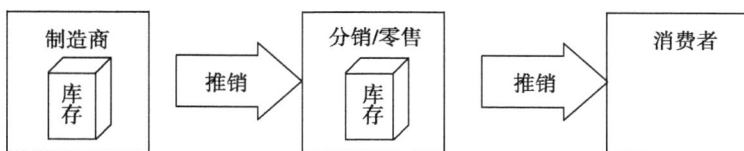

（a）"生产推动"模式:先生产,后销售,销售不佳和求过于供的两个风险同时存在

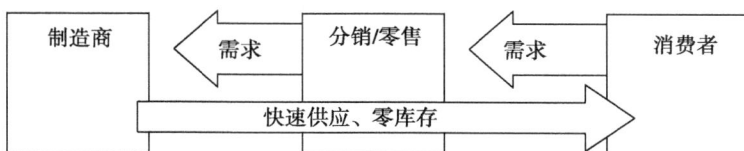

（b）"需求拉动"模式:先确定需求,然后按需生产,减少产品过时和缺货的风险

图 7 - 6　两种供应链模式

（二）供应链管理与传统管理模式的区别

供应链管理是一种全新的管理理念及方法,其核心就是强调运用集成的思想和理念指导企业的管理行为实践。也就是说,传统管理方式是以分工理论为基础的,而供应链管理则突出一体化的整合思想,二者的出发点显然是迥异的。由于集成贯穿了供应链管理活动的全局和整个过程,因而各项管理对象、资源要素可以实现全方位、全范围和全阶段的优化,从而最终促进整个管理活动的效果和效率的提高。

与传统管理模式相比,供应链管理在研究、处理问题的方法上有很大不同,主要体现在以下几个方面:

（1）供应链管理把供应链中所有节点企业看作一个整体,供应链管理涵盖整个物流的、从供应商到最终用户的采购、制造、分销、零售等职能领域过程。

（2）供应链管理强调和依赖战略管理。供应链管理是整个供应链中节点企业之间事实上共享的一个概念（任两节点之间都是供应与需求关系）,同时它又是一个有重要战略意义的概念,因为它影响或者可以认为它决定了整个供应链的成本和市场占有份额。

（3）供应链管理最关键的是需要采用集成的思想和方法,而不仅仅是节点企业、技术方法等资源的简单连接。

（4）供应链管理具有更高的目标,通过管理库存和合作关系达到高水平的服务,而不是仅仅完成一定的市场目标。

供应链管理的精髓表现在：以顾客的需求为大前提，通过供应链内各企业紧密合作，有效率地为顾客创造更多附加值；在整合的供应链管理模式中，企业管理与自己相关的上下游企业及本企业间的各种关系，包括管理企业内部流程，也包括管理企业外部的流程；强调速度及集成，通过企业间的协作、信息共享、资金双向流动，真正降低业务运营成本，提高企业的效益。供应链管理的实现：把供应商、制造商、分销商、零售商等在一条链路上的所有环节都联系起来进行优化，使生产资料以最快的速度，通过生产、分销环节变成增值的产品，送到有消费需求的消费者手中。这不仅降低了成本，减少了社会库存，而且使社会资源得到优化配置，更重要的是通过信息网络、组织网络实现了生产及销售的有效连接和物流、信息流、资金流的合理流动。

三、供应链管理的运营机制

供应链运作的表象是物流、信息流、资金流，但是供应链管理实际上是一种基于"竞争—合作—协调"机制的、以分布企业集成和分布作业协调为保证的新的企业运作模式。供应链管理通过合作机制（Cooperation Mechanism）、决策机制（Decision Mechanism）、激励机制（Encourage Mechanism）和自律机制（Self-discipline Mechanism）等来实现满足顾客需求、使顾客满意以及留住顾客等功能目标，从而实现供应链管理的最终目标：社会目标（满足社会就业需求）、经济目标（创造最佳利益）和环境目标（保持生态与环境平衡）的统一。

（一）合作机制

供应链合作机制体现了战略伙伴关系和企业内外资源的集成与优化利用。基于这种企业环境的产品制造过程，从产品的研究开发到投放市场，周期大大缩短，而且顾客导向化（Customization）程度更高，模块化、简单化产品、标准化组件，使企业在多变的市场中柔性和敏捷性显著增强，虚拟制造与动态联盟提高了业务外包（Outsourcing）策略的利用程度。企业集成的范围扩展了，从原来的中低层次的内部业务流程重组上升到企业间的协作，这是一种更高级别的企业集成模式。在这种企业关系中，市场竞争的策略最明显的变化就是基于时间的（Time-based）竞争和价值链（Value Chain）及价值让渡系统管理或基于价值的供应链管理。

（二）决策机制

由于供应链企业决策信息的来源不再仅限于一个企业内部，而是在开放的信息网络环境下，不断进行信息交换和共享，达到供应链企业同步化、集成化计划与控制的目的,而且随着 Internet/Intranet 发展成为新的企业决策支持系统,企业的决策模式将会产生很大的变化,因此处于供应链中的任何企业决策模式应该是基于 Internet/Intranet 的开放性信息环境下的群体决策模式。

(三) 激励机制

归根到底,供应链管理和其他的管理思想一样都是要使企业在 21 世纪的竞争中在"TQCSF"上有上佳表现(T 为时间,指反应快,如提前期短,交货迅速等;Q 指质量,控制产品、工作及服务质量高;C 为成本,企业要以更少的成本获取更大的收益;S 为服务,企业要不断提高用户服务水平,提高用户满意度;F 为柔性,企业要有较好的应变能力)。缺乏均衡一致的供应链管理业绩评价指标和评价方法是目前供应链管理研究的弱点和导致供应链管理实践效率不高的一个主要问题。为了掌握供应链管理的技术,必须建立、健全业绩评价和激励机制,使我们知道供应链管理思想在哪些方面、多大程度上给予企业改进和提高,以推动企业管理工作不断完善和提高,也使得供应链管理能够沿着正确的轨道与方向发展,真正成为能让企业管理者乐于接受和实践的新的管理模式。

(四) 自律机制

自律机制要求供应链企业向行业的领头企业或最具竞争力的竞争对手看齐,不断对产品、服务和供应链业绩进行评价,并不断地改进,以使企业能保持自己的竞争力和持续发展。自律机制主要包括企业内部的自律、对比竞争对手的自律、对比同行企业的自律和比较领头企业的自律。企业通过推行自律机制,可以降低成本,增加利润和销售量,更好地了解竞争对手,提高客户满意度,增加信誉,缩小企业内部部门之间的业绩差距,提高企业的整体竞争力。

四、供应链合作伙伴的选择

建立战略性合作伙伴关系是供应链战略管理的重点,也是集成化供应链管理的核心。供应链管理的关键就在于供应链各节点企业之间的连接和合作,以及相互之间在设计、生产、竞争策略等方面的良好协调。

(一) 供应链合作伙伴关系的定义

为了降低供应链总成本、降低库存水平、增强信息共享、改善相互之间的交流、保持相互之间操作的一贯性、产生更大的竞争优势,以实现供应链节点企业的财务状况、质量、产量、交货期、用户满意度和业绩的改善和提高,供应链节点企业(卖主—供应商—买主)之间必须建立合作伙伴关系。所谓供应链合作伙伴关系

(Supply Chain Partnership，简称 SCP)，也就是卖主—供应商—买主(Vendor—Supplier—Buyer)关系、供应商关系(Supplier Partnership)，是指供应商与制造商之间，在一定时期内的共享信息、共担风险、共同获利的协议关系。

实施供应链合作伙伴关系就意味着新产品/技术的共同开发、数据和信息的交换、市场机会共享和风险共担。在供应链合作伙伴关系环境下，制造商选择供应商不再是只考虑价格，而是更注重选择能在优质服务、技术革新、产品设计等方面进行良好合作的供应商。供应商为制造企业的生产和经营供应各种生产要素(原材料、能源、机器设备、零部件、工具、技术和劳务服务等)。供应者所提供要素的数量、价格，直接影响制造企业生产的好坏、成本的高低和产品质量的优劣。

供应链合作伙伴关系发展的主要特征就是从以产品/物流为核心转向以集成/合作为核心。供应商和制造商把他们的需求和技术集成在一起，以实现为制造商提供最有用产品的共同目标。因此，供应商与制造商的交换不仅仅是物质上的交换，还包括一系列可见或不可见的服务(R&D、设计、信息、物流等)。由于供应商要保证交货的可靠性和时间的准确性，这就要求供应商采用先进的管理技术(如 JIT、TQM 等)管理和控制中间供应商网络。

(二) 建立供应链合作伙伴关系

在一个企业能从实施供应链战略合作伙伴关系上获益之前，首先必须认识到这是一个复杂的过程。供应链合作伙伴关系的建立不仅是企业结构上的变化，而且在观念上也必须有相应的改变。所以，必须一丝不苟地选择供应商，以确保真正实现供应链合作伙伴关系的利益。

建立供应链合作伙伴关系应该关注以下几个方面：建立供应链战略合作伙伴关系的需求分析；确定选择供应商的标准，选择合作伙伴；正式建立合作伙伴关系；实施和加强战略合作伙伴关系。建立供应链战略性合作伙伴关系的第一步是必须明确战略关系对于企业的必要性，企业必须评估潜在的利益与风险。然后，确立选择供应商的标准和初步评估可选的合作伙伴。一旦供应商或合作伙伴选定，就必须让每一个合作伙伴都认识到相互参与、合作的重要性，从而真正建立合作伙伴关系。其最后的步骤包括实施和加强合作关系，或者解除无益的合作关系。

建立良好的供应链合作伙伴关系，首先，必须得到最高管理层的支持和协助，并且企业之间要保持良好的沟通，建立相互信任的关系。其次，在战略分析阶段，需要了解相互的企业结构和文化，解决社会、文化和态度之间的障碍，并适当地改变企业的结构和文化，同时在企业之间建立统一一致的运作模式或体制，解决业务流程和结构上存在的障碍。再次,在服务价格选择阶段,总成本和利润的分配、文化兼容性、财务稳定性、合作伙伴的能力和定位(自然地理位置分布)、管理的兼容性等将影响合作关系的建立。必须增加与主要供应商和用户的联系,增进相互之间的了解(对产品、工艺、组织、企业文化等),相互之间保持一定的一致性。最后,在战略合作关系建立的实施阶段,需要进行期望和需求分析,合作伙伴需要紧密合作,加强信息共享,相互进行技术交流和提供设计支持。在实施阶段,相互之间的信任最为重要,良好愿望、柔性、解决矛盾冲突的技能、业绩评价(评估)、有效的技术方法和资源支持等都很重要。

合作伙伴的评价与选择是供应链合作关系运行的基础。合作伙伴的业绩在交货、产品质量、提前期、库存水平、产品设计等方面都影响着制造商的成功。为了实现低成本、高质量、快速反应的目标,企业的业务重构就必须包括对供应商的评价与选择。合作伙伴的评价与选择对于企业来说是多目标的,包含许多可见和不可见的多层次因素。

供应链合作关系的运作需要减少供应源的数量(短期成本最小化的需要),但是供应链合作关系并不意味着单一的供应源,相互的连接变得更专有(紧密合作的需要),并且制造商会在全球市场范围内寻找最杰出的合作伙伴。这样可以把合作伙伴分为两个层次:重要合作伙伴和次要合作伙伴。重要合作伙伴是少而精的、与制造商关系密切的合作伙伴,而次要合作伙伴是相对多的、与制造商关系不是很密切的合作伙伴。供应链合作关系的变化主要影响重要合作伙伴,而对次要合作伙伴的影响较小。

根据合作伙伴在供应链中的增值作用和其竞争实力(主要是设计能力、特殊工艺能力、服务水平、柔性、项目管理能力等方面的竞争力),可将合作伙伴分成战略性合作伙伴、有影响力的合作伙伴、竞争性/技术性的合作伙伴和普通合作伙伴,如图7-7所示。在实际运作中,应根据不同的目标选择不同类型的合作伙伴。对于长期需求而言,要求合作伙伴能保持较高的竞争力和增值率,因此最好选择战略性合作伙伴;对于短期或某一短暂市场需求而言,只需选择普通合作伙伴满足需求即可,以保证成本最小化;对于中期需求而言,可根据竞争力和增值率对供应链的重要程度的不同,选择不同类型的合作伙伴。

(三)选择合作伙伴时考虑的主要因素和选择方法

为了有效地评价、选择合作伙伴,我们可以框架性地构建三个层次的综合评价指标体系:第一层次是目标层,包含四个主要因素;第二层次是影响合作伙伴选择的具体因素;第三层次是相关的细分因素,如图7-8所示。

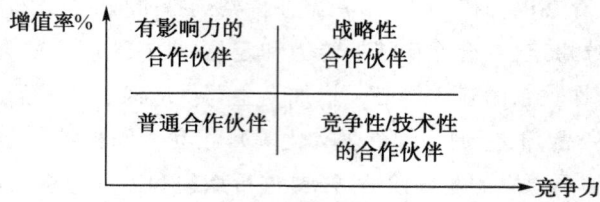

图 7 - 7　合作伙伴在供应链中的作用

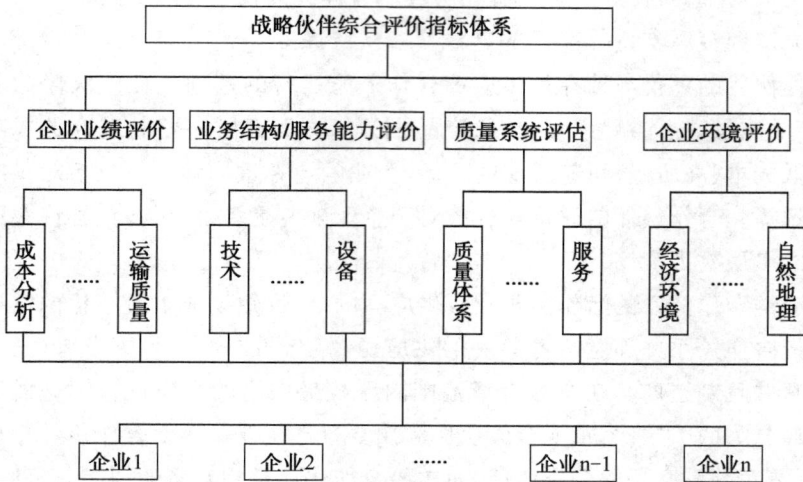

图 7 - 8　战略伙伴综合评价指标体系结构图

构建综合评价指标体系必须遵循以下几条原则：

(1) 系统全面性原则。评价指标体系必须全面反映供应商目前的综合水平，并包括企业发展前景的各方面的指标。

(2) 简明科学性原则。评价指标体系的大小也必须是适宜的，体系的设置应有一定的科学性。如果指标体系过大，指标层次过多，指标过细，势必将评价者的注意力吸引到细小的问题上；而指标体系过小，指标层次过少，指标过粗，也不能充分反映供应商的水平。

(3) 稳定可比性原则。评价指标体系的设置还应考虑到容易与其他指标体系相比较。

(4) 灵活可操作性原则。评价指标体系应具有足够的灵活性，以便企业能根据自己的特点以及实际情况对指标灵活运用。

根据企业调查研究，影响合作伙伴选择的主要因素可以归纳为四类：企业业绩、业务结构与服务能力、质量体系和企业环境。

选择合作伙伴，是对企业输入物资的适当品质、适当期限、适当数量与适当价格的总体进行选择的起点与归宿,因此,作出合作伙伴选择的决策必须应用科学的方法。选择合作伙伴的方法较多,一般要根据供应单位的多少、对供应单位的了解程度以及对物资需要的时间是否紧迫等要求来确定。目前国内外较常用的方法有:直观判断法、招标法、协商选择法、采购成本比较法、ABC 成本法、层次分析法、合作伙伴选择的神经网络算法等。

(四) 合作伙伴选择的步骤

合作伙伴选择是建立在对节点企业科学的综合评价的基础上,选择过程可以归纳为以下七个步骤(见图 7-9)。企业必须根据具体情况确定各个步骤的开始时间,每一个步骤对企业来说都是动态的(企业可自行决定先后和开始时间),并且每一个步骤对于企业来说都是一次改善业务的过程。

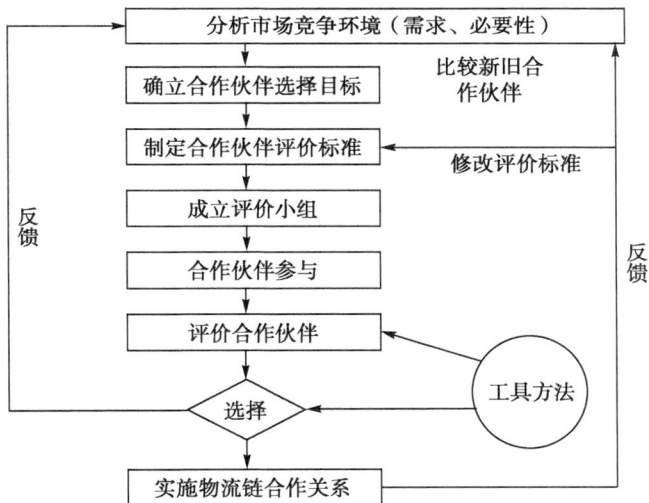

图 7-9 合作伙伴选择步骤

1. 分析市场竞争环境(需求、必要性)

市场需求是企业一切活动的驱动源。建立基于信任、合作、开放性交流的供应链长期合作关系,必须首先分析市场竞争环境,其目的在于找到针对哪些产品市场开发供应链合作关系才有效,必须知道现在的产品需求是什么、产品的类型和特征是什么,以确认用户的需求,确定是否有建立供应链合作关系的必要。如果已建立供应链合作关系,则根据需求的变化确认供应链合作关系变化的必要性,从而确认合作伙伴选择的必要性。同时分析现有合作伙伴的现状,分析、总结企业存在的问题。

255

2. 确立合作伙伴选择目标

企业必须确定合作伙伴评价程序如何实施、信息流程如何运作、谁负责,而且必须建立实质性、实际的目标。其中降低成本是主要目标之一,合作伙伴评价与选择不仅是一个评价与选择过程,它本身也是企业自身和企业与企业之间的一次业务流程重构过程,实施得好,它本身就可带来一系列的利益。

3. 制定合作伙伴评价标准

合作伙伴综合评价的指标体系是企业对合作伙伴进行综合评价的依据和标准,是反映企业本身和环境所构成的复杂系统不同属性的指标,是按隶属关系、层次结构有序组成的集合,是根据系统全面性、简明科学性、稳定可比性、灵活可操作性的原则建立的集成化供应链管理环境下合作伙伴评价的综合评价指标体系。虽然在不同环境下不同行业、企业或不同产品需求的合作伙伴评价是不一样的,但都涉及合作伙伴的业绩、设备管理、人力资源开发、质量控制、成本控制、技术开发、用户满意度、交货协议等可能影响供应链合作关系的方面。

4. 成立评价小组

企业必须建立一个小组以控制和实施合作伙伴评价。组员以来自采购、销售、质量、服务、技术等与供应链关系密切的部门为主,组员必须有团队合作精神、具有一定的专业技能。评价小组必须同时得到企业和合作伙伴企业最高领导层的支持。

5. 合作伙伴参与

一旦企业决定进行合作伙伴评价,评价小组必须与初步选定的合作伙伴取得联系,以确认他们是否愿意与企业建立供应链合作关系,是否有获得更高业绩水平的愿望。企业应尽可能早地让合作伙伴参与到评价的设计过程中来。然而因为企业的力量和资源有限,企业只能与少数、关键的合作伙伴保持紧密合作,所以参与的合作伙伴不能太多。

6. 评价合作伙伴

评价合作伙伴的一个主要工作是调查、收集有关合作伙伴的生产运作的全面信息。在收集合作伙伴信息的基础上,就可以利用一定的工具和技术方法进行合作伙伴的评价了。在评价的过程中有一个决策点,即根据一定的技术方法选择合作伙伴,如果成功则可开始实施供应链合作关系,如果没有合适的合作伙伴,则要重新开始评价选择。

7. 实施供应链合作关系

在实施供应链合作关系的过程中,市场需求将不断变化,可以根据实际情况的需要及时修改合作伙伴评价标准,或重新开始合作伙伴评价选择。在重新选择合作伙伴的时候,应给予旧合作伙伴以足够的时间适应变化。

第三节　供应链管理方法

一、快速反应（**Quick Response，QR**）

（一）QR 产生的背景

20 世纪六七十年代，美国的杂货行业面临着国外进口商品的激烈竞争。20 世纪 80 年代早期，美国国产的鞋、玩具以及家用电器的市场占有率下降到 20%，而进口的服装却占据了美国市场的 40%。面对与国外商品的激烈竞争，纺织与服装行业在 20 世纪 70 年代和 80 年代采取的主要对策是一方面要求政府和国会采取措施阻止纺织品的大量进口，另一方面进行设备投资来提高企业的生产率。尽管上述措施取得了巨大的成功，但是价廉进口纺织品的市场占有率仍在不断上升，而本地生产的纺织品市场占有率却在连续下降。一些行业的先驱认识到，保护主义措施无法保护美国服装制造业的领先地位，他们必须寻找其他方法。

1984 年，美国服装、纺织以及化纤行业一些主要的经销商成立了"用国货为荣委员会"（Crafted with Pride in USA Council），一方面通过媒体宣传国产纺织品的优点，开展共同的销售促进活动，提高了美国消费者对本国生产服装的信任度。另一方面，委托零售业咨询公司 Kurt Salmon 公司从事如何长期保持美国的纺织与服装行业竞争力的调查。Kurt Salmon 公司在经过了大量充分的调查后指出，虽然纺织品产业供应链各环节的企业都十分注重提高各自的经营效率，但是整个供应链效率却并不高。于是纺织、服装以及零售业开始寻找那些在供应链上导致高成本的原因。结果发现，供应链的长度是影响其高效运作的主要因素。例如，整个服装业供应链，从原材料到消费者购买，时间为 66 周，其中 11 周在制造车间，40 周在仓库或转运，15 周在商店。这样长的供应链不仅导致各种费用大，更重要的是，建立在不精确需求预测上的生产和分销，因数量过多或过少造成的损失非常大。整个服装业供应链系统的总损失每年可达 25 亿美元，其中 2/3 的损失来自零售或制造商对服装的降价处理以及在零售时的缺货。为此，Kurt Salmon 公司建议零售业者和纺织服装生产厂家密切合作，共享信息资源，联合预测未来需求，发现新产品营销机会等，建立一个快速反应系统（Quick Response，简称 QR）来实现销售额增长、顾客服务的最大化以及库存量、商品缺货、商品风险和减价（Markdown）最小化的目标。

（二）QR 的含义

QR（Quick Response），即快速反应，是一个零售商和生产厂家建立（战略）伙伴关系,利用 EDI 等信息技术,进行销售时点的信息交换以及订货补充等其他经营信息的交换,用多频度小数量配送方式连续补充商品,以实现缩短交货周期、减少库存、提高顾客服务水平和企业竞争力为目的的供应链管理。

QR 要求零售商和供应商一起工作,通过共享 POS 信息来预测商品的未来补货需求,不断地预测未来发展趋势以探索新产品的机会,以便对消费者的需求能更快地做出反应。在运作方面,双方利用 EDI 来加快信息流,并通过共同组织活动来缩短前置时间和降低费用。

QR 的着重点是对消费者需求做出快速反应。QR 的具体策略有商品即时出售(Floor Ready Merchandise)、自动物料搬运(Automatic Material Handing)等。实施 QR 可分为三个阶段:

第一阶段:QR 的初期阶段。对所有的商品单元条码化,即对商品消费单元用 GS1 条码标识,对商品贸易单元用 ITF—14 条码标识,而对物流单元则用 GS1—128 条码标识。利用 EDI 传输订购单报文和发票报文。

第二阶段:QR 的发展阶段。在第一阶段的基础上增加与内部业务处理有关的策略。如自动订货与商品即时出售等,并采用 EDI 传输更多的报文,如发货通知报文、收货通知报文等。

第三阶段:QR 的成熟阶段。与贸易伙伴密切合作,采用更高级的 QR 策略,以对客户的需求做出快速反应。一般来说,企业内部业务的优化相对来说较为容易,而在贸易伙伴间进行合作时,往往会遇到诸多障碍。在第三阶段,每个企业必须把自己当成集成供应链系统的一个组成部分,以保证整个供应链的整体效益。例如,著名企业 Wal-Mart 公司与服装制造企业 Seminole Manufacturing Co. 以及面料生产企业 Milliken 公司合作建立 QR 系统,采用供应商掌握用户库存的方式(Vendor Managed Inventory,简称 VMI)。Wal-Mart 让供应方与之共同管理运营 Wal-Mart 的流通中心。在流通中心保管的商品所有权属于供应方。供应方对 POS 信息和 ASN 信息进行分析,把握商品的销售情况和 Wal-Mart 的库存动向。在此基础上,决定什么时间、把什么类型的商品、以什么方式向什么店铺发货。发货的信息预先以 ASN 形式传送给 Wal-Mart,以多频度、小批量连续补充库存。他们的采购人员和财务经理就可以省出更多的时间来进行选货、订货和评估新产品。

(三)QR 成功的条件

美国是 QR 的发源地,有许多企业都已开始实施 QR,并取得了成功。Blackburn 在对美国纺织服装业研究的基础上,认为实施 QR 成功的 5 项条件是:

（1）必须改变传统的经营方式、经营意识和组织结构。具体表现在以下 5 个方面：①企业不能局限于依靠本企业独自的力量来提高经营效率的传统经营意识，要树立通过与供应链各方建立合作伙伴关系，努力利用各方资源来提高经营效率的现代经营意识。②零售商在垂直型 QR 系统中起主导作用，零售店铺是垂直型 QR 系统的起点。③在垂直型 QR 系统内部，通过 POS 数据等销售信息和成本信息的相互公开和交换，来提高各个企业的经营效率。④明确垂直型 QR 系统内各个企业之间的分工协作范围和形式，消除重复作业，建立有效的分工协作框架。⑤必须改变传统的事务作业方式，通过利用信息技术实现事务作业的无纸化和自动化。

（2）必须开发和应用现代信息处理技术。这是成功进行 QR 活动的前提条件。这些信息技术有条码技术、电子订货系统（EOS）、POS 系统、EDI 技术、电子支付系统（EFT）、供应商管理库存（VMI）、连续补货（CRP）等。

（3）必须与供应链各方建立（战略）伙伴关系。具体内容包括以下两个方面：一是积极寻找和发现战略合作伙伴。二是在合作伙伴之间建立分工和协作关系。合作的目标定为削减库存，避免缺货现象的发生，降低商品风险，避免大幅度降价现象发生，减少作业人员和简化事务性作业等。

（4）必须改变传统的对企业商业信息保密的做法，将销售信息、库存信息、生产信息、成本信息等与合作伙伴交流分享，并在此基础上，要求各方在一起发现问题、分析问题和解决问题。

（5）供应方必须缩短生产周期，降低商品库存。具体来说供应方应努力做到：①缩短商品的生产周期（Cycle Time）；②进行多品种少批量生产和多频度小数量配送，降低零售商的库存水平，提高顾客服务水平；③在商品实际需要发生时采用 JIT 生产方式组织生产，降低供应商自身的库存水平。

（四）实施 QR 的效果

对于零售商来说，大概需要销售额的 1.5%～2% 的投入以支持条码、POS 系统和 EDI 的正常运行。这些投入包括 EDI 启动软件、现有应用软件的改进、租用增值网、产品查询、开发人员费用、教育与培训、EDI 工作协调、通信软件、网络以及远程通信费用、CPU 硬件、条码标签打印的软件与硬件等。

实施 QR 的收益是巨大的，远远超过其投入。它可以节约 5% 的销售费用，这些节省不仅包括商品价格的降低，也包括管理、分销以及库存等费用的大幅度减少。Kurt Salmon 公司的 David Cole 在 1997 年曾说过："在美国那些实施第一阶段 QR 的公司每年可以节省 15 亿美元的费用，而那些实施第二阶段 QR 的公司每年可以节省费用 27 亿美元。"他提出,如果企业能够过渡到第三阶段(联合计划、预计和补库),每年可望节约 60 亿美元的费用。

实施 QR 的效果如表 7－1 所示。

表 7－1　实施 QR 的效果

对象商品	构成 QR 系统的供应链企业	零售业者的 QR 效果
休闲裤	零售商:Wal-mart 服装生产厂家:Seminole 面料生产厂家:Milliken	销售额:增加 31% 商品周转率:提高 30%
衬衫	零售商:J. C. Penney 服装生产厂家:Oxford 面料生产厂家:Burlinton	销售额:增加 59% 商品周转率:提高 90% 需求预测误差:减少 50%

资料来源:Blackburn J D, Klayman E I, Malin M H. The Legal Environment of Business[M]. 4th ed. New York:Irwin,1991.

Blackburn 等的研究结果显示,零售商在应用 QR 系统后,销售额大幅度增加,商品周转率大幅度提高,需求预测误差大幅度下降。应用 QR 系统后之所以有这样的效果,其原因是:

(1)销售额的大幅度增加。应用 QR 系统:①可以降低经营成本,从而能降低销售价格,增加销售;②伴随着商品库存风险的减少,商品以低价位定价,增加销售;③能避免缺货现象,从而避免销售的机会损失;④易于确定畅销商品,能保证畅销品的品种齐全,连续供应,增加销售。

(2)商品周转率的大幅度提高。应用 QR 系统可以减少商品库存量,并保证畅销商品的正常库存量,加快商品周转。

(3)需求预测误差大幅度减少。根据库存周期长短和预测误差的关系(如图 7－10 所示)可以看出,如果在季节开始之前的 26 周进货(即基于预测提前 26 周进货),则需求预测误差(缺货或积压)达 40% 左右。如果在季节开始之前的 16 周进货,则需求预测误差为 20% 左右。如果在很靠近季节开始的时候进货,需求预测误差只有 10% 左右。应用 QR 系统可以及时获得销售信息,把握畅销商品和滞销商品,同时通过多频度小批量送货方式,实现实需型进货(零售店需要的时候才进货),这样使需求预测误差可减少到 10% 左右。

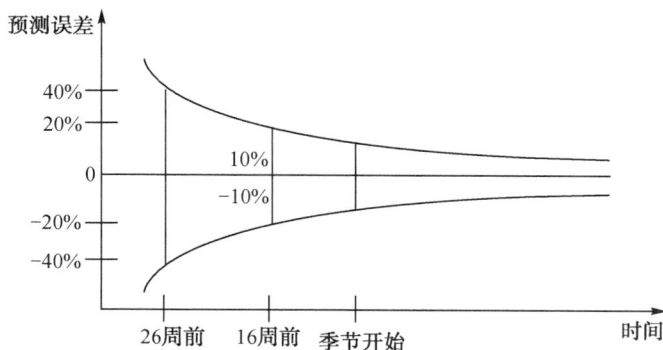

图 7 - 10　库存周期与误差的关系

资料来源：Blackburn J D，Klayman E I，Malin M H．The Legal Environment of Business[M]．4th ed．New York：Irwin，1991．

这里需要指出的是，虽然应用 QR 的初衷是为了对抗进口商品，但是实际上并没有出现这样的结果。相反，随着竞争的全球化和企业经营的全球化，QR 系统管理迅速在各国企业界扩展。航空运输为国际的快速供应提供了保证。现在，QR 方法成为零售商实现竞争优势的工具。同时随着零售商和供应商结成战略联盟，竞争方式也从企业与企业之间的竞争转变为战略联盟与战略联盟之间的竞争。

二、有效客户反应（Efficient Consumer Response，ECR）

（一）有效客户反应（ECR）产生的背景

在 20 世纪 60 年代和 70 年代，美国日杂百货业的竞争主要是在生产厂商之间展开。竞争的重心是品牌、商品、经销渠道和大量的广告和促销，在零售商和生产厂家的交易关系中生产厂家占据支配地位。进入 20 世纪 80 年代特别是到了 90 年代以后，在零售商和生产厂家的交易关系中，零售商开始占据主导地位，竞争的重心转向流通中心、商家自有品牌（PB）、供应链效率和 POS 系统。同时在供应链内部，零售商和生产厂家之间为取得供应链主导权的控制权，同时为商家品牌（PB）和厂家品牌（NB）占据零售店铺货架空间的份额展开着激烈的竞争，这种竞争使得在供应链的各个环节间的成本不断转移，导致供应链整体的成本上升，而且容易牺牲力量较弱一方的利益。

在这期间，从零售商角度来看，随着新的零售业态如仓储商店、折扣店的大量涌现，它们能以相当低的价格销售商品，从而使日杂百货业的竞争更趋激烈。在这种状况下，许多传统超市经营者开始寻找应对这种竞争方式的新管理方法。从生产厂家角度来看,由于日杂百货商品的技术含量不高,大量无实质性差别的新商品被投入市场,使生产厂家之间的竞争趋于同质化。生产厂家为了获得销售渠道,通常采用直接或间接的降价方式作为向零售商促销的主要手段,这种方式往往会严重牺牲厂家自身的利益。所以,如果生产商能与供应链中的零售商结成更为紧密的联盟,不仅有利于零售业的发展,而且也符合生产厂家自身的利益。

另外,从消费者的角度来看,过度竞争往往会使企业在竞争时忽视消费者的需求。通常消费者要求的是商品的高质量、新鲜度、服务和在合理价格基础上的多种选择。然而,许多企业往往不是通过提高商品质量、服务和在合理价格基础上的多种选择来满足消费者,而是通过大量的诱导性广告和广泛的促销活动来吸引消费者转换品牌,同时通过提供大量非实质性变化的商品供消费者选择。这样消费者不能得到他们需要的商品和服务,他们得到的往往是高价、眼花缭乱和不甚满意的商品。对应于这种状况,客观上要求企业从消费者的需求出发,提供能满足消费者需求的商品和服务。

在上述背景下,美国食品市场营销协会(US Food Marketing Institute,简称FMI)联合包括 COCA-COLA,P&G,Safeway Store 在内的 16 家企业与流通咨询企业 Kurt Salmon Associates 公司一起组成研究小组,对食品业的供应链进行调查总结分析,于 1993 年 1 月提出了改进该行业供应链管理的详细报告。在该报告中系统地提出了有效客户反应(Efficient Consumer Response,简称 ECR)的概念和体系。经过美国食品市场营销协会的大力宣传,ECR 概念被零售商和制造商所接纳,并被广泛地应用于实践。

国际物品编码协会(EAN)一直致力于推广"有效客户反应"。在最近的 20 年中,EAN 一直站在开发产品、服务、位置和后勤单元标识标准以及利用 EDI 进行数据通信的最前沿。今天,EAN 及其编码组织被认为是零售业和分销业在这方面进行开发的领头人。

直至现在,EAN 及其编码组织以及北美统一代码委员会(简称 UCC)参与了所有 ECR 的最初行动,对有关编码及 EDI 问题提供了大力支持。

(二) ECR 的含义和特征

1. ECR 的含义

ECR(Efficient Consumer Response),即有效客户反应,是在食品杂货业发展起来的一种供应链管理策略。ECR 是在商品的分销系统中,分销商和供应商为消除系统中不必要的成本和费用而采用的策略,是为给客户带来更大效益而进行密切合作的一种供应链管理方法,是价值链最短、效益最大化的管理策略。

　　ECR 是杂货业供应商和销售商最佳的供应链管理系统。杂货业经营的产品多数是一些功能型产品,每一种产品的生命周期相对较长(生鲜食品等除外),所以对下游采购商来说,因订购产品数量多或少的损失相对较小。其他行业,如纺织服装业经营的产品多为创新型产品,每一种产品的寿命相对较短,所以对下游采购商来说,订购产品数量多或少都存在着一种采购的风险。

　　ECR 旨在消除供应链中不增值的环节,降低成本,提高整个供应链的运行效率,最有效地满足客户的需求。其最终目标是使企业建立一个以客户需求为基础的高效信息反馈系统,使分销商、零售商、供应商、合作伙伴在供应链的不同节点发挥最佳的效益,从而提高整个食品杂货供应链的效率,而不是单个环节的效率。这样可大大降低系统运作的成本、库存和物资储备的成本,同时为客户提供更好的服务。

　　ECR 的优势在于供应链各方为了提高消费者满意度这个共同的目标进行合作,分享信息和诀窍。ECR 是一种把以前处于分离状态的供应链联系在一起来满足消费者需要的工具。ECR 概念的提出者认为 ECR 活动是过程,这个过程主要由贯穿供应链各方的 4 个核心过程组成(如图 7 - 11 所示),即开发新产品以满足客户差异性需求,开展促销活动以吸引客户,以最合理的价格、在最合理的时间、以最合理的方式提供客户所需商品,有效地管理库存以消除货物短缺现象。因此,ECR 的战略主要集中在以下 4 个领域:有效的店铺空间安排(Efficient Store Assortment),有效的商品补充(Efficient Replenishment),有效的促销活动(Efficient Promotions)和有效的新商品开发与市场投入(Efficient New Product Introductions)。

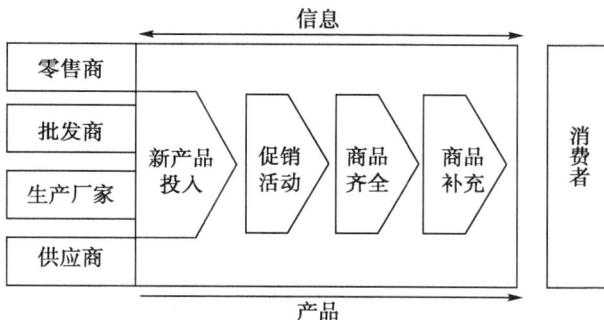

图 7 - 11　ECR 活动过程

2. ECR 的特征

ECR 的特征表现在三个方面:

(1) 管理意识创新。传统的产销双方的交易关系是一种此消彼长的对立型关系,即交易各方以对自己有利的买卖条件进行交易。简单地说,是一种赢—输型(Win-Lose)关系。ECR要求产销双方的交易关系是一种合作伙伴关系,即交易各方通过相互协调合作,实现以低成本向消费者提供更高价值服务的目标,在此基础上追求双方的利益。简单地说,是一种双赢型(Win-Win)关系。

(2)供应链整体协调。传统流通活动缺乏效率的主要原因在于厂家、批发商和零售商之间存在企业间联系的非效率性和企业内采购、生产、销售和物流等部门或职能之间存在部门间联系的非效率性。传统的组织是以部门或职能为中心进行经营活动,以各个部门或职能的效益最大化为目标。这样虽然能够提高各个部门或职能的效率,但容易引起部门或职能间的摩擦。同样,传统的业务流程中各个企业以各自企业的效益最大化为目标,这样虽然能够提高各个企业的经营效率,但容易引起企业间的利益摩擦。ECR要求消除各部门、各职能以及各企业之间的隔阂,进行跨部门、跨职能和跨企业的管理和协调,使商品流和信息流在企业内和供应链内顺畅流动。

(3)涉及范围广。既然ECR要求对供应链整体进行管理和协调,ECR所涉及的范围必然包括零售业、批发业和制造业等相关的多个行业。为了最大限度地发挥ECR所具有的优势,必须对关联行业进行分析研究,对组成供应链的各类企业进行管理和协调。

(三)实施ECR的基本原则和运作过程

1. 实施ECR的基本原则

(1)ECR的目的是以较少的成本,不断致力于向食品杂货供应链客户提供更好的商品功能、更高的商品质量、更齐全的品种、更好的库存服务以及更多的便利服务等。ECR通过供应链的整体协调和合作来实现以更低成本向消费者提供更高价值服务的目标。

(2)ECR要求供需双方关系必须从传统的赢输型交易关系向双赢型联盟伙伴关系转化。需要企业的最高管理层对本企业的组织文化和经营习惯进行改革,使供需双方关系转化为双赢型联盟伙伴关系成为可能。

(3)必须利用准确、适时的信息以支持有效的市场、生产及后勤决策。这些信息将以EDI的方式在组成供应链的企业间交换和分享,它将影响以计算机信息为基础的系统信息的有效利用。

(4)ECR要求从生产线末端的包装作业开始到消费者获得商品为止的整个商品移动过程产生最大的附加价值,以确保客户能随时获得所需产品。

(5)ECR为了提高供应链整体的效果(如降低成本、减少库存、提高商品的价值等),必须建立共同的绩效评价体系,要求在供应链范围内进行公平的利益分配。必须采用通用一致的工作措施和回报系统。该系统注重整个系统的有效性,清晰地标识出潜在的回报(即增加的总值和利润),促进对回报的公平分享。

总之,ECR 是供应链各方推进真诚合作来实现消费者满意和基于各方利益的整体效益最大化的过程。

2. 实施 ECR 的运作过程

实施 ECR(有效客户反应)的运作过程(见图 7 - 12)主要有:

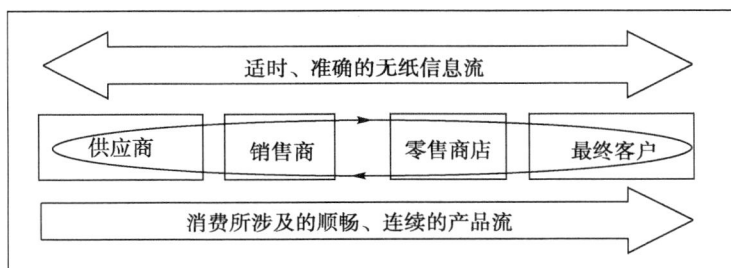

图 7 - 12　ECR 的运作过程

首先,在整个供应链的每个节点,供应商、分销商以及零售商都必须改善供应链中的业务流程,使其合理有效;其次,再以较低的 IT 成本,将这些业务流程自动化,以进一步降低供应链的成本和时间。实施 ECR 系统所需要的 IT 技术大体上有条码技术、扫描技术、POS 系统和 EDI 系统,将它们在供应链上集成起来,产生出合适企业运作的应用系统,使产品的信息流能不间断地由供应商流向最终客户,由客户反馈的信息也不断循环地流动回来。这样,整条供应链上的上下游商家都能及时了解市场动态,满足客户对产品的需求,使客户在最短的时间里获得最优质的产品和服务。

综上所述,"有效客户反应"是一种企业供应链管理策略,是供应商和零售商通过共同合作(如建立供应商、分销商、零售商联盟)改善供应链上商流、物流、信息流以提高企业效率的过程。可以看出,这种效率的提高是在供应链伙伴合作的基础上的效率的提高,而不是以单个企业的市场行为来提高企业效率。如果供应链没有发展到同步阶段,就很难形成企业的有效反应。也就是说,只有当供应链发展到"同步"的阶段,供应链成员间有了密切的协作关系,才有可能采用"有效客户反应"这种策略。

(四) 实施 ECR 的效果

由于实施 ECR 在流通环节中缩减了不必要的成本,零售商和批发商之间的价格差异也随之降低,这些节约的成本最终将体现在消费者身上,各贸易商也将在激烈的市场竞争中赢得一定的市场份额。对客户、分销商和供应商来说,除这些有形的利益以外,ECR 还有着重要的不可量化的无形利益。

(1) 客户。增加选择和购物便利,减少无库存货品,货品更新鲜。

(2) 分销商。提高信誉,更加了解客户情况,改善与供应商的关系。

(3) 供应商。减少缺货现象,加强品牌的完整性,改善与分销商的关系。

零售商、批发商和供应商通过电子方式支持 ECR 的活动包括两个基本方面:电子数据交换(EDI)和商店销售时点管理系统(POS)。其中,POS 系统数据的准确性是 ECR 的核心。另一方面,ECR 概念的引入成功与否取决于贸易双方是否愿意改变先前的固有程序,是否愿意以开放的形式共同运作,实现信息共享。

三、连续补货(Continuous Replenishment,CR)与自动补货(Automatic Replenishment,AR)

(一) 背景

现实中的物流中心与经销商之间存在的问题表现在:

(1) 物流中心不了解顾客的喜恶和真实需求,拍脑袋下订单。

(2) 销售商损失销售机会、低顾客满意度与高库存并存。

(3) 下家担心想卖的产品到时没有,损失销售机会,好卖的产品到时很可能别的地方也好卖而订不到货,反正订了也可以退,所以各自订了一大堆产品,从而积压一大堆库存。

传统上,供应链各个环节都是各自管理自己的库存,都有自己的库存控制目标和相应的策略,而且相互之间缺乏信息沟通,不可避免地产生了需求信息的扭曲,使供应商无法快速准确地满足用户需求。而高库存又积压了大量资金:支付仓库费用、搬运费用、管理人员费用等。另外,还有库存物品价值损失费用(如被盗、变旧)等。由此可以知道增加客户接口的必要性,也就要求主动持续补货,引进连续补货(Continuous Replenishment,CR)与自动补货(Automatic Replenishment,AR)系统。

(二) 含义

自动补货系统(Automatic Replenishment,简称 AR)是连续补货系统(Continuous Replenishment,简称 CR)的延伸,即供应商预测未来商品需求,负起零售商补货的责任,在供应链中,各成员互享信息,维持长久稳定的战略合作伙伴关系。自动补货系统能使供应商对其所供应的所有分门别类的货物及在其销售点的库存情况了如指掌,从而自动跟踪补充各个销售点的货源,使供应商提高了供货的灵活性和预见性,即由供应商管理零售库存,并承担零售店里的全部产品的定位责任,使零售商大大降低零售成本。

一种商品一旦被大量采购,就会促使该商品的制造商大量生产此种商品,也会使该商品在供应链中快速流动起来。随着供应链管理的进一步完善,补货到零售店的责任,如今已从零售商转到了批发商或制造商的身上。对于制造商和供应商来说,掌握了零售店的销售量和库存,可以更好地安排生产计划、采购计划和供货计划,这是一个互助的商业生态系统。

自动持续补货的依据是各销售中心的仓库面积以及库存。具体在补货时还要考虑销售中心的周订单及月订单情况,在"虚拟库存"允许的情况下,再根据各时段的销售节奏进行主动持续补货。自动持续补货的好处主要有 4 个:①充分利用中心仓库空余面积,减少基地仓库面积成本;②加快市场反应速度,抓住销售最有利的时机;③减少零散货物的发运,全部实现批量发运,降低物流成本;④避免旺季发运高峰期,避免爆发性发运瓶颈。

连续补货系统整体设计举例:

V 公司是中国最大的家电零售商之一,每个大中城市都有销售点。他们最初的业务流程是:卖场根据订单或者销售经验向分公司订货,分公司向总公司订货,然后总公司再向 C 客户下订单采购,安排组织运力配送。整个供应链的响应速度非常缓慢。

新的业务流程是:

采用 VMI 管理模式,由总公司统一管理各卖场的库存,根据卖场每日上报的销售信息以及总公司数据中心记录的卖场现有库存量,按照一定的策略实现各单位之间的调货、退货以及对各单位的主动补货。分公司逐步演变成为区域配送中心,效率大大提高。

引进连续补货系统以后,在已有的技术条件支持下,我们具体需要从以下几方面执行落实,建立信息渠道,收集数据信息。

(1)配送中心调出各卖场历年来的订货记录,分月份、季度整理出一年中各个时间段的订货量、增订量以及退货量。

(2)对数据进行整理分析,列出一张"卖场各时间段需求量统计表"。

(3)将卖场各时间段需求量统计表发至呼叫中心,存档并统一安排配送量及车辆。

要使连续补货有效率,货物的数量还需要达到运输规模经济效益才行。在总公司接收到补货订单后,应立即对产品需求的服务和位置及补货数量作出分类统计,在统一运输线上的几处卖场可以构成一定的运输规模后一起运输,尽量做到满车运输,节约运输成本。

自动补货系统是连续补货系统(Continuous Replenishment,简称 CR)的延伸,即供应商预测未来商品需求,负起零售商补货的责任,在供应链中,各成员互享信息,维持长久稳定的战略合作伙伴关系。

自动补货系统能使供应商对其所供应的所有分门别类的货物及在其销售点的库存情况了如指掌,从而自动跟踪补充各个销售点的货源,使供应商提高了供货的灵活性和预见性,即由供应商管理零售库存,并承担零售店里的全部产品的定位责任,使零售商大大降低零售成本。

一种商品一旦被大量采购,就会促使该商品的制造商大量生产此种商品,也会使该商品在供应链中快速流动起来。随着供应链管理的进一步完善,补货到零售店的责任,如今已从零售商转到了批发商或制造商的身上。对于制造商和供应商来说,掌握了零售店的销售量和库存,可以更好地安排生产计划、采购计划和供货计划,这是一个互助的商业生态系统。

从库存管理角度看,在库存系统中,订货点与最低库存之差主要取决于从订货到交货的时间、产品周转时间、产品价格、供销变化及其他变量。订货点与最低库存之差保持一定的距离,是为了防止产品脱销等不确定性情况的出现。为了快速应对客户"降低库存"的要求,供应商通过与零售商缔结伙伴关系,主动向零售商频繁交货,并缩短从订货到交货之间的时间间隔。这样就可以降低整个货物补充过程(从工厂到门店)的存货,尽量切合客户的要求,同时减少存货和生产波动。

自动补货系统的成功关键在于,在信息系统开放的环境中,供应商和零售商之间通过库存报告、销售预测报告和订购单报文等有关商业信息的最新数据实时交换,使得供应商从过去的单纯执行零售商订购任务转为主动为零售商分担补充库存的责任,以最高效率补充销售点或仓库的货物库存。

为了确保数据能够通过 EDI 在供应链中畅通无阻地流动,所有参与方(供应链上的所有节点企业)都必须使用同一个通用的编码系统来识别产品、服务及位置,这些编码是确保自动补货系统实施的唯一解决方案。而之前的条码技术正是这套解决方案的中心基础。

要使连续补货有效率,货物的数量还需要达到有运输规模经济效益才行。例如,沃尔玛的销售规模足以支撑连续补货系统的使用。沃尔玛成功地应用自动补货系统后,有效地减少了门店的库存量,并提高了门店的服务质量,不仅降低了物流成本,还增加了存货的流通速度,大大地提高了沃尔玛供应链的经济效益和作业效率,为稳定沃尔玛的顾客忠诚度作出了杰出的贡献。

第四节　供应链运作绩效评价

各个企业由于自身条件和供应链环境的差异,在供应链管理中不可能采取相同的模式,适合某些企业的供应链策略可能并不适合另外一些企业,因此必须对供应链的绩效加以评估。

绩效评价是按照一定的程序和评价标准,采用特定的指标体系,运用数理统计和运筹学的方法,通过定量、半定量或定性分析,对被评价事物在一定经营期间内的经营效益和经营者的业绩做出实事求是的客观衡量和评判。供应链绩效评价可以帮助人们正确认识供应链管理活动投入、产出及其与期望目标值之间的关系,调整相应的战略或策略,谋取超出期望目标的高管理绩效。

一、供应链运作绩效评价的原则与评价体系应用

供应链绩效评价是一项复杂的系统工程,涉及供应链上的每一个企业,包括这些企业之间以及这些企业内部各要素之间错综复杂的影响关系。而在供应链上,每个节点企业都是独立的经济实体,都有自己的发展目标。因此,供应链绩效评价必须注意遵循以下一些原则:

(1)供应链绩效优先,兼顾企业绩效原则

当竞争由企业之间的竞争转向供应链之间的竞争时,供应链绩效必然代替企业绩效而上升到主要地位,为了杜绝某些企业利用自身的有利地位(如在买方市场下,零售商比制造商具有更多的选择权利)滥施权力,从而破坏供应链上下游企业间的合作伙伴关系,使供应链处于动荡不稳的状态中,应当在绩效评价中大力倡导供应链绩效优先,同时兼顾供应链中各企业绩效的原则。

(2)多层次、多渠道和全方位评价原则

多方收集信息,实行多层次、多渠道和全方位的评价,有助于尽可能全面和有重点地反映供应链绩效,同时也有助于增强绩效评价的可操作性。

(3)短期绩效与长期绩效、近期绩效与远期绩效相结合原则

在进行绩效评价时,不仅要考虑短期、近期的绩效,更要重视长期、远期的绩效。在供应链管理中,某些行为在短期或近期内可能绩效甚微或者无绩效可言,但从长期或远期的角度考虑,它对规范供应链上下游企业的行为,促进企业间的资源共享和“共赢”,推动供应链的协调发展无疑具有重大的意义。在供应链绩效评价中,将短期与长期、近期与远期正确地结合起来,有助于企业提高自觉性,减少盲目性,使物流与供应链管理水平稳步提高,有助于企业对社会资源的生产、流

通、分配和消费活动作出更大的贡献。

（4）静态评价与动态评价相结合原则

在绩效评价过程中，不仅要对影响供应链绩效的各种内部因素进行静态考察和分析评价，而且要动态地研究这些因素之间以及这些因素与外部因素之间的相互影响关系。宏观绩效起着导向作用，微观绩效只有在符合宏观绩效的前提下，才能得到有效的发挥。

（5）责、权、利相结合原则

评价的主要目的是改善和提升物流与供应链绩效，而不是为了其他的目的。为此，在绩效评价过程中，应当及时地将评价的结果落实到个体，分清责任归属和权利范围，做到责、权、利明晰，赏罚分明。

（6）实时分析与评价的原则

应尽可能采用实时分析与评价的方法，要把绩效度量范围扩大到能反映供应链实时运营的信息上去，因为这要比仅做事后分析有价值得多。

供应链运作绩效评价体系常被应用于：改进企业的供应链效率；评估管理创新和企业信息化项目；监测供应链运作。下面分别介绍这三个应用的步骤：

（1）改进企业的供应链效率

①应用供应链运作绩效评价体系对企业的供应链运作收集整体和分环节数据。

②利用供应链运作标杆库进行供应链运作缺陷分析，确定需要改进的地方。

③根据时间和资源的情况及改进的效益，确定改进的规划和范围。

④检查最佳实践及其支撑技术方案，制订可行的项目计划。

⑤组织实施供应链运作改进项目。

（2）评估管理创新和企业信息化项目

建议用供应链绩效指标来描述管理创新和企业信息化项目的效益，原因是提升企业竞争力需要供应链整体改进，并具有可见的经济效益。供应链运作绩效指标体系是从供应链整体来考虑的。一些企业信息化项目可能对某些供应链环节有效果，但对供应链整体竞争力没有明显改进。供应链绩效指标能明确地指出还需改进的方面。

①在项目实施前，利用供应链运作绩效评价体系收集企业的供应链整体和分环节效率指标。

②在项目实施后，利用供应链运作绩效评价体系重新收集企业的供应链绩效指标。

③比较项目实施前后的供应链绩效变化，确定改进的效果和还需要进一步改

进的地方。

（3）监测供应链运作

由于供应链是一个动态系统，在实现了 ERP 的企业里，或者在一个变化迅速的行业里，企业可利用供应链绩效指标体系，不断地收集和监视供应链运作绩效状况，为及时诊断问题和提供预警服务。在实现了 ERP 的企业里，供应链绩效指标体系可以比较简单地引入。对还没有 ERP 但正要实施 ERP 的企业，应该在ERP 中加入这个体系。

二、供应链业务流程绩效评价指标

21 世纪的竞争是供应链与供应链之间的竞争，人们对供应链总体绩效和效率的日益重视，要求供应链绩效评价体系能提供观察透视整个供应链运作（指从最初供应商开始直至最终用户为止）绩效的度量方法。从企业运行供应链的角度而言，考虑到评价指标的客观性和实际可操作性，一般有以下几个从企业角度反映整个供应链运营业务流程绩效的评价指标：

（一）产销率指标

产销率是指在一定时间内已销售出去的产品与已生产的产品数量的比值，即

$$产销率 = \frac{一定时间内已销售出去的产品数量（S）}{一定时间内已生产的产品数量（P）}$$

因为 $S \leqslant P$，所以产销率小于或等于 1。

产销率指标又可分成如下三个具体的指标：

1. 供应链节点企业的产销率

$$供应链节点企业的产销率 = \frac{一定时间内节点企业已销售出去的产品数量}{一定时间内节点企业已生产的产品数量}$$

该指标反映供应链节点企业在一定时间内的经营状况。

2. 供应链核心企业的产销率

$$供应链核心企业的产销率 = \frac{一定时间内核心企业已销售的产品数量}{一定时间内核心企业已生产的产品数量}$$

该指标反映供应链核心企业在一定时间内的产销经营状况。

3. 供应链的产销率

$$供应链的产销率 = \frac{一定时间内供应链节点企业已销售产品数量之和}{一定时间内供应链节点企业已生产产品数量之和}$$

该指标反映供应链在一定时间内的产销经营状况，其时间单位可以是年、月、日。随着供应链管理水平的提高，时间单位可以越来越小，甚至可以做到以天为单位。该指标也反映供应链资源（包括人、财、物、信息等）的有效利用程度，产销

率越接近1,说明资源利用程度越高。同时,该指标也反映了供应链库存水平和产品质量,其值越接近1,说明供应链成品库存量越小。

(二)平均产销绝对偏差指标

$$平均产销绝对偏差 = \sum_{i=1}^{n} \ln|P_i - S_i|$$

上式中,n 表示供应链节点企业的个数,P 表示第 i 个节点企业在一定时间内生产产品的数量,S 表示第 i 个节点企业在一定时间内已生产的产品和销售出的数量。

该指标反映在一定时间内的供应链总体库存水平,其值越大,说明供应链成品库存量越大,库存费用越高。反之,说明供应链成品库存量越小,库存费用越低。

(三)产需率指标

产需率是指在一定时间内,节点企业已生产的产品数量与其上层节点(或用户)对该产品的需求量的比值。具体分为如下两个指标:

1. 供应链节点企业产需率

$$供应链节点企业产需率 = \frac{一定时间内节点企业已生产的产品数量之和}{一定时间内上层节点企业对该产品的需求量}$$

该指标反映上、下层节点之间的供需关系。产需率越接近1,说明上、下层节点企业之间的供需关系协调,准时交货率高;反之,则说明下层节点企业准时交货率低或者企业的综合管理水平较低。

2. 供应链核心企业产需率

$$供应链核心企业产需率 = \frac{一定时间内核心企业已生产产品数}{一定时间内用户对该产品的需求量}$$

该指标反映供应链的整体生产能力和快速响应市场的能力。若该指标数值大于或等于1,说明供应链整体生产能力较强,能快速响应市场需求,具有较强的市场竞争能力;若该指标数值小于1,则说明供应链生产能力不足,不能快速响应市场需求。

(四)供应链产品出产(或投产)循环期(Cycle Time)或节拍指标

当供应链节点企业生产的产品为单一品种时,供应链产品出产循环期是指产品的出产节拍;当供应链节点企业生产的产品品种较多时,供应链产品出产循环期是指混流生产线上同一种产品的出产间隔。由于供应链管理是在市场需求多样化经营环境中产生的一种新的管理模式,其节点企业(包括核心企业)生产的产

品品种较多,因此,供应链产品出产循环期一般是指节点企业混流生产线上同一种产品的出产间隔期。它可分为如下两个具体的指标:

1.供应链节点企业(或供应商)零部件出产循环期

该循环期指标反映了节点企业的库存水平以及对其上层节点企业需求的响应程度。该循环期越短,说明该节点企业对其上层节点企业需求的快速响应性越好。

2.供应链核心企业产品出产循环期

该循环期指标反映了整个供应链的在制品库存水平和成品库存水平,同时也反映了整个供应链对市场或用户需求的快速响应能力。核心企业产品出产循环期决定着各节点企业产品出产循环期,即各节点企业产品出产循环期必须与核心企业产品出产循环期合拍。该循环期越短,说明整个供应链的在制品库存量和成品库存量都比较少,总的库存费用比较低;另一方面也说明供应链管理水平比较高,能快速响应市场需求,并具有较强的市场竞争能力。

缩短核心企业产品出产循环期,应采取如下措施:

(1)使供应链各节点企业产品出产循环期与核心企业产品出产循环期合拍,而核心企业产品出产循环期与用户需求合拍。

(2)可采用优化产品投产计划或采用高效生产设备或加班加点来缩短核心企业(或节点企业)产品出产循环期。其中,优化产品投产顺序和计划缩短核心企业(或节点企业)产品出产循环期是既不需要增加投资又不需要增加人力和物力的好方法,而且见效快,值得推广。

(五)供应链总运营成本指标

供应链总运营成本包括供应链通信成本、供应链库存费用及各节点企业外部运输总费用,它反映供应链运营的效率。具体分析如下:

1.供应链通信成本

供应链通信成本包括各节点企业之间的通信费用,如 EDI、因特网的建设和使用费用,供应链信息系统的维护费等。

2.供应链总库存费用

供应链总库存费用包括各节点企业的在制品库存和成品库存费用、各节点企业之间在途库存费用。

3.各节点企业外部运输总费用

各节点企业外部运输总费用等于供应链所有节点企业之间运输费用总和。

(六)供应链核心企业产品成本指标

供应链核心企业的产品成本是供应链管理水平的综合体现。根据核心企业产品在市场上的价格确定该产品的目标成本,再向上游追溯到各供应商,确定出相应的原材料、配套件的目标成本。只有当目标成本小于市场价格时,各个企业才能获得利润,供应链才能得到发展。

(七) 供应链产品质量指标

供应链产品质量是指供应链各节点企业(包括核心企业)生产的产品或零部件的质量,主要包括合格率、废品率、退货率、破损率、破损物价值等指标。

三、供应链节点企业关系绩效评价指标

这一体系对上面的反映企业供应链业务流程的绩效评价体系进行了修正和充实,它包括以下几个部分。

(一) 供应链层次结构模型

反映供应链上、下节点企业之间关系的绩效评价指标是以供应链层次结构模型为基础的。根据供应链层次结构模型,对每一层供应商逐个进行评价,从而发现问题、解决问题,以优化整个供应链的管理。在该结构模型中,供应链可看成是由不同层次供应商组成的递阶层次结构,上层供应商可看成是下层供应商的客户。

供应链是由若干个节点企业所组成的一种网络结构,如何选择供应商,如何评价供应商的绩效以及由谁来评价等是必须明确的问题。相邻层供应商评价法是根据供应链层次结构模型提出的,它可以较好地解决这些问题。相邻层供应商评价法的基本原则是通过上层供应商来评价下层供应商。

(二) 满意度指标

满意度指标是反映供应链上、下节点企业之间关系的绩效评价指标。即在一定时间内上层供应商 i 对其相邻下层供应商 j 的综合满意程度 G_{ij}。其表达式如下所示:

$$满意度\ G_{ij} = \alpha j \times 供应商\ j\ 准时交货率 + \beta j \times 供应商\ j\ 成本利润率 +$$
$$\lambda j \times 供应商\ j\ 产品质量合格率$$

(1) 准时交货率是指下层供应商在一定时间内准时交货的次数占其总交货次数的百分比。供应商准时交货率低,说明其协作配套的生产能力达不到要求,或者是对生产过程的组织管理跟不上供应链运行的要求;供应商准时交货率高,说明其生产能力强,生产管理水平高。

产品价格是由市场决定的,因此,在市场供需关系基本平衡的情况下,供应商

生产的产品价格可以看成是一个不变的量。

在产品价格等于成本加利润的情况下,由于供应商在市场价格水平下能获得较大利润,其合作积极性必然增强,必然对企业的有关设施和设备进行投资和改造,以提高生产效率。

(2)产品质量合格率是指质量合格的产品数量占产品总产量的百分比,它反映了供应商提供货物的质量水平。质量不合格的产品数量越多,则产品质量合格率就越低,说明供应商提供产品的质量不稳定或质量差,供应商必须承担对不合格的产品进行返修或报废的损失,这样就增加了供应商的总成本,降低了其成本利润率。因此,产品质量合格率指标与产品成本利润率指标密切相关。同样,产品质量合格率指标也与准时交货率密切相关,因为产品质量合格率越低,产品的返修工作量就越大,必然会延长产品的交货期,使得准时交货率降低。

(3)满意度指标中权数的取值可随着上层供应商的不同而不同。但是对于同一个上层供应商,在计算与其相邻的所有下层供应商的满意度指标时,其权数均取相同值,这样,通过满意度指标就能评价不同供应商的运营绩效以及这些不同的运营绩效对其上层供应商的影响。满意度指标值低,说明该供应商运营绩效差,生产能力和管理水平都比较低,并且影响了其上层供应商的正常运营,从而影响整个供应链的正常运营。因此对满意度指标值较低的供应商的管理应作为管理的重点,要么进行全面整改,要么重新选择供应商。在整个供应链中,若每层供应商满意度指标的权数都取相同值,则得出的满意度指标可以反映整个上层供应商对其相邻的整个下层供应商的满意程度。同样地,对于满意度指标值低的供应商就应当进行整改或更换;供应链最后一层为最终用户层,最终用户对供应链产品的满意度指标是供应链绩效评价的一个最终标准。可按如下公式进行计算,即

$$满意度 = \alpha \times 零售商准时交货率 + \beta \times 产品质量合格率 +$$

$$\lambda \times \frac{实际的产品价格}{用户期望的产品价格}$$

(三)供应链分销渠道的绩效评估

供应链某些方面的绩效很难量化,难以建立一个统一的标准,同时不同的供应链有各自的特征,很难建立一个通用的比较标准。在实践中,对某一渠道结构的有效性作出及时反馈,进行恰当的绩效评估又是必要的。

渠道绩效评估一般有定性和定量两种方法。定性方法包括分销渠道成员协作的程度、分销渠道成员矛盾冲突的程度、所需信息的可获得程度。定量方法有每单元的分销成本、履行订单的出错率以及商品的破损率等。在一般情况下,采用企业目标市场顾客的满意程度来评估分销渠道绩效,它包括评估产品在店铺中

的可获得性、评估顾客服务是否充分、评估企业品牌形象的优势等。此外,评价分销渠道结构有效性的指标可以包括评估渠道成员的营业额、渠道中的竞争力量和相关问题。另外,还应该将本企业实行某些市场功能的能力与其他渠道成员相比,以保证渠道的专业化程度。

评估分销渠道绩效没有通用标准,企业可以根据自身的战略目标、运营环境、顾客的特殊需求等设计适合自己的标准,表7-2是将主要的评估标准分成三类列示。

表7-2 分销渠道绩效评估标准

顾客服务	宏观—生产率	微观—生产率
库存补充速度	物流成本占销售额的百分比	每单位的仓库成本
订单完成百分率	运输成本占销售额的百分比	库存破损
运送提前期	累计库存成本	运输成本
订单、运货单、票据出错率	定期补充的库存量	回程空载率

三种评估体系都在不同方面反映了供应链评估体系的建立原则,从不同角度评估了供应链的绩效,只有综合运用,才能真正达到科学、客观全面的目标。

7-1云阅读

7-2云阅读

7-3云阅读

7-4云习题

第八章　现代物流企业管理

物流企业是相对于生产企业、流通企业而言的,它是专门从事与实体流通活动有关的各种经济活动的经济组织。它对国民经济的正常运行有着极为重要的作用。而物流企业发挥社会作用的主要前提是提高物流企业管理水平。

第一节　现代物流企业概述

一、现代物流企业概念

根据国家标准《物流术语》(GB/T 18354—2021)的定义,物流企业(Logistics Service Provider)是指从事物流基本功能范围内的物流业务设计及系统运作,具有与自身业务相适应的信息管理系统,实行独立核算、独立承担民事责任的经济组织。换言之,物流企业是指至少从事运输、储存、装卸搬运、包装、流通加工、配送和信息处理等两种以上功能,能按照顾客的需求进行多功能、一体化运作的组织和管理,具有与自身业务相适应的信息管理系统,实行独立核算、独立承担民事责任的经济组织。因此,物流企业具有以下特征:

(1)物流企业在市场经济的运行和发展过程中,是专门从事与实体流通活动相关的各种经济活动的经济组织。

(2)物流企业具有自身的利益驱动机制,追求利益最大化是其存在的主要目的。

(3)物流企业是具有流通服务职能、平等参与竞争、享有合法权益的法人。

现代物流企业是相对于传统物流企业而言的,是指以现代信息技术为支撑,借助现代科学技术,将运输、仓储、包装、装卸搬运、配送等功能实行高效率有机结合起来的一个价值链。现代物流企业的物流运作、物流管理是一个复杂的系统,需要各方面的相互配合,必须使用先进的技术、设备与现代化的管理手段。现代物流企业是一个知识密集、技术密集的经济实体。

物流企业的种类繁多,由于管理目标不同,分类指标就不同,物流企业分类也不同。根据2013年12月31日发布的《物流企业分类与评估指标》(GB/T 19680—

2013)，物流企业分为以下三类：运输型物流企业、仓储型物流企业和综合型物流企业。

二、物流企业的基本职能

在市场经济条件下，社会生产总过程是由生产、分配、交换和消费四个基本环节构成的。商品的流通是社会生产过程中相对独立的环节，是连接生产和消费的中间环节。生产企业只有通过交换将各自生产的物质产品销售出去，才能使各自的生产过程不间断地连续进行。因此，社会物质产品的生产能力同社会的流通能力是彼此制约、互相作用的。作为独立于生产企业之外、专门从事商品交换活动的经济实体，从全社会来看，物流企业是以买者和卖者之外的第三方出现在市场中的，主要解决生产与消费之间在时间和空间上的矛盾，实现生产和消费的供求结合。物流企业的基本职能是组织生产资料和生活资料在不同实体之间的迅速而合理地流动，这是物流企业的宏观职能。

物流企业的宏观职能是通过其微观职能来实现的。物流企业的微观职能主要包含在商品流通全过程，即购、销、存、运四个相对独立的环节中。

（一）组织物质资源的供应职能

这一职能是物流过程的起点。物流企业根据企业与社会的需要，为企业与社会提供物资的采购、集中、运输、存储等活动，提供物质产品。一些物流企业还充当生产企业的供应商，为企业提供物资配送等保障供应，为商品的生产与销售奠定了基础。

（二）物流企业销售商品的职能

这一职能是物流过程的终点，是商品从生产流通领域返回生产消费领域的最后环节。商品销售完成了物质产品所有权的让渡，实现了物质产品的价值，除了弥补流通成本之外，还获得增值的货币——销售利润。从物流企业来看，这一职能表现为在物质资源的货币转换中，物流企业承担了企业销售物流任务，提供物流网络布局、销售物流总体运营方案策划与实施等活动，保证了销售有效合理地进行。物流企业利用其专业化和网络化服务，达到扩大市场、提高服务水平、降低成本和提高工作效率的目标。

（三）物流企业储存商品的职能，即"蓄水池"职能

商品储存是指物质产品离开生产领域，但还没有进入消费领域而在流通领域内的暂时停滞。物流企业的这一职能是由生产社会化决定的，即每个生产企业生

产的商品具有单一性,而其消费却是多样性、复杂性的。物流企业的"蓄水池"职能将物质产品加以积累,并根据消费的需要进行分拣、加工等,将商品实体适时、适量、适质地满足用户消费的需求,从而创造物资的时间价值。

（四）物流企业运送物质实体的职能

这是由物质产品在生产和消费之间的空间矛盾所决定的。因为某类物质产品的生产在空间位置上相对分散,消费相对集中;或者消费相对分散,而生产相对集中。只有当它们完成了空间位置的移动,才能满足消费的需求。物流企业将暂时停滞在流通领域的物质产品,通过运输配送实现商品实体在空间上的移动,送达消费者,从而创造出物资的空间价值。物流企业通过其储存和运送职能,实现了商品的使用价值。

（五）物流企业的信息收集与传递职能

在市场经济社会,最重要、最大量的信息来自市场。由于物流企业在连接产需双方及其直接置身于市场的特殊地位,它们在收集信息方面具有得天独厚的条件,将市场供求变化和潜在需求的信息反馈给供应链各节点企业,起到了指导生产、引导消费、开拓市场的作用。

综上所述,物流企业的宏观职能是靠其微观职能的具体实施完成的,两者互为条件,彼此制约。

三、物流企业的基本任务

物流企业的基本任务是由它的基本职能决定的。物流企业的基本职能是组织生产资料和生活资料在不同实体之间的迅速而合理地流动,因此,物流企业的基本任务是以经营为中心,经济合理地做好物资供应与保障工作,促进生产,满足生产和人民生活的需要,具体表现为以下几个方面:

（一）促进和引导生产

物流企业经营活动的基础是企业生产,只有生产企业的生产发展了,才能扩大物资流通规模,满足市场需要。因此,物流企业必须发挥比较了解市场供求状况的长处,通过与服务企业和社会的沟通,积极引导和促进生产,推动生产企业为市场提供充裕的、适销对路的产品。

（二）搞好销售工作,满足市场需要

企业生产产品、销售产品,必须借助物流活动才能解决在时间与空间上存在的供需矛盾。物流企业参与供应链的销售工作,有利于生产企业消耗的生产资料

及时得到补充,保证再生产的顺利进行。商品销售工作的好坏,直接影响社会再生产的发展。商流只是实现了生产企业的产品转化为货币,而产品还是停滞在流通领域,还不能最终实现产品价值,只有搞好物流工作,尽快使产品进入消费领域,才能最终实现产品价值,社会再生产才能实现周而复始的循环。

(三) 加速商品流转,缩短流通时间

社会再生产过程是生产过程和流通过程的统一,流通时间占社会再生产总时间的主要部分(大约 90％)。物流企业在供应链活动中,可以以合理的方式加速商品流转,减少停留在流通领域的商品,充分发挥商品效用,更好地满足社会的需要。

(四) 减少物资消耗,节约社会资源

当前,我国经济生产实物消耗高、效用低、浪费严重、经济效益差,因此,物流企业需要通过其专业化、规模化运营,提高物流运作效率,减少商品在流通过程中的损耗,通过配送、流通加工等增值服务降低供应链中的总库存,提高客户服务水平,促使生产企业更加有效地利用资源,为减少物资消耗、节约社会资源创造有利条件。

四、物流企业的经营模式

物流企业经营是企业应用物流功能要素进行生产经营并获得收益的业务运作方式,是企业获取收益的基础,同时也是物流企业核心竞争力的体现,它与物流企业本身拥有的资源类型、服务范围和服务内容密切相关。

(一) 功能型物流企业的经营模式

这类企业一般来源于传统的运输、仓储、配送企业,往往只能提供物流某个环节(如运输、仓储等)的物流服务。一般来说,功能型物流企业所提供的服务主要是以产品定向的物流服务和以客户定向的物流服务两种形式。

以产品定向的物流服务,是把有相似需求的客户服务聚合起来,形成规模经营,以充分利用物流企业的资源及能力,这样才能降低物流服务的单位运营成本。这种形式下的客户范围比较广泛,提供的主要是基本服务,如运输、仓储等,还是属于传统意义上的物流服务。

以客户定向的物流服务,是针对客户的特殊需求,提供较为综合性的量体裁衣式的物流服务。随着服务对象(即客户公司)的需求发生变化,物流企业所提供的物流服务也需向更高、更深的层次延伸,如在制造业中更多的企业采用 JIT 即

时库存管理,在商业零售业中由大型连锁商场和超市集团形成的供应渠道和配送方式的变化,以及广泛采用的 POS 技术、快速反应(QR)货源跟踪战略等。这些变化都直接影响到传统的运输、仓储企业所提供的内容和质量的要求,呼唤着新的、高层次的物流服务经营方式和运作方式的出现。在这种形式下,功能型物流企业往往与客户公司建立一定程度上的合作伙伴关系,从而不仅承担运输服务和仓储服务,而且还提供一系列附加的增值服务和独特服务,如产品的分类、包装、存货管理、订货处理甚至包括网络设计等,来满足特定客户的独特需求。

(二)专业型物流企业的经营模式

现代经济运行方式正在向全球化、专业化方向发展,企业往往会集中自己的精力于主营业务上,而把与业务开展相关的物流业务外包给专业的"第三方"物流企业。有些行业(如汽车行业、钢铁行业、化工行业等)需要提供个性化的物流服务,专注于某行业领域、具有丰富行业经验、拥有专用设备的专业型物流企业应运而生。它们面对的客户是属于同一个行业的企业,它们也可以作为客户公司物流服务的集成供应商,整合其他物流企业(物流服务的分包商)的资源及能力,共同为客户企业提供制定供应链解决方案、整合所需资源、管理供应链运行等的物流服务。

当然,由于资源及能力有限,即使是综合型物流企业也很难有能力去提供包括采购物流、生产物流、销售物流的全方位的物流服务。因而,一般专业型物流企业往往根据自身的资源及能力状况,集中自己的主营业务于采购物流、生产物流或者分销物流中的某个点上,再依据企业的发展战略进行业务上的上下游延伸。如安吉汽车物流公司是国内运输手段最齐全、运输网络最完善的专业性汽车分销物流企业,以整车分销物流业务为核心,而依托上海通用汽车的上海东昌企业(集团)有限公司则是以采购物流业务为核心,再向生产物流及分销物流业务延伸。

(三)综合型物流企业的经营模式

综合型物流企业一般是大型的物流企业集团,拥有广泛的物流网络体系,具有规模运营特点,开展跨区域的物流业务。一般来说,他们有三种业务类型:其一是作为客户企业的物流服务总包商,负责客户企业的整个物流运作。这种类型下,客户企业数量有限,且与客户企业往往建立合作伙伴或者战略联盟的关系;其二是作为客户企业物流服务的分包商,为客户提供某环节的物流服务,它们对客户企业直接负责或者对客户企业指定的物流总包商负责;其三是属于临时性物流业务,这类业务大多集中于物流企业所拥有的核心能力领域,如中远的远洋运输、中铁的铁路运输。

不管是属于哪种业务类型,它们与客户之间业务的开展都是靠订单联系在一起的。在物流业务运行的过程中,为了提高物流服务质量,更好地为客户提供服务,现代物流企业必须要建立一种以订单驱动的业务运作机制。以客户订单的拉动来保证整个物流运作体系的正常运转,而不再是由企业管理总部的推动来维系整个体系的运转,从业务流程上真正建立起了一套依靠市场需求来推动企业经营的机制。在以订单驱动的物流业务运作过程中,最重要的是协调整个过程的服务,使得物流各个环节能有效地衔接并且能应对某些突发事件,因而,这就需要有一个统一、高效、强有力的指挥中心(也是利润中心)来对整个物流业务进行控制和协调,以实现资源的最有效利用和服务质量整体最佳。同时还需要有许多操作中心来提供相应的物流服务。操作中心需要具备物流某个或某几个环节的服务能力,遵循指挥中心制定的严格统一的服务标准、操作规程、管理规范。

(四) 整合型物流企业的经营模式

整合型物流企业的核心竞争力在于为客户公司提供运作和管理整个供应链的解决方案,并且通过方案的实施与客户建立一种长期的战略伙伴关系,为其长期提供集成性的物流服务。根据实施主体的不同可以有两种不同的运营模式——协作模式和集成模式,如图 8-1 所示。

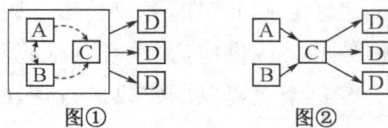

图 8-1

协作模式(如图 8-1 图①示),即物流企业 C 通过与其他类型物流企业如 A、B 等的合作来共同服务于客户企业 D,C 向 D 提供一系列服务,如技术、供应链策略、进入市场的能力、项目管理的能力等,而 A、B 是执行的主体,C 一般会与别的物流企业采用商业合同的方式或者物流战略联盟的方式一同工作,其思想和策略通过其他物流企业来具体地实现,以达到客户服务的目的。核心思想是通过这一方式发挥核心优势互补的效应,把一系列的物流企业,从运输、仓储服务到配送服务提供商和软件供应商,都联合在一起,根据客户的个性化需求,提供"量体裁衣"式的、灵活的、最有效的综合服务。

集成模式(如图 8-1 图②示),即物流企业 C 作为客户公司物流服务的集成商,为客户 D 提供运作和管理整个供应链的解决方案。C 扮演一个规划者、监督者和管理者的角色,通过对其他物流企业资源、能力和技术进行综合管理,借助其他物流企业为客户提供全面的、集成的供应链管理方案,其他物流企业通过 C 的供应链管理方案为客户提供服务。

第二节　物流企业管理概述

一、物流企业管理的基本含义和性质

物流企业管理是指应用管理学的基本原则和科学管理方法,通过对物流企业的人力、物力和财力的计划、组织、指挥、监督、控制,达到用最少的消耗,实现既定的经营目标,取得最好的经济效益。

同其他企业管理一样,物流企业管理具有二重性,即自然属性和社会属性。物流企业管理的自然属性是指物流企业的管理是在一定生产力水平下,同流通生产力相联系,表现为劳动者同一定的物质技术条件相结合,为组织社会商品流通进行共同劳动,由此产生的属性。物流企业管理的社会属性是指物流企业的管理同商品流通中的生产关系相联系,表现为企业内部人与人之间、部门与部门之间、企业与其他企业之间、企业与国家之间的经济关系。

掌握企业管理的性质,对认识物流企业管理问题,探索物流企业管理活动的规律以及应用管理原理来指导实践,具有重要的现实意义。

(1) 物流企业管理具有的二重性体现着生产力和生产关系的辩证统一关系,需要我们遵循企业管理的自然属性要求,分析和研究物流企业管理问题。

(2) 根据物流企业管理两重性原理,要科学地鉴别其社会属性,注意学习先进的企业管理理论、技术和方法。

(3) 在学习运用某些企业管理理论、原理、技术和手段时要因地制宜,结合本部门、本单位的实际,才能取得预期的效果。

二、现代物流企业管理的职能

现代物流企业管理的职能,是指物流企业管理活动所具有的作用和功能。现代物流企业管理的基本职能也是以营利为目的,实现利润最大化,因为获得利润是物流企业存在的第一个目标,也是最基本的目标。物流企业管理的基本职能是通过若干具体管理工作,即管理职能来体现和贯彻。根据对现代物流企业管理工作的基本内容和基本过程的分析,可以将这些具体的管理职能划分为计划职能、组织职能、领导职能、协调职能、控制职能和创新职能等六个方面。

(1) 计划职能。这一职能是指通过调研、预测,对企业的经营目标、经营方针作出决策,制订长期计划和短期计划,确定实现计划的措施和方法,并将计划指标层层分解到各个部门、各个环节。这一职能在物流企业管理所有职能中居于首要地位,是企业经营活动取得成功的基础。因为计划工作不仅为企业确立经济活动的目标,还为如何实现这些目标拟订方案。因此,计划工作是一项指导性、预测性、科学性和创造性都很强的企业管理活动。其主要内容可以概括为"5W1H"六个方面:做什么(What)、为什么做(Why)、何时做(When)、何地做(Where)、谁去做(Who)、怎样做(How)。

(2) 组织职能。这一职能是指要把企业经营活动的各个要素、各个环节和各个方面,从劳动的分工和协作上,从纵横交错的相互关系上,从时间和空间的相互衔接上,合理地组织起来,形成一个有机整体,从而有效地进行生产经营活动。实质上,组织职能一方面表现为为了实施计划而建立起来的一种结构,该种结构在很大程度上决定着计划能否得以实现;另一方面表现为为了实现计划目标而进行的组织过程。其主要内容有:①根据企业目标,设计和建立一套企业组织机构的职位系统,设计出组织结构并配备相应的人员;②为各部门及其主管人员规定职权和职责,规定部门主管人员与上下级的关系,配备合适的人选;③规定企业组织机构中各部门之间的相互联系,明确它们之间的协调原则和方法。

(3) 领导职能。这一职能是指对企业各层次、各类人员的领导和指导,沟通信息,统一员工的思想和行为,激励员工自觉地为实现企业目标共同努力,保证企业生产经营活动的正常进行和实现企业既定的目标。主要内容有:①引导企业中的全体人员有效地理解和认同企业目标和企业文化,使全体人员步调一致地为企业目标的实现而努力;②研究员工的需要、动机和行为,对人进行指导、训练和激励,以调动他们的工作积极性,这是领导工作的核心;③协调个人目标与企业目标,使员工能够自觉地服从企业目标。

(4) 协调职能。这一职能也称调节职能,它是指协调企业内部各层次、各职能部门的工作、各类人员,协调各项生产经营活动,使它们能建立良好的协作关系,消除协作中的脱节现象和存在的矛盾,为企业正常运转创造良好的条件和环境,以有效地实现企业的目标。协调可分为上下级领导人员和上下级职能部门之间活动的纵向协调以及同层次各职能部门之间活动的横向协调,解决上下级之间的各种矛盾,保证各单位、各部门之间信息渠道畅通无阻,等等。

(5) 控制职能。这一职能也称为监督职能。它是指按预定计划或目标、标准进行检查,考察实际完成情况同原定计划标准的差异,分析原因,采取对策,及时纠正偏差,保证企业目标的实现。它包括制定各种控制标准;检查工作是否按计划进行,是否符合既定的标准;若工作发生偏差要及时发出信号,然后分析偏差产生的原因,纠正偏差或制订新的计划,以确保实现组织目标。主要内容为:①确立标准;②评定活动成效;③采取纠正措施。

（6）创新职能。这一职能是指在一定的思想指导下，不断地去改变或调整物流系统取得和组合资源的方式、方向和结果的具体实践活动。时代已经步入不创新就无法维持企业发展的阶段，作为主要服务于生产、销售等企业的物流企业，必须不断进行创新，才能满足客户对物流服务提出的新需求。

现代物流企业管理的上述六项职能既是统一的，又是相对独立的。运用这些管理职能时，既要全面考虑，又要有所侧重。物流企业的经理通常用于计划和组织职能的时间要多些，而基层管理干部则将大部分时间用于执行组织和控制职能。

应当指出，对于现代物流企业管理职能来说，随着物流企业经营规模的扩大、结构的变化，管理活动的内容也会更加复杂，也会产生新的管理职能。

三、现代物流企业管理的主要方法

现代物流企业管理方法是物流企业依据各种物流活动现象和管理规律，诸如业务活动规律、人的行为规律、组织运行规律等，运用自然科学和社会科学的某些成果，对企业所拥有的资源进行有效配置与管理所采取的各种措施、手段、办法、技巧的总和。因此，企业管理方法多种多样，常用的、具有普遍性的方法可归纳为三类：经济方法、行政方法和法律方法。同时，近年来，尤其是随着现代信息技术的快速发展，各种现代化管理方法在物流企业管理中得到了广泛的推广和运用。

（一）经济方法

经济方法是运用经济手段，特别是经济杠杆，引导企业经济活动、执行管理职能的一类方法。经济方法的实质是正确贯彻物质利益原则，从物质利益方面调节各利益主体的经济关系，调动各方面的积极性，使他们从物质利益角度主动关心企业的经营成果，提高他们的劳动效率和物流企业的经济效益。

经济方法不具有行政命令的强制性，而是利用经济手段，间接地从物质利益角度协调各经济主体之间以及与企业之间的关系，调节企业经营活动，以符合企业的整体利益。具体地说，物流企业是自主经营、自负盈亏、自我发展、自我约束的经济实体，具有自身的经济利益。运用经济方法是物流企业的经济性质所要求的。

（二）行政方法

行政方法是依靠行政机构和领导者的权威，通过企业行政组织系统，运用命令、指示、规定、制定规章制度等行政手段，对管理对象发生影响和进行控制的一类方法。行政方法是建立在隶属关系和行政权力基础之上的，所依托的基础是管理部门和管理者的权威。管理者权威越高,他所发出指令的接受率就越高。行政方法采用垂直性的管理方式,依靠权威性和强制性,要求下级无条件服从上级的指示、指令、规定,必须执行,它有利于迅速解决问题,能明显提高管理的效率,能统一目标、统一行动,保证经营目标和任务的完成,还能运用行政命令,保证企业的经营方向以及在紧急情况下迅速排除阻力等。行政方法是经济方法无法替代的。

(三) 法律方法

法律方法是运用立法和司法的手段,执行管理职能的一类方法。物流企业受到调整企业生产经营活动和商品流通活动的法律法规和相关法律法规的制约。物流企业为保证经营活动正常进行,还制定了企业内部的规章制度,用以调整和规范企业员工的行为,保证经营活动有序地进行。运用法律方法管理企业的生产经营活动,具有保证企业的合法权益、维护经济秩序的作用。

(四) 现代化管理方法

现代化管理方法是指在物流企业管理中充分运用会计、统计、经济、心理、社会、数学等现代社会科学、自然科学和技术科学的理论、方法和手段,来解决企业管理上错综复杂的问题,以达到企业管理高效率、高质量的一种管理方法。现代化管理方法作为管理现代化的有机构成,旨在强化管理功能。其基本要求是:在一定的时期和给定的客观条件下,围绕企业发展战略和经营总目标,对企业投入产出全过程统筹安排和科学运筹,有效地发挥出管理功能和整体效应,寻求人、财、物、信息等资源的最佳运行状态,使人尽其才、物尽其用、财尽其效,获取最佳经济效果和综合效益,不断提高物流企业管理现代化水平。

现代化管理方法的主要特征是对物流企业的经营业务活动进行定量分析、决策,使物流企业管理达到科学、合理、有效的目的。现代化管理方法包含两个方面的内容:①应用科学管理的方法,包括计划管理、劳动管理、组织管理、经营业务管理、市场与价格管理、战略管理、行为管理、项目管理、信息管理等行之有效的方法。②运用管理科学的技术方法,包括以运筹学为基础的预测与决策技术、线性规划、排队论、模拟方法、物流仿真技术、统筹方法、系统工程、价值工程、投入产出法、全面计划管理、全面质量管理、目标管理、作业成本管理、量本利分析法等科学技术,并将它们运用于物流企业管理实践中。

上述各项现代化管理方法都有其结构、特点以及应用的基本原则和范围,这些方法之间也存在着组合、互补的关系。它们既可以单独运用,也可以在物流企业管理中配合使用。由此可见,现代物流企业管理要求各级管理者必须具备广博的专业知识,精通管理业务,熟练掌握管理技能和方法,这是提高物流企业管理水平的当务之急。同时,特别值得强调的是,现代管理工作的核心和动力只能是人和人的积极性,任何管理方法,只有能够充分调动企业广大员工与管理者的积极性,实现企业与社会目标,才是最好的管理方法。

第三节　物流企业管理的主要内容和基础工作

管理的目的是效率和效益,管理的核心是人。管理的实质是聚合企业的各类资源,充分运用管理的功能,以有限的投入获得最佳的回报,实现企业既定目标。由此对应衍生为各个分项:人力资源管理、行政管理、财务管理、战略管理、作业管理、设备管理、计划管理、质量管理、成本管理等。

一、物流企业管理的主要内容

(一)物流企业战略管理

战略是用来描述一个组织打算如何实现它的目标和使命,包括对实现组织目标和使命的各种方案的拟订和评价以及最终选定将要实行的方案。物流企业经营战略是企业为实现企业的目标和使命,在对企业内外部环境进行充分分析的基础上,为求得企业长期生存和不断发展而进行的总体性谋划。它是企业战略思想的集中体现,是企业经营范围的科学规定,同时又是制定规划的基础。

生产企业集中于核心业务并缩短生产纵深,使得物流企业可以更深入地参与供应链管理过程,并在此过程中使自身得到生存与发展。因此,物流企业在进行战略总体设计构思时要突出自己的战略优势,重视信息技术,包括移动通信、电子数据交换(EDI)、货物和车辆跟踪、物流管理专家系统等对物流企业营运的影响。一般来说,物流企业战略管理过程包含三个关键环节:战略分析——了解组织所处的环境和相对竞争地位,战略规划——战略制订、评价和选择,战略实施——采取措施使战略发挥作用。

(二)全面计划管理

物流企业的全面计划管理是一项综合性的全面管理工作,通过科学的调查、预测、规划、预算、决策等手段,把物流企业的各项工作有效地围绕总目标的要求全面地组织与协调起来。具体地讲,全面计划管理是物流企业为实现企业目标,通过系统分析、精确计算和综合平衡,为企业制定生产经营的长短期计划,并细分到各个部门、各个环节和每个人,用计划来指导企业生产经营的全部活动,并把它纳入计划轨道,组织与动员全体职工更有效地保证计划的实现,以提高物流企业的经济效益。

物流企业的全面计划管理是在物流大系统计划管理的约束下,对物流过程中的每个环节都要进行科学的计划管理,具体体现在物流系统内各种计划的编制、执行、修正及监督的全过程。物流企业全面计划管理的内容有许多方面,其中最基本的是市场供求调查、产需预测与经营决策、计划体系与计划指标体系的确立、制订计划和主要方法、计划管理的基础工作五大方面。

(三) 组织管理

物流企业的组织管理是指建立组织结构,规定岗位职务或职位,明确责权关系,以使组织中的成员互相协作配合、共同劳动,有效实现组织目标。组织管理的主要内容有:①确定组织结构的形式。根据物流企业经营的业务、物流企业的规模、外部环境状况和企业技术装备的现代化程度等因素,确定企业组织采用何种组织结构的形式,确定企业的层级结构和企业管理幅度。②设置部门机构。设置统一管理企业物资输入输出和产品的运输、保管、包装、装卸搬运以及物流信息等业务的专职部门,它主要设置进行日常物流活动的业务部门(工厂、分公司、营业所、物流中心等现场部门)和作为职能部门的总公司的物流组织(物流部、物流系统等)两类组织。③划分管理权限及范围。确定部门管理者的职责与管理范围,提出岗位任职条件。

合理的企业组织管理是现代物流企业发展的必然要求,是物流企业实现创新的需要。改革物流企业的组织管理可以更好地拓展物流业务、改善经营管理,选择和确定物流企业组织管理形态是提高企业经济效益的基础。

(四) 作业管理

物流系统是由一系列物流作业组成的。随着物流管理越来越受到重视,物流作业管理也成为现代物流管理的重要组成部分。作业成本法为物流作业管理提供了有效的成本核算工具,通过物流作业成本核算和物流作业分析,获得大量物流作业的相关信息,并利用这些信息对物流作业流程进行优化管理,实行有效的作业管理,以高质量、低成本的物流活动来保证物流活动的高效和顺畅。

从物流作业管理的角度出发,通常采用以下四种方式以实现作业链整体最优和总成本最低:①作业选择,即从多个不同的作业(链)中选择最佳的作业(链)。②作业消除,即消除无附加价值的物流作业。③作业减少,即以改善已有物流作业的方式来降低企业物流活动所耗用的时间和资源。④作业分享,即利用规模经济提高相应物流作业的效率,也就是提高作业的投入产出比,以降低作业动因分配率和分摊到产品中的物流成本。

（五）物流质量管理

物流质量管理是指科学运用先进的质量管理方法、手段,以质量为中心,对物流全过程进行系统管理,包括保证和提高物流产品质量和工作质量而进行的计划、组织、控制等各项工作。

物流质量的概念既包含物流对象质量,又包含物流手段、物流方法的质量,还包含工作质量,因而是一种全面的质量观。质量管理的直接任务有质量保证、质量保护和为用户服务三方面。物流企业质量管理的主要内容包括现代物流企业质量策划、供应商质量管理、现代物流过程质量管理、客户关系管理、现代物流质量成本管理、现代物流企业质量管理体系管理以及基础工作等内容,其中现代物流企业质量管理体系管理是质量管理的核心。

全面质量管理已经被广泛引入现代物流企业管理中,它强调一个组织以质量为中心,以全员参与为基础,目的在于通过顾客满意和本组织所有成员及社会受益而达到长期成功的管理途径。它认为管理必须始于识别顾客的质量要求,终于顾客对他手中的产品感到满意。全面质量管理的特点是全面性和科学性相结合,其全面性体现在对全面质量、全过程和全员参加的管理,其科学性体现在以科学的思想为指导,综合、灵活地运用科学方法。

（六）财务管理

财务管理是对企业的财务活动(包括固定资金、流动资金、专用基金、盈利等)的形成、分配和使用进行管理。财务管理着重研究企业资金的筹措、资金的投放和使用以及资金的收入和分配等企业资金的运动过程。

物流企业为了实现价值"双大",即用户价值最大化、物流企业价值最大化,成本"双小",即用户成本最小化、物流企业成本最小化的管理目标,就必须用好资金,充分考虑货币资金的时间价值,规避资金风险,统筹安排物流资金长短期计划、避免物流资金管理上的片面性和短期行为,合理选择物流领域的投资方案、有效筹集物流资金并制定相应的财务制度,以确保资金的增值。

（七）人力资源管理

物流企业人力资源管理是指物流企业对其拥有的人力资源进行的管理活动。它是为了实现企业既定目标,采取计划、组织、指挥、监督、激励、协调、控制等职能,充分利用、充分开发、合理配置企业中的人力资源而进行的一系列活动的总称。人力资源管理的主要内容是研究物流企业人力资源的规划、工作分析、人力资源管理制度建设、人力资源的选聘、激励以及人力资源的培训与发展等活动。与其他管理不同,人力资源管理重视"以人为本",重视人的特点、感情,重视被管理者的感受。

(八) 物流企业信息管理

现代物流的核心理念是用信息系统来整合对顾客、经销商、运输商、生产商、物流公司和供应商的管理,让物的流动具有最佳目的性和经济性,从而提高整个社会资源的利用水平。当前,消费需求越来越趋于个性化,人们对物流的要求也不断提高,产品的生命周期越来越短,这就要求物流企业及时跟踪顾客的需求,缩短反应时间,及时调整计划以满足顾客的需求。因此,物流企业必须应用现代信息技术,建设物流信息系统,加强物流信息管理。

物流企业信息管理就是物流企业对物流信息资源进行统一规划和组织,并对物流信息的收集、加工、研究、存储、检索、传递、交流和提供服务的全过程进行合理控制,从而使物流供应链各环节协调一致,实现信息共享和互动,减少信息冗余和错误,改善客户关系,最终实现信息流、资金流、商流、物流的高度统一,达到提高物流供应链竞争力的目的。

物流企业信息管理的主要内容:物流信息的采集与获取、物流信息处理、物流信息存取、物流管理信息系统的开发、物流管理信息系统的功能及运作等。

(九) 现场管理

现场,一般是指物流作业场所。现场管理就是运用科学的管理思想、管理方法和管理手段,对现场的各种生产要素进行合理配置和优化组合,通过计划、组织、指挥、控制等管理职能,保证现场处于良好的状态。现场的生产要素一般包括:人,即现场的操作者、管理者;机械,即设置在现场的设备、工具、器具;料,即现场的各项物资;法,即工艺流程和检测方法;环境,即现场的工作环境;资金,即资金配给和成本控制;能源,包括水电气的供应;信息,即指导、指挥作业现场运转的各种信息。

二、物流企业管理的基础工作

物流企业管理基础工作的主要内容包括标准化工作、定额工作、信息工作、计量工作、规章制度、职工教育和培训、现场管理等。随着科学技术的进步和经营方式的变革,上述基础工作会不断补充新的内容,其结构也会发生变化。

（一）标准化工作

标准化工作主要指对物流企业的各项技术标准和管理标准的制定、执行和对标准的实施进行监督检查，包括技术标准、管理标准和工作标准等标准化工作。促使物流企业的生产、技术、营销、财务、人事活动和各项管理工作达到合理化、规范化和高效化，是实行科学管理的基础，是建立良好的生产和工作秩序的必要条件。做好物流企业标准化工作，能够在改善经营管理、开拓国内外市场等方面发挥重要作用。

企业标准体系以技术标准为主体可分为技术标准和管理标准两大类。技术标准是对技术活动中需要统一协调的事物制定的技术准则。它是根据不同时期的科学技术水平和实践经验，针对具有普遍性和重复出现的技术问题提出的最佳解决方案，是从事社会化大生产的技术活动必须遵守的技术依据。技术标准一般包括：①质量标准，它是对商品检验方法、包装、储存、运输和使用所作的规定。②作业方法标准，它是对从事生产技术作业的方法所作的统一的技术规定与服务的程序和要求等。③安全卫生和环境保护标准，它要规定商品应达到的安全要求、卫生要求、环保要求。④技术基础标准，包括通用科学技术语言标准等。

管理标准是企业为了保证与提高产品质量，实现总的质量目标而规定的各方面经营管理活动、管理业务的具体标准。若按发生作用的范围分，标准可分为国际标准、国家标准、部颁标准和企业标准。以生产过程的地位分，标准可分为原材料标准、零部件标准、工艺和工艺装备标准、产品标准等。在标准化工作中，通常把标准归纳为基础标准、产品标准、方法标准和卫生安全标准。

（二）定额工作

定额工作是物流企业各类技术经济定额的制定、执行和管理工作。它是进行科学管理、组织社会化大生产的必要手段，是实行内部计划管理的基础，是提高劳动生产率的杠杆，是推行内部经济责任制、开展全面经济核算的工具。

物流企业由于其管理职能、经济目标、要求、生产组织方式及其他条件不同，用以管理的定额内容也不同。定额工作一般包括下述内容：①劳动定额。它是在一定的技术组织条件下，完成一定量的工作所规定的劳动消耗量标准，是物流企业员工重要的定额之一。②储备定额。它是为保证经营持续不断地进行所规定的物资储存数量的标准。③设备利用定额。它是指单位设备生产效率和利用程度的标准。④资金定额。它是为保证经营正常进行所必需的最低资金占用量，如储备资金定额等。⑤费用定额。它是物流企业为了加强对管理费、销售费、财务费合理支出的控制,人为地将总额用"切块"落实到有关责任单位和个人,作为控制标准,并加以考核。

企业制定定额要尽可能做到准确、及时、全面。定额水平是整个定额工作的中心问题。它是一定时期内在一定的物质技术、组织条件下的管理水平、生产技术水平和职工思想觉悟水平的综合反映。

(三)信息工作

信息工作是物流企业进行经营活动和决策时对物流信息的收集、处理、传递、储存等管理工作的总称。物流企业的信息可分为企业内部信息和外部信息两种。内部信息是由物流企业内部一切经营活动产生的信息,包括一切会计、统计和作业核算所用原始记录、台账和报表以及有关的会计记录、文件和语言交流等。物流企业的外部信息范围很广,凡是与本企业生存与发展直接或间接相关的经济、科技、市场、人文、社会、政治、法律、政策等方面的信息资料,都属物流企业外部信息。

(四)计量工作

计量工作是指计量检定、测试、化验、分析等方面的计量技术和管理工作。它是用科学的方法和手段,对经营活动中的质和量的数值进行测定,为物流企业的经营管理提供准确的数据。原始记录和统计所获数据的准确性,在很大程度上依赖于计量工作,没有真实的原始记录,标准化和定额工作也做不好。

计量工作的基本要求是保证量值的统一和准确。具体地说,要做到以下几点:①根据经营管理的特点和需要,有计划地配齐配好计量检测手段,逐步实现检测手段和计量技术现代化。②对使用中的计量器具,按照检定周期进行检定,及时进行修理与调整。③提高工艺过程和商品质量的检测率。④建立必要的计量检定制度,完善信息计量传递系统。

(五)职工教育和培训

如果把企业比作一架大机器,那么驾驭和操纵这架机器的就是企业的领导者、管理者和全体员工,他们是这架机器的动力源。现代化的生产和现代化的管理,不仅要有现代的科学技术、现代装备、现代的方法和手段,更需要有能够从事现代化生产和管理的具有现代科学技术和管理知识的人。高素质的人才,可以到人才市场去招聘,但是真正能忠心耿耿为企业服务的适用人才需要靠企业自己培养。职工教育,一般说来,是指企业全体职工都要接受的基础教育,包括职业道德教育、基本技能教育、管理基本知识教育、安全生产教育和思想政治工作教育等。

职工培训,一般来说,是指对本企业经营需要的特殊人才的继续教育,如本企业高级管理人才培训、各级各类专业技术岗位培训、特殊生产岗位的培训等。

8-1 云阅读　　　　8-2 云阅读　　　　8-3 云阅读

第九章 现代物流技术与设施设备管理

第一节 现代物流技术与设施设备概述

一、现代物流技术与设施设备对物流系统的影响

物流系统涵盖了采购、运输、储存、流通加工、装卸、搬运、包装、销售、物流信息处理等多个物流环节,物流系统的协调、高速运行离不开物流技术以及设施设备的支撑和发展。集装化技术的发展有效地加快了物流系统各节点之间的货物交接速度,提高了装卸效率,降低了货损率,确保了货物的安全。自动立体化仓库的规模化应用使仓库空间利用率大大提高,加快了货物的进出库、分拣速度,提高了作业效率,降低了差错率。大数据、云计算、互联网、移动互联、智慧物流等新的信息技术加快了物流业向信息化、网络化以及效率化的演进,加快了整个物流业的发展,提升了物流业的发展品质。先进物流技术的应用和设施设备的更新升级不仅提高了物流系统各个节点的运作效率,而且是节点间物流、信息流、资金流的顺利流动的有力保障,对提高整个物流系统的运作效率和效益至为关键。

二、现代物流技术与设施设备的分类

(一) 物流技术的分类

物流技术的分类有多种,常见的分类方法如下:

按技术形态分类,物流技术可分为硬技术与软技术。硬技术是指物流过程中所使用的各种工具、设备、设施等;软技术是指物流活动中使用的各种方法、技能和作业程序等。

按应用范围分类,物流技术可分为运输技术、仓储技术、保管技术、装卸搬运技术、包装技术、集装技术、分拣技术、流通加工技术、计量技术以及物流系统规划和管理技术等。

按采用的技术思想分类,物流技术可分为物流自动化技术、物流信息化技术、物流系统规划与优化技术、现代物流管理技术等。

按物流功能分类,物流技术可分为运输技术(公路、铁路、水路、航空、管道)、

仓储技术、装卸搬运技术、分拣配送技术、包装技术、流通加工技术等。

（二）物流设施设备分类

物流设施设备是在物流活动的各个环节所使用的物流设施、设备和器具的总称，可分为物流设施和物流设备两大类。其中物流设施是指提供物流服务系统运作必需的有形固定资产，包括连接线路和节点设施：①交通运输通道设施，如铁路、公路、航道、管道、航线等；②公共物流综合基础设施，以这些交通运输设施为基础的铁路货运中心、公路货运中心、航空货运站、码头、集装箱堆场；③企业自主建设的综合基础设施，如物流中心、配送中心等。上述各种综合性物流设施一般都是由仓库、场站、站台、道路等基本设施构成。而物流设备主要包括：①集装单元化器具，如料箱、托盘、集装箱等；②运输技术装备，如货车、货船、货机等；③装卸搬运技术设备，如各式起重机、叉车、AGV 小车等；④仓储技术设备，如货架、堆垛机、输送机等；⑤流通加工设备，如用于物品包装、分割、计量、分拣、组装的设备等；⑥包装技术设备，如充填机械、灌装机械、捆扎机械、打码设备、封口设备等；⑦物流信息技术设备，如 BDS、RFID、GPS、GIS、门禁设备等。

本章按技术形态分类，主要介绍相关硬技术，选取物流系统的两个子系统，即仓库和运输子系统，介绍一些常见的物流技术和设施设备。

三、现代物流技术与设施设备的选用原则

（一）适用性原则

适用性是物流技术装备满足使用要求的能力，它通常包括适应性和实用性。不同的设备、设施在物流系统运作中发挥着各自的作用，系统的整体、高效运作需要不同设施、设备之间的衔接、协作。适应性是指在配置与选择物流技术装备时，应充分注意物流技术装备应与物流作业的实际需要和发展规划相适应，符合货物的特性，适应货运量的需要，适应不同的工作条件和多种作业性能要求，并且操作使用灵活方便。实用性则是指要恰当地选择设备的功能。适用性原则是指企业在选择物流技术装备时，需综合考虑物流作业的需求、货物的特性、货运量的大小、设施设备空间尺寸的配合性、物流技术设施的功能等多个因素。以仓储为例，对存储型仓库，库内的货物搬运、堆高由叉车完成即可；而流通型仓库则强调货物的快速分拣与进出库，输送机设备是库内搬运设备的首选。

（二）可靠性、安全性原则

可靠性是指设备按要求完成规定功能的能力以及其在时间上的稳定性和保持性，在考虑可靠性的同时还应注意设备的便于维修性。它是物流技术装备的一

项基本性能指标。物流技术装备的可靠性与物流技术装备的经济合理性是密切相关的。从经济上看,物流技术装备的可靠性高就可以减少或避免因发生故障而造成的停机损失与维修费用支出。但是可靠性并非越高越好。因为提高物流技术装备的可靠性需要在物流技术装备开发制造中投入更多的资金,这样设备价格会变得昂贵。因此,不能片面追求可靠性,而应在提高可靠性所需的费用开支与物流技术装备不可靠造成的费用损失之间进行全面权衡,从而确定最佳的可靠度。

安全性是指物流技术装备在使用过程中保证人身和货物安全以及环境免遭危害的能力。它主要包括设备的自动控制性能、自我保护性能以及对误操作的防护和警示性能等。安全性要求有三个部分:一是物流设备本身的安全性,要防止机械发生意外故障或被损坏;二是操作人员的安全性,要防止操作人员在作业中受伤害,保证人身及货物的安全;三是对周围人群、环境的干扰的控制,如要尽量减少粉尘、噪声污染等。

(三)先进性原则

技术先进性是指配置与选择的物流技术装备能够反映当前科学技术先进成果,在主要技术性能、自动化程度、结构优化、环境保护、操作条件、现代新技术的应用等方面具有技术上的先进性,并在时效性方面能满足技术发展要求。技术先进性是实现物流现代化应具备的技术基础。但先进性原则首先要服从适用性原则,先进是以物流作业适用为前提,以获得最大经济效益为目的,绝不是不顾现实条件和脱离物流作业的实际需要而片面地追求技术上的先进。经济的飞速发展对物流行业不断提出新的要求,特别是对物流的运行速度和处理能力提出了更高的要求;要求在极短的时间内完成拣选、配送等任务。自动化与人性化设计有效地降低了工人的劳动强度,改善了劳动条件,如堆垛机、输送机系统的应用有力推动了物流系统的高速运转。

(四)经济合理性原则

进行设施设备的选择时,在满足作业安全、作业质量、环保要求等前提下,应考虑其综合成本的合理性。经济性是在首先满足企业需求的条件下的低成本,它不仅要求一次购置费用低,更重要的是要求物流技术装备的综合使用费用低,即要求物流技术装备的寿命周期内综合成本最低。经济性是衡量物流技术装备技术可行性的重要标志和依据。任何先进物流技术装备的使用都受着经济条件的制约,在多数情况下,先进性和经济性两者往往是背反关系。但在满足使用的前提下,应对技术先进与经济上的耗费进行全面考虑和权衡,做出合理的判断。这就要求我们综观整个系统的运作要求,综合考虑系统的发展要求,权衡后进行合理选择。

第二节　集装化技术与设施设备

一、集装单元技术及应用

集装是将多个单件物品,通过一定的技术措施组成尺寸规格相同、重量相近的大型化的组合体。这种大型的组合状态便称为集装单元。一方面,小型件杂散货物很难进行单件的处理,为便于流通必须经过一定程度的组合集装化;另一方面,在起重机应用越来越普遍,而小型件杂货重量较小,会对起重机的起重能力造成极大的浪费。集装单元可以降低货物的货损率,提高物流运作效率,实现"门到门"运输,大幅度降低物流费用。

集装单元化技术是以集装单元为基础组织的装卸、搬运、存储和运输等活动所采用的各种技术的总和。它改变了过去那种对包装、装卸、储存、运输等各管一段的做法,对物流系统进行统一的规划,有效地改善了物流功能。

在现代物流领域,集装化单元技术已经得到了广泛的应用,如托盘和集装箱的标准化和通用化。国际标准化组织(ISO)以 600 mm×400 mm 为物流基础模数尺寸,物流基础模数尺寸是物流系统标准尺寸的最小公约尺寸。货物的包装、托盘、集装箱等尺寸均参照这个尺寸。将包装好的货物放入托盘,进行合理的摆放和加固后,再将托盘货载放入集装箱内,就形成了一个大的集装单元。将托盘货载或者集装箱放入卡车中,则形成了一个运输单元。倍数系列的尺寸关系有效提高了装运的密度,形成了坚实的货垛,提高了货物的运转速度和安全性。

为了适应不同货物的特性,集装单元技术还有其他形式,如袋装粮食,由于其底部较软,一般采用集装网袋进行集装;纸浆、棉花等尺寸、重量比纸箱货、小型木箱货大,则采用货捆的形式,用杂货集装箱进行装载;液体货采用罐式集装箱进行装载等。在实际工作中,集装单元尺寸的选择需综合考虑运输车辆的载重量、空间尺寸,仓储设施、装卸设备、建筑设施的尺寸,以达到较好的配合性。

二、周转箱

周转箱也称为物流箱,广泛用于机械、汽车、家电、轻工、电子等行业,可用于盛放体积较小的产品,方便产品周转,且由于规格大小统一,堆放整齐,便于管理。

目前周转箱多为塑料、塑胶材质,其具有防

图 9 - 1　600 mm×400 mm 周转箱

潮、耐腐蚀、重量轻、承重较好、价格低廉等特点。周转箱的规格较多,形式也多样。但周转箱的发展趋势都向标准型塑料托盘配套尺寸靠近,目前国内常用的尺寸为1 210国际标准型、1 208欧洲标准型和T11日本标准型周转箱。目前较为常见的600 mm×400 mm或400 mm×300 mm都为标准尺寸的物流箱,可以与托盘同步配套使用。周转箱尺寸的选择需要综合考虑周转箱转载工具的情况、货物的包装规格以及在周转箱上的摆放形式、仓库货架的宽度以及进深尺寸等。

三、托盘

托盘是用于集装、堆放、搬运和运输的、放置作为单元负荷的货物和制品的水平平台装置。它已广泛应用于生产、仓储、流通等领域,被认为是20世纪物流产业的两大关键创新之一,被物流行业形象地誉为"移动的地面""活动的货台"。托盘给现代物流业带来了巨大的效益,实现了货物包装的标准化、规范化和单元化,保护货物,大大提高了货物的流通效率。目前在我国,托盘的使用范围越来越广,使用数量正在以每年2 000万只的速度迅猛增长,全国托盘拥有总量估计已经远远超过1.2亿只。

托盘规格过多,会引起世界物流系统的混乱,增加物流成本,为了避免这种情况,提高货物流通效率及质量,1988年ISO国际标准化组织托盘委员会(ISO/TC51),推荐使用四个规格托盘,即1 200 mm×800 mm、1 200 mm×1 000 mm、1 219 mm×1 016 mm和1 140 mm×1 140 mm。2003年ISO(世界标准化组织)在难以协调世界各国物流标准利益的情况下,在保持原有四种规格的基础上又增加了两种规格(1 100 mm×1 100mm和1 067 mm×1 067mm)。我国在综合考虑对外贸易的现实需要、托盘使用现状、物流设备之间的系统性、ISO推荐标准等方面的因素后,2008年3月正式启用1 200 mm×1 000mm和1 100 mm×1 100 mm两种规格作为我国托盘国家标准,并优先推荐使用1 200 mm×1 000 mm规格。近年来,在相关企业、行业组织的大力推动下,托盘标准化已经取得了一定的进展。目前,主流的零售商和大型快速消费品企业,基本上都使用了统一标准1 200 mm×1 000 mm的托盘,并且这个标准的应用正在扩大。

托盘分类方式较多,下面主要介绍按结构、材质两种分类方式。

(一)按结构分类

(1)平托盘(见图9-2)。平托盘是目前使用范围最广、数量占比最大的一类。据相关统计,木质平托盘占目前流通使用托盘的比例为80%~90%。平托盘又可细分为三种类型:①根据台面分类:单面型、单面使用型、双面使用型和翼型;②根据叉车叉入方式分类:单向叉入型、双向叉入型、四向叉入型;③根据材料分类:木制平托盘、钢制平托盘、塑料制平托盘、复合材料平托盘以及纸质平托盘。

（2）柱式托盘（见图9-3）。柱式托盘的四个角有钢制立柱,柱子上端可用横梁连接,形成框架结构。柱式托盘由于立柱的遮挡作用,可将货物往高堆放,在运输和装卸过程中防止货物塌垛。

（3）箱式托盘。箱式托盘以平托盘为底,四周有侧板。箱板有固定式、折叠式、可卸下式三种,四周拦板有板式、栅式和网式。箱式托盘防护能力强,可防止塌垛和货损,可装载异型不能堆码的货物,应用范围广。

图9-2　木制平托盘　　　　图9-3　柱式托盘　　　　图9-4　轮式托盘

（4）轮式托盘（见图9-4）。轮式托盘与柱式托盘、箱式托盘相比,下部多了小型轮子,因此具有可以进行短距离移动、自行搬运或滚上滚下的装卸等优势,用途广,适应性强。

（5）特种专用托盘。为适应不同货物的物理特征,还开发出针对专门货品的托盘。如油桶托盘、轮胎专用托盘、大尺寸托盘等。

（二）按材质分类

（1）木制托盘。木制托盘以天然木材为原材料制造,由于价格低廉、易加工,成品实用性强,使用较为普遍,但是木制托盘容易受潮、发霉、虫蛀,清洗困难,容易污染产品。

（2）钢制托盘。钢制托盘由镀锌钢板或烤漆钢板组成,具备稳定的包装性能,坚固耐用,承载力大,可循环使用,不浪费资源,广泛用于机械、化工、医疗、纺织、食品、物流等行业。

（3）塑料托盘。以工业塑料为原材料制作,耐酸碱、耐腐蚀,外观整洁,易清洗、易消毒,表面光滑,不容易损毁货物,较木制托盘有质量轻、寿命长等特点,近年来得到了较多的推广应用。

（4）纸质托盘。以纸浆、纸板为原材料进行加工,可分为瓦楞纸板托盘、蜂窝纸板托盘、复合材料托盘等。所有纸托盘均适用于一次性出口商品,尤其是空运产品。其特点为绿色环保,无虫蛀,完全无需熏蒸、消毒,可以 100% 回收,不产生废弃物,不污染环境,符合环保要求。

四、集装箱

集装箱又称为货柜、货箱,国际标准化组织(ISO)对集装箱的定义为:集装箱是一种运输设备,它有如下的特点:①具有足够的强度,可长期反复使用;②适合一种或多种方式运输,途中转运时,箱内货物不必换装;③可进行快速搬运和装卸,特别便于从一种运输方式转移到另一种运输方式;④便于货物装满或卸空;⑤具有 1 m^3 及 1 m^3 以上的容积。

集装箱运输可扩大成组单元,提高装卸效率,减少货损货差,降低劳动强度,节省物流成本,在多式联运中发挥了重要作用。在装卸作业中,装卸成组单元越大,装卸效率越高。托盘成组化比单件装卸单元提高了 20～40 倍,集装箱与托盘相比,装卸单元又扩大了 15～30 倍。

为了便于集装箱在国际上的流通,国际标准化组织 104 技术委员会(简称 ISO104)自 1961 年成立以来,对集装箱国际标准作过多次补充、增减和修改,现行的国际标准为第 1 系列,共有 13 种,其外部尺寸宽度均一样为 2 438 mm,长度有四种,分别为 12 192 mm、9 125 mm、6 058 mm、2 991 mm,高度有四种,分别为 2 896 mm、2 591 mm、2 438 mm、<2 438 mm。其中 2 438 mm×2 438 mm×6 058 mm 即为国际标准箱单位(TEU)。TEU 通常用来表示船舶装载集装箱的能力,也是集装箱和港口吞吐量的重要统计、换算单位。

集装箱的材质有铝合金、钢、玻璃钢等。钢制集装箱由于强度大、结构牢、焊接性高、水密性好、价格低廉等特点,使用较为普遍。集装箱常见的分类有:

(一) 杂货集装箱

杂货集装箱(见图 9-5)也称为通用集装箱,用来运输无需控制温度的件杂货,其使用范围极广,占全部集装箱的 80% 以上。这种集装箱通常为封闭式,在一端或侧面设有箱门,通常用来装运文化用品、电子机械、工艺品、日用品、

图 9-5 杂货(通用)集装箱

纺织品及仪器零件等不受温度变化影响的各类固体散货、颗粒或粉末状的货物都可以由这种集装箱装运。

(二) 开顶集装箱

开顶集装箱是没有刚性箱顶的集装箱,但有由可折叠式或可折式顶梁支撑的

帆布、塑料布或涂塑布制成的顶篷,其他构件与通用集装箱类似。这种集装箱适用于装载大型货物和重货,如钢铁、木材,特别是像玻璃板等易碎的重货,利用吊车从顶部吊入箱内不易损坏,而且也便于在箱内固定。

（三）台架式集装箱

台架式集装箱(见图9-6)是没有箱顶、侧壁和端壁,只有底板和四个角柱的集装箱。这种集装箱可以从前后、左右及上方进行装卸作业,适合装载长大件和重货件,如重型机械、钢材、钢管、木材、钢锭等。台架式集装箱没有水密性,怕水湿的货物不能装运,或用帆布遮盖装运。

（四）平台集装箱

平台集装箱是只保留底板的一种特殊结构集装箱。平台的长度与宽度与国际标准集装箱的箱底尺寸相同,可使用与其他集装箱相同的紧固件和起吊装置。这种集装箱的采用打破了过去一直认为集装箱必须具有一定容积的概念。

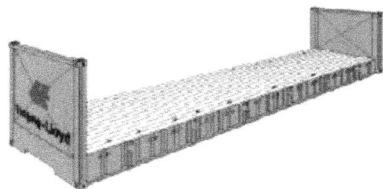

图9-6　台架式集装箱

图9-7　冷藏集装箱

（五）冷藏集装箱

冷藏集装箱(见图9-7)是以运输冷冻食品为主,能保持一定温度的保温集装箱。它是专为运输如鱼、肉、新黄油、巧克力、冷冻鱼肉等食品而特殊设计的,分外置式和内置式两种,温度可在-28℃～+26℃之间调整。内置式冷藏集装箱在运输过程中可随时启动冷冻机,使集装箱保持指定温度;而外置式冷藏集装箱则必须依靠集装箱专用车、船和专用堆场、车站上配备的冷冻机来制冷。

（六）散货集装箱

散货集装箱是一种密闭式集装箱,有玻璃钢制和钢制两种。前者由于侧壁强度较大,故一般装载麦芽和化学品等相对密度较大的散货,后者则用于装载相对密度较小的谷物。散货集装箱顶部的装货口设有水密性良好的盖,以防雨水侵入箱内。

（七）通风集装箱

通风集装箱(见图9-8)是为装运水果、蔬菜等不需要冷冻且具有呼吸作用的货物,在端壁和侧壁上设有通风孔的集装箱,利用外界空气和风向来调节箱内温度,如将通风口关闭,同样可以作为杂货集装箱使用。

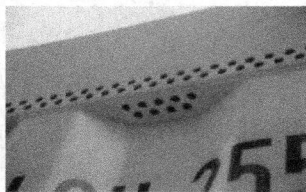

图9-8 通风集装箱

图9-9 罐式集装箱

(八)罐式集装箱

罐式集装箱(见图9-9)是专用于装运酒类、油类(如动植物油)、液体食品以及化学品等液体货物的集装箱。它还可以装运其他液体的危险货物。这种集装箱有单罐和多罐数种,罐体四角由支柱、撑杆构成整体框架。

其他还有一些专门针对某类货物或某种用途的集装箱,如动物集装箱、集装箱流动电站等。

第三节 仓储技术与设施设备

一、仓储技术应用现状

现代仓储是以满足供应链上下游的需求为目的,依托仓库设施与信息技术,对物品的进出、储存、加工、包装、分拣、配送及其信息进行有效计划、执行和控制的物流活动。近年来,随着我国社会经济和物流业的发展,仓储管理和技术应用得到了长足的发展,主要表现为:

(1)仓储基础设施水平提升,多数新建仓库配备完善。过去仓库多为砖木结构、钢混结构库房,新建仓库库房一般都采用轻钢结构,下弦高度在8米以上,有的库房高达20~30米,主要用于自动化立体仓库。单库面积越来越大,一般都在5 000至10 000平方米,最大的单体库在6万平方米,易于作业,仓容大,节约土地。新式库房一般配有装卸平台和调节板、采光板和灯光照明、自动喷淋设施等,装卸便利,提高了仓库安全系数。自动化立体仓库的数量在迅速增加,目前约有160多个,年增长率超过30%,应用于医药、家电、食品及奶制品、汽车零配件、润滑油、计算机整机及零部件等物品的保管。

(2)设施与技术不断改造升级,实现了由完全依靠人工、手工作业向机械化、自动化、信息化的转变。近年来,叉车、吊车、货梯、输送机、堆垛机等仓储设施设备得到了广泛使用。作为一种通用型机械,叉车在我国的产量和使用量都在以超过 40％的速度递增,品种日益丰富,能适应不同的货物装卸需求。巷道堆垛机作为自动立体仓库必不可少的堆高、存取机械,最高作业高度可达 40 米,极大地利用了仓库空间。条码系统被广泛地用于家电、日用品等货物的存取业务中,射频系统在少数先进企业中也得到了初步的应用,减少了人工管理的盲目性和无序性。

（3）特种仓库得到了迅速的发展。冷库、化学危险品仓库因其技术水平要求较高,被称为特种仓库。以冷库为例,冷库分为冷藏库和冷冻库两种。冷藏库温度一般在 0℃ 至 10℃ 之间,冷冻库温度在 0℃ 至 −18℃ 之间,深冷库温度可达 −30℃ 至 −60℃。冷库主要用于食品、药品的储藏保管。据不完全统计,我国现有冷库容量约为 900 万吨,未来冷库需求将越来越大。我国疆域面积大,冷库分布相对不集中问题一直困扰着生产流通企业。自从 2010 年颁布《农产品冷链物流发展规划》以来,各地对冷库的建设给予了资金和政策的支持,各地冷库建设较为迅速。智慧冷库的概念已被提出,即制冷系统的每个环节都可以连接到设备的远程监控平台,进行远程监控,这将极大地方便冷库的操作。

（4）物流标准体系不断完善,相关标准得到推广应用。如果要实现物流一体化,行业标准统一尤为重要。标准化程度影响着全区域物流效率的高低,标准化程度的提高对各种物流功能、要素之间的有效衔接和协调发展具有重要作用。缺少基础性标准,库房、站台、包装、托盘不统一,各个环节自成体系,就难以实现信息的交换和共享,因而会导致无效环节增加,物流速度降低。近年来,根据我国现代物流业发展状况,我国加快了现代物流标准化建设,主要内容包括通用基础类标准、物流技术类标准、物流信息类标准、物流管理类标准和物流服务类标准。政府有关部门加强了物流标准化工作的领导,加大对国家已经颁布的各种与物流活动相关的国家标准和行业标准的推广和贯彻落实力度。

总体而言,仓储技术和设备在我国已有了发展,但在某些地区,仓储设施的整体水平仍然不高,仓储管理还较粗放,整体水平提升的空间仍较大。

物流作业效率的提高需要设施技术的现代化,如仓库设施的更新改造,推广建设自动立体化仓库,推广应用"货架、托盘、叉车、信息系统"四位一体的组合技术,配备适用的加工、包装、分拣设备,形成高效系统。由于相关章节已介绍信息系统、托盘相关内容,下面章节将针对性介绍叉车、货架、自动立体化仓库,将托盘、信息技术的应用糅合于相关内容中,不再单独介绍。

二、叉车

叉车又称铲车、叉式装卸车,是装卸搬运机械中最常见的具有装卸、搬运双重功能、以托盘为主要作业对象的搬运设备。它以货叉作为主要的取货装置,依靠液压起升机构升降货物,由轮胎式行驶系统实现货物的水平搬运。叉车除了使用货叉以外,还可以更换各类装置,如串杆、推出器、夹抱器等以适应多种货物的装卸、搬运。叉车可一机多用,有很强的通用性,在仓库、车站、码头和港口等货物搬运装卸的场所应用非常广泛。叉车的分类方式较多,包括:

叉车按动力装置的不同,可分为内燃式叉车和电动式叉车。内燃式叉车机动性好,功率大,在一般情况下,重型、大吨位的叉车采用内燃机为动力。电动式叉车操作简单,动作灵活,无废气污染,噪音低,一般用于室内作业。

叉车按提升高度的不同,可分为低提升叉车和高提升叉车。低提升叉车提升高度在 0.1~0.15 m,高提升叉车提升高度多在 3 m 左右,最高可达 12 m。其中低提升叉车的代表车型主要有人力托板车、电动托板车。

按照驱动力不同,托板车可分为电动(见图 9-10)和人力(见图 9-11)两种。后者行驶、升降都为电动控制,比较省力。而前者是需要人工手动拉或者推着叉车行走,后者以电动机为动力,蓄电池为能源。由于托板车提升高度较小,不能进行货物的堆高,一般用于短距离的搬运。托板车作业方便、平稳、快捷;外形小巧、操作灵活;低噪音、低污染,能在商场、超市、仓库、货场、车间等场所作业。

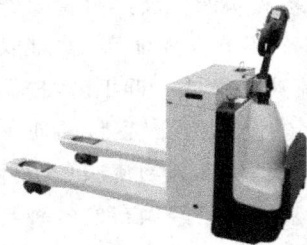

图 9-10 电动托板车   图 9-11 人力托板车

高提升叉车的代表车型有:

(一)平衡重式叉车

平衡重式叉车(图 9-12)是使用最为广泛的叉车车型,车体前方装有升降货叉,车体尾部装有平衡重块的起升车辆。平衡重式叉车可用于内部装卸、堆垛和搬运成件物品,3 吨以下的叉车还可在船舱、火车车厢和集装箱内作业。

(二)侧面式叉车

侧面式叉车(图 9-13)的门架、起升机构和货叉位于叉车的中部,可以沿着横向导轨移动。叉车货叉安装在叉车侧面,具有直接从侧面叉取货物的能力,因此主要用来叉取长条形的货物,如木条、钢筋等。在进行装卸作业时不必先转弯然后作业,这个特点使侧面式叉车适合于窄通道作业。

图 9 - 12　平衡重式叉车　　　　　图 9 - 13　侧面式叉车

(三) 拣选式叉车

超市的配送中心往往不需要整托盘出货,而是按照订单拣选多个品种的货物组成一个托盘,此环节称为拣选。拣选叉车(图 9 - 14)按照拣选货物的高度,可分为低位拣选叉车(2.5 m 内)和中高位拣选叉车(最高可达 10 m),承载能力 2.0~2.5 吨(低位)、1.0~1.2 吨(中高位,带驾驶室提升)。

(四) 三向式(转叉)叉车

三向式叉车(图 9 - 15)配备一个三向堆垛头,叉车不需要转向,货叉旋转就可以实现两侧的货物堆垛和取货,因此可适用于狭窄通道和有限空间内的作业,通道宽度一般只需 1.5~2.0 米。

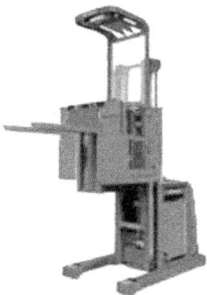

图 9 - 14　拣选式叉车　　　图 9 - 15　三向式叉车　　　图 9 - 16　前移式叉车

(五) 前移式叉车

前移式叉车(图 9 - 16)的门架或者货叉架可以前后移动,其中门架前移式叉车是指作业时门架带动货叉前移,伸出到前轮之外叉取或放下货物,行走时货叉带货物收回,使货物重心在支撑面内。前移式叉车稳定性很好,适合于车间、仓库内作业。

三、货架

在仓库设备中,货架是指专门用于存放成件物品的保管设备。仓库管理现代化与货架的种类、功能直接相关。货架的使用具有可充分利用仓库空间、提高库容利用率、存取方便、便于清点、保证存储货物质量、有利于实现仓库的机械化及自动化等诸多优点,目前各式货架在仓储系统中使用非常普遍。货架的分类方式很多:①按货架高度可分为低层、中层、高层货架,分别对应高度为小于 5 m,5 m～15 m,15 m 以上;②按照货架每层能承受的货物重量,可分为重型、中型和轻型货架,对应每层所能承受重量为 500 kg 以上,150～500 kg,150 kg 以下;③按货架与仓库的结构关系可分为整体结构式和分体式货架,整体结构式货架是指货架直接支撑仓库屋顶和围墙,分体式货架是指货架与建筑物分为两个独立系统,其中分体式货架较为常见;④按照货架的封闭程度可分为敞开式、半封闭式、封闭式货架;⑤按照货架的可移动性可分为固定式、可移动式、旋转式货架等。

下面介绍几种常见的货架类型:

(一)重力式货架

重力式货架(图 9-17)的每一个货格就是一个具有一定坡度的存货滑道。入库起重机装入滑道的货物单元能够在自重作用下,自动地从入库端向出库端移动,直至滑道的出库端或者碰上已有的货物单元停住为止。重力式货架可以方便地实现货物的先进先出。

图 9-17 重力式货架

图 9-18 悬臂式货架

(二)悬臂式货架

悬臂式货架(图 9-18)由中间立柱向单侧或双侧伸出悬臂而成,悬臂可固定可调节,一般使用金属材料,可垫上木质衬垫或橡胶带保护,适于轻质长条形材料存放。

(三)托盘货架

托盘货架(图 9-19)本身由支柱和横梁构成,多为钢材结构,可实现机械化操作,存取方便,拣取效率高。相对于可移动式货架,其储存密度低,需要较多的通道,是目前使用最广泛的货物存储工具,通用性较强,通常以 6 m 以下的 3～5 层为宜。

图 9－19　托盘货架

图 9－20　驶入(出)式货架

(四) 驶入(出)式货架

对驶入(出)式货架(图 9－20),叉车可直接进入存货巷道内存取货物,能起到保管场所和叉车通道的双重作用,货区存储密度高,最少仅需一条作业通道。适合少品种、大流通量储存,不宜存储太长太重的物品。驶出式货架与驶入式货架不同之处在于:驶出式货架是通的,没有拉杆封闭;前后均可安排存取通道,可实现先进先出管理。

(五) 搁板式货架

搁板式货架(图 9－21)的上端和下端均使用螺栓将立柱和面板连接,货架的组装、拆卸方便、快捷,存储货物可以用尺寸大小统一的容器盛装,也可以用包装箱的形式直接存放,存放货物重量不宜过重。

(六) 阁楼式货架

阁楼式货架(图 9－22)一般用于旧库改造,可成倍提高仓库利用率,上层货物存取作业效率较低,主要用于存放储存期较长的中小件货物。

图 9－21　搁板式货架

图 9－22　阁楼式货架

图 9－23　移动式货架

(七) 移动式货架

移动式货架(图 9－23)本身放置在轨道上,在底部设有行走齿轮或者驱动装置,靠动力或者人力移动货架,减少了货架间的巷道数。移动式货架仅需设一个通道,是空间利用率最高的一种货架,主要用于小件、轻体货物的存放,也可存取大重量物品,适用于环境条件要求高、投资大的仓库。

(八) 旋转式货架

旋转式货架可分为垂直旋转式(图 9 - 24)和水平旋转式(图 9 - 25)两类。垂直旋转式货架本身是一台垂直提升机,可正反向回转,使需要拣取的货物移到拣选平台。与垂直旋转货架类似,水平旋转式货架只是货格在水平方向回转,各层可以独立地正反向旋转。旋转式货架属于拣选型货架,占地面积小,在拣选货物时,取货者不动,通过货架的水平、垂直或立体方向回转,货物随货架移动到取货者的面前,存放品种多,操作简单,存取作业迅速,空间利用率较高。

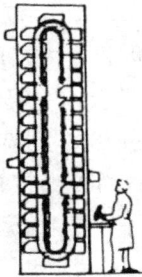

图 9 - 24 垂直旋转式货架   图 9 - 25   水平旋转式货架

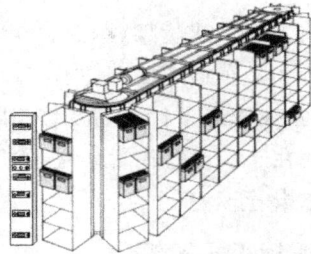

四、自动立体化仓库

自动立体化仓库(简称 AS/RS)是指不用人工直接处理,能自动存储和取出物料的自动化仓库。该系统采用几层、十几层乃至几十层高的货架储存单元货物,用相应的物料搬运设备进行货物入库和出库作业,具有很高的空间利用率、很强的入出库能力。自动化立体仓库应用范围很广,几乎遍布所有行业。在我国,自动化立体仓库应用的行业主要有机械、冶金、化工、航空航天、电子、医药、食品加工、烟草、印刷、配送中心、机场、港口等。

自动化仓储系统由高层货架、巷道堆垛机、出入库输送机、AGV 车和计算机控制系统及管理系统等组成,下面是几种自动化立体仓库常见的设施设备:

(一) 巷道堆垛机(图 9 - 26)

巷道堆垛机的主要用途是在高层货架的巷道内来回穿梭运行,将位于巷道口的货物存入货格;或者取出货格内的货物运送到巷道口。巷道堆垛机可分为有轨巷道堆垛机和无轨巷道堆垛机,一般高架仓库选用的为前者,其额定起重量可达到 2 t,提升高度一般为 10～25 m,最高可达 40 m。

图 9 - 26　巷道堆垛机

图 9 - 27　AGV 小车

（二）自动导引小车（AGV 小车,见图 9 - 27）

自动导引小车是指具有电磁或光学导引装置,能够按照预定的导引路线行走,具有小车运行和停车装置、安全保护装置以及各项移载功能的运输小车。工业应用中不需驾驶员操作,以可充电的蓄电池为其动力源。按照引导方式的不同可分为电磁引导、光学引导。根据货物的不同,可采取不同的移载方式,如升降台、伸缩叉、机械手等,主要用于巷道口货物的存取,与输送机系统、巷道堆垛机以及装卸机械共同组成货物的存取和输送系统。

（三）输送机系统

输送机可分为地面和空中输送机两类。其中空中输送机一般用于生产企业不同工位之间的物料输送,对于仓储系统而言,地面输送机应用更为普遍。地面输送机的主要类型有:

（1）滚筒输送机。滚筒输送机主要由传动滚筒、机架、支架、驱动部等部分组成。滚筒输送机结构简单,可靠性高,使用维护方便,可用于箱、包、托盘等件货的输送,散料、小件物品或不规则的物品需放在托盘上或周转箱内输送。

图 9 - 28　滚筒与皮带输送机

图 9 - 29　链式输送机

（2）皮带输送机。皮带输送机简称皮带机,制作皮带的材料有橡胶、硅胶、PVC 等,除用于普通物料的输送外,还可满足耐油、耐腐蚀、防静电等有特殊要求的物料的输送,皮带机结构形式多样,能满足多种工艺的需求。皮带机运用输送带的连续或间歇运动来输送各种轻重不同的物品,可输送各种散料如煤炭,也可输送各种纸箱、包装袋等单件重量不大的件货,用途广泛。

（3）链式输送机。链式输送机是利用链条牵引、承载,或由链条上安装的板条、金属网带、辊道等承载物料的输送机。根据链条上安装的承载面的不同,可分为链条式、链板式、链网式等。链条式输送机一般用于输送单元负载,对于体积偏小的货物,底部需增加承载板。链板式输送机运用相对广泛,可用于小单元物品的输送。

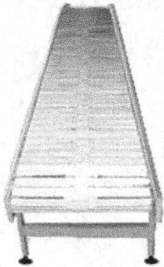

图 9 - 30　链板式输送机　　图 9 - 31　推块式输送机　　图 9 - 32　顶升移载输送机

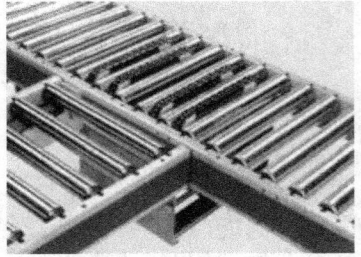

（4）分拣与输送带衔接设备。推块式分拣系统由链板式输送机和具有独特形状的滑块、在链板间左右滑动进行商品分拣的推块等组成。在配送中心,常常需要对不同目的地的货物进行分类分拣,推块式分拣系统可将不同目的地的货物推送到对应岔道。

顶升移载输送机上部布置链条,当货物移动至顶升移载输送机上方时,用于衔接垂直布置的输送线路,可实现货物的 90°转弯无障碍输送。

五、信息技术在仓库内的应用

仓库作业主要包括入库作业、货物在库管理、出库作业三个部分。仓库一方面要降低商品的库存,另一方面要降低作业的出错率,这就要求每个作业环节都要准确、及时,并且具备可跟踪性、可控制性和可协调性。在信息技术应用广泛的今天,必须通过信息技术来控制物流。下面将对目前使用较为普遍的信息技术在仓库作业的应用做简要介绍,信息技术的基本原理和内容在相关章节中已做了介绍,这里不再一一详细解释。

（一）入库作业

货物出入库时,操作人员在数据终端上输入订单号,然后用数据采集器扫描货物上的条码,通过数据采集器把数据及时地送入计算机进行统计和管理。计算机系统根据预先确定的入库原则、商品库存数量,确定该种商品的存放位置。在数据采集器的显示屏上可以自动显示出该货物应到货的数量、名称、规格、保质期等信息,经核对可直接确认数量或用键盘输入实际数量。而后可使用叉车或者输送系统将货物存放到指定地点。如使用叉车,扫描包装箱上的条码,计算机就会提示操作人员将商品放到事先分配的货位,作业人员将商品运到指定的货位后,再扫描货位条码,进行核对,核对无误将货物放好后就可通过叉车装有的终端装置将作业信息传递给计算机系统。如采用输送机,输送机识别箱上的条码后,也可将货箱放在指定的库位区。

(二)在库管理

在库管理实现了货物货号管理和仓库库位管理信息的匹配。仓库管理系统根据货物的品名、型号、规格、产地、牌名、包装等划分货物品种,并且分配唯一的编码。同时将仓库分为若干个库房,每个库房又分为若干个货位,每个货位的编码也是唯一的。而后仓库管理系统在产品入库时将库位条码号与产品条码号一一对应,在出库时按照库位货物的库存时间可以实现先进先出或掌握批次管理的信息,可避免出现入库重号、出库无货等问题,同时还可查询商品的库存信息,对商品库存进行管理。条码不仅仅在配送中心业务处理中发挥作用,配送中心的数据采集、经营管理同样离不开条码。通过计算机对条码的管理,对商品运营、库存数据的采集,可及时了解货架上商品的存量,从而进行合理的库存控制,将商品的库存量降到最低点;也可以做到及时补货,减少由于缺货造成的经济损失,方便了货物管理,降低了差错率,提高了在库管理效率。

(三)出库管理

仓库在收到出库指令后,需对货物进行分拣、配货。在配货过程中,汇总各客户的货物需求信息,并分批发出印有条码的拣货标签。这种条码包含有货物配送目的地的相关信息。分拣人员根据拣货单信息进行拣货,并在商品上贴上拣货标签。将拣出的商品运到自动分类机,放置于感应输送机上。激光扫描器对商品上的条码自动识别,检验拣货有无差错。如无差错,商品可通过推块分拣机进行分拣,然后将不同分店的商品装入不同的货箱中,并在货箱上贴上印有条码的送货地址卡,重新使用商品的分拣方法对货箱进行分拣。当发现拣货有错时,商品流入特定的滑槽内,重新进行分类,直至完成相关作业。

第四节　运输技术与设施设备

一、铁路运输

铁路货物运输是陆上货物运输的两个基本运输方式之一,其受气候和自然条件影响较小,且运输能力及单车装载量大,成本较低,运输货物种类众多。按照货物的重量、体积、性质或形状分为整车、零担以及集装箱三种类型。

铁路运输的设施构成包括线路、车辆、机车、信号、联锁、闭塞、通信设备、信息化设施、铁路车站等。铁路运输车辆的种类主要有:

(一)棚车(P)

棚车主要用于装载怕日晒、怕潮湿的货物和较贵重的货物,如化肥、布匹、仪器及日用品等。

图 9 - 33　棚车(P)

图 9 - 34　敞车(C)

(二)敞车(C)

敞车的车体由端墙、侧墙及地板组成,主要用来装运不怕湿的散装或包装货物,如煤炭、矿石、木材、钢材、机械设备及集装箱货物等。若在所装运的货物上面加盖防水篷布,也可代替棚车装运怕湿货物。因此,敞车具有很大的通用性,在货车中的数量也最多。

(三)平车(N)

平车是指不带端、侧板的货车。平车主要用于运送钢材、木材、汽车、拖拉机、机器、桥梁构件和砂石等货物。大部分平车的车体只有地板,为了提高平车的使用效率,减少回空,少数平车还有不超过 0.5 m 的活动板墙,以便运送矿石等散装颗粒货物。

(四)罐车(G)

罐车车体为一卧式圆筒,装有安全调压装置,专用于装运液体、液化气体和压缩气体等货物,也有少数罐车是用来装运粉状货物的。

(五)保温车(B)

保温车又称为冷藏车,车体外形与棚车相似,但车体外表涂成银灰色,以便于反射阳光,减少太阳辐射的影响。保温车主要用于运送鲜鱼、肉类、蔬菜、水果等新鲜易腐货物。

(六)其他特种车辆

其他特种车辆包括粮食车(L)、煤车(M)、矿石车(K)、水泥车(U)等。

二、公路运输

公路运输一般即指汽车运输,主要承担短途客货运输。公路运输机动灵活,简洁方便,人员培训简单,可以实现门到门运输,但相较于铁路运输而言,运输量比较小,容易受到气候的影响,安全性较低,能源耗用量大,污染大,适合于近距离的独立运输作业和补充与衔接其他运输方式。

公路运输的设施构成包括公路线路、车辆、交通控制设备、公路运输场站等。车辆分类方式很多,按照使用范围进行分类主要有:

(一)普通运输车辆

普通运输车辆主要运输日常的一些普通产品,例如电子电器、食品、饮料、服装、机械等,包括平板车、高护栏车、集装箱车等。平板车没有车厢,只有不到1 m 的车帮,可用于运输一些基础材料;高护栏车有车厢但是没有封闭的顶棚,顶棚是用帆布制作的,可以根据货品的量以及形状调节顶棚高度,对货品的适

图 9 - 35　集装箱半挂车

应性比较强;集装箱车车身密封,能较好地保护货品,运用最为普遍。按照车头和车厢的连接方式,车辆又分为全挂车和半挂车。半挂车是车轴置于车辆重心(当车辆均匀受载时)后面,并且装有可将水平或垂直力传递到牵引车的连接装置的挂车,牵引车承受挂车的一部分重量。全挂车的牵引车只提供牵引的动力,不承受挂车向下的重量。

(二)冷藏车辆

冷藏车又称为保温车,装有隔热材料,车内设有冷却装置、加温装置、测温装置和通风装置等,是运送鱼、肉、鲜果、蔬菜等易腐货物的专用车辆,这些货物在运送过程中需要保持一定的温度、湿度和通风条件。

（三）危险品运输车

危险品运输车是一种货箱顶部不封闭，排气管前置并装有防火花装置，运送石油化工品、炸药、鞭炮等危险品的专用车辆。

（四）特种车

特种车用于某种特定用途，如洒水车、消防车、救护车等。

三、水路运输

水路运输是利用船舶等水运工具，在江、河、湖、海及人工运河等水道运输旅客、货物的一种运输方式。水路运输运载能力大，可进行集装箱、件杂货、散货等多种货物的运输，具有成本低、能耗少、投资省等优点，但灵活性小，连续性也差，较适于担负大宗、低值、笨重和各种散装货物的中长距离运输。

水路运输设施由船舶、航道、港口、通信、导航设施组成，以下着重介绍船舶类型。货船是专门运输各种货物的船只，有干货船和液货船之分，根据所运货物的不同可分为：

（一）杂货船（图9－36）

杂货船在运输船中占有较大比重。它是装载一般包装、袋装、箱装和桶装的普通货物船。杂货船是干货船的一种。一般杂货船自备吊杆，因而对码头的要求就大大降低，只要前沿的水深足够、海况允许，便可装卸，因此杂货船的活动范围就扩展到各个小型码头。

（二）散货船

散货船是专门用来装运煤、矿砂、盐、谷物等大宗散装货物的船舶。装卸时可采用大抓斗、吸粮机、装煤机、皮带输送机等专用的机械。普通散货船一般为单甲板、尾机型，货舱截面呈八角形。由于所运货物种类单一，对舱室的分隔要求不高，货舱容积较大。用于装运谷物、水泥、钢材、矿砂等货物的大宗散货船一般装载量很大，从2万吨到15万吨不等。

图9－36　杂货船

图9－37　集装箱船

（三）集装箱船（图9－37）

集装箱船是专门用来装运规格统一的标准货箱的船舶。集装箱的装卸通常由岸上起重机进行,船上不设起货设备。由于集装箱船一般载重量大,装卸速度高,停港时间短,因此得到了迅速的发展。美国、英国、日本等国进出口的杂货约有70%~90%使用集装箱运输。近年来,船舶大型化趋势越来越明显,曾经是世界上最大的集装箱船舶——Emma Maersk,其全长397.7 m、宽56.4 m、深30 m,最大吃水量为16.02 m。其载重量可达170 794吨,最大速度为每小时29.3英里,正式申报的实际承载能力达到11 000 TEU。

(四)油船

油船是载运散装石油及成品油的液货船,是指建造或为主要在其装货处所装运散装油类(原油或石油产品)的船舶,包括油类、散货两用船以及全部或部分装运散装液货,并符合《73/78防污公约》附则所规定的任何化学品液货船。石油货源充足,装卸速度快,并且可以通过铺设在海上的石油管道来装卸,所以大型原油船可以不用靠码头,而只需要系浮筒来进行装卸作业。因为没有对码头水深的要求,所以油船可以建造得很大。曾经是中国最大的油轮"新埔洋"号,全船长333 m、宽60 m,甲板面至船底型深29.8 m,上层建筑高6层,该船可装载闪点低于60℃的原油30.8万吨,运力相当于一列31公里长的火车。

(五)冷藏船

冷藏船的货舱为冷藏舱,常隔成若干个舱室,每个舱室是一个独立的封闭的装货空间。舱壁、舱门均为气密,并覆盖有泡沫塑料、铝板聚合物等隔热材料,使相邻舱室互不导热,以满足不同货种对温度的不同要求。冷藏舱的上下层甲板之间或甲板和舱底之间的高度较其他货船的小,以防货物堆积过高而压坏下层货物。冷藏船是鱼、肉、水果、蔬菜等易腐食品处于冻结状态或某种低温条件下进行载运的专用运输船舶。因受货运批量限制,冷藏船吨位不大,通常为数百吨到数千吨。

(六)液化天然气船(LNG船)

液化天然气(Liquefied Natural Gas,LNG)船是在零下162(-162)℃低温下运输液化气的专用船舶,是一种"海上超级冷冻车",是国际公认的高技术、高难度、高附加值的产品。2008年,上海沪东中华造船公司生产制造的我国第一艘LNG船"大鹏昊",造价高达1.6亿美元,几乎等于五艘普通巴拿马型散货轮的总造价。在该船舶的设计中,考虑的主要因素是能

图9-38　LNG船

适应低温介质的材料对易挥发或易燃物的处理。

四、航空运输

航空运输是在具有航空线路和飞机场的条件下,利用飞机作为运输工具进行货物运输的一种运输方式。空运的主要优点是迅捷、安全,缺点是运输费用相当高,投资额度和运输成本都比较高,开拓航线、修建机场和机场维护需要大量资金,燃料、飞行员薪水、飞机的维护保养等方面的支出很大。航空运输适用于价值昂贵、容易损坏或者市场销售周期特别短的货物。在我国运输业中,航空运输的货运量占全国运输量的比重还比较小,它主要是承担长途客运任务。伴随着物流的快速发展,航空运输在货运方面将会扮演重要角色。

航空运输设施与设备包括航空港和飞机。其中航空港又包括跑道、结构道路、停机坪、助航系统等。

五、管道运输

管道运输是指用加压设施加压流体(液体或气体)或流体与固体混合物,通过管道输送到使用地点的输送系统,是一种专门由生产地向市场输送石油、煤和化学产品等的运输方式。管道运输具有运输量大、连续、迅速、经济、安全、可靠、平稳以及投资少、占地少、费用低等优点,但是其专用性强,只能输送特定物料,灵活性较差,只能定点运输。

目前的管道运输包括输油管道、输气管道、固体料浆管道。其中输油管道系统主要设备有油泵站、输油加热炉、输油罐等;输气管道系统主要构成为矿场集气管网、干线输气管网、城市配气管网及相关站、场等;固体料浆管道系统包括浆液制备系统、中间泵站、后处理系统等。

管道运输技术近年来在我国应用较多,如西气东输工程,目前是我国距离最长、口径最大的输气管道,西起塔里木盆地的轮南,东至上海。全线采用自动化控制,供气范围覆盖中原、华东、长江三角洲地区。自新疆塔里木轮南油气田,向东经过库尔勒、吐鲁番、鄯善、哈密、柳园、酒泉、张掖、武威、兰州、定西、宝鸡、西安、洛阳、信阳、合肥、南京、常州等地区。东西横贯新疆、甘肃、宁夏、陕西、山西、河南、安徽、江苏、上海等9个省级行政区,全长4200千米。

9-1 云阅读

9-2 云阅读

9-3 云习题

参考文献

[1] 比尔·盖茨.未来时速:数字系统与商务新思维[M].北京:北京大学出版社,1999.

[2] 蔡启明,张庆.现代物流管理[M].上海:立信会计出版社,2004.

[3] 道格拉斯·兰伯特,詹姆士·斯托克,莉萨·埃拉姆.物流管理(修订本)[M].张文杰,叶龙,刘秉镰,译.北京:电子工业出版社,2008.

[4] 丁立言,张铎.物流基础[M].北京:清华大学出版社,2000.

[5] 甘卫华,尹春建,曹文琴.现代物流基础[M].2版.北京:电子工业出版社,2010.

[6] 格里·约翰逊,凯万·斯科尔斯.公司战略教程[M].3版.金占明,贾秀梅,译.北京:华夏出版社,1998.

[7] 格里·约翰逊,理查德·惠廷顿,凯万·斯科尔斯.战略管理基础[M].2版.徐飞,译.北京:电子工业出版社,2013.

[8] 黄福华,邓胜前.现代企业物流管理[M].北京:科学出版社,2010.

[9] 姬中英,王亚男.物流法律法规[M].北京:高等教育出版社,2021.

[10] 兰洪杰.物流企业运营管理[M].北京:首都经济贸易大学出版社,2009.

[11] 李联卫.物流案例与实训[M].3版.北京:化学工业出版社,2021.

[12] 李苏剑,等.企业物流管理理论与案例[M].北京:机械工业出版社,2003.

[13] 李文锋.智慧物流[M].武汉:华中科技大学出版社,2022.

[14] 刘同娟,马向国,胡安琪.智能物流系统物联网应用及案例[M].北京:化学工业出版社,2024.

[15] 刘晓军,杨建曾,林楠.电子商务物流管理[M].北京:清华大学出版社,2021.

[16] 罗纳德·H.巴卢.企业物流与供应链管理[M].影印版.宋华,改编.北京:中国人民大学出版社,2008.

[17] 马士华,林勇.供应链管理[M].4版.北京:机械工业出版社,2014.

[18] 聂军.物流技术与设备[M].北京:对外经济贸易大学出版社,2004.

[19] 彭岩.物流企业管理[M].北京:清华大学出版社,2009.

[20] Ronald H. Ballou.企业物流管理:供应链的规划、组织和控制[M].2版.王晓东,胡瑞娟,等译.北京:机械工业出版社,2006.

[21] 沈毅.物流实用手册[M].南京:江苏科学技术出版社,2006.

[22] 宋方,蒋长兵,黄顺泉,等.现代物流案例教学与实例[M].北京:中国物资出版社,2007.

[23] 唐四元,鲁艳霞.现代物流技术与装备[M].2版.北京:清华大学出版社,2011.

[24] 万立军,闫秀荣.物流企业管理[M].北京:清华大学出版社,2011.

[25] 王效俐,沈四林.物流运输与配送管理[M].北京:清华大学出版社,2012.

[26] 王永富.物流基础[M].北京:中国财富出版社,2013.

[27] 王长琼.物流系统工程[M].北京:中国物资出版社,2004.

[28] 王之泰.新编现代物流学[M].2版.北京:首都经济贸易大学出版社,2008.

[29] 魏际刚,等.企业物流管理[M].深圳:海天出版社,2004.

[30] 魏学将,王猛,张庆英,等.智慧物流概论[M].北京:机械工业出版社,2020.

[31] 吴清一.物流实务—初级[M].2版.北京:中国物资出版社,2005.

[32] 吴清一.现代物流概论:初级、中级、高级通用[M].2版.北京:中国物资出版社,2005.

[33] 夏火松.物流管理信息系统[M].2版.北京:科学出版社,2012.

[34] 《现代物流管理概论》编写组.现代物流管理概论[M].北京:化学工业出版社,2022.

[35] 小保罗·R.墨菲,唐纳德·F.伍德.当代物流学[M].陈荣秋,等译.北京:中国人民大学出版社,2009.

[36] 小保罗·墨菲,迈克尔·克内梅耶.物流学:英文版[M].影印版.北京:中国人民大学出版社,2019.

[37] 肖蕾.现代物流学[M].成都:西南交通大学出版社,2013.

[38] 许国银,桑小娟,蒋淑华.物流管理新论[M].南京:东南大学出版社,2014.

[39] 殷延海.智慧物流管理[M].上海:复旦大学出版社,2023.

[49] 约翰·科伊尔,爱德华·巴蒂,小约翰·兰利.企业物流管理:供应链视角[M].7版.文武,陈忠杰,张彦,等译.北京:电子工业出版社,2003.

[41] 张成海,张铎,赵守香.条码技术与应用－本科分册[M].北京:清华大学出版社,2010.

[42] 张佺举,张洪.物流管理[M].北京:北京大学出版社,2014.

[43] 张余华.现代物流管理[M].2版.北京:清华大学出版社,2010.

[44] 赵光忠.企业物流管理模板与操作流程:流程·方法·模式·范例[M].北京:中国经济出版社,2004.

[45] 朱传波.物流与供应链管理:新商业·新链接·新物流[M].2版.北京:机械工业出版社,2023.

后　记

在当今全球化和信息化深度融合的时代大潮中,物流业作为国民经济的命脉,其运作效率与品质直接关乎国家经济的蓬勃生机与国际竞争力。随着《"十四五"现代物流发展规划》的颁布,物流业迈向"数字化、智慧化、国际化"的新征程已然开启,这不仅为物流行业的未来发展指明了航向,也为物流管理教育带来了前所未有的挑战与契机。在此背景下,南京晓庄学院物流管理专业积极响应国家战略与地方经济发展的召唤,毅然踏上了转型升级的征途,《现代物流管理概论》一书正是在此时代背景下应运而生。

南京晓庄学院,这所承载着近百年历史的高等学府,始终坚守陶行知先生"教学做合一"的教育真谛,致力于培育具备实践能力与创新精神的应用型人才。物流管理专业,作为学校商科群中的中流砥柱,其转型不仅关乎专业自身的茁壮成长,更是对地方经济服务能力的直接彰显。面对物流行业对数字化、国际化人才需求的井喷式增长,我们深切体会到,传统的物流管理教育模式已难以满足新时代的迫切需求,转型刻不容缓。《现代物流管理概论》的撰写,不仅是对许国银教授《物流管理新论》的传承,更是一次产教深度融合的积极探索。本书在南京晓庄学院物流管理专业教师团队、中物联行业协会及多家合作企业的携手努力下完成,力求将最新的行业动态、技术革新融入教材,确保学生所学与行业所需无缝衔接,实现教育内容与职业标准的完美对接。

在《现代物流管理概论》的撰写过程中,中国物流与采购联合会发挥了至关重要的桥梁与引领作用。凭借其深厚的行业积淀与前瞻性的视野,为我们提供了高瞻远瞩的指导,并清晰勾勒出物流管理专业的发展蓝图。协会通过举办一系列高规格的行业论坛、研讨会及培训活动,使我们得以近距离触摸行业前沿,精准把握物流技术的发展脉络与市场需求的变化,极大地拓宽了我们的学术视野,在专业定位、课程体系构建及实践教学设计上给予了我们深刻的启示,对本书的撰写起到了至关重要的推动作用。同时,多家合作企业如江苏京彩科技有限公司、杭州堡森国际物流有限公司、南京万纬冷链物流有限公司、南京卫岗乳业有限公司等慷慨地提供了实战案例与数据支持,并邀请学生见习实践,实现了"产学研用"的深度融合,为培养实战型、创新型物流人才开辟了崭新的路径。此外,教师团队深入企业挂职锻炼,将实践中的鲜活案例转化为生动的教学素材,丰富了教学内容,并全程参与教材的编写与审定,确保了教材的科学性、前沿性与实用性,为培养高素质物流人才奠定了坚实的基础。

《现代物流管理概论》的出版,标志着南京晓庄学院物流管理专业转型的一个重要里程碑。本教材系 2025 年全国高校、职业院校物流教改教研立项重大课题"基于'创新竞赛'引领的物流专业产教融合型课程教学模式探索"(项目编号:JZW2025002)的成果之一。该课题以前瞻性的视角聚焦物流专业教学改革的前沿领域,积极探索创新的教学模式和方法,本教材正是这一课题研究在教材建设方面的具体生动呈现,是课题研究成果的重要载体和有力见证,但我们深知,这仅仅是开始。面对日新月异的物流行业,我们将继续深化产教融合,动态优化教材内容,确保其始终与行业发展趋势保持同步。同时,加强品牌化建设,提升专业影响力,为长三角乃至全国的物流产业发展输送更多高素质应用型人才。在此,我们要向所有参与本书编撰的单位与个人表示衷心的感谢。正是有了各方的共同努力与支持,《现代物流管理概论》才能顺利面世,为物流管理教育贡献一份力量。展望未来,我们期待与更多伙伴携手合作,共创物流教育的新篇章,为推动我国物流行业的持续健康发展贡献我们的智慧与力量。